权威·前沿·原创

皮书系列为

“十二五”“十三五”“十四五”时期国家重点出版物出版专项规划项目

智 库 成 果 出 版 与 传 播 平 台

中国流动儿童教育发展报告（2021~2022）

ANNUAL REPORT ON CHINA'S EDUCATION FOR MIGRANT CHILDREN (2021-2022)

主　编／韩嘉玲
副主编／冯思澈　刘　月

社会科学文献出版社
SOCIAL SCIENCES ACADEMIC PRESS (CHINA)

图书在版编目（CIP）数据

中国流动儿童教育发展报告．2021-2022／韩嘉玲主编．--北京：社会科学文献出版社，2023．7
（流动儿童蓝皮书）
ISBN 978-7-5228-1522-0

Ⅰ．①中… Ⅱ．①韩… Ⅲ．①流动人口-儿童教育-研究报告-中国-2021-2022 Ⅳ．①G61

中国国家版本馆 CIP 数据核字（2023）第 038283 号

流动儿童蓝皮书
中国流动儿童教育发展报告（2021~2022）

主　　编／韩嘉玲
副 主 编／冯思澈　刘　月

出 版 人／王利民
组稿编辑／邓泳红
责任编辑／桂　芳
责任印制／王京美

出　　版／社会科学文献出版社·皮书出版分社（010）59367127
地址：北京市北三环中路甲 29 号院华龙大厦　邮编：100029
网址：www.ssap.com.cn
发　　行／社会科学文献出版社（010）59367028
印　　装／三河市东方印刷有限公司

规　　格／开 本：787mm×1092mm　1/16
印 张：27.75　字 数：415 千字
版　　次／2023 年 7 月第 1 版　2023 年 7 月第 1 次印刷
书　　号／ISBN 978-7-5228-1522-0
定　　价／168.00 元

读者服务电话：4008918866

版权所有 翻印必究

流动儿童蓝皮书编委会

主　　　编　韩嘉玲

副　主　编　冯思澈　刘　月

课题组核心成员　杨东平　韩嘉玲　张　妍　冯思澈　刘　月
余家庆　吴琼文倩　黄胜利　姚　远　陈昂昂
李婉霆　杨国宁　潘文欣

本　书　作　者　（以文序排列）
韩嘉玲　张　妍　冯思澈　刘　月　周　皓
陈晓雄　侯佳伟　赵晨昕　沈旭棋　吴开俊
周丽萍　廖康礼　王伶鑫　闫晓英　张本波
阮志航　罗琦韵　顾　然　钱文文　周浩然
农　麟　向　芯　吴子劲　李子舒　杨焯喆
谢仲寒　韦嘉嘉　伍思颖　朱富言　余家庆
王诗棋　李敏谊　杨佳媚　黄昕宁　罗　霄
蒋杰庆　黄蕙昭　熊亚洲　王　瑶　雍　琳
夏瑞雪　周爱保　孔　静　罗　俊　朱志伟
陈淑妍　周　鹏　周文华　丁如一　徐　慧
杨玛丽　陈一馨　梁惠婷　王春华　刘　伟
周　洋　梁海荣

主要编撰者简介

韩嘉玲　暨南大学经济与社会研究院讲座教授，北京市社会科学院研究员，21 世纪教育研究院学术委员，北京大学博士。主要研究方向为农村发展、人口迁徙、农村教育、社会发展等。从 1991 年开始从事农村弱势群体的社会发展与支持网络的工作与研究，投身于贫困弱势人群教育与社会发展等实践项目，主持多个国家级课题及联合国儿童基金会（UNICEF）、联合国教科文组织（UNESCO）、国际移民组织（IOM）等国际组织的项目。先后获得“中国消除贫困奖”之科研奖、首都“巾帼十杰”称号等。

冯思澈　21 世纪教育研究院兼职研究员，北京师范大学教育经济学硕士，主要研究方向为教育政策、教育经济学。

刘　月　21 世纪教育研究院兼职研究员，伦敦政治经济学院硕士。主要研究方向为教育政策、流动儿童教育等。参与《2035：迈向教育治理现代化》等书的编写工作。

摘　要

流动儿童教育一直是中国教育公平视角下不可错过的议题之一。随着新时代新任务和新要求的提出，流动儿童的教育问题也表现出了新特征和新趋势。

在全球疫情肆虐的大背景下，2021 年我国进入了“十四五”规划的开局之年，也开启了全面建设社会主义现代化国家的新征程。为此，“十四五”规划中提出了“建设高质量教育体系，推进基本公共教育均等化，全民受教育程度不断提升”的目标。党的二十大报告中重申要坚持教育优先发展，加快建设高质量教育体系，发展素质教育，促进教育公平。党的二十大报告提出我们未来的发展方向是中国式现代化，其特征之一就是“人口规模巨大的现代化”。根据第七次全国人口普查的结果，我国总人口从 2010 年的 13.4 亿人增加到 2020 年的 14.1 亿人，增加了 0.7 亿人。十年间我国人口变化趋势主要体现在人口增速放缓、低生育率、老龄化、高流动四个方面。2010~2020 年我国人口的年平均增长率为 0.53%，比 2000~2010 年人口的年平均增长率（0.57%）下降了 0.04 个百分点。虽然生育政策已逐渐放宽，但全国人口增速仍未实现明显提升。伴随着“单独二孩”“全面二孩”“生育三孩”人口政策的推行，青少年群体占比有所增加，但老龄化程度仍然进一步加深，老龄化已成为我国今后一段时期的基本国情。在人口流动方面，第七次人口普查数据显示全国流动人口规模巨大，已达 3.7582 亿人，占全国总人口的 1/4 以上，相当于 1/4 的人口处于流动状态。与 2010 年第六次人口普查数据相比，流动人口增加了 1.5439 亿，增长 69.73%。中国的人口流动呈现三个明显特征：流动人口活跃度大幅提高，绝对规模陡增，跨省流动和城—城流动规模剧增。当前，中国流动人口最重要的特征是规模巨大，不仅反映在流动人口总规模上，也反映在各种类别的流动人口上，最明显反映在跨省流动和城—城流动人口上。这也表明“流动时代”真正到来。

在这样的大流动时代，2010~2020 年我国儿童流动在数量、流向和流动原因方面也发生了巨大变化，呈现三大特点：一是数量大，增长快。第七次全国人口普查数据显示，我国流动儿童的数量达到前所未有的规模。2020 年，全国 0~17 岁流动儿童 7109 万人，大约是 2010 年（3581 万人）的 2 倍。同时，流动儿童占儿童总数的比例也从 2010 年的 12.8%增加到 2020 年的 23.9%，这意味着现今大约每 4 个儿童中就有 1 人是流动儿童。值得注意的是，0~15 岁的流动儿童规模增长更快，2020 年数量是 2010 年的 2.24 倍，这将对流入地的婴幼儿看护、学前教育和义务教育提出更多要求。二是以省内跨市流动为主，向镇聚集。2020 年，省内跨市和跨省流动儿童分别为 5647 万人和 1462 万人，前者是后者的近 4 倍，而流动成年人省内流动仅是跨省流动的 2 倍。可见，儿童比成年人更有可能在省内流动。2014 年后，国家新型城镇化战略的实施，推动了城乡一体化的发展，优化了城镇化布局和形态，也促使人口流动呈现一个新现象——向镇聚集。从 2010 年到 2020 年，无论是流动成年人，还是流动儿童，常住在城市和乡村的比例均下降，而居住在镇的比例上升。流动儿童居住在镇的比例从 2010 年的 34.0%增加到 2020 年的 41.5%，增加了 7.5 个百分点，而流动成年人从 22.7%增加到 28.0%，增加了 5.3 个百分点。向镇聚集的主要是省内流动学龄儿童。三是流动主因发生改变，随迁减少。随同离开和学习培训仍是儿童流动的两大主因，但其占比从 2010 年到 2020 年此消彼长，随同离开比例从 53.3%降至 40.2%，学习培训比例则从 27.7%升至 31.1%。2010 年，在城市、镇和乡村，随同离开都是儿童流动首因，而 2020 年在城市和乡村仍然是随同离开为首因，但比例已大幅下降，学习培训比例大幅上升，在镇的儿童流动首因已从随同离开转变为学习培训。

摘 要

随着社会经济的发展变化，儿童的流动特征发生了较大转变，至少1/4的人在未成年前有过一次流动经历，且流动儿童和流动成年人在城乡分布上也表现出明显差异，儿童的随迁依赖性减弱，独立性增强，他们随着教育布局而流动，大量学龄儿童流向镇。与此同时，我国流动人口的教育结构内部及人口的教育结构呈现“低降高升”的趋势，即小学及以下人口的比例在逐步下降，而大学及以上受教育水平人口的比例正在逐步提高，受过高等教育的女性人口比例超过男性。这种新的变化趋势将带来相关社会问题的改变。例如，以往流动儿童父母是以初中及以下受教育水平为主，如今有相当比例的流动人口受过高等教育，作为父母的他们不论是在教育期望、教育理念与教育方法上，还是在家庭教育的过程，以及在随迁子女的教育资源需求等各个方面都可能完全不同于以往，表现出更高要求。这就更需要流入地政府针对这种改变而提出新的思路与解决方式，以使流动人口能够真正安心地为流入地的社会经济发展做出贡献。

在大流动时代，如何从制度上保障流动儿童的受教育权利，关系到我国全面“提升国民素质、促进人的全面发展”的现代化要求。针对保障流动儿童教育，本书提出下列政策建议：优化公共教育供给是应对新人口形势的重要举措，基于社会正义与教育规律优化流动儿童教育政策，加快城镇学校扩容增位；保障农业转移人口随迁子女平等享有基本公共教育服务，“积极稳妥”与“积极稳慎”处理在民办学校就读的流动儿童，避免造成流动家庭的就学负担，落实“累积性指标为主”的入学政策的基本方向；推动公众参与公共政策的制定，完善随迁子女义务教育经费的省级统筹，加大中央财政资助随迁子女义务教育的力度，落实随迁子女义务教育政策执行的国家审计制度安排；建立城市流动家庭突发事件的应急机制。

关键词： 流动儿童　留守儿童　积分入学　“双减”政策　异地中考　异地高考

目录

Ⅰ 总报告

Ⅱ 宏观篇

Ⅲ 政策篇

Ⅳ 专题研究篇

V 实践篇

皮书数据库阅读使用指南

总 报 告

General Report

B.1

新形势下中国流动儿童教育的现状、趋势与挑战（2021～2022）

韩嘉玲　张　妍　冯思澈　刘　月*

摘　要： 在全球疫情肆虐的大背景下，2021年我国进入了“十四五”规划的开局之年，我国流动儿童教育也显现出了新的地方性和阶段性差异。本文基于第七次人口普查数据和新型城镇化以及城乡融合发展的政策背景，围绕新时期流动人口与流动儿童规模、流动儿童教育发展以及流动儿童关爱保护三大板块，递进式阐述了中国流动儿童在新型城镇化背景下的发展现状、趋势和挑战。本文提出，优化公共教育供给是应对新人口形势的重要举措，国家需要以社会正义与教育规律来优化流动儿童的教育政策。同时，需

* 韩嘉玲，暨南大学经济与社会研究院讲座教授，主要研究方向：农村发展、人口迁徙、农村教育、社会发展等；张妍，中国社会科学院人口与劳动经济研究所编辑，主要研究方向：人口流动，人口老龄化；冯思澈，21世纪教育研究院兼职研究员，主要研究方向为教育经济学；刘月，21世纪教育研究院兼职研究员，伦敦政治经济学院硕士，主要研究方向为教育政策、流动儿童教育等。

要加快城镇学校扩容增位，保障农业转移人口随迁子女平等享有基本公共教育服务，应“积极稳妥”与“积极稳慎”处理在民办学校就读的流动儿童问题，避免造成流动家庭的就学负担；增强对0~3岁城市流动儿童的照护支持和普惠托育供给，提高3~6岁城市流动儿童的学前教育普惠率；落实“累积性指标为主”的入学政策基本方向，加强公众参与公共政策的制定；完善随迁子女义务教育经费的省级统筹，加大中央财政资助随迁子女义务教育的力度，落实随迁子女义务教育政策执行的国家审计制度安排；建立城市流动家庭突发事件的应急机制；提高课后服务质量，满足流动家庭和流动儿童的多样化需求。

关键词： 流动儿童　教育政策　教育公平

在全球疫情肆虐的大背景下，2021年我国进入了“十四五”规划的开局之年，也开启了全面建设社会主义现代化国家的新征程。当前和今后一个时期，我国发展仍然处于重要战略机遇期，面对新一轮科技革命和产业革命的发展，我国将深入实施科教兴国战略、人才强国战略。为此，“十四五”规划中提出了“建设高质量教育体系，推进基本公共教育均等化，全民受教育程度不断提升”的目标；党的二十大报告中重申要坚持教育优先发展，加快建设高质量教育体系，发展素质教育，促进教育公平。近两年，为构建良好的教育生态环境，针对我国义务教育中存在的中小学生“校内减负、校外增负”现象，家长经济和精力负担过重等问题，中央办公厅、国务院办公厅联合印发了影响千家万户、力度空前的《关于进一步减轻义务教育阶段学生作业负担和校外培训负担的意见》，坚决从严治理、全面规范校外培训行为，以促进学生全面成长、健康发展。

随着经济发展和社会转型，传统的家庭结构和功能发生深刻变化，家庭教育观念和方式方法中亦暴露出一些问题和短板，一些父母或监护人对未成年人生而不养、养而不教、教而不当等现象不同程度存在，家庭教育缺位导致的青少年心理健康、亲子关系紧张等一系列社会问题日益凸显。家庭教育是一切教育的基础，为发挥家庭教育的重要作用，2021 年 10 月，十三届全国人大常委会第三十一次会议表决通过了《中华人民共和国家庭教育促进法》，明确了家庭教育的概念、要求和方式方法，对家庭教育进行规范、指导和监督，改变家庭只是学生课堂延伸的现状，真正实现学校教育和家庭教育的相互配合。

为贯彻落实“十四五”规划中建设高质量教育体系的要求，2021 年 4 月，国务院总理李克强签署了新修订的《民办教育促进法实施条例》，进一步完善民办学校的设立制度，规范地方政府、公办学校参与办学的行为，同时规范通过资本运作控制非营利性学校获利的行为。2022 年 4 月，第十三届全国人大常委会第三十四次会议表决通过了新修订的《中华人民共和国职业教育法》，明确了职业教育的类型属性，即职业教育是与普通教育具有同等重要地位的教育类型。

人力资源在中国式现代化进程中的基础性、战略性地位是不容置疑的。当前我国仍面临着人口老龄化加速、生育率和劳动年龄人数持续降低、户籍人口城镇化率低等现实问题，而过高的育儿成本和全社会日益严重的教育焦虑成为抑制育龄夫妇生育意愿的重要因素。2021 年 7 月，中共中央、国务院公布《关于优化生育政策促进人口长期均衡发展的决定》，实施一对夫妻可以生育三个子女政策及配套支持措施。2022 年 7 月，国家卫健委等 17 部门联合印发《关于进一步完善和落实积极生育支持措施的指导意见》，进一步从财政、税收、教育、住房、就业等方面提出 20 条支持措施，减轻家庭生育、养育、教育负担。为推动新型城镇化战略的发展，提高户籍人口城镇化率，让流动人口公平地享受城市基本公共服务，国家发改委发布的《2021 年新型城镇化和城乡融合发展重点任务》中明确提出要“推动进城就业生活 5 年以上和举家迁徙的农业转移人口、在城镇稳定就业生活的新生代农民工等重点人群便捷落户”，同时提出“城区常住人口 300 万以下城市落实全面取消落户限制政策，实行积分落户政策的城市确保社保缴纳年限和居住年限分数占主要比例”。

上述一系列政策文件的出台就是要让每个人都能享有公平而有质量的教育，让每个儿童都有人生出彩的机会，对中国未来教育的发展和人口长期均衡发展具有重大而深远的意义。流动儿童作为新一代劳动力资源的重要组成部分，是一个快速增长的、庞大的受教育群体，面临着学习环境不稳定、父母的教育投入较少、学习和生活融入困难等多方面问题冲击。鉴于流动儿童在城市教育体系中的“弱势”特征，在全面建设社会主义现代化国家的新时代背景下，随迁子女的教育将面临何种机遇与挑战呢？

一　中国流动人口与流动儿童的现状与发展趋势

党的二十大报告提出我国未来的发展方向是中国式现代化，其特征之一就是“人口规模巨大的现代化”。在人口流动方面，第七次人口普查数据显示全国流动人口规模巨大，已达3.7582亿人，占全国总人口的26.62%，约1/4的人口处于流动状态。与2010年第六次人口普查数据相比，流动人口增加了1.5439亿人，增长了69.73%。中国的人口流动呈现三个明显特征：流动人口活跃度大幅提高，绝对规模陡增，跨省流动和城—城流动规模剧增。当前，中国流动人口最重要的特征是规模巨大，不仅反映在总规模上，也反映在各种类别的流动人口上，最明显的是跨省流动和城—城流动。从跨省流动看，其绝对规模从2010年的8602万人迅速增加到2020年的1.2484亿人，增长45.13%，绝对规模增加的速度相当惊人。同期内，城—城流动人口的绝对规模也由2010年的4694万人增加到2020年的8200万人，比2010年多出3506万人。这表明我国“流动时代”的真正到来。本书中《21世纪以来我国流动人口教育结构的历时演变》一文，对我国流动人口的流动特征及属性进行了深入剖析。

在这样的大流动时代，随着社会经济的发展变化，儿童的流动特征也发生了较大转变。2010~2020年我国儿童流动在数量、流向和流动原因方面发生了巨大变化，呈现三大特点：一是数量大，增长快速。第七次全国人口普查数据显示，我国流动儿童的数量达到前所未有的规模。2020 年，全国流动儿童达 7109 万人，几乎是 2010 年（3581 万人）的 2 倍。同时，流动儿童占儿童总人口的比例也从 2010 年的 12.8%增加到 2020 年的 23.9%，这意味着几乎每 4 个儿童中就有 1 个是流动儿童。值得注意的是，0~15 岁的流动儿童规模增长更快，2020 年的数量是 2010 年的 2.24 倍，这将对流入地的婴幼儿看护、学前教育和义务教育提出更多需求。二是以省内跨市流动为主，向城镇聚集。2020 年，省内跨市和跨省流动儿童分别为 5647 万人和 1462 万人，前者是后者的近 4 倍，而流动成年人省内流动仅是跨省流动的 2 倍。可见，儿童比成年人更有可能在省内流动。2014 年后，国家新型城镇化战略的实施，推动了城乡一体化的发展，优化了城镇化布局和形态，也促使人口流动呈现向城镇聚集的新现象。从 2010 年到 2020 年，无论是流动成年人，还是流动儿童，常住在城市和乡村的比例均有所下降，而常住在镇的比例上升。流动儿童居住在镇的比例从 2010 年的 34.0%增加到 2020 年的 41.5%，增加了 7.5 个百分点，而流动成年人从 22.7%增加到 28.0%，增加了 5.3 个百分点。向城镇聚集的主要是省内流动学龄儿童。三是流动的原因发生改变，长期以来的随迁现象减少。根据七普调查，儿童流动的原因中，“随同离开”和“学习培训”仍是两大主因，但其占比从 2010 年到 2020 年此消彼长，随同离开比例从 53.3%降至 40.2%，学习培训比例则从 27.7%升至 31.1%。2010 年，在城市、镇和乡村，随同离开都是儿童流动首因；而 2020 年在城市和乡村随同离开仍然是儿童流动的首因，但比例已大幅下降，学习培训比例大幅上升，同时，“学习培训”已替代“随同离开”成为在城镇的儿童的流动首因。分年龄看，6 岁以后，随同离开比例下降，学习培训比例增加，特别是 15~17 岁儿童因学习培训流动的比例最高，2020 年高达 71.1%。我国儿童因求学而形成的流动趋势与我国撤点并校后乡镇学校布局的变动密切相关。儿童随着教育布局而流动，大量学龄儿童流向城镇，且在这一过程中他们的父母或祖辈为满足其照料需求也随同流动到城镇。本书中《2020 年流动儿童发展状况——基于第七次全国人口普查资料分析》一文，根据七普数据对我国流动儿童的整体流动趋势做了详细分析。

与此同时，我国流动人口虽然仍以初中受教育水平的人口为主体，但其内部不同子人口的教育结构却在逐步发生变化，呈现“低降高升”的趋势，即小学及以下受教育水平人口的比例在逐步下降，而大学及以上受教育水平人口的比例正在逐步提高，受过高等教育的女性人口比例超过男性。这种新的变化趋势将带来相关社会问题的改变。例如，新的流动儿童群体的父母有相当比例接受过高等教育，其对子女的教育期望、教育理念与教育方法，甚至是家庭教育的过程，以及对随迁子女的教育资源需求等各个方面都可能出现完全不同于以往的状况，具有更高要求。这就更需要流入地政府针对这种改变提出新的思路与解决方案，以使流动人口能够真正安心地为流入地的社会经济发展做出贡献。

在我国流动人口和流动儿童数量持续增加的同时，我国总人口却呈现人口增速放缓、低生育率和老龄化持续加深的趋势。根据第七次全国人口普查的结果，我国总人口从2010年的13.4亿人增加到2020年的14.1亿人，增加了0.7亿人。2010~2020年我国人口的年平均增长率为0.53%，比2000~2010年人口的年平均增长率（0.57%）下降0.04个百分点。同时人口生育率较低，2020年我国育龄妇女总和生育率为1.3，已远低于人口世代更替水平（即总和生育率为2.1）。虽然生育政策已逐渐放宽，但全国人口增速未达到预期。伴随着“单独二孩”“全面二孩”“生育三孩”人口政策的推行，青少年群体占比有所增加，但老龄化程度仍然进一步加深，老龄化已成为我国今后一个时期的基本国情。第七次人口普查数据显示，我国0~14岁人口为25338万人，占17.95%；15~59岁人口为89438万人，占63.35%；60岁及以上人口为26402万人，占18.70%。与2010年相比，0~14岁、15~59岁、60岁及以上人口的比重分别上升1.35个百分点、下降6.79个百分点、上升5.44个百分点，未来一个时期我国仍将持续面临人口长期均衡发展的压力。

低生育的人口现状源于生育成本上升、收益下降，而教育资源短缺所造成的成本上升成为抑制生育率的关键因素。一方面，人口不断向大城市、特大城市聚集；另一方面，这些城市却并没有解决涌入其中人群的子女教育问题。在当下高流动的“迁徙中国”背景下，若这样的状况依然不变，我国的人口、经济、社会问题将愈发严峻，这意味着我国已到了推动流动人口落户及流动儿童教育供给改革的关键时期。如何从制度上切实保障流动人口子女的受教育权利，保障他们在流入地城市获得有质量的教育资源，直接影响着流动家庭的福祉和城市长期发展的驱动力，关系到我国“全面提升国民素质、促进人的全面发展”的现代化要求的实现。

二　新形势下流动儿童的教育现状与挑战

2001年国务院办公厅发布《关于基础教育改革与发展的决定》，确立了流动儿童义务教育以流入地“两为主”的政策方向。随后中央逐渐把流入地政府对流动儿童的责任基本细化和固定。同时，政策也从简化入学流程、开展异地中考、将高考和学前教育纳入规划等方面，进一步考虑与制定了义务教育以外不同阶段流动儿童的教育政策。从中央层面来看，我国针对流动儿童的教育政策可以概括为：明确保障流动儿童的受教育权，落实地方政府的责任。在国家政策的指导下，各区域又根据各地实际情况制定了不同政策，因而流动儿童教育政策呈现较强的区域特征。

由于中央财政支持水平与流入地政府支出水平之间存在较大差距，流入地政府在落实“两为主”“两纳入”政策时，在“将随迁子女义务教育纳入城镇发展规划和财政保障范围”时需承担一定的财政负担。同时，一些超大特大城市还面临着人口疏解的任务和压力，因此流入地政府在解决流动儿童入学问题上就缺乏积极性。我国超大特大城市对常住人口提供的政策服务依然困扰着随迁子女及其家庭。解决流动儿童从学前阶段到义务教育阶段及义务教育后的入学问题对于流动家庭及其子女而言依然困难重重。

（一）义务教育阶段：“建立以居住证为主要依据的随迁子女入学政策”

根据教育部的统计数据，我国义务教育阶段进城务工人员随迁子女规模从2010年的1167万人，增长到2020年的1430万人，2021年为1372万人。

同时，进城务工人员随迁子女在公办学校就读比例也从2010年的66.5%提高到2020年的85.8%，2021年进一步达到90.9%（见图1）。

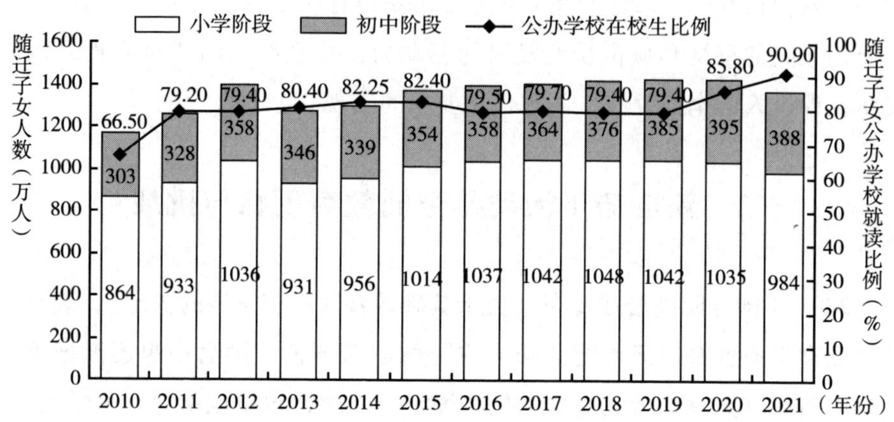

图1　2010~2021年义务教育阶段进城务工人员随迁子女在校数量变化

资料来源：义务教育阶段在校进城务工人员随迁子女人数根据2010~2021年《全国教育事业发展统计公报》整理；2010~2020年的公办生在读数据根据各年《全国教育事业发展情况》整理，2021年公办在读数据来自《中国农村教育发展报告2020—2022》。

随着我国城镇化的不断推进，随迁子女入学政策彰显了流入地政府为常住人口提供公共服务的担当，从2016年以来各地政府纷纷“建立以居住证为主要依据的随迁子女入学政策”，提出要“简化优化随迁子女入学流程和证明要求”。[①] 2020年中共中央、国务院《关于构建更加完善的要素市场化配置体制机制的意见》中再次提出，要“放开放宽除个别超大城市外的城市落户限制，试行经常居住地登记户口制度。建立城镇教育、就业创业、医疗卫生等基本公共服务与常住人口挂钩机制，推动公共资源按常住人口规模配置”。[②] 2021年3月31日在国务院新闻办公室召开的“十四五”规划新

① 《关于统筹推进县域内城乡义务教育一体化改革发展的若干意见》，2016年第21号国务院公报，http://www.gov.cn/gongbao/content/2016/content_5095494.htm，最后检索时间：2023年2月17日。

② 中共中央、国务院：《关于构建更加完善的要素市场化配置体制机制的意见》，中央人民政府网站，2020年3月30日，http://www.gov.cn/zhengce/2020-04/09/content_5500622.htm，最后检索时间：2023年2月17日。

闻发布会上，教育部提出深入贯彻“十四五”规划，加快建设高质量教育体系，将进一步在三个方面加大工作力度，以保障进城务工人员随迁子女的就学。一是继续推动入学降门槛。要重点推进特大城市和人口流入重点地区进一步完善入学政策，切实做到符合条件的随迁子女能够应入尽入。二是进一步扩大城镇学位供给。三是切实加强对随迁子女的教育关爱。[①] 2020 年以来，在中央多项政策的指导下，许多城市也纷纷进行了落户和入学政策的调整与创新。

自国家发改委发布《2019 年新型城镇化建设重点任务》以来，我国 300 万人口以下城市已基本取消落户门槛，300 万～500 万人口的大城市及 500 万～1000 万人口的特大城市的入学门槛也有所降低。本书中的《新人口形势下的流动儿童政策友好度研究：基于十五个城市入学门槛的分析》一文，通过对 15 个城市流动儿童入学政策文本进行指标重构和量化分析，发现积分入学制政策中，社保和居住年限的总分值提高，而高技能、高学历人才的所获积分有所降低。材料准入制政策中，各城市所需审核材料的数量降低，提出“非必要不提供”的原则。同时，积分制中长三角地区的“重个人素质指标”倾向有所弱化但依然存在，材料准入制中北京市的材料审核依然烦琐。

然而，当前流动儿童入学政策集中体现的问题不仅在于“没学上”，还在于无法“上好学”。无论是“积分入学制”城市还是“材料准入制”城市，对于留在城市居住并缴纳社保达到一定年限的流动人口的随迁子女，多数城市的入学政策都为其提供了登记入学的可能。天津等城市明确划分了流动儿童能就读学校的范围，其余更多的城市“根据学位情况统筹安排”，而这些被“统筹”的儿童可能被安排在距家一个小时车程外的学校就读。同时，即使父母积分达标，非一年级儿童也很难“插班”入学。这表明，当前入学门槛虽然表面上降低了，但流动儿童的实际基本需求大多难以得到满

① 《国新办新闻发布会：深入贯彻“十四五”规划 加快建设高质量教育体系》，http：//www. moe. gov. cn/jyb_ xwfb/moe_ 2082/2021/2021_ zl25/，最后检索时间：2023 年 2 月 17 日。

足。可见，国家为流动儿童提供公共教育服务从保证数量到满足需求到均衡优质还需经历较长的发展道路。

积分制开始于流动人口与流动儿童最为集中的珠三角地区，是在教育资源有限的情况下，地方政府优先满足对其产业发展有利的流动人口子女教育需求的一种政策创新。这一政策创新推出后不久即被上级政府采纳和推广。数量众多的指标，意味着为了积累分数，家长们需要付出很多精力准备大量材料。此外，积分制入学政策也被认为过度偏向高学历与高技能人才的“拼爹政策”。在此背景下，各地政府简化了积分项目，提高了居住证在积分申请中的分数占比。但围绕积分项目的设置与分值比例，各方依然存在激烈争论。本书中《积分制入学的政策争议与变迁：以珠三角为例》一文，展示了珠三角地区围绕积分入学政策修订与实施的争论日益白热化，不同政府部门、利益群体及家长对积分入学政策有不同的期待和意见。值得重视的是，作为中国改革开放的前沿地区，珠三角地区各级政府对公众参与政策制定持相对开放的态度，一定程度上吸纳了不同群体的意见，也为家长和不同群体表达诉求和相互博弈提供了平台。这些经验对其他城市具有非常重要的借鉴意义。

从各城市的积分指标偏好的变化上看，长三角地区仍然以个人素质类指标为主，但占比有所下降，而珠三角地区更持续看重基本累积类指标。例如，2019~2021年，位于长三角的杭州市和苏州市的积分体系中个人素质与能力类指标的占比分别由80%和58%下降为60%和44.2%，杭州市大幅增加了社保和居住年限的总分值，苏州市将具有博士学位的计分由原来的400分降低至200分。珠三角的深圳市福田区则完全不存在个人素质类指标，而是以房屋租购情况、居住时长及社保缴纳情况来决定入学的积分。流动到成都市的外来人员，仅需要在居住时长和社保缴纳两项上达到基本要求即可满足积分入学的准入门槛（10分）。这些做法意味着没有高学历、高技能的外来人员依然可能通过在城市内长期的工作、居住获得较高积分，从而享受到城市的公共教育服务。不同城市在积分入学指标体系上的调整和改进，都在优化流动儿童入学机会上迈出了前进的步伐。

值得我们关注的现象是，针对人口在区域间频繁流动的现状，虽然《关于构建更加完善的要素市场化配置体制机制的意见》中明确提出，倡导在长三角、珠三角等区域探索实现户籍准入年限同城化累计互认的机制，然而，很多城市和地区仍然要求申请入学的流动儿童父母拥有在某县（区）内连续多年缴纳社保的证明，无法实现最基本的市内积分或材料的互认。从2020年起，苏州市的居住时长积分实现了与南京市居住时长的互认，同时，南京新发布的积分落户实施办法中也明确提出，对在苏州市“居住的年限，予以累计互认并赋分”，这标志着城市圈内的积分互认并非难以实现的空想，这或许是未来积分制发展的重要方向。这是值得各地政府认真思考和探索的政策完善的新方向。

除了积分制入学的影响外，2021年《民办教育促进法实施条例》和《关于规范民办义务教育发展的意见》两项政策法规，要求“建立民办义务教育在校生占比监测和通报制度”，“原则上不得审批设立新的民办义务教育学校”，都对流动儿童的入学产生了较大影响。例如，上海市招收随迁子女的民办学校从2011年的158所减少到2021年的48所；广州对民办学校的招生门槛、招生计划和办学条件等都进行了更严格的要求，以致短期内学生因民办学校“缩招”、关停而面临“入学难”“分流难”等问题。本书中《广东省人口政策和流动儿童义务教育状况的变化——以广深莞三地为例》一文，重点分析了人口政策转变和民办教育“控比”对流动儿童入学的影响，并指出2023~2025年将是“全面二孩”政策实施后广深莞三地小学入学的高峰期，不宜过急过快、一刀切地推行“控比”政策，应设置一个时间合理的过渡期，积极稳妥地做好针对学生分流的统筹与兜底工作。

作为西南地区重要交通枢纽的贵阳市，近几年流动人口及其随迁子女数量逐年增多，无法接纳全部流动儿童进入公办学校就读，因此，贵阳市主要通过政府购买民办学校学位和民办随迁子女学校两个途径来满足流动儿童的教育需求。本书中《贵阳市流动儿童教育背景与发展趋势》一文，在民办教育改革的背景下，利用对民办随迁子女学校的一手调查资料，分析了贵阳市公参民教育改革中遇到的困境，进而为开发公办学校学位、保障公参民过渡期的平稳、民办教师的就业安置等问题的解决提出政策方向和对策建议。

此外，“双减”政策的落实也对流动儿童及家长产生了较大影响。本书中《“双减”政策下流动儿童教育发展的现状和反思》一文，深入分析了减负的实施效果以及实施过程中产生的实际问题。一方面，“双减”有效缓解了流动儿童的学习压力、减轻了家庭教育支出负担、提高了学生的课后服务参与度；另一方面，课后服务尚未满足家长及儿童的多样化需求，不同学校的课后服务质量差异明显，导致流动儿童家长的教育焦虑提升，从而采取进一步的“增负策略”。如何在“双减”政策实施的过程中，采取更有效的配套服务，保障流动儿童的教育公平和均衡发展仍是一个有待突破的难点问题。

（二）义务教育后阶段，异地中考与高考政策惠及的随迁子女非常有限

1. 异地中考

自 2014 年实施异地中考政策后，各地相继出台了随迁子女在流入地参加中考及高考的相关文件，但是区域间的政策差异很大。异地高考也一直是被舆论与社会关注的议题。随着教育改革的推进，中考在我国教育体制中将成为比高考还要重要的学业分水岭。特别是中考 50%分流的形势对于非户籍儿童来说尤其严峻。流入地城市的异地中考政策决定性地影响了流动儿童是继续留在流入地城市还是返回老家求学的机会、途径及门槛。

本书中《广州市异地中考政策变迁与实施效果（2019~2022 年）》一文，介绍了接收流动儿童最多的广东省异地中考实施的情况。异地中考与高考政策实施以来，广州对本地户籍学生和广州市外户籍学生实施分开录取。广州异地中考政策对流动儿童教育资源供给的限制主要体现在公办普高报考阶段及招生录取阶段。在报名阶段，符合一定条件的流动儿童才有资格填报

公办普高志愿，不符合资格者只能报考民办高中或职业学校。在招生录取阶段，政策对公办普高招收非户籍生的比例进行了限制，本地学生与非户籍生不在同一队列进行录取。因此，广州的新中考政策依然未消除流动儿童与户籍生之间的升学机会与门槛差异。

本书中《走向中考分水岭：广州流动儿童的升学与发展困境》一文，通过个案研究展现了在广州的农民工家庭普遍对于其子女升学问题的焦虑与无助，及流动儿童面对中考进入了一种模糊混沌的过渡空间，对未来感到迷茫无措的状态。

2. 异地高考

本书中《异地高考政策实施十年的回顾与展望》一文，系统梳理了高考政策的实施历程，审视了现行异地高考政策的运行状况。从 2013 年起，各省、自治区、直辖市“就地高考”政策陆续出台，随迁子女在居住地报名参加高考人数和占高考报名比例逐年增加。2013 年只有 0.44 万随迁子女在居住地报名参加高考，仅占高考人数的 0.44%；2020 年，已经有 25.6 万随迁子女在居住地报名参加高考，占当年高考报名人数的 2.39%。但从整体来看，仅有极少部分的高三随迁子女得以在流入城市参加异地高考，政策惠及的随迁子女非常有限。

此外，不同省市对随迁子女在本地报名参加高考的要求不一。部分地区只要求随迁子女具有三年连续在本地的就读经历及学籍，有些流入地城市对随迁子女家长的居住、职业及社保等做出规定，各种材料证明需要随迁子女家庭耗费大量的精力去办理。其中，北京的异地高考政策对随迁子女高考报考的学校类型进行限制，只允许随迁子女报考生源不充足的高职院校或第三批本科院校，是一种不彻底的异地高考政策。

由于异地中考政策仍然没有改变户籍因素在中考录取中的决定性地位，因此很难真正解决流动儿童义务教育后的升学问题。超大城市中的北京与天津至今没有对随迁子女开放普通高中学位，其他城市也仅开放有限的公办高中学位配额。异地中考与高考政策对非户籍儿童的排斥性门槛与区别对待，依然很难为流动儿童提供公平的升学机会。

（三）义务教育前阶段：流动人口家庭子女的养育和教育影响儿童的早期发展

第七次全国人口普查数据显示，2020 年我国流动人口中 0~6 岁流动儿童约 2351 万人，占全国同年龄段儿童人口总数的 20.8%，其中 3~6 岁流动儿童约为 1544 万人，相比于 2010 年约 680 万 3~6 岁流动儿童而言，增长了近 1.3 倍。从流动儿童的年龄段来看，相比于 2010 年，2020 年 3~6 岁流动儿童数量明显多于 0~3 岁流动儿童。可见，中国人口流动更为频繁了，而且以家庭为单位的迁徙成为人口流动的主要特征。这可能与随着人口流动趋势的加强，为了让子女接受更优质的教育资源，越来越多流动家庭的父母选择将子女带在身边，在流入地接受学前教育服务有关[①]，但是这一抉择会面临居住地的幼儿园入学政策、费用以及家庭经济条件等的限制。

本书中《迁徙的家庭与变迁的童年：人口流动给学前儿童带来的红利与挑战》一文，以经济发达的人口流动大省——广东省的 3~6 岁在园儿童的大型调研数据为基础，从家庭环境、学前教育质量两个维度着手，分别以粤东西欠发达农村地区和发达的特大城市深圳为例，分析了人口流动给学前儿童早期发展带来的红利和挑战。

长期以来，与城市本地儿童相比，义务教育阶段、高中阶段流动儿童因为户籍壁垒面临异地上学难这一问题。对于不属于义务教育的学前教育阶段而言，这一问题更为突出。从 2010 年普及学前教育政策以来，我国学前教育普及率大幅提升，儿童基本实现了“有园上”这一目标，但距离“上好园”还存在着较大距离。入园的限制性条件多，公办园、优质园学位难求，民办园学费高、家庭分担比重过大等都会影响流动儿童在流入地接受学前教育服务。除了面临流入地的入园问题外，家庭养育问题也尤为突出。特别是对于那些从事工业生产、建筑业及服务行业且社会经济地位较低的流动人口

---

① 邢芸、胡咏梅：《流动儿童学前教育选择：家庭社会经济背景及迁移状况的影响》，《教育与经济》2015 年第 3 期。

家庭而言，工作繁忙，难以有充足的时间和精力去培养和教育子女；经济收入低，难以进行充分且有效的教育投资；同时工作不稳定、流动性大，难以满足大城市落户的标准，这些因素都会影响流动人口家庭子女的养育和教育[①]，最终影响儿童的早期发展。该研究发现，对于家庭环境质量、学前教育质量较差的欠发达农村地区而言，相比于父母留在当地，或者独自外出打工而将子女留在家中而言，把年幼的子女带在身边流动到发达地区是一种更优的选择，不仅能够给予其更多的陪伴，也能提供相比于户口地更高质量的学前教育服务，有助于儿童早期发展。

（四）流动儿童教育财政制度的缺陷

流动儿童义务教育投入及责任划分是我国建设高质量教育体系过程中长期面临的痛点和薄弱环节。本书中《随迁子女义务教育中央与地方财政责任的现状、问题及对策》一文梳理了随迁子女义务教育中央与地方财政责任的关系，分析了 31 个省份流动儿童教育中中央与地方财政责任的现状与问题。该文指出，教育财政遵循“谁受益，谁承担”的原则。当前教育体制下，由于流动儿童将来不一定留在流入地工作，所以流入地政府长期以来缺乏为其提供公共教育服务的动力。从现状看，全国普通小学生的生均一般公共预算教育经费为 12330. 58 元，而“可随人走”的经费基准定额却不超过 800 元，中央按比例分摊的经费基准定额不超过 600 元。中央财政的承担比例过小，且针对随迁子女义务教育的帮扶指向性减弱。基于此，该文提出：第一，地方政府统筹发展随迁子女教育的力度已然不足，要着力完善随迁子女义务教育经费的省级统筹，在更高层次理顺教育经费体制，在更大范围优化义务教育资源配置，在更大区域推进教育公平。第二，从流入地政府负担随迁子女教育经费的制度障碍和资源约束的角度来看待流入地政府提供公共教育服务动力不足的问题，加大中央财政介入随迁子女义务教育财政的

① 陈彬莉、李英华、袁丽：《阶层、流动与反思：流动人口家庭教养实践的多重逻辑》，《教育学报》2021 年第 3 期。

力度。第三，落实系统、高效的随迁子女义务教育政策执行的国家审计制度即监督机制，开发贯穿于政策全过程的治理工具，对其进行跟踪、监督和评价。

三　新形势下中国流动儿童与留守儿童的关爱保护

（一）城市流动儿童的关爱保护

儿童关爱保护一直以来是公共政策关注的重点。在我国现有的政策体系中，依然存在城市流动儿童发展需求与供给不相适应的薄弱环节，在部分领域甚至存在一定的政策空白。首先，流入地就学难的问题尚未得到根本解决；其次，流动儿童情感需求尚未得到有效满足；最后，流动儿童的社会融入问题依然突出。本书中《城市流动儿童关爱保护现状与政策研究》一文基于以上问题提出了建议和策略。该文指出，我国亟须补齐城市流动儿童关爱保护服务的两大短板：一是逆境、困境城市流动儿童支持服务存在专业化短板。城市流动儿童在校园暴力、校园霸凌、人身安全、食品安全、卫生安全等方面面临着更大的安全风险，更容易陷入逆境或困境，给关爱保护政策制定和实际工作展开带来了较大挑战。二是低龄城市流动儿童照护服务严重短缺。我国托育服务总体上处于供不应求的非均衡状态，城市流动儿童托育服务供给和早期发展在公共服务体系中没有明确的定位和支持措施，低龄流动儿童的发展福利受到了大幅度压缩。低龄城市流动儿童的关爱保护服务面临着政策设计、基层落实、家庭认可等多方面的挑战。

（二）乡村留守儿童的关爱保护

城市流动儿童与乡村留守儿童问题如影随形。地区经济发展的不均衡与城市化进程的加速带来了劳动力从农村向城市的大规模转移，一部分未随务工父母外出的年幼子女被留在家乡，由亲人或邻居朋友代为照管，产生了数量庞大的农村留守儿童群体。本书中《甘肃省欠发达地区乡村留守儿童心理健康研究（2015~2020年）》一文以2015、2017和2020年对甘肃省两个国家级贫困县留守儿童的三次调查和访谈的实证研究为基础，指出了乡村留守儿童心理健康问题与挑战，包括：留守儿童心理健康的总体水平低于非留守儿童；学校心理健康教育需求高、缺师资且流于形式，教育者对留守儿童消极刻板印象较多；父母外出对留守儿童在手机依赖、情绪困扰、缺乏生涯思考以及不自信四个方面有着深刻影响。基于此，该文提出，应不凸显留守儿童身份、建立动态更新的儿童心理健康档案、增加专业教师配置、稳定乡村教师队伍、为全体教师提供心理健康教育培训等一系列建议。

随着我国“一带一路”建设的推进，中国居民跨国经商、工作、留学的人数逐渐增多，洋留守儿童（即拥有外国国籍但长期在中国生活、读书的留守儿童）数量呈现增长趋势。本书中《洋留守儿童现象研究——基于莆田市H区的实证调查》一文，采用质性研究方法探讨了他们在跨文化教育中所面临的语言、人际交往、自信心和安全感等社会融入障碍。对这一群体还需要长期关注和学术界的深入研究。

（三）流动与留守：社会力量的实践与努力

在流动和留守儿童关爱保护领域，社会力量一直发挥着较为重要的作用。近年来，在新冠疫情肆虐、国内经济下滑、资助资金紧缩的形势下，社会组织也在积极创新服务模式，以应对新形势下的新挑战和新需求。例如，疫情下，很多社会组织通过举办丰富的线上活动，充实流动儿童的居家生活；一些社会组织探索构建流动儿童的社区支持网络，通过激活社区人力资源、培养参与者成为组织者为流动儿童提供可持续的服务。

加强社会力量在流动和留守儿童保护领域的参与，也是国家政策的重要导向。自2016年国务院出台《关于加强农村留守儿童关爱保护工作的意见》，要求“充分发挥村（居）民委员会、群团组织、社会组织、专业社会工作者、志愿者等各方面积极作用”，推进“家庭、政府、学校尽职尽责，社会力量积极参与的农村留守儿童关爱保护工作体系全面建立”以来，各省份结合本地实际情况纷纷出台了相应的困境儿童保障工作实施方案，进一步落实了社会力量参与的机制。2019 年 4 月，民政部等多部委联合印发了《关于进一步健全农村留守儿童和困境儿童关爱服务体系的意见》[①]，提出“积极培育儿童服务类的社会工作服务机构、公益慈善组织和志愿服务组织”，“支持相关社会组织加强专业化、精细化、精准化服务能力建设，提高关爱保护服务水平，为开展农村留守儿童、困境儿童等工作提供支持和服务”，进一步从制度层面加大了社会组织参与儿童保护的力度。本书的“实践篇”部分，集中展现了不同社会组织在关爱、保护流动和留守儿童领域，做出的努力与取得的成效。

流动儿童在可获得的教育机会、教育资源和其他社会公共资源方面都远远落后于本地儿童。由于父母陪伴不足，他们只能获得有限的家庭教育，成长需求难以被满足；受生活环境限制，家和社区都无法为他们提供儿童友好的空间，导致他们课余生活单调、安全存在隐患；因不具有本地户籍，他们在可及的公共服务尤其是教育机会方面，都无法享有与本地儿童同等的待遇；而这些长期的不平等又造成他们的自卑感，导致他们难以建立对自我和社会的认同。

流动儿童面临的这些问题，在 20 世纪 90 年代就得到了社会组织的关注，社会组织开始为他们提供课业辅导、兴趣培训和改善办学条件等方面的公益服务，这也成为到目前为止为流动儿童服务的主流模式。但是，近年来，受“公益市场化”思潮的冲击，以及流动儿童服务组织获取的外部资源不足的影响，社会组织在提供流动儿童服务方面遇到了挑战。为此，一些社会组织开始了构建针对流动儿童的社区支持网络的探索。《运营儿童友好公共空间，发展社区支持网络助力流动儿童成长——以“小禾的家”公益项目为例》一文，详细介绍了位于珠三角地区的一个公益项目，如何通过赋能流动妈妈和流动儿童，让其从流动儿童服务活动的参与者，变为组织者甚至社区公共空间的运营者，进而搭建流动儿童的社区支持网络，以持续稳

① 民政部：《关于进一步健全农村留守儿童和困境儿童关爱服务体系的意见》，民政部网站，2019 年 5 月 27 日，https：//www. mca. gov. cn/article/gk/wj/201905/20190500017508. shtml，最后检索时间：2023 年 2 月 17 日。

定地为这一群体服务。

近年来，受新冠疫情的影响，流动儿童在大城市的学习和生活也面临新的挑战。但是，他们的需求和声音没有被社会组织忽略。疫情下，很多社会组织积极观察和回应流动儿童的需求，他们转变服务方式，尽力帮助流动儿童平稳度过这一“艰难”时期。《疫情下超大城市流动儿童的生存与学习状态实录》一文，从社会组织的视角，呈现了疫情下北上广三地流动儿童的学习与生存状态。其中，有些通过问卷调查，反映了流动儿童的线上教育情况；有些聚焦有代表性的案例，通过访谈，展现了疫情下流动儿童或流动家长的心声；有些站在城市变迁的角度，挖掘和反思了流动儿童疫情下返乡的深层原因。这些调查为读者提供了珍贵的一手资料。

留守儿童与流动儿童同属进城务工人员子女，但由于长期缺乏父母的陪伴，很多留守儿童的心理健康出现了问题。这一现象已经引起政策制定者的关注，我国近年来出台了多项政策，呼吁加强对留守儿童的关爱和保护。在这一领域，传统的公益模式包括爱心捐赠、支教等。《在书信里看到真实的留守儿童——以蓝信封书信笔友项目为例》一文，介绍了一个不同于传统模式的留守儿童公益项目，该文基于书信志愿者与留守儿童的书信往来案例，从亲子关系、学业压力、青春期烦恼、暴力与自残、手机与网络、疫情等六个方面勾勒出青春期留守儿童的特征，并提炼出这一群体的心理特点。

总之，在新形势下，为了更好地回应和满足流动儿童和留守儿童的需求，我国社会组织正积极探索服务模式和组织方式的转变与创新，这一过程虽然充满了挑战，但也富含了智慧与灵感。

最后，我们提出一个值得深思的问题，前文的诸多描述表明儿童“流动/留守”身份的转变始终受人口政策、教育政策、社会服务政策等制度性因素的影响，可见儿童的留守和流动并非割裂的身份状态，而是一个连续、动态的过程。在一个各种社会制度因素环环相扣的流动过程中，任何一种子功能的缺失与退出都会带来非预期的结果，进而对流动儿童的教育与社会网络重构产生深远影响。这也是本书《被流动的童年：留守/流动儿童的生活史分析》一文的主要观点。因此，城市公共服务政策的制定必须基于系统性的全局考虑，将政策与农民工家庭正常运转的微观机制有机结合，才能从根本上解决人口流动所带来的一系列社会问题。

四　挑战与反思：政策建议

（一）优化公共教育供给是应对新人口形势的重要举措

第七次人口普查的结果揭示了中国当前社会、经济所面临的严峻挑战：中国拥有世界上最大规模的老年人口，和超过几乎所有主要经济体的人口老龄化速度，中国劳动力的规模优势正在逐渐丧失。而同时，新的人口政策尚未改变中国适龄人口的生育意愿，自 2016 年来，我国生育率连续五年下跌，接近“腰斩”。同时，人口向大城市、特大城市不断集中的总趋势并没有改变。如此，高昂的购房和教育成本成为压在涌入大城市的流动人口身上的两座大山，对适龄人口的生育意愿有着强烈的影响。因此，改善流动儿童的公共教育供给已成为新时期我国迫在眉睫的战略任务，它不仅能缓解低生育问题，更能提升城市人口的人力资本积累，以提升人口质量的方式弥补人口数量和结构性优势的丧失，是真正一举多得的政策举措。一方面，对于人口继续迁入而导致教育资源紧缺的城市应继续增加公共教育供给；另一方面，中央应从顶层设计上调整与地方在教育特别是流动儿童教育上的财政分配方式和比例，调动地方政府解决流动儿童教育问题的积极性，平衡中央和地方的能力和责任。

（二）基于社会正义与教育规律优化流动儿童教育政策

流动儿童的教育政策由于与户籍制度紧密联系，长期以来受到人口、经济等政策的强烈影响，甚至我国的某些特大城市将设置流动儿童入学门槛作为其调节人口规模、疏解过剩人口的手段。然而，流动儿童入学本质上仍然是教育问题，是政府公共服务的重要组成部分，应符合基本的社会正义和教育规律，过高的入学门槛与不合理的入学限制都与社会正义这一基本价值观相背离。例如，大多数城市的积分入学都仅针对“幼升小”或“小升初”的儿童，而对于一些中间年龄段的儿童来说，即使其积分达标，也很难“挤入”公办学校。我们发现，深圳市盐田区已专门制定《转班插班积分入学办法》，以考虑儿童真实教育需求的方式对流动儿童教育政策进行了优化和补充，值得其他城市借鉴和学习。无独有偶，虽然《关于构建更加完善的要素市场化配置体制机制的意见》中明确提出，倡导在长三角、珠三角等区域探索实现户籍准入年限同城化累计互认的机制，但这一政策的落地实施仍不如人意，目前只有南京市提出了“在苏州市的居住年限予以累计互认并赋分”，而其他很多城市之间还尚未实现最基本的市内积分或材料的互认。因此，各地政府需认真思考和借鉴南京的经验，探索制定具有可操作性的政策。

（三）加快城镇学校扩容增位，保障农业转移人口随迁子女平等享有基本公共教育服务

从国家政策导向的角度来看，中共中央、国务院印发的《中国教育现代化 2035》明确了“实现基本公共教育服务均等化、推进随迁子女入学待遇同城化”的战略任务及目标。农村宅基地与城市建设用地流转也被纳入下一阶段社会经济发展的重点规划之中，这一领域的改革将为包括公办教育在内的流动人口公共服务提供更具针对性的财政来源。从城市发展的角度来看，超大型城市按常住人口规模规划包括公办教育在内的公共服务供给，向常住人口提供均等化公共服务，不仅是出于对社会公平与教育公平的追求，更是出于城市社会经济长远发展的效益需求。

（四）“积极稳妥”与“积极稳慎”面对在民办学校就读的流动儿童，避免加大流动家庭的就学负担

中共中央办公厅、国务院办公厅印发的《关于规范民办义务教育发展的意见》第二条的表述为“民办义务教育在校生占比较高的地方要通过多种方式积极稳妥加以整改”，《教育部 2022 年工作要点》中也提出“积极稳

慎推进规范民办义务教育发展专项工作，加快优化义务教育结构，确保义务教育学位主要由公办学校和政府购买服务方式提供”。两份文件中的“积极稳妥”与“积极稳慎”，正是要求地方政府既要有承担义务教育主体责任的决心，也要有兼顾多方尤其是弱势群体利益诉求、避免造成短期重大震荡的治理智慧。此外，还要充分考虑2023~2025年入学高峰期带来的影响，对民办学校的“缩招”、停招与停办，应设置一个时间合理的过渡期，并积极稳妥地做好针对学生分流的统筹与“兜底”工作。在过渡期内，应当积极落实《义务教育法》第四十四条关于义务教育经费由省级统筹的规定，省级政府和各市应合力增加关于民办学位补贴的财政投入，切实减轻学费上涨给流动儿童家庭带来的经济压力。

（五）增强对0~3岁城市流动儿童的照护支持和普惠托育供给，提高3~6岁城市流动儿童的学前教育普惠率

我国公共服务体系中对城市流动儿童托育服务供给和早期发展没有明确的定位和支持措施，低龄流动儿童的发展福利受到了大幅度压缩。由于潜在需求群体规模较大、实际困难较为突出，针对城市低龄流动儿童的关爱保护服务推进难度较大，面临着政策设计、基层落实、家庭认可等多方面的挑战。可从城市低龄流动儿童关爱保护的政策入手，以政府购买服务的形式提供可负担的托育服务，加大对0~3岁城市流动儿童的照护支持力度和普惠托育供给。制定、颁布和完善相应的流动人口子女异地入园标准和政策，放宽入园条件，增加幼儿园学位，特别要加大普惠园的比例，严格管理幼儿园收费标准，提高普惠园的质量，加大对弱势儿童、弱势家庭的资助和帮扶力度，让更多的学前流动儿童不因户口及父母工作因素而难以接受流入地的优质学前教育服务。

（六）落实“累积性指标为主”的入学政策基本方向，加强公众参与公共政策的制定

国家发展改革委印发的《2019年新型城镇化建设重点任务》（发改规划

〔2019〕617 号）提出，“超大特大城市要调整完善积分落户政策，大幅增加落户规模、精简积分项目，确保社保缴纳年限和居住年限分数占主要比例”。这正是积分入学政策改革的新方向。在上述政策的指引下，各地的积分入学政策朝着规范化、包容性方向发展。然而，不同城市在入学政策上依然存在很大区别，部分地方政府依然选择通过积分制筛选直接有益于地方财政收入、经济发展的流动人员。这既包括对积分入学项目和权重进行修订，也包括在租赁合同备案等方面设置壁垒，边缘化中低收入人群。因此，继续落实“累积性指标为主”的入学政策基本方向，才能兑现公共服务均等化承诺。

总的来说，积分制入学政策是一种在有限范围内将原先的非正式入学途径正式化的办法。在过去十余年里，这一政策扩散到各个城市并日趋完善，为更多中低收入外来务工者的子女带来入学机会。围绕这一政策的制定和实施，也常常存在争论和博弈。在此背景下，信息公开、公众的参与对于公共政策的修改和完善有着重要意义。相较国内其他很多城市，珠三角地方政府在政策出台与修订过程中较为注重信息公开、吸纳各方意见，这些做法为外来务工者表达意见与诉求提供了平台。在未来政策的修订与完善过程中，社会力量能否和如何参与其中，包括表达诉求、参与政策博弈、反馈和进行监督等，以及各级政府如何回应民意，将是影响未来流动儿童教育状况的关键。

（七）完善随迁子女义务教育经费的省级统筹，加大中央财政资助随迁子女义务教育的力度，落实随迁子女义务教育政策执行的国家审计制度安排

随着城镇化进程加快和人口结构的不断变化，随迁子女教育问题与社会其他领域（如财政政策、人口政策、人事政策等）紧密相连、互相制约，市、县政府教育统筹发展的力度已显得不够，需要在较高的管理层级上统筹谋划。当前随迁子女义务教育经费主要由区县政府负担，亟须将随迁子女的教育财政责任适度上移到更高级别的省级和中央财政，着重强化省级统筹的

事权和财政责任，避免基层区县政府财政责任过重。省级政府具有独特地位和优势，推进随迁子女义务教育经费省级统筹实质是在更高层次理顺教育经费体制，在更大范围优化义务教育资源配置，在更大区域推进教育公平。要进一步厘清省级政府的财政责任，形成随迁子女义务教育经费在省、市、区县各级政府间的预算制度，完善省级政府财政转移支付制度，构建省级政府统筹随迁子女义务教育教师工资保障机制，完善随迁子女义务教育经费省级统筹的监测体系与教育督导问责机制。

（八）建立城市流动家庭突发事件的应急机制

在受到疫情等突发事件影响的情况下，如何更好地保障城市流动儿童的发展机会，是城市流动儿童关爱保护的重要议题。在突发事件影响下，流动人口家庭风险抵御能力减弱，流动儿童的成长空间受到限制，但目前没有形成相应的应急工作机制和关爱保护机制。在流动家庭遭遇突发情况时为其提供关爱保护，这对城市流动儿童关爱保护工作的应急机制创新提出了新的要求。探索城市流动儿童关爱保护多方合作机制与行动规范，引导社会力量参与城市流动儿童关爱保护工作，政府主要提供基础性兜底服务，并通过购买服务、联合活动等形式，整合多方社会力量形成多元化、多层次、全方位的关爱保护服务供给模式。同时，联动学校、家庭、社区、职能部门，建立城市流动儿童遭受侵害的预警和保护机制，及时识别城市流动儿童可能遭遇的不利环境，形成工作预案，将风险化解和关爱保护工作贯穿整个服务流程。

（九）提高课后服务质量，满足流动家庭和流动儿童的多样化需求

受就读学校性质、家长教育模式、家校沟通频率等因素的影响，不同阶层的家庭儿童教育获得存在明显差异。课后服务的有效推行能够保障低收入家庭子女的受教育权利，弥补因校外教育支出不均而扩大的教育不平等，缩小由家庭收入差距而导致的教育差距“马太效应”。

获得优质且相对廉价的教育资源是流动儿童家长所渴求的，而课后服务

正有机会成为他们所需要的这种服务。政府可以通过购买课后服务、专项补贴等形式，让流动儿童上得起、用得好课后服务，这样才能弥补流动儿童校内教育和家庭教育的不足，缩减他们与本地儿童之间的差距。同时，为作为城市中的边缘群体的流动儿童提供质量较高的课后服务，包括托管班、看护服务、阅读服务以及其他兴趣班等，可以吸引并支持更多进城务工父母将孩子带在身边，增加父母对孩子的陪伴时间，减少儿童留守情况的存在，让孩子能在与父母一起流动的过程中也接受良好的教育。

宏观篇

Macro Reports

B.2

21世纪以来我国流动人口教育结构的历时演变

周 皓　陈晓雄*

摘　要： 本文基于2000年以来的三次人口普查数据，从历时比较的角度，在简要描述流动人口总体发展趋势和我国总人口教育状况的基础上，从教育结构和平均受教育年限两个方面描绘了流动人口的教育特征，并从性别、年龄、流动范围和省区四个方面讨论了流动人口内部子群体之间的差异性。结果表明：我国流动人口的主体是初中受教育水平的人口；流动人口在宏观层面同样具有教育选择性；受过高等教育的女性流动人口比例已超过男性；不论是年龄变化，还是历时变化，我国流动人口呈“低降高升、中间稳定”的趋势。作为流动人口宏观背景的教育结构的变化，既要求把握流动人口的主体构成，又应针对新趋势提出相应的政策框架。

* 周皓，北京大学中国社会发展研究中心研究员，北京大学社会学系教授，博导，研究方向：人口学、人口迁移与流动、儿童发展、社会调查与统计方法；陈晓雄，北京大学社会学系博士生，研究方向：人口学、人口迁移与流动。

关键词： 流动人口 教育结构 历时演变 七普

流动儿童的教育与发展深受其家庭环境的影响。流动人口受教育状况必然包含着那些携带子女的流动人口的受教育状况；后者必然会进一步通过流动儿童的家庭状况而影响到流动儿童的教育与发展问题。携带子女的家庭化流动已成为当前我国人口迁移流动中的重要形式之一①，其中重要特征之一就是教育的选择性，不论是流动人口自身的受教育水平，还是携带子女的流动人口的教育期望都会相对较高②。因此，流动人口的受教育状况是流动儿童教育发展的基础。从宏观角度描述流动人口的受教育状况和内部差异性、他们与非流动人口之间的差异性，以及流动人口受教育状况的历时演变，将有助于了解流动人口子女教育与发展的宏观背景。

同时，从人口迁移流动的研究来看，流动人口的受教育状况通常或是作为一个特征而被包含在流动人口特征的分析中，或者作为研究自变量而讨论教育对流动人口各方面的影响，如对流动决策的影响③、对劳动力教育回报的影响④、对流动人口社会融合与居留意愿的影响⑤，乃至对政治参与的影响⑥

① 周皓：《中国人口迁移的家庭化趋势及影响因素分析》，《人口研究》2004 年第 6 期；盛亦男：《中国流动人口家庭化迁居》，《人口研究》2013 年第 4 期。

② 周皓：《家庭社会经济地位、教育期望、亲子交流与儿童发展》，《青年研究》2013 年第 3 期；周皓：《流动儿童发展的跟踪研究》，北京大学出版社，2014。

③ 颜银根：《流动人口受教育程度对跨地区流动决策的影响研究》，《中国人口科学》2020 年第 1 期。

④ 王伶鑫：《中国流动人口高等教育回报的户籍差异研究》，《青年探索》2021 年第 6 期；李铭娜、回莹：《教育对流动人口工资收入的影响研究》，《人口学刊》2021 年第 6 期；杨宜勇、王伶鑫：《流动人口教育回报率变动趋势研究》，《中国人口科学》2021 年第 2 期。

⑤ 王春光：《新生代农村流动人口的社会认同与城乡融合的关系》，《社会学研究》2001 年第 3 期；杨菊华：《中国流动人口的社会融入研究》，《中国社会科学》2015 年第 2 期；杨菊华、张娇娇、吴敏：《此心安处是吾乡——流动人口身份认同的区域差异研究》，《人口与经济》2016 年第 4 期；李强、何龙斌：《人力资本对流动人口的城市融入影响研究——兼论就业的中介作用》，《湖南社会科学》2016 年第 5 期；赵如婧、周皓、彭成琛妮：《流动人口居留意愿及其影响因素的历时变化研究——基于 2010~2017 年流动人口动态监测调查数据》，《人口与发展》2021 年第 6 期。

⑥ 周皓：《流动人口的政治参与——制度与教育》，《人口与社会》2016 年第 4 期。

等，却极少有研究文献专门描述流动人口的受教育状况。从某种意义上讲，当前的社会科学研究似乎忽略了那些基本特征问题，而一味地追求所谓的新方法新问题。这些基本特征是了解整个流动人口状况的宏观背景与基础信息。

正因如此，本报告的目的是描述性分析流动人口的受教育状况及其历时演变，以期为流动儿童的教育与发展提供宏观背景资料。其中，第一部分将以2020年中国第七次人口普查资料为基础，结合以往的人口普查与1%人口抽样调查数据，描述我国自21世纪以来流动人口的变动特点；第二部分利用部分人口受教育指标（如教育构成、受教育年限等），描述流动人口的受教育状况，并将其与全国总人口、非流动人口（本地人口）进行比较，以揭示流动人口的受教育状况的特点；第三部分将从性别、年龄以及省区等方面，描述流动人口受教育的差异性，以揭示流动人口内部各种不同子群体的特征；第四部分为总结与讨论。

按照人口普查规则，本文中流动人口的定义为：户籍登记地未发生改变，但现居住地跨越乡镇街道（不同于户口登记地）且在本地居住半年以上，或者在本地居住不满半年但离开户籍登记地半年以上的人口。流动儿童指18岁以下的流动人口。

数据说明：本文使用的七普数据主要包括第七次全国人口普查第七号公报数据和《2020年中国人口普查年鉴》；普查年鉴中未包括分年龄、性别的流动人口受教育状况，为此本文还将使用七普1‰原始微观数据。但出于各种原因（包括抽样、流动人口与市内人户分离人口的定义等原因），七普1‰原始微观数据的结果与普查年鉴结果之间存在一定差异。这是需要说明的数据问题。除七普数据以外，本文还用到五普和六普的汇总数据，以用作历时对比分析。

一　中国人口流动的新特点与新变化[①]

第七次全国人口普查第七号公报数据[②]显示，全国人口中，人户分离人

① 本部分引自周皓：《中国人口流动模式的稳定性及启示——基于第七次全国人口普查公报数据的思考》，《中国人口科学》2021年第3期。

② 数据来源：http://www.stats.gov.cn/tjsj/zxfb./202105/t20210510_1817183.html。

口为4.9276亿人，其中，市辖区内人户分离人口为1.1695亿人，流动人口为3.7582亿人。流动人口中，跨省流动人口为1.2484亿人，省内流动人口为2.5098亿人。与2010年第六次全国人口普查相比，人户分离人口增加2.3138亿人，增长88.52%；市辖区内人户分离人口增加7698.6324万人，增长192.66%；流动人口增加1.5439亿人，增长69.73%。

总体而言，七普数据显示，中国的人口流动呈现以下明显特征：流动人口活跃度大幅提高，绝对规模陡增，跨省流动和城—城流动规模剧增。

（一）人口流动更趋活跃，绝对规模陡增

2020年全国人户分离人口达4.9276亿人，占全国总人口的34.90%。2010~2020年的10年间，人户分离人口增加2.3138亿人，增长88.52%。该比例之高、增速之快已远超预期，说明过去10年间，中国人口流动更加活跃。尽管这一结果可能与普查登记方式的改进有关，但已能说明我国人口流动更趋活跃的现实。

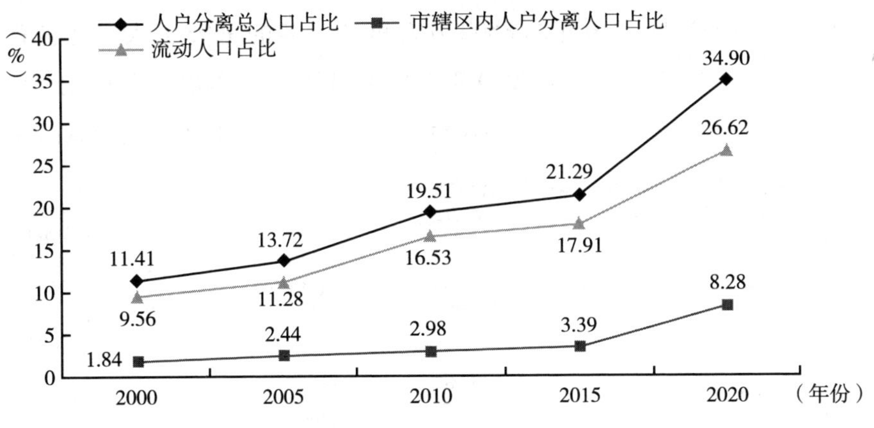

图1　中国人口流动更加活跃

2020年全国流动人口规模巨大，已达3.7582亿人，占全国总人口的26.62%，相当于1/4的人口处于流动状态。与2010年六普相比，流动人口规模增加了1.5439亿，增长69.73%。粗流动率从2010年六普时的16.53%

提高到2020年的26.62%，提高了约10个百分点。这说明人口流动更加趋向活跃，且绝对规模陡增。要注意的是，这里的流动人口至少还未包括普查登记时间范围内的户籍迁移人口和5年间流出并再次返回户籍地的人口。如果加上这两批人，迁移与流动的人口规模会更大，比例也会更高。单就户籍迁移人口而言，如果只考虑"十三五"期间"一亿人落户"的目标，则迁移流动人口规模高达4.758亿，占全国总人口的比例也提高到33.70%。更何况户籍迁移人口的规模可能远大于这个目标。如果再加上市内人户分离人口，全国至少有四成以上的人口有过迁移与流动经历。因此，人口流动更趋活跃。这也表明"流动时代"的真正到来。

（二）跨省流动与城—城流动规模双双剧增

当前，中国流动人口最重要的特征是规模巨大，这不仅反映在流动人口总规模上，也反映在各种类别的流动人口上，最明显的是跨省流动和"城—城"流动。从跨省流动看，虽然七普跨省流动的比例（33.22%）相对低于2010年六普（38.85%）和2015年小普查（39.42%）的比例（见图2），但其绝对规模从2010年的8602万人和2015年的9696万人，迅速增加到2020年的1.2484亿人，比2010年增加45.13%。绝对规模增大的速度相当惊人。同样，"城—城"流动的比例虽然略有下降，但与跨省流动类似，

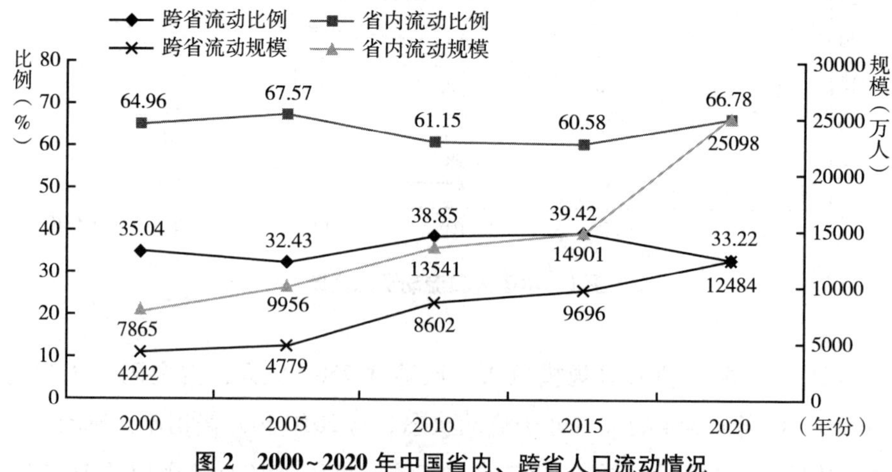

图2 2000~2020年中国省内、跨省人口流动情况

“城—城”流动人口的绝对规模由2010年六普的4694万人增加到2020年七普的8200万人，2020年比2010年多出约3500万人，也迅猛扩大。此外，中国西部城市吸引的流动人口规模也稳步扩大。

二　中国流动人口受教育状况及历时比较

流动人口的教育选择性是其重要特征之一，即受教育水平越高的人越有可能流动[①]。尽管有研究认为中国农村地区流出人口的教育选择性体现为受教育水平以流出地中间层次的人口为主[②]，但不论是从个体流动决策，还是从宏观流动人口受教育状况与非流动人口的比较来看，多数实际数据表明中国的流动人口仍然体现出较强的教育选择性[③]。本节仅从宏观总体视角讨论流动人口的受教育状况，及其与非流动人口（即本地常住人口）的对比结果。

（一）我国人口的受教育状况

2000~2020年这20年间我国人口的教育结构及其变化趋势请见表1。总体上看，这20年间我国人口的受教育水平显著提高。不仅人口的平均受教育年限明显提高，而且教育结构明显改善，主要表现出“底部减少、中间趋稳、顶部扩大”的基本特征。具体来看，我国人口的受教育水平呈现以下的特征。

---

① Massey, Douglas S., Arango, Joaquin, Hugo, Graeme, Kouaouci, Ali, Pellegrino, Adela, Taylor, J. Edward, et al. (1993), Theories of International Migration: A Review and Appraisal. *Population and Development Review*, Vol. 19 (3), 431-466.

② Zhao, Yaohui (1999), Labor Migration and Earnings Differences: The Case of Rural China. *Economic Development and Cultural Change*, Vol. 47 (4), 767-782.

③ 杨云彦：《我国人口迁移的选择性探析》，《人口研究》1992年第2期；Liang, Zai, Ma, Zhongdong (2004), China's Floating Population: New Evidence from the 2000 Census. *Population and Development Review*, Vol. 30 (3), 467-488；段成荣、杨舸、张斐等：《改革开放以来我国流动人口变动的九大趋势》，《人口研究》2008年第6期；郑真真：《中国流动人口变迁及政策启示》，《中国人口科学》2013年第1期。

表 1　2000~2020 年我国三类人口教育结构的变化趋势

单位：%

受教育情况	2000 年			2010 年			2020 年		
	全部	本地	流动	全部	本地	流动	全部	本地	流动
小学及以下	48.51	51.66	22.90	33.75	37.64	19.29	33.01	39.12	22.49
初中	35.71	35.40	38.21	41.70	41.89	44.22	35.60	36.86	35.34
高中/中专	11.79	10.20	24.75	15.02	13.10	21.70	15.51	12.65	20.05
大学专科/本科	3.91	2.70	13.77	9.19	7.11	14.44	15.09	10.81	21.21
研究生	0.08	0.04	0.37	0.33	0.26	0.35	0.79	0.56	0.90
平均受教育年限	7.56	7.38	8.83	8.76	8.40	9.91	9.08	8.43	10.10

资料来源：2000 年数据来源于《中国 2000 年人口普查资料》中的长表 3-1、7-6a 和 7-6b；2010 年数据来源于《中国 2010 年人口普查资料》中的短表 4-1、7-5；2020 年数据来源于《2020 年中国人口普查年鉴》中的短表 4-1、7-5。所有数据均不包含港、澳、台数据。

注 1：本表中，2000 年和 2010 年是 6 岁及以上人口，2020 年是 3 岁及以上人口。

注 2：平均受教育年限计算方法：①2000 年人口普查中，“未上过学”和“扫盲班”定义为 0 年，“小学”“初中”“高中”“中专”分别定义为 6 年、9 年、12 年、12 年，“大学专科”“大学本科”“研究生”分别定义为 15 年、16 年、19 年。②2010 年人口普查中，“未上过学”定义为 0 年，“小学”“初中”“高中”分别定义为 6 年、9 年、12 年，“大学专科”“大学本科”“研究生”分别定义为 15 年、16 年、19 年。③2020 年人口普查中，“未上过学”“学前教育”定义为 0 年，“小学”“初中”“高中”分别定义为 6 年、9 年、12 年，“大学专科”“大学本科”分别定义为 15 年、16 年，“硕士研究生”定义为 19 年，“博士研究生”定义为 23 年。下同。

第一，我国人口的平均受教育年限有了明显提高，从 2000 年的 7.56 年，上升到 2010 年的 8.76 年，继而提高到 2020 年的 9.08 年，20 年间提高了将近 1.5 年。平均受教育年限的延长主要得益于小学及以下受教育水平人口所占比例的下降和大学及以上受教育水平人口所占比例的不断提高。

第二，全国小学及以下受教育水平人口所占比例不断下降，底部减少的趋势明显。与 2000 年相比，2020 年下降了 15.5 个百分点。这一减少趋势的原因有两个方面：一方面是随着我国义务教育的普及，低年龄段接受义务教育的人口比例不断增加；另一方面则是受教育水平相对较低的老年人口随时间而逐渐离世，从而降低了小学及以下人口的比例。二者共同使得小学及以下人口所占比例逐步下降。同时要注意，表 1 中 2020 年的人口包括 3 岁及以上的人口，2000 年和 2010 年对应的是 6 岁及以上人口。因此，如果从

6岁及以上来看，2020年七普时小学及以下人口比例应该会更低。

第三，大学及以上的接受高等教育人口所占比例呈现大幅度上升趋势。2000年时，我国大学及以上人口所占比例为3.99%，其中大学专科/本科所占比例为3.91%，研究生所占比例仅为0.08%；但到2020年七普时，大学专科/本科受教育水平的人口所占比例达到了15.09%，研究生所占比例达0.79%，差不多分别是2000年五普时的四倍和十倍。这种结构性的变化主要得益于中国高等教育在近20年间的迅猛发展及全国人口的增加。

第四，与小学及以下人口所占比例不断减少、大学及以上人口所占比例不断上升相对应的，则是受教育水平为中间层级的人口所占比重基本稳定的状态。2000年时初中受教育水平的人口所占比例为35.71%，而2020年该比例为35.60%；尽管2010年时该比例略有上升（41.70%）。而高中/中专受教育水平人口所占比例从2000年的11.79%上升到2010年的15.02%后，在2020年维持在15.51%。因此，初中和高中/中专受教育水平人口的比例基本上是相对稳定的。

（二）流动人口的教育结构及其变化趋势

表1同时还给出了2000~2020年这20年间我国流动人口和本地人口教育结构的变化趋势。

流动人口的教育结构发展趋势和全国人口的发展趋势基本一致，同样呈现底端下降、顶端上升，中间平稳的状态。首先，流动人口中，小学及以下受教育水平的人口所占比例呈逐步下降趋势，由2000年的22.9%小幅度地下降到2010年的19.29%；2020年七普时却上升到22.49%，这主要是由于七普汇总数据的对象是3岁及以上人口。如果减去3岁至5岁的人口，则其比例应该会有所下降。同时，初中受教育水平的人口所占比例则由2000年的38.21%下降到2020年的35.34%；高中/中专人口占比同样也是小幅下降，从2000年的24.75%下降到2020年的20.05%。但大学及以上受教育水平的人口所占比例却由14.14%上升到2020年的22.11%，20年间上升了8

个百分点。特别是受教育水平为研究生的人口所占比例，由 2000 年的 0.37%上升到 2020 年的 0.9%。其次，流动人口仍然以初中和高中这两类受教育水平的人口为主体，两类人口相加占了 55.39%。这种主体结构与我国总人口的教育结构相对应。

比较流动人口与本地人口在教育结构上的差异，发现流动人口的教育结构从宏观角度体现了其选择性。首先，从大学及以上人口的比例来看，2000 年时流动人口的相应比例高达 14.14%，远高于本地人口的 2.74%，流动人口中大学及以上人口的比例几乎是本地人口的 5 倍；2010 年时，流动人口中大学及以上人口所占比例达 14.79%，远高于本地人口的 7.37%；到 2020 年七普时，流动人口中大学及以上人口所占比例达 22.11%，而本地人口中相应比例仅为 11.37%，相差近 11 个百分点。其次，尽管初中受教育水平人口所占比例，本地人口与流动人口几乎是相同的，但高中/中专受教育水平人口所占的比例，流动人口依然高于本地人口。2000 年时，本地人口的该比例仅为 10.20%，但流动人口的该比例却高达 24.75%；到 2020 年，本地人口的该比例为 12.65%，但流动人口中的相应比例为 20.05%；尽管这一比例比 2010 年和 2020 年时的都相对更低，但与本地人口相比，却仍然是更高的。可见，受教育水平越高，流动人口的相应比例相对于本地人口而言也越高，这正体现了流动人口的教育选择性。同时，从目前所揭示的流动人口教育结构看，流动人口并不纯粹是低受教育水平的农民工，其中还包括了很多受过高等教育的人口，因此，流动人口并不能用农民工来代替，毕竟农民工只是流动人口中的一个子群体。

（三）流动人口平均受教育年限及其变化趋势

平均受教育年限是一个综合性的指标。由数据可以发现，流动人口的平均受教育年限在近 20 年间有较大幅度的提高：从 2000 年的 8.83 年，上升到 2010 年的 9.91 年，继而再上升到 2020 上的 10.10 年。这种平均受教育年限的提高主要源自低受教育水平人口比例的减少和高受教育水平人口比例的增加。

与本地人口相比，流动人口的平均受教育年限远高于本地人口。2000年时，流动人口的平均受教育年限为 8. 83 年，高于本地人口的 7. 38 年；2010 年两类人口的平均受教育年限则分别为 9. 91 年和 8. 40 年；到 2020 年七普时，流动人口的平均受教育年限已达 10. 10 年，相当于高中一年级的水平，而本地人口仅为 8. 43 年，尚未完全达到初中毕业的水平。因此，平均受教育年限指标也同样体现了人口流动的教育选择性。

从平均受教育年限的增长速度来看，流动人口和本地人口在 2010 年前后表现出不同的趋势（见图 3）：2000 年至 2010 年间，不论是流动人口还是本地人口，都与总人口有着相同的增长趋势；但在 2010 年六普至 2020 年七普的十年间，流动人口的平均受教育年限持续提高，本地人口的平均受教育年限提高速度却明显放缓，几乎趋于停滞。将总人口按照流动与非流动划分成两组来看，前十年中平均受教育年限的增长主要源于中国人口受教育状况的总体结构性改变，特别是义务教育的充分实施与高等教育扩招的共同作用；而后十年的主要表现是高受教育水平人口具有更强的流动性。

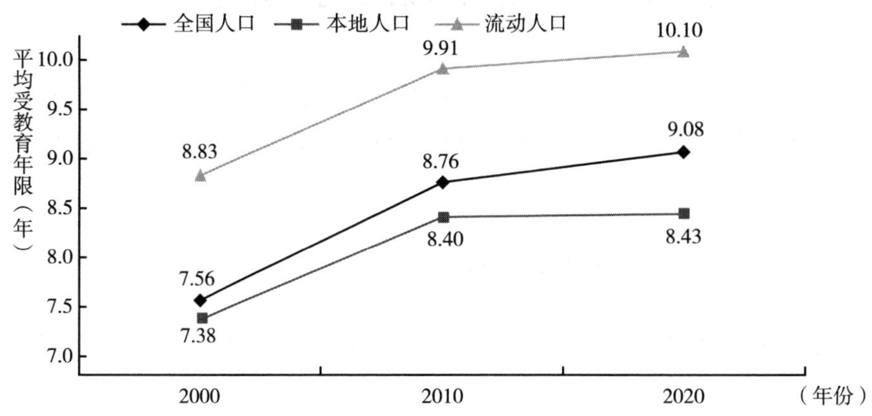

图 3　2000~2020 年本地人口和流动人口平均受教育年限变化趋势

高受教育水平的人口更容易流动，是人口流动教育选择性的表现。这既与高受教育水平人口的个体能力相关，也与宏观的高等教育资源配置乃至宏观社会经济发展背景相关。从个体层次看，高受教育水平的人口拥有更明确的未来发展目标和职业规划，具有相对更强的信息搜索能力、在流入地寻找到合适工作所必需的学习与工作能力，以及相应更强的社会适应能力。其个体本身所拥有的资源与技能可以促成其向更高等级城市流动。高等教育资源的地域配置与社会经济发展水平的地域差异，则是高受教育水平人口流动的宏观层面的原因。社会经济发展水平相对较高的地区及其产业结构与劳动力市场对高受教育水平人口产生强烈需求；而高等教育资源和经济发展资源所具有的高度地域集中性与空间分布非均衡性，以及经济发展水平相对较高地区所具有的有利条件（包括职业发展机会、更高的教育回报等），直接诱发个体的“社会毛细血管”机制，从而使高受教育水平人口更倾向于流入社会经济发展水平相对较高的地区。个体特征及选择能力、宏观经济发展的需求与更高的教育回报，以及我国高等教育资源的地区配置等各种因素相结合，共同促使了高受教育水平人口的空间流动。

三　流动人口受教育状况的差异性分析

为进一步描述流动人口的受教育状况，以下将从性别、年龄和地区三个方面描述流动人口受教育状况的差异性，以及流动人口不同子群体的教育状况的历时变化。

（一）流动人口教育状况的性别差异

女性在教育获得上超过男性已成为世界各国普遍的现象①，中国也不

① Goldin, C., Katz, L. F., Kuziemko, I., et al. (2006), The Homecoming of American College Women: The Reversal of the College Gender Gap. *Journal of Economic Perspectives*, Vol. 20 (4), 133-156; Lai, F. (2010), Are Boys Left behind? The Evolution of the Gender Achievement Gap in Beijing's Middle Schools. *Economics of Education Review*, Vol. 29 (3), 383-399; Becker, G. S., Hubbard, W. H. J., Murphy, K. M., et al. (2010), Explaining the Worldwide Boom in Higher Education of Women. *Journal of Human Capital*, Vol. 4 (3), 203-241.

例外①。2020 年七普数据说明这一现象同样存在于中国的流动人口中。2020 年七普中流动人口分性别的教育结构见表 2。相对于男性而言，女性虽然在低受教育水平部分（小学及以下）的比例相对较高，但在大学专科及以上的高受教育水平部分的比例（小计为 22.74%）却同样相对高于男性（小计为 21.56%）。当然，女性在博士研究生部分的比例仍然略低于男性。而在初中和高中的受教育水平中，女性比例略低于男性。尽管两性间的差异并不是很大，但女性流动人口在高等教育获得上的比例至少已经超过男性。而且，女性在小学受教育水平上的比例高于男性，同样可能受到老年人口中小学受教育水平占比相对较高的影响。

表 2　2020 年七普中流动人口分性别的教育结构

单位：%

受教育情况	合计	男性	女性
未上过学	1.73	1.07	2.48
学前教育	3.13	3.13	3.12
小学	17.63	16.12	19.33
初中	35.34	36.88	33.61
高中	20.05	21.25	18.71
大学专科	11.41	11.39	11.43
大学本科	9.81	9.32	10.35
硕士研究生	0.82	0.75	0.89
博士研究生	0.08	0.10	0.07

资料来源：2020 年数据来源于《2020 年中国人口普查年鉴》中的短表 4-1、表 7-5 和表 7-6。所有数据均不包含港、澳、台数据。同时，本表中的人口为 3 岁及以上人口。

同时，不论是男性还是女性流动人口，虽然有 22%左右是大学及以上受教育水平的人口，但在男性流动人口中，其主体还是初中和高中受教育水

① Xu, Haidong, Zhou, Hao (2022), Development of Educational Attainment and Gender Equality in China: New Evidence from the 7th National Census. *China Population and Development Studies*, Vol. 6 (4).

平的人口，两类受教育水平人口的比例之和为 58. 13%；而女性流动人口则以小学和初中受教育水平为主体，两者比例之和达 52. 94%。这一点与中国流动人口的受教育水平以中等教育为主是一致的。

从作为概括性指标的平均受教育年限看，流动人口中女性的平均受教育年限（9. 99 年）仍相对低于男性（10. 20 年）。其根本原因还是在于小学及以下受教育水平的女性人口比例相对较高。

表 3　2000~2020 年我国流动人口教育结构的变化趋势

单位：%

受教育情况	2000 年			2010 年			2020 年		
	流动	男性	女性	流动	男性	女性	流动	男性	女性
小学及以下	22. 90	24. 32	32. 59	19. 29	17. 00	21. 89	22. 49	20. 32	24. 93
初中	38. 21	43. 06	40. 83	44. 22	45. 30	42. 99	35. 34	36. 88	33. 61
高中/中专	24. 75	23. 49	20. 05	21. 70	22. 67	20. 60	20. 05	21. 25	18. 71
大学专科/本科	13. 77	8. 89	6. 41	14. 44	14. 64	14. 20	21. 21	20. 71	21. 78
研究生	0. 37	0. 24	0. 11	0. 35	0. 38	0. 32	0. 90	0. 85	0. 96
平均受教育年限	8. 95			9. 91	10. 08	9. 72	10. 10	10. 20	9. 99

资料来源：2000 年的“流动人口”数据源于《中国 2000 年人口普查资料》中的表 7-6a 和 7-6b；但由于普查资料中未提供分性别的结构，因此以原始微观数据的计算结果代替；汇总数据与原始微观数据之间有一定差异。2010 年数据来源于《中国 2010 年人口普查资料》中的短表 4-1、7-5；2020 年数据来源于《2020 年中国人口普查年鉴》中的短表 4-1、7-5。所有数据均不包含港、澳、台数据。同时，2000 年和 2010 年对应 6 岁及以上人口；但 2020 年的人口为 3 岁及以上人口。

从历时角度来看，由于 2000 年普查资料未提供分性别的流动人口教育结构，因此，本文在后续比较中不再讨论 2000 年的情况，仅讨论 2010 年至 2020 年 10 年间的变化情况。具体请见表 3。上文已经指出，流动人口在这 20 年间呈现的变化趋势与总人口的趋势基本一致。在此不再赘述。此处将主要从分性别的角度来看。表中数据说明了两个主要特点。

首先，分性别的变化趋势同样表现出“底部减少，顶部扩大，中间稳定”的特点。不论男性还是女性，高中及以下的比例都相应有所减少（小学及以下的女性占比相对提高，原因估计仍然是对应的人口为 3 岁及以上人口），但大学及以上的比例都有显著增加。如男性初中受教育水平的流动人口占比由2010年的45.30%减少到2020年的36.88%；女性初中受教育水平的比例则由2010年的42.99%降低到2020年的33.61%。这种结构变动趋势与总人口的变动趋势基本上仍然是一致的。

其次，在女性流动人口中，大学及以上受教育水平人口所占比例首次超过了男性。上述初中受教育水平人口所占比例下降的近10个百分点大部分都补到大学及以上受教育水平的比例上。男性流动人口中大学及以上受教育水平的比例由2010年的15.02%（14.64%+0.38%）上升到2020年的21.56%（20.71%+0.85%）；女性流动人口的相应比例则由14.52%（14.20%+0.32%）提高到2020年的22.74%（21.78%+0.96%）。而且女性流动人口中大学及以上人口所占比例超过了男性。这也正是女性在教育获得上超过男性的现象在流动人口中的体现。

再次，不论是2010年六普，还是2020年七普，男性和女性流动人口都是以初中受教育水平为主体。当然，男性以初中和高中受教育水平为主体，而女性仍然以初中和小学受教育水平为主体。

上述这些分性别的变动趋势，既体现了男性和女性的教育结构与总人口、流动人口总体的变动趋势有一致的地方，亦说明女性在近年来由于总体受教育水平的不断提高而在接受高等教育方面呈现明显的优势。同时，更多的高受教育水平女性人口加入流动队伍之中，不仅使流动人口内部结构会由此而产生变化，而且也必然会带来与以往不同的社会政策需求。

（二）流动人口教育状况的年龄与队列差异

为了进一步体现流动人口分年龄的教育结构（即各类受教育水平人口在本年龄层中所占比例），本文利用2020年七普原始微观数据计算了各年龄的教育构成。具体见图4。这一图示可以充分展示流动人口内部教育结构随年龄而发生的结构性变化。图4中的年龄仍然以普查中3岁及以上为标准。

图4中下方为小学及以下受教育水平人口所占比例。由此可见，在11

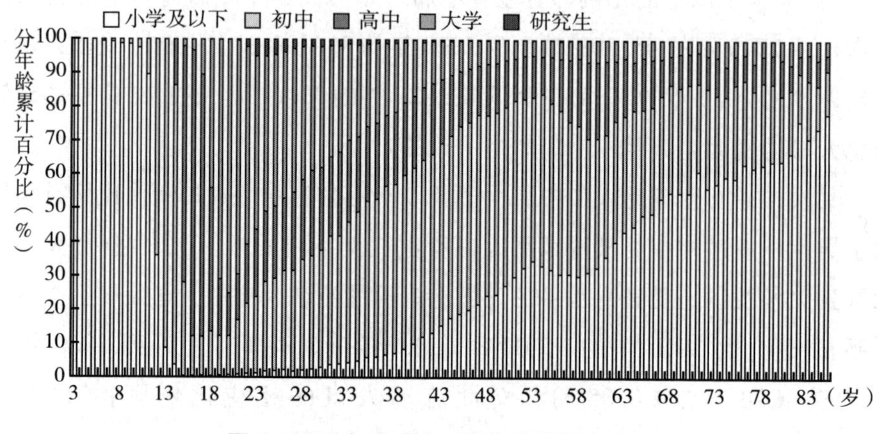

图 4　2020 年流动人口分年龄的教育结构

资料来源：根据 2020 年人口普查 1‰微观数据库计算，不包含港、澳、台数据。

岁以前，小学及以下所占比例都高于 90%；而 12 岁时，该比例下降到仅有 36%；到 15 岁时，这一比例仅为 0.52%，达到最低点；随后随着年龄而逐步上升。在 53 岁时有一个小高峰，达 34.69%；其后虽略有下降，但也很迅速上升。小学及以下受教育水平人口的这种结构分布，可以用于解释上述讨论中曾提到的，小学及以下受教育水平人口的比例在 2010 年至 2020 年之间不降反升的现象。其关键点在于将 3 岁至 5 岁的人口包括在内；且中老年段，特别是 50 岁及以上人口中所占比例较大。

图 4 的另一个特点是，20 岁左右的年轻段人口中，大学及以上受教育水平的比例高，如 20 岁时该比例高达 74.89%，即该年龄中将近 3/4 的人口为大学及以上人口。随着年龄的推移，大学及以上人口的比例逐步下降，45 岁以后下降到 10%以下。这种流动年轻人口中受过高等教育人口的比例随年龄的增加，既可能与升学求学有关，也可能与高受教育水平人口为追求实现自我价值而具有高流动性有关。后续研究可以结合流动原因进行更为详细深入的分析。

初中受教育水平人口所占的比例呈现随年龄先由小变大，再小幅变小的趋势。即在 20 岁左右的年轻人口中，该比例相对较小；随着年龄的上升，该比例逐步扩大，在47岁时达到最大（达55.98%），该年龄附近的比例也基本上在55%左右；然后再逐步下降，到85岁及以上年龄段时，该比例仅在12%左右。由此可以看到，我国的流动人口，特别是33~58岁的强劳动力年龄段中，都是以初中受教育水平的人口为主体。

相对而言，高中受教育水平人口所占比例，除了15~18岁段相对较高以外，其后各年龄段中该比例在20%左右，维持着较为平稳的发展趋势。

上述分年龄的流动人口教育结构清晰地表明，不同年龄段的流动人口，其教育构成不尽相同：年轻段以高受教育水平为主，中间年龄段以初中及以下为主，在老年段则以小学及以下人口为主。总体上，年龄别教育结构仍然体现了低受教育水平人口所占比例逐步降低、高受教育水平人口所占比例不断上升、中间维持平衡的状态。

当然，这里的流动人口包含了各种类型：从流动范围来看，是县内跨乡镇街道的、省内跨县的和省际的流动人口；从流动原因来看，既有务工经商、学习培训、工作调动等学习与工作原因的，也有婚姻嫁娶、投靠亲友等生活原因的。目前所反映的年龄别教育结构只是一个总体性的描述，其中的许多问题，包括未来流动人口的内部教育结构是否会由于流动人口内部世代更替而以高受教育水平人口为主体，尚需要结合各种特征做深入分析与讨论。

分性别的年龄别流动人口教育结构具体请见图5和图6。二图表明，男性和女性的年龄别教育结构与流动人口的总体结构基本相同。男性与女性最大的差异在于：女性流动人口以小学及以上受教育水平为主，而男性的各年龄中受过大学及以上的比例相对高于女性。女性流动人口在40岁以后，初中和小学两类受教育水平人口所占比例达到70%以上，68岁及以后的老年段则高达80%以上，且以小学及以下者为主。而男性流动人口在35岁后初中和小学两类受教育水平人口的比例超过50%。但，一方面初中及以下的男性比例相对低于女性，另一方面高中及以上的男性比例则相对女性更高，男性即使在68岁以后，高中及以上学历者比例也在15%~20%。

这种性别间的结构性差异是男性流动人口的平均受教育年限相对较高的

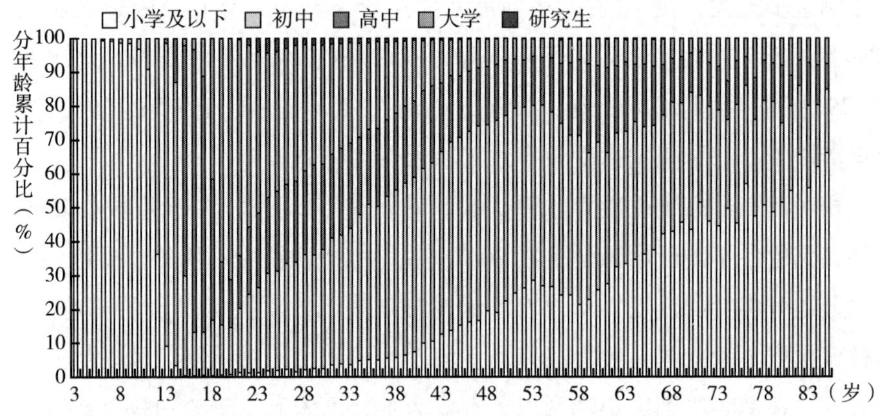

图 5　2020 年男性流动人口分年龄的教育结构

资料来源：根据 2020 年人口普查 1‰微观数据库计算，不包含港、澳、台数据。

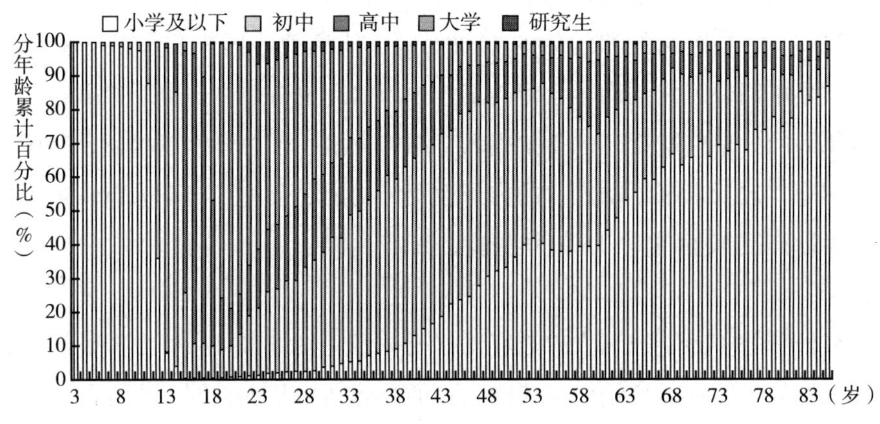

图 6　2020 年女性流动人口分年龄的教育结构

资料来源：根据 2020 年人口普查 1‰微观数据库计算，不包含港、澳、台数据。

原因所在：尽管仅从分性别的教育结构中发现，女性受过高等教育的比例超过了男性，但平均受教育年限仍然低于男性。

（三）不同流动范围的流动人口教育结构差异

以上描述只是大概勾勒了流动人口的教育结构特征。这些总体特征是由不同部分的流动人口子群体的特征综合构成的。为了更进一步考察，结合数据的可得性，下文将从流动范围和地区差异两个方面来展开分析。

本部分首先考察不同流动范围的流动人口的教育结构差异。一般情况下，流动范围可以按照行政区划分为县内跨乡镇街道的流动、省内县际流动和省际流动这三类。但由于普查汇总资料仅提供了省内与省际流动的汇总结果，因此，本文只能按照省际与省内两种空间流动范围来考察。具体请见图 7。

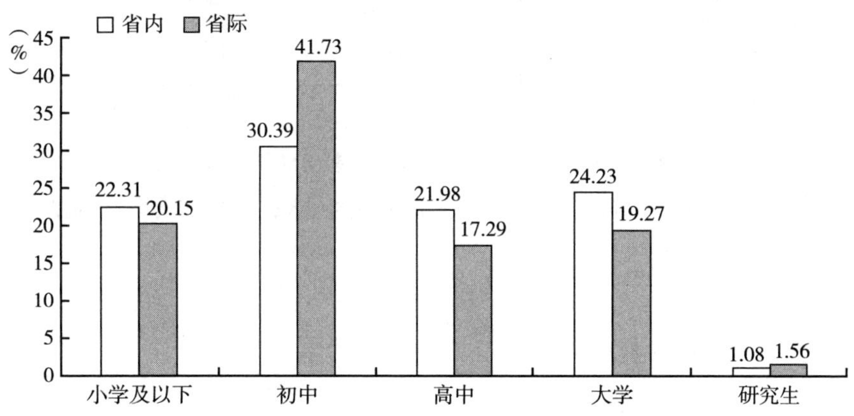

图 7　省内与省际流动人口教育结构的差异

资料来源：根据《2020 年中国人口普查年鉴》表 7-6 和表 7-7 计算得到，不包含港、澳、台。

由图 7 可以看到，省内流动人口的教育结构相对较为平衡，最高占比的是初中受教育水平的人口，而小学及以下、高中和大学这三类所占的比例基本相当，大学受教育水平人口所占比例略高（24.23%）。但省际流动人口教育结构却以初中受教育水平为主，占所有省际流动人口的 41.73%；小学及以下、高中和大学这三类所占的比例虽然也是基本相当，但均低于省内流动人口的相应比例。研究生部分的比例虽然都相对较低，但省际流动人口中的研究生比例（1.56%）相对高于省内流动人口（1.08%）。由此可见，省际与省内流动人口的教育结构存在着显著的差异。

事实上，分性别角度分析表明，省内与省际男性与女性流动人口之间的教育结构与总流动人口的结构基本类似。此处不再赘述。

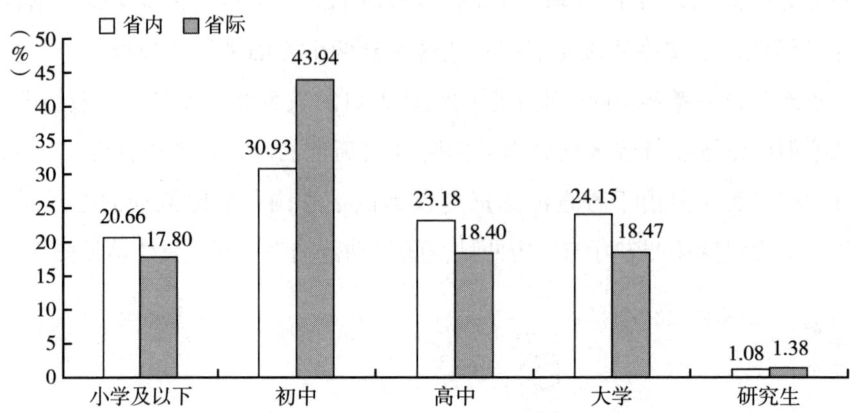

图 8　男性省内与省际流动人口教育结构的差异

资料来源：根据《2020 年中国人口普查年鉴》表 7-6 和表 7-7 计算得到，不包含港、澳、台。

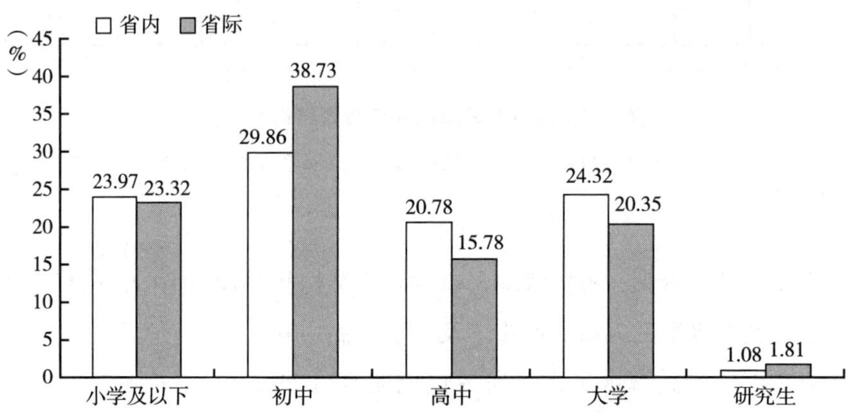

图 9　女性省内与省际流动人口教育结构的差异

资料来源：根据《2020 年中国人口普查年鉴》表 7-6 和表 7-7 计算得到，不包含港、澳、台。

（四）流动人口教育结构的地区差异

内部结构性差异的另一个重要因素是省区差异，特别是各省区市流入人口的教育结构差异（具体请见表4和图10）。这两张图表中，我们更关注的是“两端”的人群，即受教育水平为初中及以下（初中与小学）的人群和大学及以上的人群。正如上文所示，流动人口的教育结构是以初中和小学，或初中和高中为主。而高中受教育水平的人口所占比例基本上比较稳定。而且，人口流动的决策以及选择流入地的决策反映了个体特征与流入地特征的有机结合（或者，个体对流入地的选择，是潜在流动者基于个体特征，结合流入地特征的综合性理性决策结果①）。因此，一个地区的人口流动，在某种意义上，既是个体自我选择的结果，也是流入地的选择结果。当一个地区以劳动力密集型企业为主时，则会选择相对较低受教育水平的劳动力；而当一个地区以高等级产业为主时，则会选择受教育水平相对较高甚至受过高等教育的人口。因此，各省区的流动人口教育结构既是个体选择的结果，也是各省份产业选择的结果。这是本文着重考察受教育水平处于两端人群的原因所在。同时，由于省内流动人口的教育结构可能更多地受到本省人口教育结构的影响，为了解各省对各类受教育水平人口的吸引作用，本文将从省际角度予以考察。

首先来看各省份的省际流入人口受教育水平②。在不包含港、澳、台的31个省份中，北京、黑龙江、湖北、吉林、江西、湖南、陕西等10个省份的流入人口以大学及以上学历为主。除此以外，其余21个省份的流入人口都以初中受教育水平为主。这说明我国的人口流动仍然以相对较低的受教育水平的劳动力为主。这同样也反映了流入省份对劳动力的需求。

其次看各省份的相对排序。表4给出了各省份按照初中及以下（升序）和大学及以上（降序）进行排序的结果。其中，在两列中，西藏的上方或下方有一条虚线。它表示，虚线上方的省份，在初中及以下的排序中低于全国平均水平（59.97%）；虚线下方的省份，在大学及以上的排序中高于全国平均水平（22.09%）。

① 周皓、刘文博：《流动人口的流入地选择机制》，《人口研究》2022年第1期。

② 主体系指某省区三类受教育水平（初中及以下、高中、大学及以上）人口中相应比例最高的类别。

表 4　各省份流入人口比例按照初中及以下与大学及以上排序

单位：%

初中及以下		大学及以上	
北京	37.45	北京	45.36
湖北	40.37	黑龙江	44.49
湖南	40.75	湖北	43.02
黑龙江	41.99	吉林	41.15
江西	42.90	江西	39.43
四川	44.79	湖南	38.30
吉林	45.38	陕西	37.06
重庆	45.48	四川	36.59
陕西	45.64	河南	35.69
河南	46.39	上海	32.87
上海	50.19	重庆	32.79
安徽	52.40	安徽	28.89
河北	54.18	甘肃	28.61
海南	54.88	河北	28.29
广西	55.38	天津	28.13
甘肃	55.39	海南	25.97
天津	55.85	广西	25.55
山东	58.27	山东	24.50
山西	58.76	辽宁	24.14
西藏	59.39	山西	23.96
辽宁	60.48	西藏	23.04
江苏	62.54	青海	21.46
云南	63.24	贵州	20.19
广东	63.30	云南	20.12
贵州	63.49	宁夏	19.91
青海	63.57	江苏	19.67
新疆	64.83	新疆	18.95
内蒙古	65.22	内蒙古	18.73
宁夏	65.34	广东	14.43
福建	71.95	福建	12.53
浙江	76.00	浙江	10.17

资料来源：《2020 年中国人口普查年鉴》长表中的“全国按现住地、户口登记地类型、受教育程度分的户口在外乡镇街道人口-省际”表（七普长表 7-5），不包含港、澳、台。

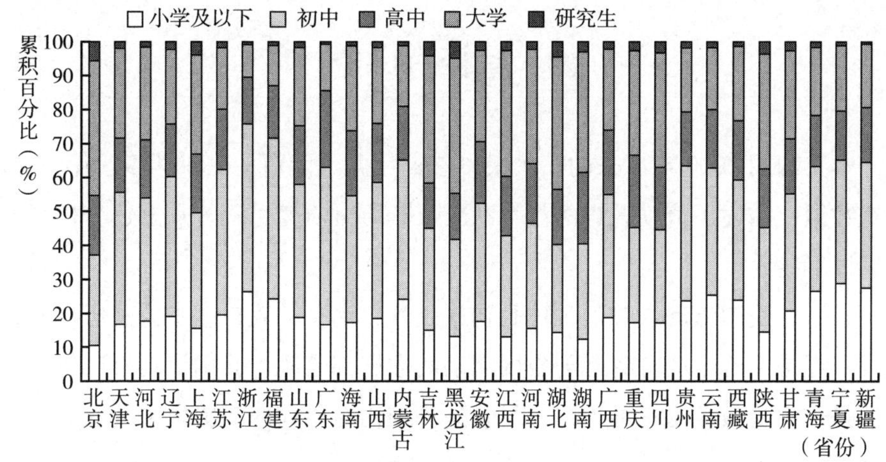

图 10　2020 年全国各省份省际流入人口教育结构分布

资料来源：《2020 年中国人口普查年鉴》长表中的“全国按现住地、户口登记地类型、受教育程度分的户口在外乡镇街道人口-省际”表（七普长表 6-5），不包含港、澳、台。

初中及以下受教育水平的流动人口比例相对较高的省份，基本处于东部或西部。由此可见，东西部省份流动人口以低受教育水平的劳动力为主。但二者产业结构存在明显差异。

与西部的内蒙古、青海、贵州、云南、宁夏和新疆五省区类似，江苏、广东、福建、浙江四省作为东部省份，亦未能很强劲地吸引高受教育水平人群的流入。而中部省份如湖北、湖南等则表现出对高受教育水平人口较强的吸引力。这种对省际流动人口的吸引作用既受本省份人口受教育水平的影响，也有产业结构的作用。

在这些省份中特别有意思的是浙江。从各省份省际流入人口的受教育水平结构排序看，浙江省的受教育水平在初中及以下的流动人口占全省省际流入人口的比例在全国是最高的，约 90%都是高中及以下的流动人口，甚至小学及以下的占到 25%左右；同时，大学及以上人口占全省省际流入人口的比例却是全国最低的（仅占 10.17%）。显然浙江的经济结构完全以劳动力密集型为主，产业对劳动力学历的要求相对较低。这一点是值得注意的地方。

四 结论与讨论

本文利用2000年以来的三次人口普查数据，特别是2020年第七次人口普查数据，描述了流动人口的教育状况及其历时演变过程。从上述分析可以得到以下结论。

其一，我国流动人口的主体是初中受教育水平的人口。不论是历次普查数据，还是七普中的分省际与省内流动的数据都表明，我国流动人口的主体仍然是初中受教育水平的人口，尽管这种结构在不同的年龄段中会有一定的区别。

其二，本文的分析结果从宏观层面说明流动人口具有教育选择性，即流动人口的教育水平高于非流动的本地人口。三次普查中，流动人口中大学及以上受教育水平人口的比例均高于本地人口的相应比例，而且，流动人口的平均受教育年限也高于本地人口。这一结果从宏观层面说明人口流动的教育选择性。

其三，流动人口的教育结构存在性别差异。其中主要特点是受过大学及以上教育的女性人口逐步增多，尽管女性流动人口的平均受教育年限仍然低于男性。这一结果既与女性受教育水平充分提高有关，也表明受过高等教育的女性具有更强的迁移流动能力。且随着社会整体受教育水平的逐步提高，未来会有更多受过高等教育的女性加入流动大潮中。

其四，流动人口的教育结构随年龄而发生变化：越年轻，受教育水平相对越高。20岁左右的流动人口中有约70%是大学及以上人口；而随着年龄的增长，初中和小学及以下人口逐步成为主体。

其五，不论是随年龄变化，还是历时变化，我国流动人口都呈现“低降高升”的趋势，即小学及以下人口的比例在逐步下降，而大学及以上受教育水平人口的比例正在逐步提高，而高中受教育水平人口的比例则基本保持稳定。

上述五点是本文对我国流动人口教育状况的描述结果。当然，本文未能描述与讨论我国当前流动儿童的状况。但这些结果反映我国流动人口状况的基本宏观背景，也是未来讨论有关流动人口问题乃至流动儿童问题的基础。

上述结果表明，当前我国流动人口以初中受教育水平的人口为主体。但受过高等教育的人口在流动人口中所占比例正逐步提高，那么，未来的发展趋势会否可能演变成以受过高等教育的流动人口为主体呢？笔者以为并不一定。虽然大学及以上受教育水平人口在流动人口中的比例逐步提高，但他们有着相对较强的社会适应能力、能够满足流入地对高层次人才的需求，再加上我国户籍制度改革的不断深化，他们完全有能力完成从户籍制度之外的流动人口向户籍制度之内的本地人口的转变。而初中及高中学历人口，除个例之外，很难有能力获得流入地的户籍。同时，地区间人口结构，特别是人口老龄化速度与程度的不同，导致东部省份和城市地区对劳动力人口有着强烈需求。随着我国人口整体受教育水平的提高，以及人口教育结构的改变，未来流动人口可能以初中和高中群体为主，而不再是以初中及以下人口为主。当然，我们也需要注意，本文中的小学及以下群体所指是 3 岁及以上的人口；如果所指是 15 岁以上人口，则小学及以下人口的比例可能下降得更快。综上，本文的判断是，未来我国的流动人口仍将以初中和高中受教育水平的人口为主体。

虽然流动人口的受教育水平不会发生根本性变化，但其内部及不同人口的教育结构却会逐步发生变化，如受过高等教育的人口比例逐步提高、受过高等教育的女性人口比例超过男性等新的变化趋势，会导致相关社会问题的改变。受过高等教育的流动人口在流入地所面临的困难与问题，以及他们对社会政策与制度的诉求与期望，等等，与受教育水平相对较低的人口可能是完全不同的。因此，流入地政府在应对过程中既需要反思以往相关政策的适用性问题，也需要关注由这种结构变动而带来的问题的差异性，并构建相应的新政策体系。涉及流动人口子女的相关问题时亦是如此。如果说以往流动儿童父母以初中及以下受教育水平为主，那么现在已有相当比例的流动人口受过高等教育，作为父母的他们不论是在教育期望、教育理念与教育方法上，还是在家庭教育的过程，以及对教育资源的需求等各个方面都可能完全不同于以往的状况。这就更需要流入地政府针对这种改变提出新的思路与解决方式，以使流动人口能够真正地安心为流入地的社会经济发展做出贡献。这也正是作为宏观背景的流动人口教育结构演变的政策启示。

当然，本文的分析尚是初步的，许多方面仍然有待更为深入的分析，如流动人口教育结构的地域差异性、各省流动人口的教育结构与其本地人口的教育结构之间的关系问题、流动人口教育结构与社会经济发展的互动关系问题，以及各级教育资源配置问题等都值得深入探讨。

B.3

2020年流动儿童发展状况

——基于第七次全国人口普查资料分析

侯佳伟　赵晨昕　沈旭棋*

摘　要： 流动儿童关乎个体、家庭和祖国的未来。2020年第七次全国人口普查数据显示，0~17岁流动儿童7109万人，是2010年3581万人的近2倍，其中0~14岁5319万人。每4名儿童中有1名流动儿童。省内跨市和跨省流动儿童分别为5647万人和1462万人，前者是后者的约4倍。0岁流动可能性最小，1~14岁儿童有1/5强的流动可能性，15~17岁儿童流动可能性增大到近1/2。流动儿童性别差异在消失。流动人口性别年龄金字塔由极不均衡趋向均衡。流动儿童在城市、镇和乡村分布之比大致为5∶4∶1。省内流动儿童向镇聚集，特别是学龄儿童，跨省流动儿童向城市聚集。年幼者以随迁为主，年长者以学习为重。2020年的流动儿童相比2010年出现的新特点：大规模、多省内和重学业。中国重视子女教育的优良传统在流动儿童结构变化上充分体现。

关键词： 流动儿童　儿童流动　流动原因

* 侯佳伟，中山大学社会学与人类学学院、粤港澳发展研究院、人口研究所教授，博士研究生导师，主要研究方向为人口发展、人口流动、生育、人口普查；赵晨昕，中山大学社会学与人类学学院、人口研究所硕士研究生，主要研究方向为人口流动、儿童青年人口发展；沈旭棋，中山大学社会学与人类学学院、人口研究所硕士研究生，主要研究方向为人口老龄化。

一个国家、地区的社会经济蓬勃发展离不开人口流动。人口流动不仅包括青壮年的流动，还会有老人和儿童的流动。儿童的流动不同于成年人的流动在于，他们的流动往往不是自发的，是随着父母家人的流动而流动。他们正处于人生初始阶段，人格、品性、修养和能力等不断发展，父母的流动和自身的流动都会对其身心成长产生重要的影响。

2020 年第七次全国人口普查（下文简称“七普”）结果显示，我国流动人口规模已达到 3.8 亿人。其中，流动儿童有多少人？有多少人在省内流动，又有多少人跨省流动？流动儿童的性别年龄结构与不在流动状态的儿童相比是否存在差异？流动儿童是更多地流向城市，还是流向镇呢？儿童流动的主要原因是什么，是否存在性别差异、年龄差异？本文拟对七普数据进行分析，并与六普数据对比，试图回答这些问题。

一　概念界定与数据来源

（一）概念界定

在人口普查中，流动人口是指“人户分离人口中扣除市辖区内人户分离的人口”。人户分离人口是指“居住地与户口登记地所在的乡镇街道不一致且离开户口登记地半年以上的人口”。市辖区内人户分离人口是指“一个直辖市或地级市所辖的区内和区与区之间，居住地和户口登记地不在同一乡镇街道的人口”。①

“流动儿童”是流动人口中的儿童群体。根据联合国《儿童权利公约》的定义，儿童指 18 岁以下人口，即 0~17 周岁人口。综上，流动儿童是指居住地与户口登记地不在同一个直辖市或地级市且离开户口登记地半年以上

① 国家统计局、国务院第七次全国人口普查领导小组办公室印发《第七次全国人口普查公报（第七号）——城乡人口和流动人口情况》，国家统计局官网，2021 年 5 月 11 日．http://www.stats.gov.cn/tjsj./zxfb/202105/t20210510_1817183.html，最后检索时间：2022 年 12 月 19 日。

的0~17周岁人口。本文第二、三和四部分分析流动儿童的规模、类别、年龄性别结构和城乡分布时均使用此概念。

第五部分考察流动原因，公布的数据为“户口登记地在外乡镇街道”，这在前述的跨地市基础上增加了市内人户分离人口，形成了“广义流动儿童”，即居住地与户口登记地不在同一个乡镇街道且离开户口登记地半年以上的0~17周岁人口。这部分先简要介绍广义流动儿童的规模、类别、年龄结构、性别结构和城乡分布，然后对其流动原因进行分析。

（二）数据来源

人口普查是在党和政府领导下开展的一项重大国情国力调查。人口普查是对全部在中华人民共和国境内的自然人以及在中华人民共和国境外但未定居的中国公民进行登记调查，不包括在中华人民共和国境内短期停留的境外人员。七普资料提供了流动儿童的规模、结构和分布等最新、最全的情况。

本报告重点分析2020年七普数据，并与2010年六普数据比较。两次普查时点均为11月1日零时，可直接比较。2020年数据来自国务院第七次全国人口普查领导小组办公室编的《2020中国人口普查年鉴》（中国统计出版社2022年4月出版）。2010年数据来自国务院人口普查办公室、国家统计局人口和就业统计司编的《中国2010年人口普查资料》（中国统计出版社2012年4月出版）。下文所用数据均来自人口普查短表数据，即全部人口，而非长表推断数。

二　流动儿童的规模和类型

（一）流动儿童规模超七千万

我国总人口从2010年的13.4亿人增加到2020年的14.1亿人，增加了0.7亿人。流动人口的增长幅度更大，从2.2亿人增加到3.8亿人，增加了1.6亿人。与此同时，流动儿童规模也日益扩大。2020年0~17岁流动儿童规模已达7109万人，几乎是2010年的3581万人的2倍。流动儿童规模比英国（6722万人）、法国（6739万人）、泰国（6980万人）全国的人口规模还大[①]。其中，0~14岁流动儿童5319万人，是2010年2291万人的2.3倍。

（二）每4名儿童中有1名流动儿童

不仅流动儿童的规模迅速扩大，而且流动儿童占全国总人口的比例也几近翻番，2020年增至5.0%。表1显示，流动儿童占儿童总人口的比例也从2010年的12.8%增加到2020年的23.9%，现今大约每4名儿童中就有1人是流动儿童。流动儿童在流动人口中的比例仅是小幅上升，并未见明显增加，从2010年的16.2%增加到2020年的18.9%，仅增加了2.7个百分点，这有可能是流动人口家庭化程度并未明显上升，也有可能是流动人口生育水平进一步下降，生育的子女数量少，这有待进一步研究。

表1　2010年、2020年流动儿童规模及其占比

单位：万人，%

年份	规模				流动儿童占比		
	总人口	0~17岁人口	流动人口	流动儿童	总人口	0~17岁人口	流动人口
	(1)	(2)	(3)	(4)	(5)=(4)/(1)	(6)=(4)/(2)	(7)=(4)/(3)
2010	133972	27891	22103	3581	2.7	12.8	16.2
2020	141178	29766	37582	7109	5.0	23.9	18.9

资料来源：国务院人口普查办公室、国家统计局人口和就业统计司编《中国2010年人口普查资料》，中国统计出版社，2012。国务院第七次全国人口普查领导小组办公室编《2020中国人口普查年鉴》，中国统计出版社，2022。

（三）省内流动是跨省流动的4倍

根据跨越的区域范围，流动儿童可以分为省内跨市和跨省流动两类，

① 国家统计局编《中国统计年鉴2021》，中国统计出版社，2021。

如表 2 所示。2020 年，省内跨市流动儿童 5647 万人，跨省流动儿童 1462 万人，二者分别占 79.4%和 20.6%，省内跨市流动是跨省流动的约 4 倍。而成年流动人口省内跨市和跨省分别占 63.8%和 36.2%，省内跨市流动近乎跨省流动的 2 倍。从人口流动的趋势看，无论成人还是儿童，省内流动比例均高于跨省流动，且儿童相比成人更可能选择省内流动，儿童省内跨市流动比例高于成人 15.6 个百分点，而省内流动比例则低 15.6 个百分点。这可能因为就学制度是以省为单位制定的，一个省内教材和高考试卷往往相同，跨省则不一定相同，儿童以学业为重，因而更有可能选择省内流动。

从 2010 年到 2020 年，省内流动儿童增长了 3006 万，跨省流动儿童增长了 522 万，前者是后者的 5.8 倍。流动儿童省内流动的增长快于跨省流动增长，2020 年流动儿童中省内流动的占比比 2010 年提高了 5.7 个百分点。

表 2　2010 年、2020 年分年龄组跨省和省内流动人口的规模和比例

单位：万人，%

年龄	规模		比例	
	省内	跨省	省内	跨省
0~17 岁				
2010	2641	940	73.7	26.3
2020	5647	1462	79.4	20.6
18 岁及以上				
2010	10875	7647	58.7	41.3
2020	19451	11021	63.8	36.2
总计				
2010	13515	8588	61.1	38.9
2020	25098	12484	66.8	33.2

资料来源：国务院人口普查办公室、国家统计局人口和就业统计司编《中国 2010 年人口普查资料》，中国统计出版社，2012。国务院第七次全国人口普查领导小组办公室编《2020 中国人口普查年鉴》，中国统计出版社，2022。

三 流动儿童的年龄性别结构

（一）0~14岁儿童流动可能性相对稳定，15~17岁随年龄增加流动可能性大幅增加

2020 年流动儿童中，婴幼儿（0~3 岁）约 1205 万人，占 17.0%，学龄前（4~6 岁）约 1147 万人，占 16.1%，小学适龄（7~12 岁）约 2280 万人，占 32.1%，初中适龄（13~15 岁）约 1184 万人，占 16.7%，义务教育后（16~17 岁）约 1294 万人，占 18.2%。如表 3 所示，流动儿童的年龄结构与全部儿童相比较，在义务教育及以前（0~15 岁）的各年龄组，除 2020 年 13~15 岁之外流动儿童比例均低于全部儿童比例，合计来看流动儿童比例比全部儿童比例低 8.5 个百分点，而义务教育之后（16~17 岁），流动儿童比例比全部儿童比例高 8.5 个百分点。义务教育以后，作为准成年人，他可以因独自外出就学或就业而发生流动，不一定依靠家庭其他成员的流动而流动。六普和七普数据均显示，大龄儿童比低龄儿童更有可能流动。

从变化趋势来看，2020 年各年龄组流动儿童规模均比 2010 年大幅增加。16 岁前各年龄组的流动儿童规模都至少翻了一倍，甚至 7~12 岁流动儿童 2020 年规模是 2010 年的 2.5 倍，而义务教育之后，2020 年流动儿童规模仅是 2010 年的 1.3 倍。由于 16~17 岁流动儿童规模增长慢于 0~15 岁，因此 0~15 岁比例上升 10.1 个百分点，16~17 岁比例下降 10.1 个百分点。

流动概率是用流动儿童规模除以同年龄组全部儿童规模，如表 3 和附表 1 的最后两列所示。随着年龄增加，流动概率增大。0 岁流动概率最小，1~12 岁流动概率略大且相对稳定，16~17 岁流动概率明显增大。2020 年比 2010 年儿童流动概率几近翻番，从 2010 年 12.8%增加到 2020 年 23.9%，增加了 11.1 个百分点。同期，16~17 岁流动概率从 25.7%增加到 44.7%，增加了 19.0%。2020 年 16~17 岁儿童中几乎每 2 个人就有 1 人处于流动中。

表 3　2010 年、2020 年分类别、年龄组的儿童规模、比例和流动概率

单位：万人，%

年龄	规模		比例		流动概率	
	2010	2020	2010	2020	2010	2020
流动儿童						
0~3 岁	558	1205	15.6	16.9	9.2	20.1
4~6 岁	508	1147	14.2	16.1	11.4	21.6
7~12 岁	915	2280	25.6	32.1	10.8	21.2
13~15 岁	584	1184	16.3	16.7	11.9	24.6
16~17 岁	1016	1294	28.3	18.2	25.7	44.7
总计	3581	7109	100.0	100.0	12.8	23.9
全部儿童						
0~3 岁	6031	6006	21.6	20.2		
4~6 岁	4476	5297	16.1	17.8		
7~12 岁	8513	10750	30.5	36.1		
13~15 岁	4914	4818	17.6	16.2		
16~17 岁	3957	2895	14.2	9.7		
总计	27891	29766	100.0	100.0		

资料来源：国务院人口普查办公室、国家统计局人口和就业统计司编《中国 2010 年人口普查资料》，中国统计出版社，2012。国务院第七次全国人口普查领导小组办公室编《2020 中国人口普查年鉴》，中国统计出版社，2022。

根据图 1 显示的年龄分布变化，流动儿童可分为 3 个组：第一组（0~3 岁），单岁组占比逐岁增加。0 岁组占比最低但有所增加，2010 年占 1.6%，2020 年增至 2.4%。3 岁组占比最高，2020 年为 5.6%。第二组（4~14 岁），单岁组占比相对稳定。2010 年在 4%~5%，2020 年为 5%~6%。第三组（15~17 岁），2020 年呈现一个新特点：相比于 2010 年，15~17 岁组比例上升较慢，17 岁不升反降。2010 年 17 岁占 16.3%，2020 年仅为 8.9%，减少了 7.4 个百分点。2010 年 15~17 岁占 36.0%，2020 年降为 25.2%。

图 2 和图 3 分别显示了 2010 年和 2020 年省内和跨省流动儿童的年龄构成，主要特点在于：一是 8~15 岁变动趋势，省内流动儿童分年龄的比例相对稳定，跨省比例则呈现下降趋势。比如，2020 年，前者在 4.8%~5.6%，

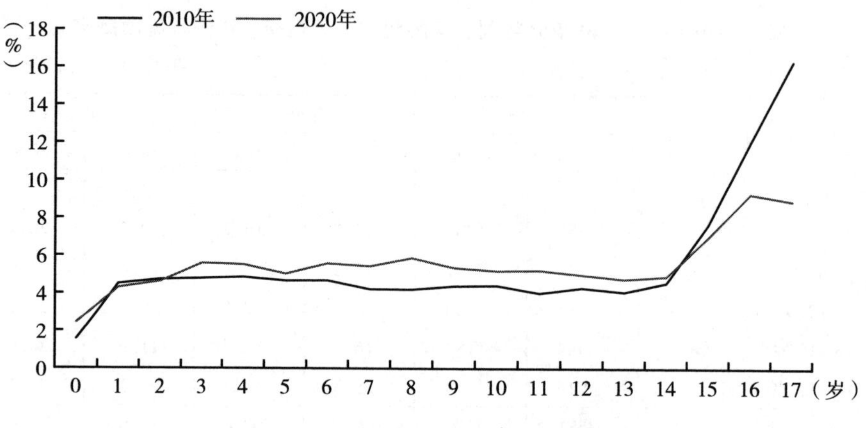

图1　2010 年和 2020 年流动儿童年龄构成

资料来源：国务院人口普查办公室、国家统计局人口和就业统计司编《中国 2010 年人口普查资料》，中国统计出版社，2012。国务院第七次全国人口普查领导小组办公室编《2020 中国人口普查年鉴》，中国统计出版社，2022。

后者从 8 岁的 6.8%降到 14 岁的 4.4%。二是无论省内流动还是跨省流动，2020 年 15~17 岁比例均明显低于 2010 年。以 17 岁为例，2010 年和 2020 年省内流动儿童占比分别为 17.5%和 9.5%，后者几乎是前者的一半，与之相

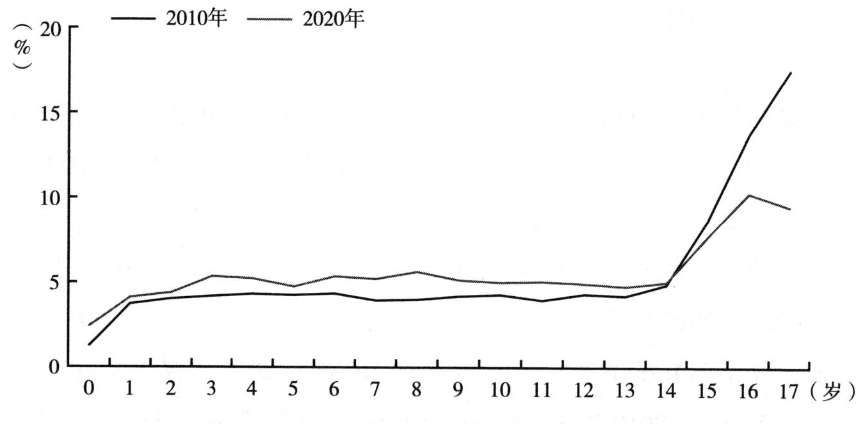

图2　2010 年和 2020 年省内流动儿童年龄构成

资料来源：国务院人口普查办公室、国家统计局人口和就业统计司编《中国 2010 年人口普查资料》，中国统计出版社，2012。国务院第七次全国人口普查领导小组办公室编《2020 中国人口普查年鉴》，中国统计出版社，2022。

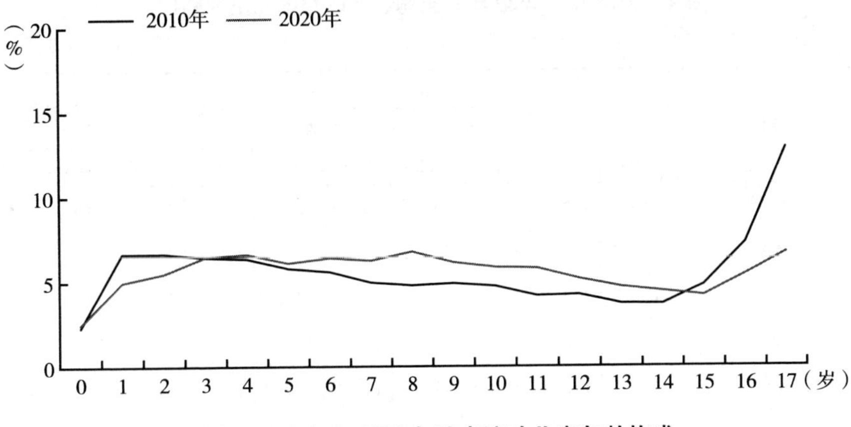

图3　2010年和2020年跨省流动儿童年龄构成

资料来源：国务院人口普查办公室、国家统计局人口和就业统计司编《中国2010年人口普查资料》，中国统计出版社，2012。国务院第七次全国人口普查领导小组办公室编《2020中国人口普查年鉴》，中国统计出版社，2022。

类似，2010年和2020年跨省流动儿童17岁占比分别为12.9%和6.7%，也明显下降。

（二）流动儿童男多女少，性别比略有上升

流动儿童男多女少，性别比略有上升，从2010年的114.7增加到2020年的115.3。全国儿童尽管也是男多女少，但是性别比在下降，从2010年的116.1下降到2020年的113.8。同期，非流动儿童性别比从116.4下降到113.3。流动儿童性别比变动方向与非流动儿童相反，前者上升，后者下降。在出生性别比下降的过程中，儿童性别比也在逐步下降，而流动儿童性别比却略有上升。

分年龄组来看，如表4、图4和附表2所示，2010年流动儿童除了16~17岁组外，所有年龄组性别比均高于100，7岁性别比甚至高达125.1。0~13岁性别比较高，14岁性别比开始随年龄增加明显出现下降。相比于2010年，2020年0~13岁性别比均下降，14~17岁性别比均上升。

表 4　2010 年、2020 年分类别、年龄组的儿童性别比

单位：女＝100

年龄	流动儿童						非流动儿童		全部儿童	
	总		省内		跨省					
	2010	2020	2010	2020	2010	2020	2010	2020	2010	2020
0~17 岁	114. 7	115. 3	110. 9	113. 4	126. 3	123. 0	116. 4	113. 3	116. 1	113. 8
0~3 岁	121. 4	111. 7	120. 2	111. 5	123. 7	112. 5	119. 1	110. 5	119. 3	110. 8
4~6 岁	122. 7	114. 8	120. 1	114. 2	128. 1	116. 7	117. 9	112. 0	118. 5	112. 6
7~12 岁	124. 2	118. 0	120. 8	116. 9	133. 1	121. 7	117. 3	113. 6	118. 0	114. 5
13~15 岁	113. 1	115. 4	109. 5	112. 9	129. 5	129. 2	113. 8	115. 3	113. 7	115. 3
16~17 岁	101. 0	114. 2	97. 6	109. 3	119. 4	151. 3	110. 7	119. 0	108. 1	116. 8

资料来源：国务院人口普查办公室、国家统计局人口和就业统计司编《中国 2010 年人口普查资料》，中国统计出版社，2012。国务院第七次全国人口普查领导小组办公室编《2020 中国人口普查年鉴》，中国统计出版社，2022。

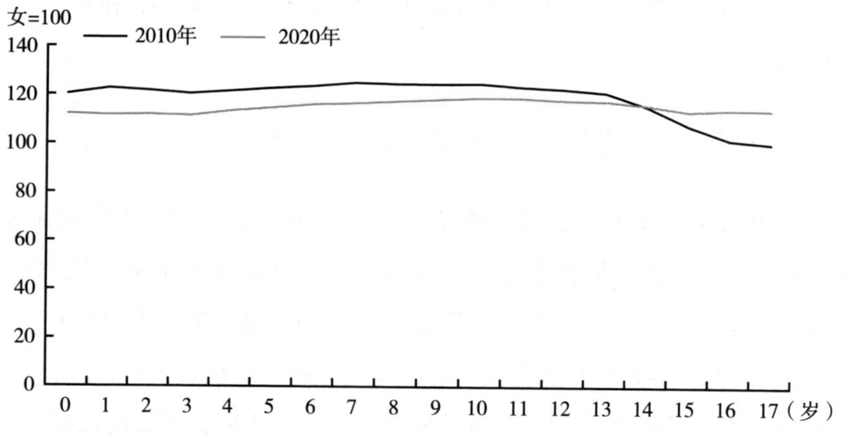

图 4　2010 年、2020 年流动儿童分年龄的性别比

资料来源：国务院人口普查办公室、国家统计局人口和就业统计司编《中国 2010 年人口普查资料》，中国统计出版社，2012。国务院第七次全国人口普查领导小组办公室编《2020 中国人口普查年鉴》，中国统计出版社，2022。

跨省流动儿童性别比高于省内流动，但总体来看二者的差距在缩小。2010 年跨省和省内流动儿童性别比分别为 126. 3 和 110. 9，相差 15. 4，2020

年跨省流动儿童性别比下降，省内流动儿童性别比上升，二者分别为 123.0 和 113.4，二者差距缩小到 9.6。分年龄组来看，2010 年 16~17 岁省内流动儿童性别比低于 100（97.6），其他年龄组性别比均在 100 以上，2020 年跨省和省内流动的所有年龄组性别比均在 100 以上。

从流动概率来看，男童和女童比较接近，如表 5 所示。0~14 岁男童流动概率略大于女童，而 15~17 岁则是女童流动概率大于男童，二者相互抵消后，2010 年 0~17 岁女童流动概率略大于男童，而 2020 年则正相反，男童流动概率大于女童。年龄的差异远大于性别的差异。

表 5　2010 年、2020 年分性别、年龄组流动儿童的流动概率

单位：%

年龄	2010			2020		
	男	女	男-女	男	女	男-女
0~17 岁	12.8	12.9	-0.1	24.0	23.7	0.3
0 岁	4.1	4.0	0.1	14.5	14.4	0.1
1~14 岁	11.0	10.6	0.4	21.5	21.1	0.4
15~17 岁	21.7	23.2	-1.5	40.0	40.9	-0.9

资料来源：国务院人口普查办公室、国家统计局人口和就业统计司编《中国 2010 年人口普查资料》，中国统计出版社，2012。国务院第七次全国人口普查领导小组办公室编《2020 中国人口普查年鉴》，中国统计出版社，2022。

（三）流动人口性别年龄金字塔趋向均衡

为了更清晰地展现流动儿童性别年龄结构形态及其变化，绘制出流动人口性别年龄金字塔，流动儿童是金字塔的底部。图 5 为 2010 年和 2020 年流动总人口、省内流动人口、跨省流动人口的单岁组性别年龄金字塔。

流动人口性别年龄金字塔呈现底部小、中部大、顶部小的形态。2020 年流动人口性别年龄金字塔与 2010 年相比，相似之处在于均是男多女少，2010 年和 2020 年性别比分别为 113.5 和 112.2。不同之处在于，一是，2010 年人口年龄更为年轻，一半流动人口年龄在 29 岁以下，一半在 29 岁及以上，2020 年人口年龄更为年长，年龄中位数为 33 岁，比 2010 年提高了 4 岁。二是，2010 年 19~22 岁女性多于男性，其余年龄组均为男性多于女性，而 2020 年所有年龄组均是男性多于女性。

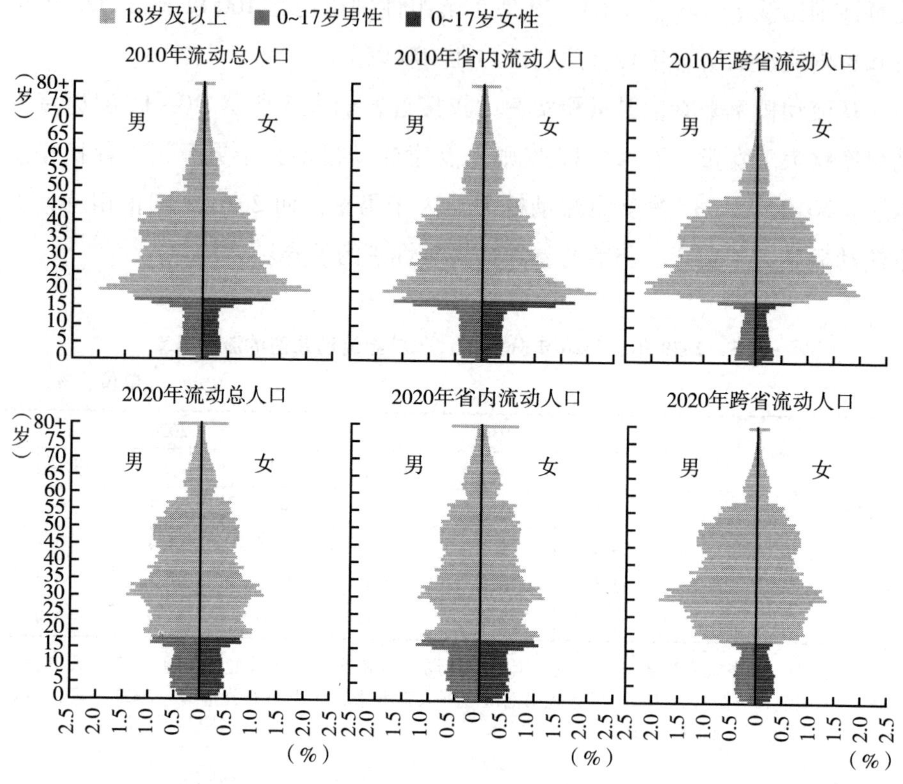

图 5　2010 年、2020 年流动人口性别年龄金字塔

资料来源：国务院人口普查办公室、国家统计局人口和就业统计司编《中国 2010 年人口普查资料》，中国统计出版社，2012。国务院第七次全国人口普查领导小组办公室编《2020 中国人口普查年鉴》，中国统计出版社，2022。

相比 2010 年，2020 年流动儿童和流动青年占比差距明显缩小，性别年龄金字塔底部变宽，中部变窄。以 10 岁和 20 岁女性占比为例，2010 年二者分别为 0. 3%和 2. 1%，后者是前者的 7 倍，2020 年二者分别为 0. 5%和 1. 0%，后者是前者的 2 倍，10 岁和 20 岁女性占比差距明显缩小。再如 17 岁和 20 岁女性占比的差距，2010 年和 2020 年 17 岁分别占总人口的 1. 3%和 0. 8%，20 岁占比分别是 17 岁的 1. 6 倍和 1. 3 倍，17 岁和 20 岁女性占比的差距也缩小了。流动人口性别年龄金字塔由极不均衡趋向均衡。

跨省流动人口比省内流动人口性别比更高，年龄中位数更大，2020 年比 2010 年差距更大。而流动儿童的性别比差距和年龄中位数差距均在缩小，特别是年龄中位数的变化与流动人口的方向相反，流动人口的年龄中位数是跨省高于省内，流动儿童则是省内高于跨省，如表 6 所示。

表 6　2010 年、2020 年流动人口的性别比和年龄中位数

单位：女=100，岁

指标	2010			2020		
	总	省内	跨省	总	省内	跨省
性别比						
流动人口	113.5	104.8	128.9	112.2	102.5	134.9
流动儿童	114.7	110.9	126.3	115.3	113.4	123.0
年龄中位数						
流动人口	29	28	29	33	32	34
流动儿童	11	12	9	10	10	8

资料来源：国务院人口普查办公室、国家统计局人口和就业统计司编《中国 2010 年人口普查资料》，中国统计出版社，2012。国务院第七次全国人口普查领导小组办公室编《2020 中国人口普查年鉴》，中国统计出版社，2022。

四　流动儿童的城乡分布

（一）九成多流动儿童居住在城镇

在城市、镇和乡村，2020 年流动儿童规模均比 2010 年有所增加。城市的流动儿童规模最大，达到 3459 万人。镇的流动儿童增长速度最快，达到 2947 万人，是 2010 年的 2.4 倍。乡村的流动儿童规模最小，增长最慢，增长到 703 万人。2020 年流动儿童在城市、镇和乡村的分布比例依次是 48.6%、41.5%和 9.9%，90.1%的流动儿童居住在城镇，如表 7 所示。

表 7　2010 年、2020 年分城乡、年龄组流动人口规模和比例

单位：万人，%

指标	规模			比例		
	城市	镇	乡村	城市	镇	乡村
2010 年						
总计	13303	5431	3370	60. 2	24. 6	15. 2
0~17 岁	1887	1219	475	52. 7	34. 0	13. 3
18 岁及以上	11416	4212	2894	61. 7	22. 7	15. 6
2020 年						
总计	21637	11480	4464	57. 6	30. 5	11. 9
0~17 岁	3459	2947	703	48. 6	41. 5	9. 9
18 岁及以上	18179	8532	3762	59. 7	28. 0	12. 3

资料来源：国务院人口普查办公室、国家统计局人口和就业统计司编《中国 2010 年人口普查资料》，中国统计出版社，2012。国务院第七次全国人口普查领导小组办公室编《2020 中国人口普查年鉴》，中国统计出版社，2022。

流动儿童和流动成年人在城乡分布上存在明显差异。2020 年，流动成年人以流入城市为主，在城市和镇的比例相差 31. 7 个百分点，城市、镇分布之比大致为 2∶1。而流动儿童在城市的比例比流动成年人少 11. 1 个百分点，在镇的比例比流动成年人多 13. 5 个百分点。流动儿童在城市的比例仅是略多于镇，二者相差 7. 1 个百分点。流动儿童在城市、镇和乡村分布之比大致为 5∶4∶1。

2020 年人口流动呈现的一个新现象是，向镇聚集。从 2010 年到 2020 年，无论是流动成年人，还是流动儿童，常住在城市和乡村的比例均下降，而常住在镇的比例上升。常住在镇的流动儿童比例上升幅度大于流动成年人，流动儿童从 2010 年的 34. 0%增加到 2020 年的 41. 5%，增加了 7. 5 个百分点，而流动成年人从 22. 7%增加到 28. 0%，仅增加了 5. 3 个百分点。

（二）省内流动儿童向镇聚集，跨省流动儿童向城市聚集

省内流动儿童和跨省流动儿童的常住地城乡构成存在较大差异，如表 8 所示。无论是省内流动，还是跨省流动，流动成年人均以城市为主，跨省尤

甚。2020 年 18 岁及以上流动人口中，跨省流动的有 71.0%常住在城市，省内为 53.2%，前者比后者多 17.8 个百分点。流动儿童则不然，2010 年时省内和跨省流动儿童的常住地均以城市为主，2020 年则产生了分野。2020 年跨省流动儿童的常住地仍然以城市为主，占比从 64.0%提高到 69.0%。而省内流动儿童的常住地则从以城市为主转化成以镇为主，城市比例从 2010 年的 48.7%下降到 2020 年的 43.4%，退居第二位，常住在镇的比例从 39.7%上升到 47.5%，升至第一位。总之，2020 年流动儿童跨省流动的常住地首选城市，省内流动多选城镇，镇的集中度更高。

表 8　2010 年、2020 年省内和跨省流动儿童的常住地城乡构成

单位：%

指标	省内			跨省		
	城市	镇	乡村	城市	镇	乡村
2010						
总计	55.5	30.1	14.4	67.6	15.8	16.6
0~17 岁	48.7	39.7	11.7	64.0	18.3	17.7
18 岁及以上	57.2	27.8	15.0	68.0	15.5	16.5
2020						
总计	51.0	37.9	11.1	70.8	15.7	13.5
0~17 岁	43.4	47.5	9.2	69.0	18.3	12.7
18 岁及以上	53.2	35.1	11.6	71.0	15.4	13.6

资料来源：国务院人口普查办公室、国家统计局人口和就业统计司编《中国 2010 年人口普查资料》，中国统计出版社，2012。国务院第七次全国人口普查领导小组办公室编《2020 中国人口普查年鉴》，中国统计出版社，2022。

（三）流动男童女童城乡分布几乎相同

表 9 显示，无论是 2010 年还是 2020 年，无论是省内流动还是跨省流动，流动男童和流动女童在城市、镇和乡村的分布上相差无几，性别结构高度一致。这表明，流动家庭对儿童常住地的选择可能不存在性别偏好。

表 9　2010 年、2020 年分性别省内和跨省流动儿童的常住地城乡构成

单位：%

指标	省内			跨省		
	城市	镇	乡村	城市	镇	乡村
2010						
男	48.9	39.5	11.6	64.2	18.2	17.6
女	48.4	39.8	11.8	63.7	18.3	17.9
2020						
男	43.7	47.3	9.0	69.3	18.1	12.6
女	43.0	47.7	9.3	68.7	18.5	12.8

资料来源：国务院人口普查办公室、国家统计局人口和就业统计司编《中国 2010 年人口普查资料》，中国统计出版社，2012。国务院第七次全国人口普查领导小组办公室编《2020 中国人口普查年鉴》，中国统计出版社，2022。

（四）向镇聚集的主要是省内流动学龄儿童

附表 4 显示了单岁组流动儿童的城乡构成，2020 年经同类合并后，可把0~17 岁划分为 3 组，参照此分组把 2010 年也分作 3 组，如表 10 所示。

表 10　2010 年、2020 年分年龄省内和跨省流动儿童的常住地城乡构成

单位：%

指标	总			省内			跨省		
	城市	镇	乡村	城市	镇	乡村	城市	镇	乡村
2010									
0~5 岁	56.0	28.4	15.6	51.3	34.2	14.5	64.3	18.2	17.5
6~14 岁	52.4	33.0	14.6	48.5	38.4	13.1	62.7	19.0	18.3
15~17 岁	50.7	39.0	10.3	47.3	43.9	8.8	65.7	17.3	17.0
2020									
0~5 岁	52.1	37.6	10.3	46.7	43.8	9.5	69.3	17.9	12.8
6~14 岁	48.3	41.4	10.3	42.7	47.9	9.4	67.9	19.0	13.1
15~17 岁	45.5	45.7	8.8	41.4	50.2	8.4	72.0	16.7	11.3

资料来源：国务院人口普查办公室、国家统计局人口和就业统计司编《中国 2010 年人口普查资料》，中国统计出版社，2012。国务院第七次全国人口普查领导小组办公室编《2020 中国人口普查年鉴》，中国统计出版社，2022。

2020年，第一组，0~5岁，居于城市多于居于镇，无论省内流动儿童还是跨省流动儿童均如此；第二组，6~14岁，省内和跨省流动儿童出现分野，省内流动儿童居于镇多于居于城市，跨省流动儿童仍然是居于城市多于居于镇，总的来看也是城市多于镇。6岁在一些地区已经开始上学，省内流动儿童部分回到了户籍所在镇就读，导致城乡分布变化从6岁开始；第三组，15~17岁，省内流动儿童居于镇多于居于城市，居于镇总比例略高于居于城市。而在2010年时，无论省内流动，还是跨省流动，无论是哪个年龄组，均是居于城市比例高于居于镇，居于镇高于乡村。

五　流动儿童的流动原因

本部分使用“广义流动儿童”概念，既包括省内跨市和跨省流动儿童，也包括市内跨乡镇街道的市内人户分离儿童。2020年全国人户分离人口4.9亿人，其中流动人口3.8亿人，市内人户分离人口1.1亿人。广义流动儿童（0~17岁人户分离人口）有9444万人，近亿人，其中流动儿童7109万人，市内人户分离儿童2335万人，分别占75.3%和24.7%。广义流动儿童中，0~3岁1664万人，占17.6%，4~6岁1544万人，占16.4%，7~12岁2980万人，占31.6%，13~15岁1570万人，占16.6%，16~17岁1686万人，占21.7%。广义流动儿童性别比为114.3。广义流动儿童在城市5580万人，占17.8%；在乡村806万人，占8.5%。

人口普查中，离开户口登记地原因指被登记人离开户口登记地（居住地与户口登记地不一致）的原因。共列出10个选项，凡具有两种以上原因的，按其主要的原因选填一个标准选项。

0. 工作就业：指十五周岁及以上因务工经商、工作招聘、调动等原因离开户口登记地的人。

1. 学习培训：指六周岁及以上因考入各级各类学校或参加各种学习班、培训班而离开户口登记地的人。

2. 随同离开/投亲靠友：指因跟随亲属、投亲靠友而离开户口登记地的人。

3. 拆迁/搬家：指因房屋拆迁、改造或者搬家而离开户口登记地的人。

4. 寄挂户口：指户口落在集体户或没有在户口登记地居住过、只落户口的人。

5. 婚姻嫁娶：指十五周岁及以上因结婚而离开户口登记地的人。

6. 照料孙子女：指为照料孙子女而离开户口登记地的人。

7. 为子女就学：指为子女就学而离开户口登记地的人。

8. 养老/康养：指因旅游（度假）养老/康养、候鸟式养老/康养、回籍贯地养老/康养、居住在养老院 而离开户口登记地的人，不包括跟随子女养老。

9. 其他：指上述几种以外的原因。①

6、7 和 8 是 2020 年新增，为老年人口迁移原因，不适用儿童，故表 11 中把 6~9 合并为其他原因。

（一）随同离开和学习培训是流动主因

2020 年广义流动儿童首要流动原因是随同离开，3794 万儿童随家人一同流动，占 40. 2%；其次是学习培训，有 2941 万人，占 31. 1%，二者合计有 6735 万人，约占广义流动儿童的 71. 3%；再次是拆迁搬家，有 1327 万人，占 14. 1%，这多为市内跨乡镇街道流动儿童。因工作就业、寄挂户口和婚姻嫁娶而发生流动的儿童规模相对较少、比例较低。

如表 11 所示，与 2010 年相比，2020 年因随同离开、学习培训、拆迁搬家和寄挂户口而流动的儿童规模均增加了。值得注意的是，随同离开的规

① 国务院第七次全国人口普查领导小组办公室编《2020 中国人口普查年鉴》，中国统计出版社，2022，第 1962 页。

模虽然增加了，但是占比却减少了，2020 年比 2010 年增加了 1517 万人，比例减少了 13. 1 个百分点。工作就业和婚姻嫁娶的比例也不同程度减少，而学习培训的比例则提升了 3. 4 个百分点。流动儿童迁移原因结构的变动反映了儿童以学业为重，早就业早成婚现象减少。

表 11　2010 年、2020 年分迁移原因广义流动儿童的规模与构成

单位：万人，%

指标	随同离开/投亲靠友	学习培训	拆迁/搬家	工作就业	寄挂户口	婚姻嫁娶	其他	总计
规模								
2010	2277	1185	247	229	35	4	295	4271
2020	3794	2941	1328	134	125	3	1119	9444
比例								
2010	53. 3	27. 7	5. 8	5. 4	0. 8	0. 1	6. 9	100. 0
2020	40. 2	31. 1	14. 1	1. 4	1. 3	0. 0	11. 9	100. 0

资料来源：国务院人口普查办公室、国家统计局人口和就业统计司编《中国 2010 年人口普查资料》，中国统计出版社，2012。国务院第七次全国人口普查领导小组办公室编《2020 中国人口普查年鉴》，中国统计出版社，2022。

（二）随同离开是城市和乡村广义流动儿童的流动首因，学习培训则是流入镇的首因

表 12 显示，2010 年城市、镇和乡村的大部分广义流动儿童流动的首要原因是随迁家属（随同离开/投亲靠友），其次是学习培训。从 2010 年到 2020 年，随同离开的比例均大幅下降，在乡村的广义流动儿童随同离开比例下降幅度最大，从 63. 4%降到 39. 5%，下降了 23. 9 个百分点。在城市和乡村的广义流动儿童以学习培训为流动主因的比例上升，而在镇的广义流动儿童的该比例却下降，但是学习培训替代随同离开成为首因。2020 年在城市和乡村，随同离开是广义流动儿童的首要流动原因，而在镇，这是第二位迁移原因，首位迁移原因是学习培训，占 37. 2%。城市、镇和乡村在拆迁搬家、工作就业、寄挂户口、婚姻嫁娶和其他等原因上的构成差异较小，变动方向相同。

表 12　2010 年、2020 年分城乡广义流动儿童的流动原因构成

单位：%

	随同离开/投亲靠友	学习培训	拆迁/搬家	工作就业	寄挂户口	婚姻嫁娶	其他
2010							
城市	55.0	23.3	7.4	6.0	0.9	0.0	7.4
镇	45.8	40.7	3.5	3.4	0.5	0.0	6.1
乡村	63.4	18.3	3.1	6.9	1.5	0.5	6.3
2020							
城市	42.7	28.4	14.2	1.7	1.2	0.0	11.8
镇	35.7	37.2	13.7	0.9	0.8	0.0	11.7
乡村	39.5	27.0	14.6	1.8	3.8	0.2	13.1

资料来源：国务院人口普查办公室、国家统计局人口和就业统计司编《中国 2010 年人口普查资料》，中国统计出版社，2012。国务院第七次全国人口普查领导小组办公室编《2020 中国人口普查年鉴》，中国统计出版社，2022。

（三）性别差异逐渐消失

从 2010 年到 2020 年，广义流动儿童的流动原因性别差异从有到无。2010 年男性随同离开比例高于女性，学习培训比例低于女性。到 2020 年，男性和女性在流动原因结构上几乎相同，如表 13 所示。

表 13　2010 年、2020 年分性别广义流动儿童的流动原因构成

单位：%

	随同离开/投亲靠友	学习培训	拆迁/搬家	工作就业	寄挂户口	婚姻嫁娶	其他
2010							
男	54.7	26.3	5.8	5.4	0.8	0.0	7.0
女	51.7	29.4	5.8	5.3	0.8	0.2	6.8
2020							
男	40.2	30.9	14.1	1.7	1.3	0.0	11.8
女	40.1	31.4	14.0	1.1	1.4	0.1	11.9

资料来源：国务院人口普查办公室、国家统计局人口和就业统计司编《中国 2010 年人口普查资料》，中国统计出版社，2012。国务院第七次全国人口普查领导小组办公室编《2020 中国人口普查年鉴》，中国统计出版社，2022。

（四）年幼以随迁为主，年长以学习为重

广义流动儿童的流动原因存在明显的年龄差异。随着年龄增长，从以随同离开为主转变为以学习培训为主，如表 14、图 6 和附表 5 所示，根据单岁组数据结构大致可以划分为 3 组。第一组（0~5 岁），以随同离开为主，2020 年占 60.6%，学习培训比例仅为 2.0%。第二组（6~14 岁），随同离开减少，比第一组减少 17.6 个百分点，减至 43.0%，而学习培训大幅增加，比第一组增加 25.6 个百分点，增至 27.6%。第三组（15~17 岁），随同离开比例进一步大幅下降，降至 11.5%，而学习培训比例大幅上升，升至 71.1%。2020 年与 2010 年表现出相同的随年龄增长流动原因变动的规律。

表 14　2010 年、2020 年分年龄组广义流动儿童的流动原因构成

单位：%

	随同离开/投亲靠友	学习培训	拆迁/搬家	工作就业	寄挂户口	婚姻嫁娶	其他
2010							
0~5 岁	82.9	0.0	5.4	0.0	1.1	0.0	10.6
6~14 岁	65.4	18.0	7.9	0.0	1.0	0.0	7.7
15~17 岁	17.4	59.6	3.6	15.6	0.3	0.2	3.3
2020							
0~5 岁	60.6	2.0	15.4	0.0	1.8	0.0	20.2
6~14 岁	43.0	27.6	17.0	0.1	1.4	0.0	10.9
15~17 岁	11.5	71.1	7.0	5.5	0.6	0.1	4.2

资料来源：国务院人口普查办公室、国家统计局人口和就业统计司编《中国 2010 年人口普查资料》，中国统计出版社，2012。国务院第七次全国人口普查领导小组办公室编《2020 中国人口普查年鉴》，中国统计出版社，2022。

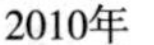

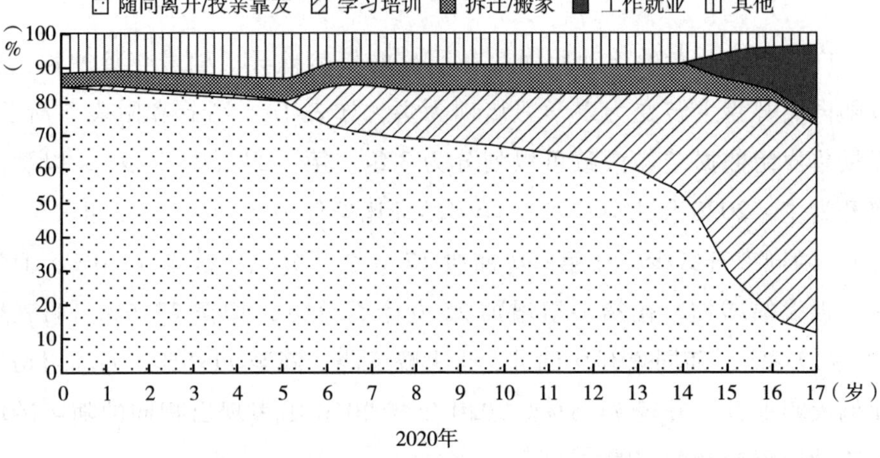

2020年

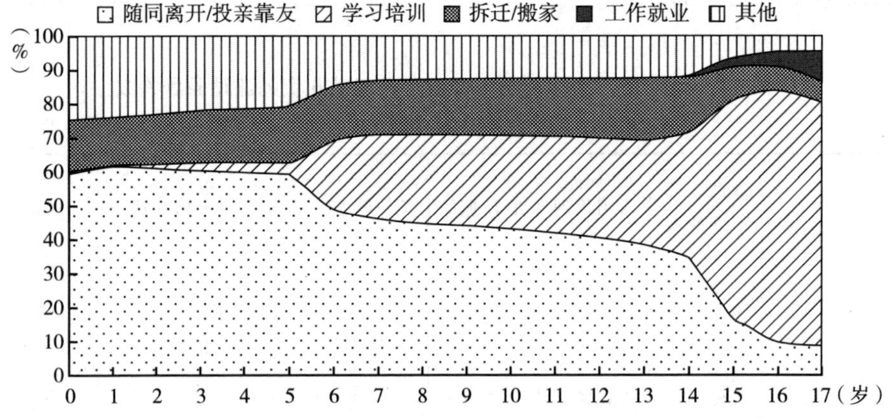

图 6　2010 年、2020 年分年龄广义流动儿童的流动原因构成

资料来源：国务院人口普查办公室、国家统计局人口和就业统计司编《中国 2010 年人口普查资料》，中国统计出版社，2012。国务院第七次全国人口普查领导小组办公室编《2020 中国人口普查年鉴》，中国统计出版社，2022。

六　结论与讨论

儿童是祖国的花朵，关注流动儿童的发展就是关注祖国的未来。对比分析 2020 年与 2010 年两次人口普查结果，儿童流动在流量、流向和流动原因方面呈现如下三大特点。

一是大规模，快速增长。2020 年全国 0~17 岁流动儿童 7109 万人，其中 0~14 岁流动儿童 5319 万人，加上市内人户分离儿童 2335 万人，合计广义流动儿童 9444 万人，近亿人。从 2010 年到 2020 年，流动人口增长快于全国总人口的增长，而流动儿童增长又快于流动人口的增长，几近翻倍。2020 年，大约每 4 名儿童中就有 1 人是流动儿童。

二是多省内，向镇聚集。2020 年省内跨市和跨省流动儿童分别为 5647 万人和 1462 万人，前者是后者的约 4 倍。而流动成年人省内流动仅是跨省流动的 2 倍，儿童比成年人更有可能在省内流动。流动儿童在城市、镇和乡村分布之比大致为 5∶4∶1，儿童比成年人更有可能向镇流动。从 2010 年到 2020 年，省内流动儿童的常住地从城市为主转成以镇为主，向镇聚集的主要是省内流动学龄儿童。

三是重学业，随迁减少。随同离开和学习培训两大流动原因占比从 2010 年到 2020 年有减有增，随同离开比例从 53.3%降至 40.2%，学习培训比例从 27.7%升至 31.1%。2010 年在城市、镇和乡村，随同离开都是儿童流动首因，而 2020 年流入城市和乡村儿童仍然以随同离开为首因，但比例已大幅下降，学习培训比例上升，在镇的儿童流动首因已从随同离开转变为学习培训。6 岁以后，随同离开比例下降，学习培训比例增加，15~17 岁儿童流动首因是学习培训，2020 年该比例达 71.1%。早就业早成婚现象明显减少。

随着社会经济发展变化，儿童流动的特征也在随之变化。至少 1/4 的人在未成年前发生过一次流动，这会对未来几十年的发展产生什么样深远的影响，我们还不得而知。儿童流动具有明显的年龄特点，性别差异从有到无，这是男女平等的重要表现。流动儿童和流动成年人的城乡分布存在较大差异，儿童的随迁依赖性减弱，独立性增强，随着教育布局而流动，大量学龄儿童流向镇，这意味着什么，会产生哪些影响，都有待进一步调查研究。受到数据发布的限制，目前尚无法分析流动儿童从哪里流到哪里，日后各省份数据发布之后，还可就此问题进行深入探讨。

附 表

附表 1　2010 年、2020 年分年龄流动儿童规模和比例

单位：万人，%

年龄	规模		比例		流动概率	
	2010	2020	2010	2020	2010	2020
0	56	174	1.6	2.4	4.0	14.5
1	161	305	4.5	4.3	10.3	21.2
2	170	329	4.7	4.6	10.9	21.5
3	171	397	4.8	5.6	11.2	21.6
4	174	392	4.9	5.5	11.4	22.0
5	167	358	4.6	5.0	11.3	21.6
6	167	397	4.7	5.6	11.3	21.3
7	151	386	4.2	5.4	11.3	21.5
8	151	418	4.2	5.9	11.0	21.6
9	157	381	4.4	5.4	11.0	21.4
10	158	369	4.4	5.2	10.9	21.3
11	144	371	4.0	5.2	10.3	21.0
12	154	355	4.3	5.0	10.0	20.5
13	146	338	4.1	4.8	9.6	20.3
14	163	349	4.6	4.9	10.3	21.6
15	274	497	7.6	7.0	15.2	32.4
16	432	660	12.1	9.3	23.0	43.4
17	584	634	16.3	8.9	28.1	46.2

资料来源：国务院人口普查办公室、国家统计局人口和就业统计司编《中国 2010 年人口普查资料》，中国统计出版社，2012。国务院第七次全国人口普查领导小组办公室编《2020 中国人口普查年鉴》，中国统计出版社，2022。

附表 2　2010 年、2020 年分类别、年龄的儿童性别比

单位：女=100

年龄	流动儿童						非流动儿童		全部儿童	
	合计		省内流动		跨省流动					
	2010	2020	2010	2020	2010	2020	2010	2020	2010	2020
0	120.3	112.1	118.7	112.0	122.7	112.4	117.9	111.1	118.0	111.2
1	122.6	111.7	121.6	111.3	124.3	112.9	120.9	110.6	121.1	110.8
2	121.7	111.9	120.2	111.8	124.3	112.3	119.4	110.3	119.7	110.7
3	120.5	111.4	119.3	111.1	122.6	112.4	118.3	110.3	118.5	110.5
4	121.6	113.4	119.5	113.0	125.6	114.5	117.8	111.2	118.2	111.7
5	122.8	114.8	120.0	114.1	128.7	116.7	117.9	112.1	118.4	112.7
6	123.7	116.1	120.8	115.3	130.3	118.9	118.1	112.7	118.7	113.4
7	125.1	116.7	121.5	115.9	133.5	119.3	118.1	112.6	118.8	113.5
8	124.6	117.5	121.2	116.5	133.1	120.7	118.2	113.3	118.9	114.2
9	124.6	118.3	121.0	117.3	133.7	121.3	117.7	113.8	118.5	114.7
10	124.8	118.9	121.6	117.7	133.2	123.1	117.4	114.2	118.2	115.2
11	123.4	118.8	120.1	117.6	132.6	123.3	116.6	113.9	117.3	114.9
12	122.6	118.0	119.4	116.6	132.0	123.2	115.9	114.1	116.6	114.9
13	121.2	117.7	118.6	116.1	130.0	124.1	114.9	114.3	115.5	115.0
14	115.5	116.0	112.5	113.4	127.9	128.0	113.7	114.9	113.9	115.2
15	107.7	113.5	103.7	110.7	130.3	136.4	112.9	117.1	112.1	115.9
16	101.9	114.3	98.3	110.3	123.1	149.2	111.1	118.6	108.9	116.7
17	100.3	114.1	97.1	108.2	113.6	153.0	110.4	119.4	107.5	116.9
总	114.7	115.3	110.9	113.4	126.3	123.0	116.4	113.3	116.1	113.8

资料来源：国务院人口普查办公室、国家统计局人口和就业统计司编《中国 2010 年人口普查资料》，中国统计出版社，2012。国务院第七次全国人口普查领导小组办公室编《2020 中国人口普查年鉴》，中国统计出版社，2022。

附表 3　2010 年、2020 年分性别、年龄流动儿童的流动概率

单位：%，个百分点

年龄	2010			2020		
	男	女	男-女	男	女	男-女
0	4.1	4.0	0.1	14.5	14.4	0.1
1	10.4	10.2	0.2	21.3	21.1	0.2
2	10.9	10.8	0.1	21.6	21.4	0.2
3	11.3	11.1	0.2	21.6	21.5	0.1
4	11.6	11.3	0.3	22.2	21.8	0.4
5	11.5	11.1	0.4	21.8	21.4	0.4
6	11.5	11.1	0.5	21.6	21.1	0.5
7	11.5	10.9	0.6	21.8	21.2	0.6
8	11.3	10.8	0.5	21.9	21.3	0.6
9	11.3	10.7	0.6	21.7	21.1	0.7
10	11.2	10.6	0.6	21.6	20.9	0.7
11	10.6	10.1	0.5	21.3	20.6	0.7
12	10.2	9.7	0.5	20.7	20.2	0.5
13	9.8	9.4	0.4	20.5	20.0	0.5
14	10.4	10.2	0.2	21.6	21.5	0.1
15	14.9	15.5	-0.6	32.1	32.8	-0.7
16	22.2	23.8	-1.6	42.9	43.9	-1.0
17	27.2	29.1	-1.9	45.6	46.8	-1.2
0~17	12.8	12.9	-0.1	24.0	23.7	0.3

资料来源：国务院人口普查办公室、国家统计局人口和就业统计司编《中国 2010 年人口普查资料》，中国统计出版社，2012。国务院第七次全国人口普查领导小组办公室编《2020 中国人口普查年鉴》，中国统计出版社，2022。

附表 4　2010、2020 年分年龄流动儿童的城乡构成

单位：%

年龄	总			省内			跨省		
	城市	镇	乡村	城市	镇	乡村	城市	镇	乡村
2010									
0	58.5	26.3	15.2	53.8	32.0	14.2	65.9	17.4	16.7
1	56.6	27.2	16.2	52.2	32.8	15.0	63.5	18.4	18.1
2	56.5	27.5	16.0	51.8	33.1	15.1	64.6	17.9	17.5
3	56.5	28.2	15.3	51.8	33.9	14.3	64.9	17.9	17.2
4	54.9	29.6	15.5	50.2	35.5	14.3	63.8	18.5	17.7
5	54.4	30.4	15.2	49.8	36.1	14.1	64.0	18.5	17.5
6	53.8	31.3	14.9	49.2	37.1	13.6	63.7	18.6	17.7
7	53.2	31.8	15.0	48.8	37.6	13.6	63.2	18.8	18.0
8	53.3	32.0	14.7	49.0	37.6	13.4	63.5	18.7	17.8
9	52.9	32.4	14.6	48.7	38.1	13.2	63.2	18.9	17.9
10	52.9	32.6	14.6	48.8	38.0	13.2	63.3	18.7	18.0
11	52.1	33.1	14.8	48.3	38.3	13.4	62.3	19.1	18.6
12	51.6	33.6	14.8	48.2	38.5	13.3	61.6	19.3	19.1
13	51.6	34.2	14.2	48.6	38.7	12.7	61.5	19.4	19.1
14	50.4	36.2	13.4	47.4	40.7	11.9	61.4	19.3	19.3
15	49.3	39.6	11.1	46.7	43.8	9.5	62.4	18.8	18.8
16	50.1	40.0	9.9	47.3	44.2	8.5	65.1	17.7	17.2
17	51.8	38.0	10.2	47.7	43.7	8.6	67.4	16.4	16.2
2020									
0	52.4	37.5	10.1	47.6	42.8	9.6	70.6	17.2	12.2
1	52.9	36.5	10.6	47.7	42.5	9.8	69.5	17.5	13.0
2	52.4	36.9	10.7	47.0	43.1	9.9	69.1	17.8	13.1
3	52.0	38.0	10.0	46.5	44.3	9.2	69.5	18.0	12.5
4	52.1	37.9	10.0	46.4	44.4	9.2	69.5	18.1	12.4
5	51.1	38.5	10.4	45.3	45.1	9.6	68.6	18.5	12.9
6	50.0	39.9	10.1	44.4	46.4	9.2	68.4	18.9	12.7
7	49.4	40.5	10.1	43.7	47.0	9.3	67.8	19.2	13.0
8	49.5	40.4	10.1	43.7	47.1	9.2	68.2	19.0	12.8
9	48.8	41.0	10.2	42.9	47.8	9.3	67.7	19.1	13.2
10	48.4	41.2	10.4	42.5	48.0	9.5	67.6	19.1	13.3
11	47.8	41.7	10.5	42.0	48.4	9.6	67.3	19.1	13.6
12	47.3	42.3	10.4	41.8	48.6	9.6	67.7	19.0	13.3
13	47.2	42.5	10.3	42.0	48.5	9.5	68.0	18.8	13.2
14	46.0	43.9	10.1	40.9	49.7	9.4	68.2	18.6	13.2
15	44.2	46.8	9.0	40.5	50.9	8.6	70.5	17.9	11.6
16	44.4	46.9	8.7	40.7	51.0	8.3	72.1	16.7	11.2
17	47.6	43.6	8.8	43.0	48.7	8.3	72.7	16.0	11.3

资料来源：国务院人口普查办公室、国家统计局人口和就业统计司编《中国 2010 年人口普查资料》，中国统计出版社，2012。国务院第七次全国人口普查领导小组办公室编《2020 中国人口普查年鉴》，中国统计出版社，2022。

附表 5　2010 年、2020 年分年龄的 0~17 岁人户分离人口的迁移原因构成

单位：%

年龄	随同离开/投亲靠友	学习培训	拆迁/搬家	工作就业	寄挂户口	婚姻嫁娶	其他
2010							
0	84.5		4.0	—	1.3	—	10.2
1	84.9		4.4	—	1.1	—	9.6
2	83.9		5.1	—	1.1	—	9.9
3	82.7		5.8	—	1.1	—	10.4
4	82.2		5.7	—	1.1	—	11.0
5	80.4		6.3	—	1.1	—	12.2
6	73.2	11.3	6.7	—	1.0	—	7.8
7	70.4	14.4	6.8	—	1.0	—	7.4
8	68.8	14.8	7.7	—	1.1	—	7.6
9	67.9	15.8	7.7	—	1.0	—	7.6
10	66.9	16.2	8.1	—	1.1	—	7.7
11	64.8	17.8	8.5	—	1.1	—	7.8
12	62.9	19.6	8.6	—	1.1	—	7.8
13	60.1	22.0	9.1	—	1.0	—	7.8
14	53.5	29.7	8.5	—	0.9	—	7.4
15	29.9	51.3	5.4	7.9	0.6	0.1	4.8
16	16.5	63.4	3.5	13.0	0.3	0.1	3.2
17	11.8	60.8	2.7	21.4	0.2	0.4	2.7
2020							
0	60.5	0.4	14.7	—	1.7	—	22.7
1	61.6	0.6	14.2	—	2.0	—	21.6
2	61.5	0.9	14.9	—	2.0	—	20.7
3	60.7	2.3	15.6	—	1.8	—	19.6
4	60.2	3.0	16.0	—	1.7	—	19.1
5	59.5	3.6	16.4	—	1.6	—	18.9
6	49.0	20.7	16.2	—	1.5	—	12.6
7	46.0	25.0	16.3	—	1.4	—	11.3
8	45.2	26.0	16.4	—	1.4	—	11.0
9	44.4	26.8	16.6	—	1.4	—	10.8
10	43.5	27.2	17.0	0.2	1.4	0.0	10.7
11	42.4	28.0	17.4	0.2	1.4	0.0	10.6
12	40.6	29.2	18.0	0.1	1.6	0.0	10.5
13	39.0	30.5	18.4	0.2	1.6	0.0	10.3
14	34.8	36.9	17.0	0.2	1.5	0.0	9.6
15	16.5	65.6	9.2	2.7	0.7	0.0	5.3
16	10.2	74.6	6.2	4.5	0.5	0.1	3.9
17	8.9	71.7	5.9	9.0	0.5	0.2	3.8

资料来源：国务院人口普查办公室、国家统计局人口和就业统计司编《中国 2010 年人口普查资料》，中国统计出版社，2012。国务院第七次全国人口普查领导小组办公室编《2020 中国人口普查年鉴》，中国统计出版社，2022。

参考文献

谢东虹、段成荣：《迁徙中国视野下流动儿童和留守儿童发展与乡村振兴》，《中国民族教育》2021 年第 12 期。

周皓：《中国人口流动模式的稳定性及启示——基于第七次全国人口普查公报数据的思考》，《中国人口科学》2021 年第 3 期。

吕利丹、阎芳、赵翔宇：《人口转变背景下的中国青少年人口发展》，《青年研究》2021 年第 1 期。

吕利丹、程梦瑶、谭雁潇、段成荣：《我国流动儿童人口发展与挑战（2000－2015）》，《青年研究》2018 年第 4 期。

吕利丹、阎芳、段成荣、程梦瑶：《新世纪以来我国儿童人口变动基本事实和发展挑战》，《人口研究》2018 年第 3 期。

侯亚杰、段成荣：《对中国人口普查低龄人口数据的再认识》，《中国人口科学》2018 年第 2 期。

吕利丹、段成荣、刘涛、靳永爱：《对我国流动人口规模变动的分析和讨论》，《南方人口》2018 年第 1 期。

吕利丹、王非：《人口流动与儿童教育：基本事实与解释》，《人口研究》2017 年第 6 期。

段成荣、吕利丹、王宗萍、郭静：《我国流动儿童生存和发展：问题与对策——基于 2010 年第六次全国人口普查数据的分析》，《南方人口》2013 年第 4 期。

全国妇联课题组：《全国农村留守儿童　城乡流动儿童状况研究报告》，《中国妇运》2013 年第 6 期。

段成荣、吕利丹、邹湘江：《当前我国流动人口面临的主要问题和对策——基于 2010 年第六次全国人口普查数据的分析》，《人口研究》2013 年第 2 期。

周皓、荣珊：《我国流动儿童研究综述》，《人口与经济》2011 年第 3 期。

侯佳伟：《人口流动家庭化过程和个体影响因素研究》，《人口研究》2009 年第 1 期。

段成荣、杨舸：《我国流动儿童最新状况——基于 2005 年全国 1%人口抽样调查数据的分析》，《人口学刊》2008 年第 6 期。

周皓：《中国人口迁移的家庭化趋势及影响因素分析》，《人口研究》2004 年第 6 期。

段成荣、梁宏：《我国流动儿童状况》，《人口研究》2004 年第 1 期。

周皓、章宁：《流动儿童与社会的整合》，《中国人口科学》2003 年第 4 期。

韩嘉玲：《北京市流动儿童义务教育状况调查报告》，《青年研究》2001 年第 8 期。

B.4

新人口形势下的流动儿童政策友好度研究

——基于十五个城市入学门槛的分析

冯思澈*

摘　要： 流动人口随迁子女入学政策彰显流入地政府应对流动人口并为其提供公共服务的担当。在新的人口形势下，保障流动儿童接受公共教育服务是应对人口危机的重要举措。本研究通过重构材料准入制和积分入学制城市的入学指标，对两类城市的入学门槛进行量化分析和比较。研究发现，新形势下城市入学门槛已然有所降低，更多的城市以累积性指标作为积分或材料审核的主要要求。本文建议各地政府应重视流动儿童的教育供给，消除隐性门槛，主要以累积性指标确定入学政策的基本方向，并基于社会正义与教育规律优化流动儿童教育政策。

关键词： 流动儿童　入学门槛　积分制　材料准入制

一　研究背景

城市户籍政策的开放程度及其公共服务的友好程度通常由政府对人口数量和质量的控制而决定①，进城务工随迁子女的教育问题，长期以来更是受

* 冯思澈，21世纪教育研究院兼职研究员，研究方向：教育经济学。

① 吴开亚、张力：《发展主义政府与城市落户门槛：关于户籍制度改革的反思》，《社会学研究》2010年第6期。

到人口、经济等政策的多方影响。随着“两为主”“两纳入”政策的出台，流入地政府对流动儿童的责任基本得到细化和固定[①]。但由于中央财政支持水平与流入地政府支出水平之间存在较大差距，同时一些特大城市还面临着人口疏解的任务和压力，因此一些流入地政府在解决流动儿童入学问题上就缺乏积极性。

2020 年第七次全国人口普查数据显示，全国 60 岁以上人口占到 18.7%，较 2010 年的水平高出了约 5 个百分点。同时，我国生育率持续降低，据国家统计局计算，2020 年中国育龄妇女的总和生育率仅为 1.3。即使国家“全面二孩”等一系列政策出台后，我国育龄人群的平均理想子女数也并没有显著增加，生育意愿始终保持在较低水平[②]。由于低生育的微观机制在于生育成本上升、收益下降[③]，而教育资源短缺所造成的成本上升成为抑制生育率的关键因素。一方面，人口不断向大城、特大城市聚集；另一方面，这些城市却并没有解决涌入其中人群的子女教育问题。若这样的现状依然不改变，我国的人口、经济、社会问题将愈发严峻，这也表明我国已到了推动流动人口落户及流动儿童教育的供给改革的关键时期。

2020 年中共中央、国务院《关于构建更加完善的要素市场化配置体制机制的意见》明确提出，要“放开放宽除个别超大城市外的城市落户限制，建立城镇教育等基本公共服务与常住人口挂钩机制，推动公共资源按常住人口规模配置”[④]，倡导在长三角、珠三角等区域探索实现户籍准入年限同城化累计互认的机制。2021 年国家发改委发布的《2021 年新型城镇化和城乡融合发展重点任务》中重申，要“推动进城就业生活 5 年以上和举家迁徙

① 国务院：《关于基础教育改革与发展的决定》（国发〔2001〕21 号），2006 年 10 月 13 日，http：//www.gov.cn/ztzl/nmg/content_412402.htm，最后检索时间：2023 年 2 月 17 日。

② 王广州、张丽萍：《中国低生育水平下的二孩生育意愿研究》，《青年探索》2017 年第 5 期。

③ 张翕、陆铭：《新人口形势下的公共教育供给》，《华东师范大学学报》（教育科学版）2022 年第 10 期。

④ 中共中央、国务院：《关于构建更加完善的要素市场化配置体制机制的意见》，2020 年 3 月 30 日，http：//www.gov.cn/zhengce/2020-04/09/content_5500622.htm，最后检索时间：2023 年 2 月 17 日。

的流动人口便捷落户”，同时，明确提出“城区常住人口 300 万以下城市落实全面取消落户限制政策，实行积分落户政策的城市确保社保缴纳年限和居住年限分数占主要比例”①。在国家政策的指导下，许多城市纷纷调整了入户、入学政策。在此背景下，本文对新形势下全国十五个具有代表性城市的流动儿童入学政策进行分析，通过将政策文本转变为标准化数据的方式对流动儿童入学门槛进行基本的量化排序，以期对当下中国大城市、特大城市流动儿童的入学政策概貌进行一个相对清晰的描绘，并对新形势下的流动儿童教育政策做出建议和反思。

二　研究方法

（一）样本城市的选择

2021 年国家发改委发布的《2021 年新型城镇化和城乡融合发展重点任务》中提出，“城区常住人口 300 万以下城市落实全面取消落户限制政策，实行积分落户政策的城市确保社保缴纳年限和居住年限分数占主要比例”②。根据《2021 年城市建设统计年鉴》推算，中国当前有约 40 个城市的人口数量超过了 300 万。同时，近年来如石家庄、福州、济南等城市已经实现开放落户，如福州市于 2021 年 1 月正式实施落户“零门槛”政策，以实现外来人口的“想落尽落”③。而其他暂时无法实现零门槛落户的城市也大幅降低了落户门槛。例如，发改委明确提出，“允许租赁房屋的常住人口在城市公

① 国家发展改革委：《2021 年新型城镇化和城乡融合发展重点任务》，2021 年 4 月 8 日，https：//www. ndrc. gov. cn/xxgk/zcfb/tz/202104/t20210413_ 1272200. html？ code = &state = 123，最后检索时间：2023 年 2 月 17 日。

② 国家发展改革委：《2021 年新型城镇化和城乡融合发展重点任务》，2021 年 4 月 8 日，https：//www. ndrc. gov. cn/xxgk/zcfb/tz/202104/t20210413_ 1272200. html？ code = &state = 123，最后检索时间：2023 年 2 月 17 日。

③ 福州公安：《〈关于进一步降低落户条件壮大人口规模的若干措施〉实施细则》，2020 年 12 月 29 日，http：//gaj. fuzhou. gov. cn/zz/jwxx/zcfg/202012/t20201229_ 3921075. htm，最后检索时间：2023 年 2 月 17 日。

共户口落户"[①]，苏州、郑州等落实了租赁房屋的常住人口落户政策[②]。另外，积分入户的条件也在逐渐放宽。以天津市为例，2021 年天津市发改委对《天津市居住证积分指标及分值表》进行修订，将"连续缴纳社会保险费满 1 年"方可申请积分，修改为"连续缴纳社会保险费满 1 年或累计缴纳社会保险费满 3 年"。同时，还取消了每年落户的数量指标及计划生育要求[③]。根据学者推测，当前中国还实际存在落户门槛的城市大约只有 20 多个[④]。然而，城市"大幅降低落户门槛"并不意味着流动儿童的入学门槛的消失。一方面，早期珠三角积分制的实践已然证明，外来人口大多希望子女能在自己所在城市接受教育，但并不一定愿意在打工的城市落户。2012 年中山市积分入学（小学）指标的剩余率仅 4%，而同年积分入户的指标却剩下了 15%[⑤]。另一方面，虽然一些城市开放了租赁房屋的落户政策，但实际落户中依然需要满足一些条件或达到积分要求。以天津市为例，天津市对随迁子女的定义除了未取得本地户口的外来人员随迁子女外，还包括已经通过居住证积分获得天津户口并投靠落户的随迁子女[⑥]。这意味着在一些城市即使外来人员已然获得本地户口，其子女仍然要按照随迁子女入学的门槛申请学位。因此，对当今中国 300 万人以上大城市、特大城市流动儿童入学门槛的分析依然有其意义和价值。本文一方面依旧通过将政策文本转化为标准化

---

① 国家发展改革委：《2019 年新型城镇化建设重点任务》，2019 年 3 月 31 日，http：//www. gov. cn/xinwen/2019-04/08/content_ 5380457. htm，最后检索时间：2023 年 2 月 17 日。

② 苏州市人民政府：《市政府办公室关于进一步推动非户籍人口在城市落户的实施意见》，https：//www. suzhou. gov. cn/szsrmzf/zfbgswj/202012/eaf9e5348fb94a26ada4a389744120ad. shtml，最后检索时间：2023 年 2 月 17 日。

③ 天津市发展改革委：《〈天津市居住证管理办法〉政策解读》，2021 年 12 月 31 日，https：//www. tj. gov. cn/zwgk/zcjd/202203/t20220316_ 5830553. html，最后检索时间：2023 年 2 月 17 日。

④ 陆铭：《取消城市落户限制的影响》，《上海国资》2021 年第 5 期。

⑤ 丁凯：《为什么指标用不完？——中山市流动人口积分制的实践与思考》，《中国农业大学学报》（社会科学版）2013 年第 4 期。

⑥ 天津市教委等：《天津市居住证持有人随迁子女在本市接受教育实施细则》，2022 年 8 月 22 日，https：//jy. tj. gov. cn/ZWGK_ 52172/zfxxgk1_ 1/fdzdgknr1/qtfdgkxx/202209/t20220909_ 5985396. html，最后检索时间：2023 年 2 月 17 日。

数据的方式，将各城市流动儿童入学的剩余门槛进行量化描述；另一方面，由于自 2019 年起各城市，尤其是 300 万~500 万人口的大城市及 500 万~1000 万人口的特大城市已然大幅降低了入学、入户门槛，再对其进行排名意义不大，本文更希望通过量化数据反映当今各城市在入学门槛上的设置方向和偏好，以对未来城市提供公共教育服务提供借鉴和建议。

通过“北大法宝”“法律之星”，及各地政府网站和微信公众号，本文收集了 43 份人口超过 300 万人城市的入学政策文本。经过筛选，最后保留了 15 个样本城市作为本文的主要研究对象。筛选标准主要有二：一是样本城市应尚未完全放开落户，二是该城市具有地域代表性。出于对城市整体入学门槛研究的需求，本文在检索政策文件时尽可能地以“市”为单位，对于部分没有公布市层面整体入学要求文件的城市，本文选择了该市所辖的中心城区所公布的入学文件作为替代，包括广州市白云区、深圳市福田区、贵阳市南明区、北京市海淀区以及重庆市渝中区。

本文根据入学政策的类型不同，将样本城市划分为两类：即积分制城市和材料准入制城市。其中，积分制指“根据流动人口参加积分管理累积的分值和当年度公办学校起始年级的可供学位数，分学校或区域按积分由高到低的顺序安排适龄儿童进入义务教育阶段公办学校就读的入学管理办法”①。材料准入制指流动人口必须拥有政策规定所需材料方可获得子女在本地入学的资格。值得说明的是，上海、成都等一些城市实施的“居住证积分制”与以珠三角为代表的传统积分制有所区别，是以居住证为积分载体，且不再以积分从高到低排名来划分入学资格，而是达到一定数额的积分即可入学。例如，上海市虽仅要求父母一方及儿童本人持有居住证，且父母一方参加社保满 6 月即可登记入学，但如果想要入读质量较好的公办学校或参加中考，则需要居住证积分达到 120 分。成都市规定居住证积分达到 10 分及一定条件后，由居住证所在区（市）县教育行政部门

① 王毅杰、卢楠：《随迁子女积分入学政策研究——基于珠三角、长三角地区 11 个城市的分析》，《江苏社会科学》2019 年第 1 期。

统筹安排入学①。而杭州市的居住证积分入学与传统的积分入学相似，每年按申请者居住证积分从高到低进行排序，积分高者优先入学。可见，居住证积分制在操作上较为灵活，且兼有材料准入制的某些特征。但由于居住证积分制本质上仍然需要积分，因此本研究将成都、上海这类居住证积分制与传统的积分制大体上同等对待。

样本城市的基本人口学特征如表 1 所示。

表 1　样本城市的基本描述[a]

城市	政策类型	年末常住人口（万人）[b]	流动人口（部分）（万人）[c]	$\frac{\text{流动人口(部分)(万人)}}{\text{年末常住人口数(万人)}}$(%)
直辖市				
北京市	材料准入制（海淀区）	2188.60	834.80	38.14
上海市	积分制	2489.43	1031.99	41.45
天津市	材料准入制	1561.83	499.01	31.95
重庆市	材料准入制（渝中区）	3212.43	222.77	6.93
长三角地区				
杭州市	积分制	1220.40	385.90	31.62
苏州市	积分制	1284.78	522.67	40.68
南京市	材料准入制	942.34	208.64	22.14
珠三角地区				
广州市	积分制（白云区）	1881.06	869.53	46.23
中山市	积分制	446.69	247.89	55.49
深圳市	积分制（福田区）	1768.16	1211.77	68.53
中部地区				
武汉市	材料准入制	1364.89	430.79	31.56

① 成都市教育局：《关于做好来蓉就业人员和本市户籍跨行政区域居住就业人员随迁子女接受义务教育工作的通知》，2022 年 11 月 25 日，http：//gk. chengdu. gov. cn/govInfo/detail. action? id=142375&tn=6，最后检索时间：2023 年 2 月 17 日。

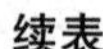
续表

城市	政策类型	年末常住人口（万人）[b]	流动人口（部分）（万人）[c]	流动人口(部分)(万人)/年末常住人口数(万人)(%)
西北地区				
西安市	材料准入制	1316.30	316.80	24.07
兰州市	材料准入制	438.43	102.13	23.29
西南地区				
成都市	积分制	2119.20	563.00	26.57
贵阳市	积分制（南明区）	610.23	161.43	26.45

注：a. 数据来源：各城市2021年国民经济和社会发展统计公报或第七次人口普查数据。

b. 根据中国第三次人口普查的规定，常住人口是指实际经常居住在某地区一定时间（指半年以上）的人口。按人口普查和人口变动抽样调查规定，主要包括：（1）除离开本地半年以上（不包括在国外工作或学习的人）的全部常住本地的户籍人口；（2）户口在外地，但在本地居住半年以上者，或离开户口地半年以上而调查时在本地居住的人口；（3）调查时居住在本地，但在任何地方都没有登记常住户口，如手持户口迁移证、出生证、退伍证、劳改劳教释放证等尚未办理常住户口的人。

c：根据中国统计年鉴，流动人口是指人户分离人口中不包括市辖区内人户分离的那部分人口。市辖区内人户分离的人口是指一个直辖市或地级市所辖区内和区与区之间，居住地和户口登记地不在同一乡镇街道的人口。由此，常住人口的第（2）类和第（3）类均属于流动人口；此外，流动人口还包含非常住人口（数据不可得），故实际流动人口数要比表中的更大。

（二）入学门槛指数构建

本文的研究对象为各城市的入学政策指标体系，从政策文本上看，各城市的指标构成各不相同，且各具体指标的赋分差异较大，直接使用政策文本中对各类指标的赋分对于城市间的比较没有意义。本文借鉴张小劲、陈波对城市积分入户指标体系的重构框架，先将各城市的指标体系进行简单分类，再从中提炼出“模块属性”，从而将政策文本转化为量化的单位和指标，揭示各城市的入学政策在指标体系建设上的微妙差异①。经过对15个城市（区）入学政策指标体系的整理，形成了五项一级指标，包括：个人素质与

① 张小劲、陈波：《中国城市积分入户制比较研究：模块构成、偏好类型与城市改革特征》，《华中师范大学学报》（人文社会科学版）2017年第6期。

能力、城市发展导向、房产与户籍、基本累积以及其他。其中，“个人素质与能力”指申请人个体在学历、技能水平、经济能力和所获表彰等方面展现出的“硬实力”，其积分具有相对较高的难度和区分度。“城市发展导向”折射出治理者对城市发展与行业结构的宏观政策偏好，对居住于新区域、从事新工种或紧急工种的个体予以奖励。房产与户籍容易理解，“基本累积”是对申请人在流入地的居住、工作和社保等情况进行历时性的考察，旨在规避高度的流动性给流动人口和治理者带来的不确定性，最终为真正需要的个体提供公共服务。“其他”指标主要指子女健康相关的积分指标，本研究中还保留了“计划生育”相关指标来检视各城市是否剔除了与当前中央政策不符的积分项目。

由于本研究的样本城市采用的入学政策同时包含积分入学制和材料准入制，二者在指标偏好、材料要求以及具体指标的赋分上存在较大差异，例如积分入学制的指标体系中常包括家长的个人素质和能力等指标，而材料准入制是主要通过“居住证”“暂住证”对此进行约束的。由此，必须结合两类城市积分指标体系的具体差异，分别开展编码、赋值和计算。

1. 积分入学制指标体系

基于积分入学制各城市的政策文本，本研究将各二级指标细化为三级指标，并统一赋予了起始得分难度值 D_i，具体如表 2 所示。

2. 材料准入制指标体系

与积分入学制不同，材料准入制的政策中往往对流动人口的个人素质与能力、社会服务与城市贡献等方面不作直接要求，而是通过规定流动人口家庭在提供居住证、工作证明、户籍与身份证明等材料后子女方可入学。基于材料准入制的政策指标体系侧重点与上述积分制体系有所不同，本研究对材料准入制的指标体系和难度赋分如表 3 所示。

3. 入学门槛的计算

随着近年来许多城市入户政策的放开，出现了一系列对各城市落户门槛的研究，这些研究主要的计算方法大致分为两类：第一类是寻找人口学的代理变量，例如邓可斌、丁菊红提出使用新增入籍的人数和同年份移动电话的

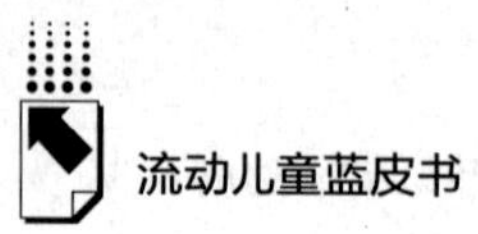

表 2　积分入学制指标体系和难度赋分

一级指标	二级指标	三级指标		起始得分难度值
个人素质与能力	年龄	年龄	无要求	1
			有要求	2
	文化程度	学历	初中	1
			高中(中职)	2
			大学、大专(高职)	3
	职业技能	职业资格、专业技术职称等	初级工	1
			中级工/员级职称	2
			高级工/助理级职称	3
			技师/中级职称	4
	发明创新	发明创新	多人专利不减分	1
			多人专利减分	2
			仅第一发明人计分	3
	纳税情况	个人所得税、个体工商户的经营纳税以及企业法人代表所在企业的纳税额度	小于 1000 元/分	1
			1000 元/分	2
			5000 元/分	3
			10000 元/分	4
	奖项与荣誉	道德模范、劳动模范等嘉奖与荣誉称号	区级	1
			市级	2
			省级	3
城市发展导向	区域导向	居住在特定区域	积分不封顶	1
			积分封顶	2
	行业导向	从事特定职业	不累计积分	1
			累计积分	2
	社会服务与贡献	无门槛:志愿时长、献血等		1
		有门槛:慈善捐赠、捐献骨髓干细胞、捐献器官等		2
房产与户籍	房产情况	购房或租房	租房可计分	1
			仅自有产权住房计分	5
	证件提供	仅需要户口本、身份证和居住证		1
		还需要提供其他证件		2

续表

一级指标	二级指标	三级指标		起始得分难度值
基本累积	居住时限	所在地有合法稳定的居所	五年(含)以下可积满	1
			五年以上方可积满	2
	社会保险缴纳情况	连续缴纳的种类与年限	有种类或年限要求	1
			有种类和年限要求	2
			有区域要求	3
	工作状况	所在地有合法稳定的工作	五年(含)以下可积满	1
			五年以上方可积满	2
	公积金缴纳情况	连续缴纳的金额与年限	五年(含)以下可积满	1
			五年以上方可积满	2
子女相关	计划生育	与计生政策的符合情况	政策外但已经接受处理	1
			政策内全面二孩	2
			孩子是独生子女	3
	健康情况	有此加分项		1

表 3　材料准入制指标体系和难度赋分

一级指标	二级指标	三级指标	指标说明		起始得分难度值
身份与居住	身份状况	居住证	时间要求	一年	2
				半年或无要求	1
		生育证	有要求		1
			无要求		0
		其他证明	有要求		1
			无要求		0
	居住情况	租房或购房	“六年一学位”要求	有额外要求[a]	3
				文件有要求	2
				文件无要求	1

续表

<table>
<tr><th>一级指标</th><th>二级指标</th><th>三级指标</th><th colspan="2">指标说明</th><th>起始得分难度值</th></tr>
<tr><td rowspan="11">基本累积</td><td colspan="2" rowspan="9">社会保险缴纳与工作情况</td><td rowspan="3">时间要求</td><td>一年</td><td>2</td></tr>
<tr><td>半年</td><td>1</td></tr>
<tr><td>无要求</td><td>0</td></tr>
<tr><td rowspan="4">区域要求</td><td>限本区</td><td>3</td></tr>
<tr><td>跨区</td><td>2</td></tr>
<tr><td>跨市</td><td>1</td></tr>
<tr><td>无要求</td><td>0</td></tr>
<tr><td rowspan="2">是否需同时提供[b]</td><td>是</td><td>2</td></tr>
<tr><td>否</td><td>1</td></tr>
<tr><td colspan="2" rowspan="2">其他证明</td><td colspan="2">有要求</td><td>1</td></tr>
<tr><td colspan="2">无要求</td><td>0</td></tr>
</table>

注 a：主要指北京政策中提出的“用于九年一贯制学校登记入学的住房，自该套住房地址用于登记入学之年起，九年内只提供一个入学学位”。

b：指社保缴纳证明和工作证明是否需要同时提供，例如南京市政策中明确提出仅需提供“在宁缴纳社会保险连续且满一年的凭证，或在宁连续且满一年的有效营业执照”，而天津则需要同时提供工商营业执照、税务登记证件、依法签订的劳动合同或确定劳动关系存在的有效证明。

新增用户数的比值作为户籍管制的代理变量①，另外常见的代理变量还有新入籍人口与原本城市常住人口数的比值等②③。这类代理变量能近似地反映某个城市对户籍管制的松紧程度，但显然较为笼统，并且不准确。第二类是根据城市的相关政策文本，将文本转化为标准化数据或使用专家评分法来计算落户门槛。例如 2019 年计生委使用专家赋权和层次分析法来计算中国流动人口社会融合指数，张吉鹏等人使用“投影寻踪模型”对 2000 年以来中国城市 900 多份落户相关政策文件进行标准化，并计算了落户门槛排行④。

① 丁菊红、邓可斌：《财政分权、软公共品供给与户籍管制》，《中国人口科学》2011 年第 4 期。

② 蔡昉、都阳、王美艳：《户籍制度与劳动力市场保护》，《经济研究》2001 年第 12 期。

③ 邹一南、李爱民：《户籍管制、城市规模与城市发展》，《当代经济研究》2013 年第 9 期。

④ 张吉鹏、卢冲：《户籍制度改革与城市落户门槛的量化分析》，《经济学（季刊）》2019 年第 4 期。

除此之外，还有研究使用了因素分析、聚类分析等方法进行计算①。总结已有研究的计算思路，其基本思想主要是将高维数据进行降维。基于以上思路，并出于简化计算的考虑，本文采用式（1）对积分制城市的入学门槛 x_{ij} 进行计算：

$$x_{ij} = \sum (D_{ij} \times \frac{M_{ij}}{T_i}) \tag{1}$$

其中，x_{ij} 表示第 i 个样本城市的第 j 个入学指标，D_{ij} 代表第 i 个样本城市的第 j 个入学指标的起始计分的难度（如表 2 所示），M_{ij} 代表第 i 个样本城市的第 j 个入学指标的最高可能得分，T_i 代表第 i 个样本城市的积分体系可能得到的最高总分。此计算方法主要考虑了两方面问题：第一，通过给某一指标的起始计分难度进行赋分，消除不同城市积分体系间的量纲，并体现出某一指标在此积分体系下的得分困难程度。例如，广州市的政策中高中学历可积 20 分，本科及以上学历可积 50 分，而上海市的居住证积分需要取得大专（高职）学历方可积 50 分，本科学历可积 60 分。虽然看似后者积分数值更高，但显然其难度也更大，故以表 2 为准积分体系中“学历”指标的得分难度为 3，而广州市在该指标上难度为 2。第二，考虑某一指标在整个指标体系中所占的权重，衡量该指标在城市自身指标体系中的重要性。

需要说明的是，一些地方并未对社会保险缴纳情况等指标规定积分上限，而时限的延展会显著改变基本累积性指标在整个体系中的权重。出于准确性的考量，本研究统一以五年作为积分时限的上限，并对部分城市积分上限大于五年的地区进行了调整，统一按五年的标准进行计算。以厦门市为例，政策原有指标体系中社会保险和稳定居住两个指标按照 12 年的上限要求可分别积得 48 分和 24 分。根据换算，本研究以五年的标准将厦门市这两项指标的满分分别重置为 20 分和 10 分，以此保证厦门市和其他城市积分上限的标准一致性。

① 吴开亚、张力：《发展主义政府与城市落户门槛：关于户籍制度改革的反思》，《社会学研究》2010 年第 6 期。

不同于积分入学制，材料准入制的指标体系中各指标不存在单个指标在指标体系内积分高低的差异，仅存在指标（材料）本身需要或不需要、材料获得的难或易的差异。考虑到材料需求的数量本身也具有一定难度，故对本文使用式（2）对材料准入制城市的流动儿童入学门槛 y_{ij} 进行计算：

$$y_{ij} = \sum (D_{ij} \times P_{ij}) \qquad (2)$$

其中，D_{ij} 代表第 i 个样本城市的起始计分的难度（如表 3 所示），P_i 代表第 i 个样本城市在第 j 个入学指标上所需材料数。值得说明的是，一些城市在某一类材料上要求提供的材料数目不止一项，例如，北京市经开区审核申请人租房证明时，要求提供房屋租赁合同、房主“房屋所有权证或不动产权证书”原件或商品房买卖网签合同及购房发票、房主身份证原件及复印件、学位占用知情同意书等有关证明材料。显然，如此数量的材料要求会大大抬高该城市的流动儿童入学门槛，故本研究在计算证明材料数量时以个体最多可能需要的材料来进行计算。

三　研究结果

（一）积分入学制城市的入学门槛

经计算，各积分入学制城市的流动儿童入学门槛 y_{ij} 如表 4 所示，研究发现如下。

第一，从各城市的指标变化来看，珠三角地区的积分指标变化较小，而长三角地区的积分指标有较多改进。对比各地 2019 年的积分入学政策，珠三角地区城市除了将“计划生育”相关指标从积分体系中剔除外几乎没有变化，而长三角城市的积分体系则变化较大。上海市的居住证积分指标主要增加了两项创新人才的积分，但其细则尚未正式出台。杭州市大幅增加了社保和居住年限的总分值，其中社保总分由原来的 10 分增加至 120 分，居住年限总分由 45 分增加至 100 分，且计分方式也从 3 分/年增加至 5 分/年。

表 4　积分入学制城市入学门槛

城市	指标	个人素质与能力							城市发展导向				房产与户籍	基本累积					其他		入学门槛(y_ij)
		年龄	学历	职业技能	发明创新	纳税	奖项表彰	总分	区域导向	行业导向	社会贡献	总分	房产情况	居住时限	工作情况	社保情况	公积金情况	总分	计划生育	健康情况	
上海市	*Mij*	2	3	1	.	4	2	490	2	1	.	50	.	.		2	.	100	.	.	2. 219
	Mij/Ti	0. 047	0. 172	0. 219	.	0. 156	0. 172	0. 766	0. 031	0. 047	.	0. 078	.	.		0. 156	.	0. 156	.	.	
	Dij	2	3	1	.	4	2	490	2	1	.	50	.	.		2	.	100	.	.	
杭州市	*Mij*	30	90	100	80	20	240	560	.	.	130	130	30	100		120	.	220	.	.	1. 383
	Mij/Ti	0. 032	0. 096	0. 106	0. 085	0. 021	0. 255	0. 596	.	.	0. 138	0. 138	0. 032	0. 106		0. 128	.	0. 234	.	.	
	Dij	2	2	1	2	4	1	560	.	.	1	130	1	2		1	.	220	.	.	
苏州市	*Mij*	.	200	100	60	180	180	720	.	100	360	460	100	300		.	.	300	.	50	1. 748
	Mij/Ti	.	0. 123	0. 061	0. 037	0. 110	0. 110	0. 442	.	0. 061	0. 221	0. 282	0. 061	0. 184	.	.	.	0. 184	.	0. 031	
	Dij	.	3	1	3	1	1	720	.	1	1	460	5	2	.	.	.	300	.	1	
广州市（白云区）	*Mij*	30	30	20	50	16	30	176	.	30	20	50	.	60	.	50	10	120	.	.	1. 266
	Mij/Ti	0. 087	0. 087	0. 058	0. 145	0. 046	0. 087	0. 509	.	0. 087	0. 058	0. 145	.	0. 173	.	0. 145	0. 029	0. 347	.	.	
	Dij	2	2	1	1	3	1	176	.	1	1	50	.	1	.	1	1	120	.	.	
中山市	*Mij*	.	150	100	50	300	100	700	.	48	245	293	100	75	.	100	54	229	.	.	1. 361
	Mij/Ti	.	0. 113	0. 076	0. 038	0. 227	0. 076	0. 530	.	0. 036	0. 185	0. 222	0. 076	0. 057	.	0. 076	0. 041	0. 173	.	.	
	Dij	.	3	1	1	1	1	700	.	2	1	293	1	2	.	1	2	229	.	.	
深圳市（福田区）	*Mij*	.	.	.	.	.	.	.	.	.	.	.	80	10	.	10	.	20	.	.	1. 200
	Mij/Ti	.	.	.	.	.	.	0. 000	.	.	.	0. 000	0. 800	0. 100	.	0. 100	.	0. 200	.	.	
	Dij	.	.	.	.	.	.	.	.	.	.	.	1	2	.	2	.	20	.	.	
成都市	*Mij*	50	.	40	.	.	25	115	30	40	30	100	.	10	.	20	.	30	.	.	1. 551
	Mij/Ti	0. 204	.	0. 163	.	.	0. 102	0. 469	0. 122	0. 163	0. 122	0. 408	.	0. 041	.	0. 082	.	0. 122	.	.	
	Dij	2	.	1	.	.	2	115	1	2	1	100	.	1	.	2	.	30	.	.	
贵阳市（南明区）	*Mij*	.	.	.	.	.	.	.	.	.	.	.	.	72	36	.	.	108	.	.	1. 667
	Mij/Ti	.	.	.	.	.	.	0. 000	.	.	.	0. 000	.	0. 667	0. 333	.	.	1. 000	.	.	
	Dij	.	.	.	.	.	.	.	.	.	.	.	.	2	1	1	.	108	.	.	

这意味着没有高学历、高技能的外来人员依然可能通过在城市内长期的工作、居住获得较高积分，从而享受到城市的公共教育服务。苏州市则是对高技能、高学历人才的计分大幅降低，例如博士学位的计分由原来的 400 分降低至 200 分。更为重要的，从 2020 年起，苏州市的居住时长积分实现了与南京市居住时长的互认，这标志着相近城市圈内的积分互认成为可能，这或许是未来积分制发展的重要方向。

第二，从各城市的积分指标偏好的变化上看，长三角地区仍然以看重个人素质类指标为主，但占比有所下降，而珠三角地区更持续看重基本累积类指标。上海市积分体系中个人素质与能力类指标的占比依然超过了 70%，而杭州市和苏州市则分别由 80%和 58%下降为 60%和 44.2%。而深圳市福田区则完全不存在个人素质类指标，完全以房屋租购情况、居住时长及社保缴纳情况来决定入学的积分。值得说明的是，虽然成都市的居住证积分体系项目庞杂，但多数指标仅适用于申请积分入户。而来蓉的外来人员仅需要在居住时长和社保缴纳两项上达到基本要求即可满足积分入学的准入门槛（10 分）。

第三，从各区域城市的流动人口随迁子女入学门槛上看，珠三角城市整体而言仍更为友好。但需特别说明的是，政策文本的积分细则所体现的入学门槛并不能完全代表城市中流动儿童的入学难度。由于以上海为代表的一些城市使用了“居住证积分制”，将入户积分、入学积分以及其他公共服务的积分归为一体，以居住证为积分载体而实行。从细则上看，这些城市的积分似乎体现出总分高、难度大的特点，而事实上，这些城市往往针对随迁子女入学进行了特别的约定。例如，上海市规定只要适龄儿童持有《上海市居住证》或《居住登记凭证》，父母一方持有效期内《上海市居住证》，且一年内参加本市职工社会保险满 6 个月或连续 3 年在街镇社区事务受理服务中心办妥灵活就业登记即可申请入学；成都市的居住证积分总分虽高，但申请入学仅需要积满 10 分，具体而言，即“合法稳定就业、合法稳定居住”，交纳社会保险、连续居住二者满一年即可达标，而相对的，申请积分入户则需要积满 140 分。可见，这些城市虽实行的是积分制，但又带有某些简化的

“材料准入”的特征，对其入学门槛的分析还需要进行更为深入和具体的讨论。

（二）材料准入制城市的入学门槛

表 5　材料准入制城市入学门槛

城市	指标	身份状况			居住情况	社保缴纳与工作情况			其他	入学门槛 y_{ij}
		居住证时间	生育证	其他证明	租房或购房	时间要求	区域要求	同时提供	其他证明	
北京市	D_{ij}	2	1	1	3	2	3	2	0	30
	P_{ij}	1	1	2	6	1	1	1	0	
	$D_{ij}\times P_{ij}$	2	1	2	18	2	3	2	0	
天津市	D_{ij}	1	0	0	1	0	0	2	0	6
	P_{ij}	1	0	0	1	0	0	2	0	
	$D_{ij}\times P_{ij}$	1	0	0	1	0	0	4	0	
重庆市	D_{ij}	1	0	0	1	0	0	1	0	3
	P_{ij}	1	0	0	1	0	0	1	0	
	$D_{ij}\times P_{ij}$	1	0	0	1	0	0	1	0	
南京市	D_{ij}	2	1	0	1	2	1	1	0	8
	P_{ij}	1	1	0	1	1	1	1	0	
	$D_{ij}\times P_{ij}$	2	1	0	1	2	1	1	0	
武汉市	D_{ij}	1	1	0	1	0	0	1	0	4
	P_{ij}	1	1	0	1	0	0	1	0	
	$D_{ij}\times P_{ij}$	1	1	0	1	0	0	1	0	
西安市	D_{ij}	1	0	0	1	0	0	1	1	4
	P_{ij}	1	0	0	1	0	0	1	1	
	$D_{ij}\times P_{ij}$	1	0	0	1	0	0	1	1	
兰州市	D_{ij}	1	0	0	2	0	0	1	0	4
	P_{ij}	1	0	0	1	0	0	1	0	
	$D_{ij}\times P_{ij}$	1	0	0	2	0	0	1	0	

如表 5 所示，从材料准入制各城市的入学政策来看，多数城市已经对审核材料进行了大幅度的简化，各城市间的政策差异较小，但北京等超大城市

的材料审核依然烦琐。具体而言，除北京外各城市要求的材料几乎相同，例如家长户口簿、身份证、出生证、居住证、社保缴纳情况和（或）工作证明。除西安市特别要求提供“流出证”①、兰州市对租住房提出了“六年一学位”的要求外，城市间异质性不大。《南京市2022年义务教育招生入学政策》中明确提出，“按照材料非必要不提供原则，全面清理取消学前教育经历、计划生育证明、超过正常入学年龄证明等证明材料”。又例如重庆市渝中区，流动儿童入学所需的材料大致来说仅有四项：户口本、身份证、居住证和（家长）工作证明，并且其对工作证明的要求也仅为营业执照或劳动合同。而相比之下，北京市海淀区则要求学位申请者通过材料证明其工作单位为“合法经营运营，企业信息真实，存续状态为开业”，单亲家庭的儿童还需提供“离婚证书，以及由民政部门加盖公章的离婚协议或人民法院离婚裁判文书”，而居住证明则更为复杂，至少需要提供租赁合同、完税凭证、房产证原件、房主身份证原件以及房主签字的知情同意书，这些巨量、烦琐的材料审核要求无疑大大抬高了流动儿童的入学门槛。

另外，各城市在对同一材料的审核或解读细节上存在差异，或可成为流动儿童入学的“隐性”门槛。以入学政策中最基础的关于“随迁子女”的界定为例，一般来说政策中的“随迁子女”就是指未取得本地户口的外来人员随迁子女，而天津市的入学政策中还将已经通过居住证积分获得天津户口并投靠落户的随迁子女②包括在内。这意味着即使外来人员的父母成功积分入户，其子女仍然无法享受与本地人同等的城市公共服务，被视为“投靠落户随迁子女”。另外，对于跨区流动入学的儿童，往往对其产权住房存在“父（母）或者其他法定监护人房屋产权达到51%”的要求或以50%来划分儿童入学的优先级。一些跟随父母来到祖父母所在城市生活的流动儿童

① 流出证指户籍所在地乡镇人民政府或街道办事处开具的同意学生流出接受义务教育的证明材料。

② 天津市教育委员会等：《天津市居住证持有人随迁子女在本市接受教育实施细则》，2022年8月22日，https://jy.tj.gov.cn/ZWGK_52172/zfxxgk1_1/fdzdgknr1/qtfdgkxx/202209/t20220909_5985396.html，最后检索时间：2023年2月17日。

就可能因此失去入学资格，甚至出现外来人员向其父母购买部分房屋产权以供子女读书的情况。这些对材料的细节解读不仅加大了随迁家庭对入学政策理解的难度，更可能以隐性门槛的形式对流动儿童享受公共教育服务进行限制。

四　讨论与建议

本文通过对 15 个城市流动儿童入学政策文本进行指标重构和量化分析有如下发现。

首先，2019 年来，各城市流动儿童的入学门槛有所下降。自国家发改委发布《2019 年新型城镇化建设重点任务》以来，我国 300 万人口以下城市已基本取消入户门槛，而 300 万～500 万人口的大城市及 500 万～1000 万人口特大城市的入学门槛也有所降低。积分制政策中，社保和居住年限的总分值提高，而高技能、高学历人才的所获积分有所降低。材料准入制政策中，各城市所需审核材料的数量降低，提出“非必要不提供”的原则。

其次，积分制中长三角地区的“重个人素质指标”倾向有所降低但依然存在，材料准入制中北京市的材料审核依然烦琐。

最后，当前流动儿童入学的主要问题或将从“能上学”转为“上好学”。无论是积分制城市还是材料准入制城市，对于留在城市居住并缴纳社保达到一定年限的流动人口随迁子女，多数城市的入学政策都为其提供了登记入学的可能。天津等城市明确划分了流动儿童能就读学校的范围，其余更多的城市“根据学位情况统筹安排”，而这些被“统筹”的儿童可能被安排在距家一个小时车程外的学校就读。同时，即使父母积分达标的非一年级儿童也很难“插班”入学。这表明，当前入学门槛虽然表面上降低了，但流动儿童的实际基本需求仍难以得到满足。国家为流动儿童提供公共教育服务从保证数量转向均衡优质还需经历较长的发展道路。基于此，本文提出如下建议。

第一，优化公共教育供给是应对新人口发展形势的重要一环。

第七次人口普查的结果揭示了中国当前社会、经济所面临的严峻挑战：中国拥有世界上最大规模的老年人口，和超过几乎所有主要经济体的人口老龄化速度[①]，中国劳动力的规模优势正在逐渐丧失。同时，新的人口政策尚未改变中国适龄人口的生育意愿[②]。自 2016 年来，我国生育率连续五年下跌。数据同样显示，人口向大城市、特大城市不断集中的总的趋势并没有改变。如此，高昂的购房和教育成本成为压在涌入大城市流动人口身上的两座大山，对适龄人口的生育意愿有着强烈的影响。因此，改善流动儿童的公共教育供给已成为新时期我国迫在眉睫的战略任务，它不仅能缓解低生育问题，更能提升城市人口的人力资本积累，以提升人口质量的方式弥补人口数量和结构性优势的丧失，是真正一举多得的政策举措。一方面，对于人口继续迁入而导致教育资源紧缺的城市应继续增加公共教育供给；另一方面，中央应从顶层设计上调整与地方在教育特别是流动儿童教育问题上的财政分配方式和比例，调动地方政府解决流动儿童教育问题的积极性，平衡中央和地方的能力和责任。

第二，以“累积性指标为主”作为入学政策的基本方向。

本研究基于对积分入学政策的分析可以发现上海、苏州、中山、广州、东莞和杭州均对“个人素质与能力”有更强偏好；成都对“城市发展导向”有更强的偏好；而厦门、济南和深圳则对“基本积累”指标有更强偏好。对“基本积累”的偏好更体现出为常住人口提供基本公共服务的责任与担当。可以看出这样的城市门槛指数也更低，政策文件中的积分指标要求较少，说明其面向流动人口随迁子女的入学政策也更为友好。这与 2019 年国家发展改革委印发的《2019 年新型城镇化建设重点任务》（发改规划〔2019〕617 号）政策方向高度一致。该新政提出，“超大特大城市要调整完善积分落户政策，大幅增加落户规模、精简积分项目，确保社保缴纳年限和居住年限分数占主要比例”。这也正应是积分入学政策改革的新方向。

---

① 蔡昉：《中国老龄化挑战的供给侧和需求侧视角》《经济学动态》2021 年第 1 期。.

② 王广州、张丽萍：《中国低生育水平下的二孩生育意愿研究》，《青年探索》2017 年第 5 期。

第三，基于社会正义与教育规律优化流动儿童教育政策。

流动儿童的教育政策由于与户籍制度紧密联系，长期以来受到人口、经济等政策的强烈影响，甚至我国的某些特大城市将设置流动儿童入学门槛作为其调节人口规模、疏解过剩人口的手段。然而，流动儿童入学其本质仍然是教育问题，是政府公共服务的重要组成部分，应符合基本的社会正义和教育规律，过高的入学门槛与不合理的入学限制都与社会正义的基本价值相背离。例如，大多数城市的积分入学都仅针对“幼升小”或“小升初”的儿童，一些中间年龄段儿童，即使其积分达标，也很难“挤入”公办学校。我们也发现，如深圳市盐田区已专门制定了《转班插班积分入学办法》，以考虑儿童真实教育需求的方式对流动儿童的教育政策进行了优化和补充，值得其他城市借鉴和学习。无独有偶，虽然中共中央、国务院《关于构建更加完善的要素市场化配置体制机制的意见》中明确提出，倡导在长三角、珠三角等区域探索实现户籍准入年限同城化累计互认的机制，然而在一些城市和地区仍然要求申请入学的流动儿童父母拥有在某县（区）内连续多年缴纳社保的证明，无法实现最基本的市内积分或材料的互认。但同时，在南京新发布的《积分落户实施办法》中也明确提出，在苏州市“居住的年限，予以累计互认并赋分”，这表明在相近都市圈中实现积分互认并非难以实现的空想，而是值得各地政府认真思考和探索的政策进步的新方向。

参考文献

张翕、陆铭：《新人口形势下的公共教育供给》，《华东师范大学学报》（教育科学版）2022 年第 10 期。

蔡昉：《中国老龄化挑战的供给侧和需求侧视角》，《经济学动态》2021 年第 1 期。

张吉鹏、黄金、王军辉、黄勔：《城市落户门槛与劳动力回流》，《经济研究》2020 年第 7 期。

张吉鹏、卢冲：《户籍制度改革与城市落户门槛的量化分析》，《经济学（季刊）》2019 年第 4 期。

王毅杰、卢楠:《随迁子女积分入学政策研究——基于珠三角、长三角地区11个城市的分析》,《江苏社会科学》2019年第1期。

魏东霞、谌新民:《落户门槛、技能偏向与儿童留守——基于2014年全国流动人口监测数据的实证研究》,《经济学(季刊)》2018年第2期。

张小劲、陈波:《中国城市积分入户制比较研究:模块构成、偏好类型与城市改革特征》,《华中师范大学学报》(人文社会科学版)2017年第6期。

王广州、张丽萍:《中国低生育水平下的二孩生育意愿研究》,《青年探索》2017年第5期。

陆铭:《城市、区域和国家发展——空间政治经济学的现在与未来》,《经济学(季刊)》2017年第4期。

段成荣、赖妙华、秦敏:《21世纪以来我国农村留守儿童变动趋势研究》,《中国青年研究》2017年第6期。

王军、王广州:《中国低生育水平下的生育意愿与生育行为差异研究》,《人口学刊》2016年第2期。

梁海艳:《流动人口的返乡与外出意愿研究——基于安徽、四川、河南、湖南、江西、贵州六省数据的分析》,《南方人口》2015年第1期。

丁凯:《为什么指标用不完?——中山市流动人口积分制的实践与思考》,《中国农业大学学报》(社会科学版)2013年第4期。

邹一南、李爱民:《户籍管制、城市规模与城市发展》,《当代经济研究》2013年第9期。

丁菊红、邓可斌:《财政分权、软公共品供给与户籍管制》,《中国人口科学》2011年第4期。

吴开亚、张力:《发展主义政府与城市落户门槛:关于户籍制度改革的反思》,《社会学研究》2010年第6期。

吴开亚、张力、陈筱:《户籍改革进程的障碍:基于城市落户门槛的分析》,《中国人口科学》2010年第1期。

蔡昉、都阳、王美艳:《户籍制度与劳动力市场保护》,《经济研究》2001年第12期。

政策篇

Policy Reports

B.5
随迁子女义务教育中央与地方财政责任的现状、问题及对策

吴开俊　周丽萍　廖康礼*

摘　要： 本文梳理了随迁子女义务教育中央与地方财政责任的政策演进，实证分析了2020年全国31个省份随迁子女义务教育中央与地方财政责任的状况与问题。本文提出，应进一步完善随迁子女义务教育经费的省级统筹，进一步明确省级政府的财政责任，加大中央财政资助随迁子女义务教育的力度。同时，针对缺乏系统、高效的监督机制这一现有随迁子女义务教育财政体系下的薄弱环节，应落实相关政策执行的国家审计制度安排。

关键词： 随迁子女　义务教育　财政责任划分

* 吴开俊，广州大学教育经济研究中心主任、研究员，研究方向为教育经济学、高等教育；周丽萍，广州大学教育学院讲师、管理学博士，研究方向为教育经济学；廖康礼，广州大学教育学院博士生。本文系2019年度国家自然科学基金面上项目“农民工随迁子女义务教育：中央与地方事权和支出责任划分研究”（项目编号：71974042）的阶段性成果。

随迁子女义务教育投入及责任划分长期面临的困境是我国建设高质量教育体系中的“痛点”和薄弱环节[①]。随迁子女义务教育“该由谁买单”，中央和地方的财政责任如何划分是回答此问题的核心，是确保随迁子女教育供给充足的制度基础，也是推进我国义务教育公平发展的关键所在。

一　随迁子女义务教育中央与地方财政责任的政策演进

20世纪90年代以来，有关我国随迁子女义务教育财政责任分担政策发展主要经历了四个时期，分别是“借读费”“奖励金”“钱随人走”和政府间财政责任明晰化时期。“借读费”时期主要在1992年至2008年间。该时期先后发布了《中华人民共和国义务教育法实施细则》（1992）、《城镇流动人口中适龄儿童、少年就学办法（试行）》（1996）、《流动儿童少年就学暂行办法》（1998）、《关于基础教育改革与发展的决定》（2001）和《关于进一步做好进城务工就业农民子女义务教育工作的意见》（2003）五个重要文件。尽管这一时期政府允许流入地学校收取适量借读费，但是政府应对随迁子女义务教育财政责任分担问题的办法存在阶段性变化。在1992年至2002年，政府未曾把随迁子女义务教育纳入政府财政责任范畴，随迁子女义务教育经费来源于家庭自付借读费。1996年原国家教委基础教育司发布的《城镇流动人口中适龄儿童、少年就学办法（试行）》明确提出“流入地政府为流动人口中的适龄儿童、少年提供接受义务教育的机会，流入地教育行政部门具体承担管理职责。举办专门招收流动儿童的学校，其经费由办学者负责筹措；流入地学校可以向流动儿童父母或其他监护人收取借读费”[②]。

---

① 本文随迁子女为进城务工人员随迁子女的简称。如无其他说明，本文的数据源自2020年全国教育事业发展简明统计分析报告、各地市教育局、各省（自治区、直辖市）教育厅以及地方政府官方网站，由于不同省（自治区、直辖市）官网公布进城务工人员随迁子女入公办学校的数据年份不完全是2020年，存在部分省（自治区、直辖市）是2014~2019年的。

② 国家教育委员会基础教育司：《城镇流动人口中适龄儿童、少年就学办法（试行）》，1996年4月2日。参见 https：//www. lawxp. com/statute/sl049977. html，最后检索时间：2022年10月26日。

该文件强调政府允许流入地学校收取适量借读费，强调办学者和家庭的经费责任，但没有对各级政府承担流动儿童义务教育经费作任何规定，政府没有把随迁子女义务教育纳入政府财政责任范畴。直至2003年教育部等六部委印发《关于进一步做好进城务工就业农民子女义务教育工作的意见》，才首次把随迁子女义务教育纳入政府经费保障责任。文件提出“建立农民工子女义务教育经费筹措保障机制。流入地政府财政部门要对接收进城务工就业农民子女较多的学校给予补助。城市教育费附加中要安排一部分经费，用于进城务工就业农民子女义务教育工作”[①]。该文件第一次明确了政府对随迁子女义务教育承担经费保障责任，但将这一责任下放到了流入地地方政府，对中央政府的财政责任没有做任何规定。

“奖励金”时期主要存在于2008年至2014年。2008年国务院发布的《国务院关于做好免除城市义务教育阶段学生学杂费工作的通知》提出“公办学校对农民工子女免除学杂费、不收借读费；在接受政府委托、承担义务教育任务的民办学校就读的学生，按照当地公办学校免除学杂费标准享受补助；中央财政对农民工子女接受义务教育问题解决较好的省份给予适当奖励”[②]。这一文件进一步加强了政府对随迁子女义务教育承担经费保障责任，但责任的主体依旧是流入地地方政府，虽然对中央政府的财政责任释放了一定的弹性，提出对随迁子女接受义务教育问题解决较好的省份给予适当奖励，但总体而言，中央政府的财政责任依旧模糊，同时也没有对各级地方政府如何分担经费责任做出明确的规定。随后，政府相继出台了《关于深入推进义务教育均衡发展的意见》（2012）和《国家新型城镇化规划（2014-2020年）》（2014）两个文件，逐步提出要将随迁子女义务教育纳入各级政府教育发展规划和财政保障范畴。与“借读费”时期相比，“奖励金”时

① 国务院办公厅：《关于进一步做好进城务工就业农民子女义务教育工作的意见》（国办发〔2003〕78号），中华人民共和国中央人民政府官网，http://www.gov.cn/ztzl/nmg/content_412440.htm，最后访问日期：2022年7月22日。

② 国务院：《关于做好免除城市义务教育阶段学生学杂费工作的通知》（国发〔2008〕25号），中华人民共和国中央人民政府官网，http://www.gov.cn/zwgk/2008-08/15/content_1072915.htm，最后访问日期：2022年7月22日。

期的随迁子女义务教育财政责任开始延伸至中央，但主体责任仍然是下放在流入地政府。数据显示，2008~2014 年，中央财政发放的随迁子女奖励金累计高达 340.51 亿元[①]，平均每年中央为随迁子女义务教育承担 56.75 亿元的财政责任，2013~2014 年中央奖励金在 80 亿元以上。

2015 年国务院印发了《关于进一步完善城乡义务教育经费保障机制的通知》，明确提出取消中央奖励金，“两免一补”和生均公用经费基准定额资金随学生流动可携带，从此进入“钱随人走”时期，随迁子女的义务教育公用经费由中央和地方各级政府按地区分比例承担。从全国数据看，2020 年全国普通小学生均一般公共预算教育经费为 12330.58 元，普通初中为 17803.60 元[②]。全国 31 个省份“可随人走”的生均公用经费基准定额均不超过 800 元，中央按比例分担的生均公用经费基准定额不超过 600 元[③]。由此可见，中央实际上承担随迁子女义务教育经费的比例比较有限[④]。

在“钱随人走”政策实施的同时，国务院于 2016 年 8 月发布了《国务院关于实施支持农业转移人口市民化若干财政政策的通知》，提出“将持有居住证人口纳入基本公共服务保障范围，创造条件加快实现基本公共服务常住人口全覆盖”，其中基本公共服务范围包括了义务教育、基本医疗、基本养老、就业服务等方面；要求“将农业转移人口及其他常住人口随迁子女义务教育纳入公共财政保障范围”，并强调实施“两免一补”资金和生均公用经费基准定额资金随学生流动可携带的“钱随人走”政策。紧接着，国务院于 2016 年 9 月发布了《推动 1 亿非户籍人口在城市落户方

① 刘利民：《教育部：随迁子女将全纳入城镇义务教育》，《中国教育报》2015 年 3 月第 1 期。

② 教育部：《2020 年全国教育经费执行情况统计公告发布》，中华人民共和国教育部官网，http://www.moe.gov.cn/jyb_xwfb/gzdt_gzdt/s5987/202111/t20211130_583350.html，最后访问日期：2022 年 7 月 22 日。

③ 国务院办公厅：《教育领域中央与地方财政事权和支出责任划分改革方案的通知》（国办发〔2019〕27 号），中华人民共和国中央人民政府官网，http://www.gov.cn/zhengce/content/2019-06/03/content_5397093.htm，最后访问日期：2022 年 7 月 22 日。

④ 生均一般公共预算教育经费是指教育事业费、基建经费和教育费附加全部加总后除以当年在校学生数得出的平均数，而生均公用经费是指当年用于教育支出总和中扣除人员经费支出之后的部分除以当年在校学生数得出的平均支出数，因为人员经费是教育经费的大头，所以公用经费在教育经费中的占比较小。

案》，提出全面放开放宽重点群体落户限制，调整完善不同类型城市的落户政策，要求保障进城落户随迁子女平等享有受教育权利，明确提出“将非户籍人口在城市落户情况和相关配套政策实施情况纳入国家重大政策措施落实情况跟踪审计范围，将审计结果及整改情况作为有关部门考核、任免、奖惩领导干部的重要依据”。财政部于2016年11月发布了《中央财政农业转移人口市民化奖励资金管理办法》，由中央财政在均衡性转移支付资金中安排农业转移人口市民化奖励资金，用于农业转移人口基本公共服务、增强社区能力以及支持城市基础设施运行维护等方面的支出①。由此可见，国家对妥善解决随迁子女义务教育问题高度重视，将其纳入了非户籍人口在城市落户这一重大政策范围，并加大了中央财政的支持力度。

二　随迁子女义务教育中央与地方财政责任的现状与问题

（一）随迁子女义务教育基本情况

2020年全国义务教育阶段的随迁子女数为1429.73万，占全国在校生总数（1.56亿）的9.16%。从地区分布看②，东部随迁子女最多，占全国的57.41%，西部（24.20%）和中部（18.39%）较少。在东部地区，主要聚集在广东、江苏和浙江，三省合计占据全国的37.61%，占东部地区的65.51%，尤其是广东，其随迁子女占全国总数的23.00%，占东部地区的40.05%。从义务教育阶段随迁子女占在校生比例看，由高到低排在全国前

① 财政部：《关于印发〈中央财政农业转移人口市民化奖励资金管理办法〉的通知》（财预〔2022〕60号），http://yss.mof.gov.cn/zhengceguizhang/200204/t20220427_3806657.htm，最后检索时间：2022年7月22日，中华人民共和国中央人民政府官网，2022年4月13日。

② 东部地区包括：北京、天津、河北、辽宁、上海、江苏、浙江、福建、山东、广东、海南；中部地区包括：山西、吉林、黑龙江、安徽、江西、河南、湖北、湖南；西部地区包括：内蒙古、广西、重庆、四川、贵州、云南、西藏、陕西、甘肃、青海、宁夏、新疆。

八位的省份分别是：广东（22.48%）、上海（18.71%）、浙江（17.23%）、福建（15.95%）、内蒙古（14.85%）、江苏（13.96%）、宁夏（11.77%）和天津（11.77%）。从随迁子女入读公办学校的人数看，广东最大（163.97万），其次分别是江苏（101.42万）、福建（71.75万）、浙江（67.75万）和山东（67.01万）。从随迁子女入读公办学校的比例看，中部最高（91.07%），其次是西部（88.74%），东部最低（72.78%）。而在东部地区内部，绝大部分省（自治区、直辖市）均达到80%及以上，仅有北京、浙江和广东低于全国平均水平，尤其是广东，其随迁子女入读公办学校比例仅有49.88%，这意味着广东仍有近165万随迁子女未能进入公办教育系统，需要自费求学于民办学校。数据分析表明，东部地区聚集了最多随迁子女，同时也是随迁子女义务教育财政问题最为严峻的地区，尤其是广东、浙江和江苏三省，不仅聚集了最多随迁子女，同时也是未“入公办”随迁子女体量很大的省份，三省合计204.58万随迁子女未能进入公办教育系统，占据了全国无法纳入公办学校的随迁子女总量285.99万的71.53%。

表1　2020年全国各地区随迁子女义务教育基本情况

地区	省份	义务教育阶段在校学生数（万人）	义务教育随迁子女数(万人)	随迁子女占全国总数比例(%)	随迁子女占在校生比例(%)	“入公办”随迁子女数(万人)	“入公办”比例(%)
东部地区	北京	132.55	12.15	0.85	9.17	9.52	78.31
	天津	105.20	12.38	0.87	11.77	11.76	95+
	河北	997.48	46.04	3.22	4.62	41.43	90.00
	辽宁	296.97	26.28	1.84	8.85	24.97	95+
	上海	132.90	24.87	1.74	18.71	20.00	80.42
	江苏	835.08	116.57	8.15	13.96	101.42	87.00
	浙江	536.37	92.42	6.46	17.23	67.75	73.30
	福建	488.87	77.99	5.45	15.95	71.75	92.00
	山东	1115.99	72.76	5.09	6.52	67.01	92.10
	广东	1462.58	328.73	22.99	22.48	163.97	49.88
	海南	124.35	10.60	0.74	8.52	8.48	80+

续表

地区	省份	义务教育阶段在校学生数（万人）	义务教育随迁子女数（万人）	随迁子女占全国总数比例（%）	随迁子女占在校生比例（%）	“入公办”随迁子女数（万人）	“入公办”比例（%）
中部地区	山西	346. 84	30. 61	2. 14	8. 83	28. 77	94. 00
	吉林	181. 00	15. 21	1. 06	8. 41	14. 91	98. 00
	黑龙江	210. 96	14. 71	1. 03	6. 97	13. 97	95+
	安徽	692. 19	23. 83	1. 67	3. 44	22. 40	94. 00
	江西	626. 72	16. 15	1. 13	2. 58	15. 18	94. 00
	河南	1493. 73	67. 52	4. 72	4. 52	57. 40	85+
	湖北	551. 68	32. 29	2. 26	5. 85	31. 32	97. 00
	湖南	786. 22	62. 59	4. 38	7. 96	58. 83	94. 00
西部地区	内蒙古	204. 31	30. 33	2. 12	14. 85	28. 82	95. 00
	广西	732. 67	50. 10	3. 50	6. 84	40. 08	80+
	重庆	317. 45	24. 51	1. 71	7. 72	20. 84	85. 02
	四川	832. 69	53. 85	3. 77	6. 47	47. 33	87. 90
	贵州	575. 34	39. 13	2. 74	6. 80	31. 09	79. 44
	云南	571. 59	40. 76	2. 85	7. 13	33. 23	81. 53+
	西藏	49. 58	3. 63	0. 25	7. 32	3. 45	95. 00
	陕西	406. 03	40. 64	2. 84	10. 01	35. 92	88. 40
	甘肃	288. 32	18. 86	1. 32	6. 54	17. 91	95+
	青海	73. 23	4. 71	0. 33	6. 43	4. 71	100. 00
	宁夏	88. 51	10. 42	0. 73	11. 77	10. 28	98. 68
	新疆	335	29. 13	2. 04	8. 69	25. 75	88. 40

注：“+”表示以上，如天津随迁子女入公办比例是95+，表示天津95%以上随迁子女入读公办学校。

资料来源：《2020年全国教育事业发展简明统计分析报告》；各地市教育局、各省（自治区、直辖市）教育厅以及地方政府官方网站，由于各省（自治区、直辖市）官网公布的最新的进城务工人员随迁子女入公办学校的数据年份不完全相同，表中的“入公办”随迁子女数主要是2018~2020年的。

（二）随迁子女义务教育财政责任分担的现状

学界得到一个共同的结论：随迁子女义务教育财政主体责任在流入地政府，中央财政承担的比例很小。究竟中央和地方财政承担的比例各是多少，以往研究并未明确。重构合理、可行的随迁子女义务教育财政责任分担机制的前提是厘清随迁子女义务教育财政责任的分担现状。根据《国务院办公厅关于印发教育领域中央与地方财政事权和支出责任划分改革方案的通知》，中央统一规定城乡义务教育学校生均公用经费基准定额，中西部地区普通小学每生每年600元、普通初中每生每年800元；东部地区普通小学每生每年650元、普通初中每生每年850元。目前中央对随迁子女义务教育的补助方式主要是按比例分地区承担的生均公用经费基准定额，其中第一档地区中央财政分担80%，具体包括内蒙古、广西、重庆、四川、贵州、云南、西藏、陕西、甘肃、青海、宁夏、新疆等12个省份；第二档地区中央财政分担60%，包括河北、山西、吉林、黑龙江、安徽、江西、河南、湖北、湖南、海南等10个省份；第三档、第四档和第五档地区中央财政均分担50%，其中，第三档地区包括辽宁、福建、山东3个省份（不含计划单列市），第四档地区包括天津、江苏、浙江、广东4个省（直辖市）及大连、宁波、厦门、青岛、深圳5个计划单列市；第五档地区包括北京、上海2个直辖市。

考虑到公办和民办中小学的经费来源存在较大差异，本文以纳入公办学校的随迁子女作为分析对象，对这部分随迁子女的义务教育财政支出来源及分担比例进行分析。结果是，全国各省（自治区、直辖市）的义务教育阶段生均公用经费基准定额[①]在655~720元，中央承担的生均公用经费在350~540元，其中，中央承担的北京、上海、广东、浙江和江苏等人口流入量较大的东部地区的生均公用经费较低，都在360元及以下，中央承担的新疆、西藏、陕西、广西、甘肃、青海、内蒙古、四川、贵州、云南和重庆等人口流出量较为明显的西部地区的生均公用经费较高，都在520元以上。从中央承担的各省（自治区、直辖市）生均一般公共预算公用经费比例看，东部地区平均比例为9.99%，这意味着超过90%的生均一般公共预算公用经费由地方政府承担，而中部地区和西部地区比例均在12%以上，分别为12.09%和15.80%，高于东部人口流入量较大的地区。

---

① 义务教育阶段生均公用经费基准定额=（小学生生均公用经费基准定额＊2018年小学在校生数+初中生生均公用经费基准定额＊2018年初中在校生数）/义务教育阶段在校生人数。

表 2　2020 年中央和地方政府承担的随迁子女义务教育财政责任情况

地区分类	省份	中央承担的生均公用经费(元)	生均一般公共预算公用经费(元)	中央承担随迁子女公用经费总额(万元)	随迁子女一般公共预算教育经费总额(万元)	中央财政承担比例(%)	地方财政承担比例(%)
东部地区	北京	350	10219	3331	404033	0.82	99.18
	天津	356	3910	4182	264698	1.58	98.42
	河北	426	2672	17661	455319	3.88	96.12
	辽宁	359	2368	8958	351365	2.55	97.45
	上海	360	8217	7204	715835	1.01	98.99
	江苏	355	3166	36049	1850497	1.95	98.05
	浙江	356	4392	24086	1444569	1.67	98.33
	福建	355	3242	25451	958277	2.66	97.34
	山东	358	2657	24016	882827	2.72	97.28
	广东	353	3390	57836	2723583	2.12	97.88
	海南	418	5365	3541	126160	2.81	97.19
中部地区	山西	399	3031	11468	375759	3.05	96.95
	吉林	401	3710	5983	252971	2.37	97.63
	黑龙江	409	3088	5717	227972	2.51	97.49
	安徽	399	3570	8934	299387	2.98	97.02
	江西	402	4358	6105	183752	3.32	96.68
	河南	398	2611	22841	510945	4.47	95.53
	湖北	397	3670	12439	426937	2.91	97.09
	湖南	398	3062	23441	668086	3.51	96.49
西部地区	内蒙古	532	3714	15327	475932	3.22	96.78
	广西	529	2566	21212	389605	5.44	94.56
	重庆	538	3754	11211	309818	3.62	96.38
	四川	534	3178	25263	610469	4.14	95.86
	贵州	530	2358	16463	379600	4.34	95.66
	云南	531	2241	17647	431505	4.09	95.91
	西藏	526	6807	1815	109061	1.66	98.34
	陕西	526	4548	18895	544198	3.47	96.53
	甘肃	529	3213	9466	244320	3.87	96.13
	青海	529	4291	2492	79410	3.14	96.86
	宁夏	533	4355	5478	142848	3.83	96.17
	新疆	524	3069	13482	399500	3.37	96.63

注：（1）中央承担的义务教育阶段生均公用经费=义务教育阶段生均公用经费基准定额＊中央分地区分档承担的基准定额的比例；（2）义务教育阶段生均一般公共预算公用经费基准定额=（小学生生均公用经费＊2018 年小学在校生数+初中生生均公用经费＊2018 年初中在校生数）/义务教育阶段在校生人数。

资料来源：《教育部　国家统计局　财政部关于 2020 年全国教育经费执行情况统计公告》，http://www.moe.gov.cn/srcsite/A05/s3040/202111/t20211130_583343.html，最后检索时间：2022 年 7 月 22 日。

按照中央财政承担的随迁子女义务教育经费总额=中央分担的生均公用经费＊随迁子女数，地方财政承担的随迁子女义务教育经费总额=随迁子女义务教育财政支出总额-中央财政承担的随迁子女义务教育经费总额，可算得中央和地方财政对于随迁子女义务教育经费分担的比例。

结果如表2所示，在中央财政承担比例上，东部地区最低，平均比例仅有2.16%，其次是中部地区（3.14%），西部地区最高（3.68%）。在地方财政承担比例上，东部地区最高（97.84%），其次是中部地区（96.86%），西部地区最低（96.32%）。就全国总体情况而言，地方财政承担比例高达97%，中央财政仅承担了3%，随迁子女义务教育的主体责任在流入地财政。中央财政对不同地区随迁子女义务教育经费承担的比例与不同地区的随迁子女的分布比例呈现反向变化趋势，这与中央通过转移支付等补助方式激励地方政府积极解决随迁子女义务教育问题的政策初衷相背离。

（三）随迁子女义务教育财政责任分担存在的主要问题

综上所述，中央财政承担比例过小，针对随迁子女义务教育的帮扶指向性减弱。从全国来看，地方财政承担随迁子女义务教育费用比例高达97%，中央财政仅承担了3%。从全国数据看，2020年全国普通小学生均一般公共预算教育经费为12330.58元，普通初中为17803.60元[①]。然而，全国31个省份“可随人走”的生均公用经费基准定额均不超过800元，中央按比例分担的生均公用经费基准定额不超过600元[②]。由此可见，中央实际上承担的随迁子女义务教育经费的比例有限。通过表2数据可算出，中央财政承担全国各省（自治区、直辖市）随迁子女的生均公用经费总额为46.80亿

① 《教育部　国家统计局　财政部关于2020年全国教育经费执行情况统计公告》教育部官网，最后访问日期：2022年7月22日。

② 国务院办公厅：《教育领域中央与地方财政事权和支出责任划分改革方案的通知》（国办发〔2019〕27号），中华人民共和国中央人民政府官网，http://www.gov.cn/zhengce/content/2019-06/03/content_5397093.htm，最后访问日期：2022年7月22日。

/年，明显低于以往“奖励金”时期的中央财政支出总额。数据表明，从财政支出总额看，中央财政对随迁子女的义务教育支出总额不升反降；从支出地区结构看，“奖励金”时期的中央财政向接收随迁子女较多、条件薄弱的城市公办学校倾斜，而在目前“钱随人走”的政策下，中央财政不仅没有向随迁子女流入地区倾斜，反倒向随迁子女流出地区倾斜，针对随迁子女义务教育的帮扶指向性减弱。中央对随迁子女采取生均公用经费基准定额资金可随学生流动携带的财政分担政策在某种程度上属于“逆向补贴”。

从另一个方面来看，根据财政部发布的相关数据，自 2016 年开始，中央下达的农业转移人口市民化奖励资金逐年均有较大幅度增加，2016 年当年下达的金额为 100 亿元，而 2022 年当年已经增加到 400 亿元，年均增幅达 50%。但中央财政农业转移人口市民化奖励资金在分配及使用过程中也存在不少问题。一方面，中央在分配奖励金数额时的主要依据是农业转移人口实际进城落户数①，从历年获得奖励金的数额来看，排在前面的地区分别为河南省、广东省、四川省、江苏省和山东省，基本上与各省份常住人口数量排位保持一致，没有更多向随迁子女义务教育财政压力较大的地区倾斜；另一方面，中央在下达奖励金预算时只是要求将奖励金“用于农业转移人口基本公共服务、增强社区能力以及支持城市基础设施运行维护等方面”，没有明确规定奖励金的具体用途，导致各地区在使用奖励金时随意性较大，很少有省份将奖励金用到随迁子女义务教育项目上。基于此，2022 年 4 月财政部修订了《中央财政农业转移人口市民化奖励资金管理办法》，进一步明确了奖励金的分配方案，将奖励资金划分为落户人口奖励资金和随迁子女义务教育奖励资金两部分，并确立了这两部分资金的测算公式，其中，某地随迁子女义务教育奖励资金=随迁子女义务教育奖励资金总额×某地区随迁子女义务教育奖励资金分配系数÷∑各地区随迁子女义务教育奖励资金分配

① 国家发展和改革委员会：《“十四五”规划〈纲要〉名词解释之 129丨中央财政市民化奖励资金》，https://www.ndrc.gov.cn/fggz/fzzlgh/20112/t20211224_1309387.html，最后检索时间：2022 年 7 月 22 日。

系数。某地区随迁子女义务教育奖励资金分配系数=随迁子女在校生数×地方工作努力程度系数①。地方工作努力程度系数根据随迁子女在校生数变化情况及其占比变化情况确定。对奖励资金管理办法的修订使得地方政府更加关注、重视随迁子女的上学问题，积极扩充公共教育资源的供给，从而令随迁子女的义务教育得以保障。但是由于修订的奖励资金管理办法依旧没有规定具体用途，其对奖励资金的分类及测算公式仅仅作为中央向地方下达奖励资金预算的依据，各地区是否会依法依规高效分配和使用奖励资金，是否存在截留、挤占、挪用奖励资金的情况？对此还需要进一步加强资金监管，以提高资金使用效益。

三　完善随迁子女义务教育中央与地方财政责任的对策建议

为推进城乡融合，促进义务教育公平、优质、均衡发展，在当前随迁子女义务教育经费主要由区县政府负担的基础上，亟须将随迁子女的教育财政责任适度上移到更高级别的省级和中央财政，着重加强省级统筹的事权和财政责任②，避免基层区县政府财政责任过重。

（一）完善随迁子女义务教育经费的省级统筹

改革开放以来，我国义务教育财政责任历经从“县、乡为主”“县为主”到“央地共同负担、省级统筹”的改革历程。1985 年《中共中央关于教育体制改革的决定》要求义务教育经费按照“地方负责、分级管理”原则，由县、乡财政承担主要责任；2001 年《国务院关于基础教育改革与发

① 财政部：《关于印发〈中央财政农业转移人口市民化奖励资金管理办法〉的通知》，（财预〔2022〕60 号），http://yss.mof.gov.cn/zhengceguizhang/202204/t20220427_3806657.htm，最后检索时间：2022 年 7 月 22 日。

② 吴开俊、周丽萍：《进城务工人员随迁子女义务教育财政责任划分——基于中央与地方支出的实证分析》，《教育研究》2021 年第 10 期。

展的决定》确立“以县为主”义务教育财政管理体制，首次提出“省级统筹”，要求“省级人民政府对财力不足、发放教师工资确有困难的县，要通过调整财政体制和增加转移支付的办法解决农村中小学教师工资发放问题”①；2006 年修订的《中华人民共和国义务教育法》明确提出实施“央地共同负担、省级统筹落实”义务教育经费投入体制，省级政府在义务教育经费投入中承担的统筹落实责任有了法律依据。自此之后，《国家中长期教育改革和发展规划纲要（2010-2020）》（2010）、《关于进一步扩大省级政府教育统筹权的意见》（2014）、《国务院关于推进中央与地方财政事权和支出责任划分改革的指导意见》（2016）、《国务院办公厅关于印发对省级人民政府履行教育职责的评价办法的通知》（2017）等系列中央文件不断强化中央和省级政府的义务教育财政责任，支出重心上移趋势愈加明显。其中，国务院办公厅颁布的《关于基本公共服务领域中央与地方共同财政事权和支出责任划分改革方案的通知》明确提出“合理划分省以下各级政府的支出责任，加强省级统筹，适当增加和上移省级支出责任”②（2018）。同时，随着城镇化进程加快和人口结构的不断变化，随迁子女教育问题与经济、人口等其他社会问题的联系愈发紧密、互相制约，以区（县）一级政府为主统筹发展随迁子女教育的力度已然不足，更加需要省级政府在更高的管理层级上进行统筹谋划。省级政府具有独特地位和优势，推进随迁子女义务教育经费省级统筹实质是“在更高层次理顺教育经费体制，在更大范围优化义务教育资源配置，在更大区域推进教育公平”③。亟须进一步厘清省级政府的财政责任，形成随迁子女义务教育经费在省、市、区县各级政府间的预算制度；完善省级政府财政转移支付制度；构建省级政府统筹随迁子女义务教育教师工资保障机制；完善随迁子女义务教育经费省级统筹的监测体系与教育督导问责机制。

① 国务院办公厅：《关于基础教育改革与发展的决定》（国发〔2001〕21 号）。

② 国务院办公厅：《关于印发基本公共服务领域中央与地方共同财政事权和支出责任划分改革方案的通知》。

③ 谢广祥：《如何扩大省级政府教育统筹权》，《求是》2014 年第 2 期。

（二）加大中央财政资助随迁子女义务教育的力度

加大中央财政介入随迁子女义务教育财政力度，除了考虑利益获得原则和能力支付原则外，还有必要从流入地政府负担随迁子女义务教育支出的制度障碍和资源约束的角度来看待问题。一方面，受益范围的不确定性导致流入地政府积极性不高。“教育的多数收益是完成学业很长时间后才能获得的”①。从世界各地的教育实践来看，义务教育财政政策的基本假设是这些接受义务教育的儿童将来大多会留在本地就业，按照“谁受益谁负担”的经济原则，自然主要由地方政府供给。当然，在本地接受义务教育的儿童会存在流动的现象，但从宏观层面上看，流入与流出的儿童数大致相抵，或人口流出的比例相对较低，故“在人口流动受到严格管制，城乡分割明显的二元经济结构中，义务教育收益的空间外部性相对较小，可以被视为一种地方性公共产品”②。然而，在农业转移人口大量、长期流动的背景下，随迁子女很大概率不会留在接受义务教育的当地工作，其社会收益范围存在大量的不确定性，不能简单地将其与本地儿童义务教育等同视为“地方公共产品”。因此，在没有中央财政介入的情况下，流入地政府为随迁子女支付教育成本的意愿一直不高，供给不足的问题将长期存在。另一方面，我国的分权财政供给制度难以激发其为随迁子女提供教育的动力，反而易引发地方政府的不作为。世界上大多数国家和地区的义务教育由地方政府供给，除了因为地方政府对本地居民的教育需求和偏好更为了解，能够因地制宜地提供义务教育公共服务外，更重要的是还存在“用脚投票”模型，即如果企业或民众对本地政府提供的公共服务感到不满，可以选择到其他地方去生产和居住，而地方政府为了争取更多的企业和居民，不得不提供更有效率和质量的公共物品③。而我国却并不存在“用脚投票”机制发挥作用的一系列条件。

---

① 〔美〕卡诺依：《教育经济学国际百科全书》，闵维方等译，高等教育出版社，2002。

② 崔世泉、王红：《建立农民工子女义务教育经费保障机制的思考——以广州市为例》，《教育发展研究》2012 年第 7 期。

③ 孙辉：《财政分权、政绩考核与地方政府土地出让》，社会科学文献出版社，2014。

首先，在城乡二元的户籍制度下教育服务本身就成为农民工迁徙的限制因素：他们要从农村流动到城市，不仅会失去与其原本户籍捆绑的教育服务，还可能同时被新的城市的教育供给系统排除在外。其次，农业转移人口的流动性导致义务教育供给存在外部性。最后，我国义务教育财政与常住居民的财产税没有直接挂钩，而且，收入普遍较低的农业转移人口也不是地方政府所要积极争取的纳税人。因此，地方政府“借助”严格的城乡二元户籍制度，将随迁子女排除在教育服务的供给范围之外，显然是更为“理性”的选择。这是流入地政府在解决随迁子女义务教育方面长期动力不足的重要原因。没有中央财政的介入，很难打破这一僵局。

（三）落实随迁子女义务教育政策执行的国家审计制度安排

系统、高效的监督机制是随迁子女义务教育政策体系的薄弱环节，从随迁子女义务教育政策执行的实际情况来看，目前还缺乏一种贯穿于政策全过程的治理工具对其进行跟踪监督和评价，并推进其优化和完善。虽然《县域义务教育均衡发展督导评估暂行办法》（2012）、《县域义务教育优质均衡发展督导评估办法》（2016）、《义务教育质量评价指南》（2021）等文件均将随迁子女义务教育情况纳入了相关评价指标体系，但类似督导评价机制在随迁子女义务教育政策落实情况监督评价上的针对性、专业性和威慑力等方面均存在明显不足，很难深入财政资金的预算、运行、决算及绩效等专业领域，其中存在的预算不足、支出偏离、挪用截留、数据造假等问题很难在指标体系中反映出来。在中国的国家治理体系中，国家审计①是一项基础性制度安排，是党和国家重大政策全面有效贯彻落实的重要保障。《国务院关于加强审计工作的意见》（2014）提出“发挥审计促进国家重大决策部署落实

---

① 通常情况下可将审计划分为政府审计（国家审计）、社会审计（注册会计师审计或独立审计）和内部审计三种类型。从严格意义上讲，政府审计与国家审计并不能等同，政府审计主要是指政府审计机关组织的审计，接受审计的主体主要是政府部门。2018 年 3 月中央审计委员会的成立意味着审计已经成为党和国家监督体系的重要组成，接受审计监督的主体由政府部门全面扩展到党委、人大、政协、人民团体等，政府审计真正转变为国家审计。基于此，本文所讨论的审计专指国家审计。

的保障作用”，《中华人民共和国审计法》（2021年修订版）提出“构建集中统一、全面覆盖、权威高效的审计监督体系”，对“贯彻落实国家重大经济社会政策措施情况进行审计监督”。与其他监督形式相比，审计监督具备独立性、主动性、专业性和全面性的显著优势，随迁子女义务教育政策是一项影响广泛并受到高度重视的重大民生政策，目前该项政策的落实已经进入关键的“最后一公里”阶段，将其纳入国家审计范围，合理确定审计的主客体、推进审计监督与其他监督形式的高效协同，有助于进一步识别和预警政策落实风险，对政策执行中的偏差行为进行处罚和问责，并通过反馈机制促进政策决策的优化和完善。

B.6

城市流动儿童关爱保护现状与政策研究

王伶鑫　闫晓英　张本波*

摘　要：　儿童关爱保护一直以来是公共政策关注的重点。我国城市流动儿童①规模庞大，关爱保护政策体现出保护主体多元化、保护主题扩面、保护方法专业化等特点，但也存在顶层设计有待健全、政策目标和服务体系有待拓展、协同机制有待完善、多元参与格局有待加强、政策评估机制有待建立等问题。建议从加强顶层设计、完善服务体系、协同工作机制、整合服务资源、提升服务队伍、加强监测评估等方面促进城市流动儿童关爱保护政策体系建设。

关键词：　城市流动儿童　关爱保护　政策支持

改革开放以来，我国人口流动持续活跃，流动人口长期保持较大规模，农村留守儿童和城市流动儿童一直是社会关注的焦点，加强儿童关爱保护也一直是公共政策的重点。自 2016 年以来，我国进一步加强了对农村留守儿童的关爱服务，顶层设计和政策体系不断完善，服务能力和服务水平不断提高，这对于保障农村留守儿童权益、促进农村留守儿童发展发挥了重要作

* 王伶鑫，国家发展改革委社会发展研究所助理研究员，社会学博士，研究方向为流动人口、人口政策；闫晓英，民政部政策研究中心研究员、室主任，法学博士，研究方向为儿童福利、慈善研究；张本波，国家发展改革委社会发展研究所研究员、室主任，研究方向为社会政策。

① 流动儿童通常是指流动人口中的未成年人，当前民政部门和统计部门对儿童的年龄界定基本一致，将所有未成年人均纳入儿童范围。基于“儿童”和“流动”的相关定义，本研究将“城市流动儿童”界定为：年龄未满 18 周岁、居住在城市、离开户籍登记地并在本城市生活半年以上、产生跨县流动（不包括市内人户分离情况）的群体。

用。在人口乡城流动依然活跃的同时，城市之间的人口流动正在逐步增加，城市流动儿童规模呈现扩大趋势。城市流动儿童及其服务需求出现新特征，亟须打通城市流动儿童关爱保护的政策盲点并补齐服务短板，让流动儿童在城市拥有一个温暖的家，拥有一个可以在其中健康成长的友好社会环境。

一　城市流动儿童的发展需求

进入“十四五”以来，城市流动儿童关爱保护得到了更多关注。《中国儿童发展纲要（2021-2030年）》明确提出，在儿童与福利方面的主要目标包括“流动儿童服务机制更加健全”。但现有的政策体系中，依然存在与城市流动儿童需求不适应的薄弱环节，在部分领域甚至存在一定的政策空白。因此，十分有必要进一步梳理城市流动儿童的发展需求，为不断完善城市流动儿童关爱保护服务政策体系，增强城市流动儿童关爱保护能力，促进城市流动儿童全面发展奠定基础。

（一）三大难题未解

一是流入地就学难问题尚未得到根本解决。随着超大城市采取了一系列控制城市人口规模和人口密度的措施，部分流动人口随迁子女不具备在流入地继续上学的条件，而不得不选择举家返迁或再次迁移。大量城市流动儿童在小学和初中升学时选择离开城市，其中相当一部分并未选择回到流出地农村，而是留在大城市周边，或进入家乡附近的城市继续学业。例如，在北上广深四个超大城市，由于无法符合当地入学的要求，不少儿童被迫“回流”或“再迁”。“回流”和“再迁”对流动儿童学业的连贯性、生活稳定性和心理适应形成了较大冲击，在流入地稳定、连贯就学，是流动儿童及其家庭最为突出的需求。①

① 韩嘉玲、余家庆：《离城不回乡与回流不返乡——新型城镇化背景下新生代农民工家庭的子女教育抉择》，《北京社会科学》2020年第6期。

二是儿童情感需求尚未得到有效满足。当前，流动儿童家庭亲情、心理健康等情感需求日益突出，但难以获得有效满足。研究发现，城市流动儿童在成长过程中出现了高家庭依恋和低家庭归属感的矛盾现象①。2017 年在杭州、中山、贵阳和武汉等地进行的随迁子女调查研究结果显示，随迁子女与家长互动频率低，亲子互动较为缺乏②。针对江西、无锡等地城市流动儿童的调查研究显示，城市流动儿童心理健康状况相对脆弱，心理健康水平随年级升高而下降，与本地儿童相比更多地表现出人际关系敏感、焦虑、抑郁、适应不良等心理困境，心理韧性水平较低；城市流动女童较之流动男童，负面情绪更为严重③。

三是社会融入难问题依然突出。城市流动儿童如不能较好地实现在流入地的社会适应和融入，发展困境可能会愈加突出。例如，针对广东省农民工子弟学校的研究显示，在校流动青少年形成的“混日子”“找乐子”亚文化行为实际上是入学门槛、户籍壁垒等结构性因素叠加下的自我保护及寻求认同感的做法④。上海市调查研究表明，城市流动儿童在上海话掌握程度、自我身份认同、未来教育规划、流入地认同、本地朋友数量方面均处于明显劣势⑤。城市流动儿童的成长环境中存在歧视、拒斥、责备等多种逆境因素，这些在潜移默化中会形成不良示范，增加引导和矫正难度，给关爱保护工作带来较大挑战。

（二）两大支持体系相对薄弱

一是社会支持体系尚不健全。城市流动儿童缺乏与同伴之间的主动沟通

---

① 汪传艳：《家在何处：流动儿童的家庭融入及其影响因素》，《基础教育》2021 年第 4 期。

② 汪传艳、徐绍红：《进城务工人员随迁子女的教育再生产——基于“双重脱嵌”的视角》，《青年研究》2020 年第 1 期。

③ 万金、周雯霁等：《农民工随迁子女人际敏感性对心理健康的影响：排斥知觉与朋辈支持的作用》，《中国特殊教育》2021 年第 8 期。崔斌：《我国流动儿童心理韧性研究 10 年回顾与展望》，《科学咨询（教育科研）》2021 年第 6 期。王亚南：《无锡市区中学初中流动儿童心理健康现状研究》，《临床精神医学杂志》2021 年第 3 期。

④ 向芯、孙瑜：《超大城市流动青少年的亚文化生产机制》，《青年研究》2022 年第 1 期。

⑤ 路锦非：《城市流动儿童的融入困境与制度阻隔——基于上海市的调查》，《城市问题》2020 年第 5 期。

和交流，在本地没有熟悉的朋辈关系网络，也缺乏与家长、学校的互动，导致城市流动儿童城市化融入过程不畅[①]。在这样的环境中，城市流动儿童遭遇的困境经常会被忽视，城市流动儿童自身因为缺乏沟通渠道、有退缩情绪等，与社会支持力量之间形成断层。与此同时，多元化的社会支持体系尚未全面覆盖城市流动儿童群体，供需尚未形成有效对接。

二是家庭支持能力有待提高。在城市流动儿童成长过程中，家庭的陪伴与支持往往处于缺位状态，研究显示流动儿童危险行为发生率显著高于普通儿童[②]，城市流动儿童父母的参与水平和亲社会行为程度较低，提升城市流动儿童父母的参与水平，将有利于增加城市流动儿童的亲社会行为[③]。流动人口家庭对流动儿童成长的支持能力不足，削弱了家庭作为一个整体参与儿童成长活动的积极性：流动人口家庭对儿童关爱保护活动的知晓程度不高，相关信息获取渠道不畅，使城市流动儿童关爱保护工作向基层延伸面临着更大挑战。

（三）两大服务短板亟须补齐

一是逆境、困境城市流动儿童支持服务存在专业化短板。城市流动儿童在校园暴力、校园霸凌、人身安全、食品安全、卫生安全等方面面临更大的安全风险，更容易陷入逆境或困境，给关爱保护政策制定和实际工作展开带来较大挑战。一方面逆境、困境城市流动儿童寻求关爱保护需求十分迫切，另一方面由于缺乏整体政策设计、社会力量参与路径不明晰，处于逆境、困境中的城市流动儿童难以得到有效帮助。

二是低龄城市流动儿童照护服务严重短缺。我国托育服务总体上处于供不应求的非均衡状态，低龄城市流动儿童家庭难以负担托育费用，托育服务

① 李素梅：《流动儿童城市融入困境及其情感支持路径探究》，《阜阳师范学院学报》（社会科学版）2017 年第 6 期。

② 闫鹏程、杜海峰、张启聪：《流动人口 00 后子女家庭支持与危险行为差异研究》，《甘肃社会科学》2018 年第 4 期。

③ 邝娅、谭千保：《父母参与和流动儿童亲社会行为的关系：亲子亲合的作用》，《中国健康心理学杂志》2019 年第 11 期。

获得难度较大。对城市流动儿童托育服务供给和早期发展在公共服务体系中没有明确的定位和支持措施，低龄流动儿童的发展福利受到了大幅度压缩。由于潜在需求群体规模较大、实际困难较为突出，针对低龄城市流动儿童的关爱保护服务推进难度较大，面临着政策设计、基层落实、家庭认可等多方面的挑战。

（四）突发事件应急机制缺失

在受到突发事件影响的情况下，如何更好地保障城市流动儿童的发展机会，是城市流动儿童关爱保护的重要议题。在突发事件影响下，流动人口家庭风险抵御能力减弱，流动儿童的成长空间受到限制，但目前没有形成相应的应急机工作机制进行关爱保护。例如，在居家线上学习的过程中，城市流动儿童家庭出于缺乏学习设备、家长教育理念薄弱、自主学习能力弱等原因，相较于城市本地儿童，其家庭学习教育的总体水平仍然较差[①]。城市流动儿童遭遇突发情况时，正是他们急需关爱保护的关键时刻，这对城市流动儿童关爱保护工作的应急机制创新提出了新的要求。

二　城市流动儿童关爱保护政策及实施效果

（一）城市流动儿童关爱保护政策体系发展脉络

新中国成立以来，我国儿童福利体系逐步完善。从儿童福利政策和法规演进过程来看，政策对象实现了从有限群体到全体儿童的覆盖，财政支持由直接服务转向资金和服务同时发力，儿童福利工作队伍和人员配置从较为松散变为集中有序，儿童福利的监督管理体系不断完善，国家责任进

① 丁百仁：《新时代流动儿童家庭教育变化及对学业表现的影响——基于双重比较视角》，《少年儿童研究》2021 年第 9 期。

一步凸显[①]。随着我国儿童福利体系的发展，城市流动儿童关爱保护政策体系也不断完善，可划分为以下三个阶段。

第一阶段是1992~1998年，为政策萌芽阶段。这一阶段城市流动儿童政策主要关注学龄儿童在流入地的义务教育入学情况。1996年原国家教委颁布了《城镇流动人口中适龄儿童少年就学办法（试行）》，政府开始关注城市流动儿童的义务教育问题；1998年原国家教委、公安部颁布《流动儿童少年就学暂行办法》（以下简称《办法》），对常住户籍所在地不具备监护条件的6~14周岁（或7~15周岁）流动儿童少年在流入地接受规定年限义务教育做出了相应规定，标志着在中央政府层面正式将城市流动儿童纳入政策对象范围。这一阶段对城市流动儿童流入地入学的限制仍比较严格，《办法》中明确规定“流动儿童少年常住户籍所在地人民政府应严格控制义务教育阶段适龄儿童少年外流”“流入地教育行政部门应具体承担流动儿童少年接受义务教育的管理职责”，但没有明确流入地政府对城市学龄流动儿童义务教育的保障责任。

第二阶段是2000~2010年，为政策发展阶段，这一阶段政策理念转向公平导向，政策内容由教育领域向公共卫生领域扩展，并且进一步明确了流入地责任。2001年中共中央、国务院颁布的《关于基础教育改革与发展的决定》，要求“要重视解决流动人口子女接受义务教育问题”，并首次明确提出“两为主”政策[②]。2003年国务院颁布的《关于进一步做好进城务工就业农民子女义务教育工作的意见》，从工作机制、发展计划、经费保障、教职工编制、严禁童工、组织动员等多个方面明确工作内容和职能部门，形成更为全面的保护机制。2005年国务院颁布《疫苗流通和预防接种管理条例》，明确提出“儿童离开原居住地期间，由现居住地承担预防接种工作的

① 朱浩：《新中国70年儿童福利的理念、政策与发展趋向》，《中州学刊》2020年第2期。赵雪芹：《我国儿童福利政策文本定量分析》，《社会福利》（理论版）2021年第6期。

② “两为主”：以流入地区政府管理为主，以全日制公办中小学为主。资料来源：《国务院关于基础教育改革与发展的决定》，http://www.moe.gov.cn/jyb_xxgk/moe_1777/moe_1778/201412/t20141217_181775.html。

接种单位负责对其实施接种”，2006年《国务院关于解决农民工问题的若干意见》中提出“要把农民工子女纳入当地免疫规划”，这一系列文件均明确了流入地对城市流动儿童免疫接种的责任。

第三阶段是2011年以来，为政策深化阶段，主要表现为进一步完善流入地对城市流动儿童的服务供给，相关政策逐步拓展至家庭教育、社会融合等主题。2014年《关于进一步做好为农民工服务工作的意见》提出要完善和落实好流动儿童在流入地参加中考、高考。《流动人口健康教育和促进行动计划（2016-2020）》提出要加强流动学龄儿童健康教育；原国家卫计委2017年发布的《关于做好流动人口基本公共卫生计生服务的指导意见》提出要优先落实好流动人口儿童预防接种等6类基本公共服务。《“十四五”新型城镇化实施方案》要求，保障随迁子女在流入地受教育权利，以公办学校为主将随迁子女纳入流入地义务教育保障范围。《中国儿童发展纲要（2021-2030年）》首次将“完善流动儿童服务机制”作为策略措施之一，对流动儿童的保健服务和管理、伤害防控工作体系等具体工作内容进行了规划。

（二）城市流动儿童保护政策的主要特征

从政策发展脉络来看，我国城市流动儿童保护政策的取向逐步由限制转变为公平、全面，在保护主体、保护内容与保护方法等方面均有较大的拓展和完善①。从发展历程来看，我国城市流动儿童保护政策主要有以下三个特征。

1. 保护主体趋于多元化

以往城市流动儿童保护是单一政府主体。从2013年开始，流动儿童权益保护开始强调政府、社会、市场等多元主体的互动合作，在政府层面建立流动儿童权益保护的协调机制，加强部门沟通协调。例如，2011年全国妇联中央社会管理综合治理委员会办公室、国家发改委、教育部联合发布

① 刘玉兰：《儿童为中心视角下流动儿童权益保护的政策目标定位》，《中州学刊》2019年第9期。

《关于开展全国农村留守流动儿童关爱服务体系试点工作的通知》，提出“建立流动儿童关爱服务的领导协调机制，做到有目标任务、有专人负责、有监督考核”。在政府与社会互动层面，以政府购买、公益合作等方式吸纳社会力量提供流动儿童权益保护服务。例如，山东省威海市环翠区探索出政府加强机制标准建设、部门联动推进职责履行、政府购买公益项目、志愿服务助力社会适应的多元参与模式，实现了流动儿童关爱服务参与主体的有效拓展①。

2. 保护主题不断扩面

我国流动儿童保护政策早期主要围绕教育和健康展开，从 2011 年开始流动儿童保护主题逐渐转向多元化，新纳入的保护主题包括社会融入、亲子关系、社会支持、社区安全等，更加注重流动儿童多维度、多层次的发展需求，并进一步加强流动儿童保护实践工作。例如，2013 年教育部、公安部、共青团中央、全国妇联联合发布《关于做好预防少年儿童遭受性侵工作的意见》，提出“妇联组织要将预防性侵犯教育纳入女童尤其是农村留守流动女童家庭教育指导服务重点内容，维护女童合法权益”。《健康中国行动（2019-2030 年）》提出，“中小学校配备专兼职心理健康工作人员。关心留守儿童、流动儿童心理健康，为学生提供及时的心理干预”。《中国儿童发展纲要（2021-2030 年）》明确提出，“加强对孤儿、流动儿童、留守儿童和困境儿童等重点人群的健康管理”“优先制定实施针对流动儿童、留守儿童、困境儿童的伤害防控措施”。

3. 保护方法由单一化走向专业化

流动儿童基本公共服务费用减免是帮助其脱离早期发展困境的有效方式之一。早期政策文件已对免除流动儿童教育费用进行了规定，进入 21 世纪以来，城市流动儿童义务教育经费开始尝试社会转移支付方式，即各省市可以按照一定标准给予补助。例如，2021 年，广州市花都区以派位形

① 赵记辉：《流动儿童县域关爱保护服务生态建设的探索——以山东省威海市环翠区为例》，《中国社会工作》2022 年第 4 期。

式向辖区内符合条件的随迁子女民办学校学位提供5000~6000元每生每学年的政府补贴。同时，2010年之后，流动儿童保护工作的专业性不断增强。相关研究统计显示，2018年中央财政购买项目中流动儿童专业社会工作服务项目占儿童服务项目的比重为38.5%，呈现逐年上升趋势[①]。例如，连云港市从2017年起通过政府购买专业社会工作服务试点项目，为城市流动儿童提供社会融入服务；广东省深圳市龙祥区社会工作服务中心自2008年起针对城中村流动儿童开展“守护到家”儿童安全服务项目，降低城市流动儿童的安全风险[②]；在疫情防控常态化情境下，广州市白云区农民工子弟小学的流动儿童通过接受抗逆力提升小组干预服务，显著提升了积极情绪[③]。

（三）地方政策探索和实践经验

1. 根据儿童成长特点开展关爱保护服务

城市流动儿童保护关爱活动一般由政府部门牵头，联合社会组织、慈善机构、爱心企业、志愿人士、文化机构等各类单位和组织共同开展。关爱保护活动内容突出儿童成长需求导向，具体形式包括知识讲座、游戏娱乐、体育健身、艺术欣赏等。例如，2021年12月，全国妇联等12个部门联合开展2022年寒假儿童关爱服务活动，对城市未返乡流动儿童进行结对关爱，通过多种主题实践活动增进城市流动儿童福利。2022年6月，中国红十字基金会联合多家单位，为北京、深圳、厦门、上海、广西等多地的城市流动儿童提供观看艺术动画片、音乐欣赏、手工制作体验等多项活动。上述做法的启示是，城市流动儿童的需求是多元化的，在开展关爱保护工作时应注重儿童的阶段性发展特征，应充分发挥各类单位、机构、组

① 刘玉兰：《儿童为中心视角下流动儿童权益保护的政策目标定位》，《中州学刊》2021年第9期。

② 翁欢琪：《“守护到家”：城中村儿童居家安全的全场景保护》，《中国社会工作》2022年第4期。

③ 郑玉、关远等：《疫情防控常态化下流动儿童抗逆力提升的小组干预：一项随机对照试验》，《社会工作》2021年第3期。

织的优势与特点，联合开展符合儿童需求特点的、生动活泼、切实可行的相关活动。

2. 多种形式帮助城市流动儿童实现社会融入

为进一步提升城市流动儿童社会融入水平，各地在实践中形成了以志愿服务队伍为主体的行动力量，通过实地参观、公益教学、互动娱乐等做法，帮助城市流动儿童认识城市、熟悉城市，增强城市生活与社会交往能力。例如，大型企业通过基金会在北京市开展志愿服务，通过规划出行路线、体验就医流程、参观公共文化场所等做法，帮助城市流动儿童了解城市公共服务功能。北京市在校大学生通过与专业社工机构合作，为城市流动儿童提供英语教学、手工制作、游戏运动等多样化的志愿服务。以上实践做法的启示是，可以将城市流动儿童关爱保护志愿活动与城市生活场景进行深度融合，增强城市流动儿童与城市的互动，以场景式活动为城市流动儿童提供丰富多样的支持与关爱服务。

3. 充分发挥社工等专业力量的实务优势

各地实践表明，社工服务通过专业社工组织、专业人员配备、专业方法运用等形式，能够有效帮助城市流动儿童走出成长困境。专业社工服务可以根据城市流动儿童身心发展特点，有针对性地开展现场介入、能力提升、亲子互动、情绪干预、知识宣讲等活动，以专业化力量提升城市流动儿童福利水平，为城市流动儿童赋能，塑造正向成长动力。例如，2021 年上海市青浦区关爱社工事务所通过专项项目为周边社区的城市流动儿童提供长期陪伴式、丰富多元化、符合儿童兴趣的综合型服务，内容包括联合大学生志愿者提供课业辅导、安全知识教育、权益保护知识讲解等。共青团芜湖市委联合市民政局打造“雏鸟驿站”关爱流动儿童项目，在专业社工的支持下，从融入新群体、城市新认知、学业辅导、心理健康教育 4 个维度广泛开展符合流动儿童身心特点的帮扶活动①。

① 共青团芜湖市委：《构建“家校社+社工”联动机制芜湖“雏鸟驿站”助力城市流动儿童健康成长》，《中国共青团》2021 年第 9 期。

4. 建立政府引导、多方主动参与的城市流动儿童关爱保护模式

地方实践表明，各地可因地制宜采取多种方式吸纳社会力量参与城市流动儿童关爱保护服务，其中政府起到牵头引导、基础设施保障作用。部分地区采取公建民营模式，政府提供场地和配套设施，专业机构提供具体服务，既降低了机构运营成本，又为城市流动儿童提供了丰富、优质、有针对性的关爱保护服务，可以进一步激发社会力量参与的积极性。例如，2022 年厦门市集美区开展由民政部中央财政支持的“新市民计划”，围绕城市流动儿童成长的家庭、校园、社会三大环境，通过体验式教育提升流动儿童的自我认同感和社会适应能力，强化家庭情感支持。南通市崇川区“儿童关爱之家”由专业社工机构和虹南社区关爱流动儿童服务社党支部共同运营，精准定位流动儿童成长、教育、身心健康等现实需求，通过“童心向阳”项目为辖区内城市流动儿童提供心理疏导、文化娱乐、学习帮扶、法治教育等多方面关爱服务。

（四）存在的突出问题

从政策实践效果来看，相关政策的出台和实施对流动儿童的关爱保护起到了积极作用。随着发展环境的不断变化，城市流动儿童关爱保护工作呈现新特点、新需求，在政策发展过程中，还存在以下突出问题。

1. 顶层设计尚需建立完善

当前我国尚未形成专门的城市流动儿童关爱保护政策，政策设计存在受众不突出、条目分散零碎、缺乏统一体系归纳等问题。目前已出台的各项城市流动儿童关爱保护政策内容散落在民政、教育、卫健、妇联、公安等多个部门的各项文件中，主要依附于农民工相关政策，未形成专门政策条款。城市流动儿童作为关爱保护政策服务对象的主体地位尚不突出，城市流动儿童与留守儿童、困境儿童等群体之间的服务边界不甚清晰，需要一整套政策体系加以全面支持。

2. 政策目标和服务体系有待进一步拓展

现有流动儿童关爱保护政策的目标定位尚显狭窄，表现为仅聚焦于儿童生命周期某一片段和部分需要，主要关注流动儿童义务教育和卫生健康维

度，各项政策没有根据儿童在各发展阶段的特点与需求进行有效衔接，缺乏覆盖儿童全年龄周期的阶段性政策目标和服务体系框架。在实际工作中，由于缺乏明确的政策指导，城市流动儿童关爱保护工作难以连贯开展，政策效用尚未充分发挥。

3. 部门横向协调联动工作机制尚未建立

当前各级政府和各部门通过各自的业务口径对城市流动儿童进行服务管理，在实际工作中会出现服务对象重叠交叉和政策盲区并存的现象，没有形成长期有效的部门联动机制，导致工作推进效率不高、跨部门协作难以推进。各部门涉及的城市流动儿童关爱保护政策存在领域、年龄上的条块切割，难以实现统筹规划，缺乏统一的管理和保护体系，没有形成横纵交叉的工作网络，容易造成城市流动儿童关爱保护服务缺项漏项。在基层具体执行层面存在政策目标不明晰、要求不明确、操作不精细等问题，难以找到工作抓手，打通城市流动儿童关爱保护服务“最后一公里”难度较大。

4. 多元化社会力量参与格局尚未形成

城市流动儿童关爱保护工作的方法较为单一，多元主体参与格局有待塑造。当前城市流动儿童工作中专业社工力量的覆盖面依然有限，城市流动儿童难以获得有效的专业帮助。志愿服务队伍、基金会、公益组织、高校、企业等其他社会力量系统性参与城市流动儿童关爱保护活动的渠道尚不清晰，易流于形式或难以形成常态化机制，急需出台相关政策进行规范引领，充分激发各类社会力量参与的积极性。

5. 缺乏政策实施评估机制

由于缺乏统一的顶层设计，目前还难以对城市流动儿童关爱保护政策的实施效果进行有效评估，政策制定-实施-反馈-优化的闭环链条尚未形成。城市流动儿童政策实施评估工作缺少标准化的评价指标体系和评价方法，无法对政策效果进行准确、可比的测量，政策优化完善空间尚未充分拓展。城市流动儿童关爱保护政策的总体目标是增进城市流动儿童福祉，政策效果评估缺失制约了相关政策质量的提高。

三　完善城市流动儿童关爱保护政策的建议

（一）加强顶层设计

将城市流动儿童关爱保护政策纳入顶层设计，出台专门针对城市流动儿童的政策文件，加大城市流动儿童关爱保护的政策支持力度。明确政策总体定位，城市流动儿童关爱保护政策应以保障全体城市流动儿童的基本福利为基准。扩大政策覆盖面，逐步将城市流动儿童关爱保护政策的面向主体从农民工子女为主，扩展至流入地全部流动儿童。

（二）完善服务体系

推动城市流动儿童关爱保护政策由应急型、兜底型向发展型转变。政策内容应拓展到全年龄城市流动儿童的整体福祉，包括健康、教育、情绪、行为、发展、认知、家庭和社会关系、社会表现、安全等多个维度，更好地适应城市流动儿童的发展型需要。服务模式上应形成城市流动儿童关爱保护服务项目清单，明确各部门的服务内容和职责，构建立体化、多层次、有针对性的城市流动儿童关爱保护服务体系。增强各项具体政策之间的衔接性，以儿童全年龄周期为出发点，重视儿童生命周期各阶段的发展需要，既解决城市流动儿童当前面临的紧迫问题，也为满足下一生命周期的需求做好充足的准备。可从低龄城市流动儿童关爱保护的政策创新入手，以政府购买服务形式提供可负担的托育服务，增大对 0~3 岁城市流动儿童的照护支持和普惠托育供给。

（三）协同工作机制

总结和推广农村留守儿童关爱保护的有效举措，以促进未成年人健康成长为出发点和落脚点，发挥民政部门在流动儿童、困境儿童关爱保护政策方面的工作经验和优势，由民政部门牵头，建立城市流动儿童关爱保护工作协调机制，对城市流动儿童情况进行全面摸底了解，多部门联合统筹推进城市流动儿童关爱和保护政策的执行落地，与农村留守儿童关爱保护工作形成有机整合。在推进工作下沉的过程中，依托部门工作协调机制做好各方资源的桥梁衔接，由职能部门牵头，联合学校、社工机构、志愿者队伍，在城市流动儿童学校、居住社区、家长务工单位开展知识宣讲、科学育儿、家庭教育、心理辅导等方面的关爱保护工作，形成工作合力，提高工作效能。

（四）整合服务资源

以明确的政策体系引导社会力量参与城市流动儿童关爱保护工作，政府主要提供基础性兜底服务，整合多方社会力量形成多元化、多层次、全方位的关爱保护服务供给模式。加大政府资源投入力度，适当增加城市流动儿童设施建设资金投入，在设施缺乏地区新建一批保护站、工作站、工作室等设施，改造改建空置闲置空间，优化儿童活动空间布局。探索城市流动儿童关爱保护多方合作机制与行动规范，通过政府购买服务、联合活动等形式，提高服务资源的可及性。联动学校、家庭、社区、职能部门，建立城市流动儿童遭受侵害预警和保护机制，及时识别城市流动儿童可能遭遇的不利环境，形成工作预案，将风险化解和关爱保护工作贯穿整个服务流程。

（五）提升服务队伍

加大儿童社会工作人才队伍的建设力度，提升城市流动儿童保护的专业化水平。通过在职培训、实践学习等形式，强化儿童保护理念，提升基层城市流动儿童关爱保护工作队伍的专业化水平。鼓励高等院校、职业院校加大对儿童社会工作专业人才的培养力度，根据实际需要开设和发展儿童福利、儿童社会工作等相关专业。积极引导专业社会工作者参与城市流动儿童关爱服务供给，提升专业社工力量的介入度和覆盖率，形成专业化服务特色。重点加强对城市流动儿童的心理评估与干预疏导，推动城市流动儿童社会工作职业化发展。对遭遇困境、精神关怀缺失、家庭创伤、校园暴力侵害等事件的城市流动儿童，制定情景式工作方案，提供心理疏导、精神慰藉、人际关系调适等专业化关爱保护服务。

（六）加强监测评估

构建城市流动儿童关爱保护政策监测评估标准体系。由民政部门牵头，邀请相关职能部门、标准化专家等研究制定政策监测评估标准体系，明确评估指标，完善监测评估结果的发布和监督机制。建立年度城市流动儿童动态监测调查制度，制定城市流动儿童发展动态监测问卷，实时动态了解城市流动儿童的发展状况、发展需求、逆境经历、关爱保护政策享受情况等信息。关注城市流动儿童发展动态变化情况，根据新发现、新需求对城市流动儿童关爱和保护政策进行动态调整，定期向公众发布研究报告，促进形成全社会关爱城市流动儿童的友好氛围。

B.7

积分制入学的政策争议与变迁：以珠三角为例

阮志航　罗琦韵*

摘　要：　积分制入学已成为不少城市回应流动儿童入学需求的重要政策工具。本文以珠三角为例，梳理了2009~2022年积分入学政策的起源、扩散与变迁，着重讨论2016~2022年各地积分政策修订过程中围绕不同积分项目的争论。本文认为，积分制将原来的非正式入学渠道正式化，在一定程度上拓宽了流动儿童的受教育渠道。但正式化本身有其代价，在政策修订与实施过程中如何保障流动人员的参与和流动儿童的受教育权利，值得更多关注。

关键词：　积分入学　政策变迁　义务教育　流动儿童　珠三角

自2007年在广东中山市首次实施以来，积分制入学已成为国内很多城市回应流动儿童入学需求的重要政策措施。在不少城市，积分制入学的实施时间已接近10年。在此期间，积分入学政策得到赞誉、批评，也引起了不少争议。在上级政策压力、地方政府策略、不同民意的共同作用下，积分制不断修改和完善。本文将以珠三角[①]为例，结合实地调研和政策文本分析，讨论不同利益相关者关于积分制的分歧，以及积分制如何因应不同的意见而

* 阮志航，美国西北大学政治科学系博士候选人，主要研究方向为中国与越南的土地制度和城乡人口流动；罗琦韵，中山大学社会工作硕士，主要研究方向为流动人口和流动家庭。

① 珠三角包括广州、深圳、佛山、东莞、惠州、中山、珠海、江门、肇庆9个城市。

修改和完善。本文采用的资料包括2017年夏天在中山和东莞，2021年在广州、深圳等地调研收集的访谈资料，以及收集整理的珠三角及全国各地2009年以来的积分入学政策文件、政策草案意见征集结果等合计超过1000份文本资料。

一　积分制入学的起源与扩散

2001年，国务院办公厅发布《关于基础教育改革与发展的决定》（国发〔2001〕21号），针对流动儿童义务教育问题，提出“以流入地政府为主，以全日制公办中小学为主”的方针。但在很长一段时间里，流入地地方政府囿于财政因素，缺乏动力推动流动儿童在流入地入学。到2010年前后，出于吸引劳动力等方面的考虑，以及中央政府在公共服务均等化方面的进一步要求，珠三角很多地方政府开始实施积分制入户与入学政策。[①]

中山市小榄镇于2007年最早出台积分制管理政策，在教育资源有限的情况下优先满足对其产业发展有利的流动人口的子女教育需求。[②] 2009年底，中山市在全市范围内实施积分制管理办法，非本地户籍人口可以通过累计积分，申请入户中山或将子女送至公办学校就读。2014年，中山市该项政策获得“中国地方政府创新奖”。这一政策创新推出后不久即被上级政府采纳和推广。2010年6月，广东省人民政府办公厅出台《关于开展农民工积分制入户城镇工作的指导意见》，允许积分达到一定分值的农业户籍劳动力在流入地落户。但对于积分制入学，文件只提出“有条件的地区可实行农民工子女凭积分入读公办学校制度”。因此，积分制入学政策在珠三角各地扩散的时间并不同步，具体政策内容也不尽一致。比如2010年10月，广州市政府出台文件试行积分制入户。但直到2016年，广州市

---

① 如2010年，番禺区教育局一位官员表示，积分制入学政策的出台是因为国际金融危机之后，番禺区需要留住优秀外来工、促进产业发展。参见雷雨、陶达嫔：《受教育权与户籍脱钩　广东撕开一个小口子》，《南方日报》2010年9月3日。

② 柯进：《积分制能否为流动儿童敲开校门》，《中国教育报》2010年7月14日。

人民政府办公厅出台《广州市人民政府办公厅关于进一步做好来穗人员随迁子女接受义务教育工作的实施意见》，才首次在全市实施积分入学政策。而东莞、佛山、深圳等其他城市，则多在 2012 年前后开始出台积分入学政策。

早期珠三角各地的积分制政策，在具体的指标设置上，除了居住年限、住所（主要指自有房产）、就业、社保、计划生育等外，很多城市还设置了文化程度、技能职称、社会服务、投资纳税、表彰奖励等加分项和若干减分项。比如东莞市 2012~2014 年的方案，设有 11 大项、14 小项指标，含教育程度、科技创新等加分指标和违反计划生育政策、违法犯罪两项减分指标。① 数量众多的指标，意味着为了积累分数，家长们需要付出很多精力准备大量材料。此外，积分制入学政策也被认为过度偏向高学历与高技能人才、条件过于苛刻、提供学位数量有限等。

二　利益争夺的白热化：政策变迁与争论

针对积分制的这些问题，各级地方政府对积分入学政策进行了逐步修改和完善。在此过程中，积分入学政策为越来越多流动人员所熟知，成为流动儿童入学的重要渠道。而这一政策的流行与普遍化，也意味着它影响了越来越多人的利益。因此，围绕积分制入学政策修订与实施的争论日益白热化，不同政府部门、家长及利益群体对积分制入学政策有不同的期待和意见。而珠三角地区各级政府对公众参与政策制定的相对开放的态度，也为家长和不同群体表达诉求和相互博弈提供了平台。政府也在一定程度上吸纳了不同群体的意见。在以下部分，我们将集中讨论从 2016 年到 2022 年珠三角各个城市围绕积分制入学的争论和政策变化。

在早期的积分制试点与实践中，积分项目纷繁复杂。2016 年，《国务院关于统筹推进县域内城乡义务教育一体化改革发展的若干意见》

① 整理自 2012 年、2013 年、2014 年东莞市义务教育阶段新莞人子女积分制入学积分方案。

（国发〔2016〕40号）出台，其中要求地方政府“建立以居住证为主要依据的随迁子女入学政策，切实简化优化随迁子女入学流程和证明要求”。在此背景下，各地政府简化了积分项目，提高了居住证在积分申请中的分数占比。但围绕积分项目的设置与分值比例，各方依然存在激烈争夺。

简单而言，除了申请者的年龄、子女数量等较难改变的因素外，申请人可以依托稳定性和经济投入两种方式积累分数。保持稳定性，既包括在流入地居住、工作时间的积累，也包括证明文件办理的持续性。典型的通过投入时间和保持稳定性以实现积累的分数项目，包括办理居住证、参与志愿活动等。由于可以通过时间投入来积累分数，这些积分项目在一定程度上为中低收入流动人员提供了积累分数的渠道。而通过经济投入、显示对流入地经济社会贡献以实现积累的分数项目，典型的是投资和纳税金额。只有收入和经济社会地位较高的流动人员，才可能在这些项目上取得优势。此外，一些以时长和稳定性为主要计算标准的积分项目实际上也要求不少经济投入，如社会保险的缴纳、合法稳定的租房时长等。除了这三类积分项目以外，与计划生育相关的积分也是一个争议焦点。接下来，我们将结合访谈资料与草案意见征集过程中的公众意见与政府回应，讨论各方对不同类型积分项目的意见与分歧，以此理解近年珠三角各地积分制入学政策的变迁过程，为未来政策的进一步完善提供思路。

三　以时间投入与稳定性为主的积分项目：中央主导的政策变迁

居住证是其中一项可以通过时间投入来积累的积分项目。在2016年国务院要求各地建立“以居住证为主要依据的随迁子女入学政策”后，居住证时长在部分城市积分体系中的分值有所提高。例如在东莞市，2015年居住证分数占积分总分的3.82%，2017年提高到6.67%，2020年及之后高达33.33%。在中山市，2014年居住证分数占比3.62%，2016年提高到

7.45%，2019 年及之后稳定在 10.05%。[①]

居住证在积分体系中重要性的提升，对于在流入地城市工作和定居时间较长的流动人员而言，好处是显而易见的。对于教育背景一般、收入处于中低水平的群体来说，更是如此。但是，这部分家长群体也常常出于信息渠道有限、缺乏相关意识等原因，没有及时办理和续签居住证，导致多年的居住时长无法转化为相应分值。[②] 也有家长因为所租房子的房东无法或不愿提供相关资料，难以办理居住证和申请积分入学。[③]

居住证分值比重的提升，对不同背景申请者影响各异，因而引起了一些争议。2021 年，广州市来穗人员服务管理局草拟了新的积分制管理规定，面向公众征求意见。相比 2018 年的方案，这份征求意见稿提高了居住证、社会保险缴纳的分值和比重。在意见征求过程中，有公众认为居住证所占分值太大，应降低。对此，广州市来穗人员服务管理局回应称“按照中央、省有关精神，‘合法稳定就业、合法稳定住所’应在积分落户中占主要比例的精神，因此本次修订中大幅提高居住证分值”，不采纳此公众意见。[④] 与广州不同，2021 年珠海市金湾区在面向公众征集有关新的积分入学办法的意见时，有家长建议居住年限从 6 年延长至 10 年，分值最高从 60 分提高到 100 分，该意见被认为“不符合金湾区发展现状”而未被采纳。[⑤] 换句话说，虽然不同申请者对居住证权重的提升有不同的意见，但上级政府的明确态度，为地方积分制入学政策的变迁，提供了一定的指引作用。而地方政府也有能动性，将居住证的分值限制在一定范围内。

---

① 居住时间加分没有最高分限制，本文以居住证办理满 10 年累计分值。积分总分为假设申请者在各项目上均取得最高分后的分数加总。本文提到的分值比重，均以此方法计算得出。

② 与流动人口社区公益机构前工作人员的访谈记录，广州，2021 年 6 月。

③ 魏志鑫、王荟琳等：《广州一租客办居住证，“被自愿”替房东缴税!》，《南方都市报》2020 年 8 月 9 日。

④ 《广州市来穗人员服务管理局关于公开征求〈广州市来穗人员积分制服务管理规定〉〈广州市来穗人员积分制服务管理规定实施细则〉意见的公告》，2021 年 4 月 7 日，http://lsj.gz.gov.cn/hdjlpt/yjzj/answer/11223，最后检索时间：2023 年 2 月 11 日。

⑤ 《【征集结果】金湾区随迁子女积分入学办法公众建议汇总和答复》，2021 年 3 月 9 日，http://www.jinwan.gov.cn/zhjwjyj/gkmlpt/content/2/2738/post_2738432.html#2465，最后检索时间：2022 年 4 月 17 日。

四　以经济投入为主的积分项目：各利益相关方的激烈博弈

很多时候，地方政府有自身的偏好，希望通过积分制优先满足特定人群的需求，尤其是那些直接有利于地方经济发展、带来财政收入的申请者。在积分制最早实施时，地方政府通过拉大学历积分差距、预留大量学位等方式，优先满足高学历或高技能人员子女入学。2016 年后，伴随着中央对地方随迁子女入学政策的进一步要求，以经济投入、直接经济社会贡献为衡量标准的项目在积分体系中的重要性有所降低。其中一个例子是投资纳税项目的分值。例如在 2016~2022 年，广州市黄埔区积分方案中投资纳税项目的分值占比从 19.05%逐渐降低到 6%。[①] 在 2015 年，惠州市惠城区投资纳税项目的分值占比为 11.76%，2016 年调整为 8%，一直维持到 2022 年。[②]

但受制于经济发展与财政压力，部分地方政府依然尝试各种方式，调整积分体系，以优先满足高收入人群的需求。前面提到 2021 年广州市新的积分制管理规定提高了居住证与社保缴纳的权重，更加强调申请者在流入地的稳定性。这一积分制管理规定应用于市级层面的积分入户，随迁子女积分制入学则由各区牵头开展，各区可在市级指标体系之外设置总分值不超过 30 分的补充加分指标。在这一政策的指导下，广州市从化、黄埔、荔湾等区公布了新的积分入学方案并面向公众征求意见。部分区在 30 分的补充加分中设置了有利于地方经济发展和财政收入的加分指标。例如黄埔区延续过往的方案，规定纳税额排名靠前企业的员工、重点招商引资企业的中高级管理人员或技术骨干，为其子女申请积分入学时可获得一定区级加分。不过区级加

① 整理自 2016 年、2019 年黄埔区随迁子女接受义务教育实施办法。

② 整理自 2015 年、2016 年、2019 年惠城区义务教育阶段异地务工人员随迁子女积分入学实施办法。

分相对于总分值的比重不大，该方案在意见征集过程并没有引起很大波澜。[①]

但是，天河区新的积分制入学方案草稿引起了较大争议。2022 年 3 月，天河区教育局公布新的积分制入学办法，面向公众征求意见。这份征求意见稿只选取了广州市级积分体系中的纳税情况这一指标，外加总分 30 分的天河区区级加分指标。这种计算方式导致纳税情况（主要指标为纳税金额）在积分体系中的比重大幅增加。根据广州市的方案，纳税情况占总分的比重为 6%（纳税情况一项最高可加 30 分，积分总分最高为 500 分），但根据天河区征求意见稿的方案，纳税情况占总分的比重高达 50%（纳税最高可加 30 分，总分为 60 分）。目前，我国个人所得税免征额为每月 5000 元，因此很多中低收入流动人员免缴或只需缴纳很少的个人所得税，更无力投资、创办企业并缴纳税款。按照纳税金额计算积分，将对这一数量庞大的群体相当不利。

因此，这一意见稿刚公布，就引起了很多随迁子女家长的不满。3 月 28 日，天河区教育局公布意见征集结果，表示共收到相关的意见建议 73 条。对于这些意见，他们只采纳或部分采纳 4 条支持该方案的意见，而反对该方案的 69 条意见则全部不予采纳。有公众建议天河区采用广州市级积分体系的所有指标，不要只采用其中的纳税情况指标。对此，区教育局回应称“结合区域实际，考虑纳税人对广州经济社会发展所做出的贡献，采用‘纳税情况’指标”。[②] 换句话说，出于经济发展的考量，天河区执意通过特殊的积分体系，优先满足高纳税人群随迁子女的入学需求。

但一个月后，天河区教育局公布了一份新的意见征求情况说明，删除了前述的 3 月底公布的情况说明。在新公告中，区教育局表示将采纳之前收到

---

① 《黄埔区教育局关于征求〈广州市黄埔区来穗人员随迁子女接受义务教育工作实施细则（修订稿）〉意见公众参与情况的说明》，2022 年 1 月 14 日，http://www.hp.gov.cn/qmtjjczwgk/26sdly/ywjyly/content/post_8026447.html，最后检索时间：2023 年 2 月 11 日。

② 《广州市天河区教育局关于公开征求〈广州市天河区来穗人员随迁子女积分制入学工作实施办法（征求意见稿）〉意见公告的情况说明》，2022 年 3 月 28 日，http://www.thnet.gov.cn/gzjg/qzf/qjyj/tzgg/content/post_8158297.html，最后检索时间：2023 年 2 月 11 日。

的 73 条意见中的 64 条。这 64 条被采纳的意见恰恰建议天河区不要只采用纳税情况这一指标，正是一个月前天河区教育局执意不采纳的意见。[①] 因此，最终于 5 月初公布的《广州市天河区来穗人员随迁子女积分制入学工作实施办法》沿用了前述广州市级积分计算标准，纳税情况在积分中的占比回到了广州市一般水平。在后来的宣传稿中，天河区相关部门强调新修订积分制入学政策时，全过程零信访、零投诉。由此推测，公众的压力在一定程度上推动了天河区政策的转变。[②]

东莞市也在 2022 年对延长积分入学方案的有效期进行民意征集。讨论的积分方案最早实施于 2020 年，其中纳税情况占总分的比重高达 27.78%。[③] 在本轮民意征集过程中，有公众提出应“降低纳税的分值占比”。对此，政府回应称该分值和占比相对合理，不采纳此建议。[④] 也就是说，2022 年之后，纳税情况依然在东莞积分入学的分数体系中占据重要位置。

从上述几个案例我们可以看到，在学位有限的情况下，部分地方政府有着强烈的冲动，通过积分制优先满足特定人群子女的入学需求，以满足地方经济发展和财政需要。而这一政策取向常面临上级政策和公众意见的双重压力。最后出台何种政策，取决于多方博弈的结果，因而有着很大的不确定性。

---

① 《广州市天河区教育局关于公开征求〈广州市天河区来穗人员随迁子女积分制入学工作实施办法（征求意见稿）〉意见公告的情况说明》，2022 年 3 月 28 日，http://www.thnet.gov.cn/gzjg/qzf/qjyj/tzgg/content/post_8158347.html，最后检索时间：2023 年 2 月 11 日。

② 《天河 2232 名来穗人员随迁子女获得学位！全过程零信访、零投诉》，天河区来穗人员服务管理局，2022 年 8 月 26 日，https://www.gzszfw.gov.cn/article/document.do? shld = 221958ctqld=134，最后检索时间：2023 年 2 月 11 日。

③ 《东莞市人民政府关于印发〈东莞市义务教育阶段非户籍适龄儿童少年积分制入学积分方案〉的通知》（东府〔2020〕32 号），2020 年 4 月 14 日。

④ 《关于延长〈东莞市非户籍适龄儿童少年接受义务教育实施办法〉和〈东莞市义务教育阶段非户籍适龄儿童少年积分制入学积分方案〉文件有效期限的通知（征求意见稿）》民意征集情况公示，2022 年 9 月 30 日，http://edu.dg.gov.cn/gkmlpt/content/3/3884/post_3884911.html#167，最后检索时间：2023 年 2 月 11 日。

除了纳税与投资贡献外，地方政府还设置学历、技能、职称、发明专利等加分指标优待高技术、高学历流动人口。在此背景下，为了提升积分，很多申请人会通过中介机构提升学历、考取证书等。[①] 这常常意味着不菲的金钱投入，也使得一些加分指标失去原来的意义。因此，在修订积分政策时，地方政府会考虑放弃这些指标。如 2021 年广州市的新版积分体系取消了外观专利这一项目的加分，并降低了职业资格证书的分值。征求意见时，有多个意见表示中介买卖证件、买卖外观专利之风严重，赞成新方案的做法。这些意见均得到采纳。[②]

五　稳定性与经济投入并重的积分项目：正规化的负担

除了居住证外，各地的积分体系还有若干体现稳定性的指标，如合法稳定居住、社会保险缴纳的时长等。理论上说，由于这些积分指标与申请者在流入地的居住、工作时长挂钩，中低收入劳动者可以通过这些项目逐年积累分数，弥补自身在其他指标上的不足。但这些强调稳定性的积分指标很多时候也要求申请者进行一定经济投入或者做出“经济社会贡献”。这在很大程度上加重了中低收入群体的负担，限制了其子女在流入地的入学机会。

（一）社会保险与住房公积金

一个典型例子是社会保险的缴纳。对于在大型企业从事正式工作的流动者而言，缴纳社会保险是再自然不过的事情。但珠三角有大量在非正式行业就业的流动人口，他们所在企业常不愿缴纳社会保险，或申请者本身从事自

① 与入户入学辅导机构工作人员的访谈记录，广州，2021 年 6 月。

② 《广州市来穗人员服务管理局关于公开征求〈广州市来穗人员积分制服务管理规定〉〈广州市来穗人员积分制服务管理规定实施细则〉意见的公告》，2021 年 4 月 7 日，http://lsj.gz.gov.cn/hdjlpt/yjzj/answer/11223，最后检索时间：2023 年 2 月 11 日。

雇职业或互联网经济等新业态工作。要满足社会保险缴纳要求，这些非正式行业从业者只能自掏腰包缴纳社会保险。按照 2022 年最低缴纳基数计算，广州社保费用为每月 1643.81 元，佛山为 1292.36 元，东莞为 1150.63 元，中山为 1223.4 元。每年近两万元的社保费用，对很多中低收入务工者来说是一笔不小的负担。

此外，广州 2021 年的新版积分方案首次将公积金缴纳纳入加分指标，这进一步加大了在正式部门与非正式部门就业的外来务工者的积分差距。2021 年广州市新版积分方案征集意见时，有公众认为"除了国企，大部分民营企业没有购买公积金，不应该增加住房公积金指标"。对此，广州市来穗人员服务管理局的回应称相关法律法规要求单位录用职工均须缴存住房公积金，"如申请人所在用人单位未缴纳，可向广州住房公积金管理中心投诉依法追缴"。[①] 目前，除了广州、佛山、中山外，珠三角其余六个城市尚未将公积金缴纳情况作为加分指标。在未来修订积分方案时，这些城市是否会新增这一指标，值得关注。

（二）合法稳定居住

除了社会保险、住房公积金等直接要求缴纳款项的指标外，看似不涉及经济投入的合法稳定居住这一指标，也常常与申请者的经济社会地位挂钩。在珠三角，"城中村"房租相对低廉，大量流动人口居住其中。但很多时候，在城中村居住不被认可为有合法稳定居所。在广州，要证明自己拥有合法稳定住所，租房者需要对租赁合同进行备案。而 2020 年 7 月，新的《广州市房屋租赁管理规定》颁布，租赁合同备案变得更加困难。与 2010 年修订的租赁管理规定相比，新的规定进一步明确了在办理房屋租赁登记备案时，租房者应当提供"房屋权属证明或者房屋合法

① 《广州市来穗人员服务管理局关于公开征求〈广州市来穗人员积分制服务管理规定〉〈广州市来穗人员积分制服务管理规定实施细则〉意见的公告》，2021 年 4 月 7 日，http://lsj.gz.gov.cn/hdjlpt/yjzj/answer/11223，最后检索时间：2023 年 2 月 11 日。

来源资料”。[①] 然而现实是，城中村很多房屋在建设时并没有办理报建手续，或实际建设面积与层数超出了合法证载面积与层数，因此大多租客无法提供租赁备案相关材料。[②] 这就意味着新规的出台与严格执行，使得很多在城中村居住的中低收入水平的家长无法进行租赁合同备案，无法证明自己在广州有合法稳定住所，进而影响了其子女申请积分入学和累积分数。

深圳的城中村同样有大量无建设许可、无合法产权证明的房屋，这些房屋容纳了大量流动人口。为了区分不同类型的租赁住房，深圳市于 2016 年规定在申请子女入学时无法提供《房屋租赁凭证》（“红本”）的租房家庭，可提供由市房屋租赁管理部门出具的《房屋租赁信息》（“蓝本”）。[③] 在申请义务教育就近入学时，申请人可凭“蓝本”《房屋租赁信息》申请积分入学，但该信息不能作为合法稳定居住的证明，无法获得加分。只有租赁有合法产权证明的住房，即能提供“红本”租赁凭证的申请者，才能按居住时间加分。2019 年 5 月 1 日起，深圳市租赁部门停止办理“蓝本”《房屋租赁信息》，换之以网格居住信息登记作为学位申请所必需的住房材料。[④] 与之前类似，网格居住信息登记只意味着申请人满足申请积分入学的基本条件，但只有居住在合法产权房屋、提供“红本”《房屋租赁凭证》，才能按照居住时间加分。

这一安排引起了一些不满。2018 年，深圳市坪山区积分制入学方案面向

---

① 2010 年广州市房屋租赁管理规定的第十四条指出，房地产租赁管理部门在登记备案时应当根据其他部门告知的违法建设情况对租赁的房屋进行审查或向有关部门查询，但“不得增加登记备案申请人负担”。这一条款在 2020 年的新规定中已删除。也就是说，过去的规定将证明房屋权属与合法建设的责任更多地落到了租赁管理部门上。新的规定则是将证明房屋合法来源的责任落到了租客与房东身上。参见《关于修改〈广州市房屋租赁管理规定〉的决定》（广州市人民政府令第 29 号），2010 年 2 月 1 日；《广州市房屋租赁管理规定》，2020 年 7 月 29 日。

② 与城中村流动儿童家长的访谈记录，广州，2021 年 8 月。

③ 《深圳市教育局　深圳市房屋租赁管理办公室关于义务教育就近入学核验住房证明材料的通知》（深教〔2016〕92 号），2016 年 3 月 1 日。

④ 《坪山区教育局关于〈坪山区 2020 年义务教育阶段公办学校积分入学政策（修订征求意见稿）〉群众反馈意见采纳情况的公示》，2020 年 3 月 20 日，http://www.szpsq.gov.cn/psqjy/gkmlpt/content/7/7649/post_7649367.html#16138，最后检索时间：2023 年 2 月 11 日。

公众征求意见。有公众认为，对“红本”“蓝本”的差别对待将只有“蓝本”的申请者置于不利的地位。他们表示“如果一定要有房产证，我们这个地方基本上租不到房子”“蓝本租赁合同一样交税给国家，为什么红本能积分，蓝本不能”。而区教育局的回应则是红本积分、蓝本不积分是全市统一的政策，无法另行规定。① 2020 年，坪山区和龙华区在对新版积分入学政策征求意见时，同样收到类似的公众意见，两区教育局均表示无法修改这一政策。②

除了对积分分值产生影响外，在广州市一些区，能否办理租赁合同备案直接影响了租房者的子女是否能以优先批次申请学位。越秀区 2022 年的入学方案将满足居住证办理、合法稳定居住、缴纳社会保险均满 5 年并在越秀区有合法稳定职业的来穗人员的随迁子女纳入保障性入学的范围，排在比积分制入学优先的位置。③ 其中，合法稳定居住情况就涉及租赁合同备案的问题。申请人若无法办理租赁合同备案，即使实际上长期在越秀区租房居住，其子女也无法申请保障性入学。类似地，2022 年 3 月和 5 月，广州市白云区先后公布了两版积分制入学草案，面向公众征集意见。④ 这两版草案将积分入学的申请者分为两批，优先满足第一批申请人子女入学。要参与第一批学位分配，5 月公布的第二版征求意见稿要求申请者同时满足以下条件：在白云区“连续合法稳定居住”并连续办理居住证满 5 年，在广州市缴纳社

① 《坪山区教育局关于发布〈坪山区义务教育阶段公办学校积分制入学实施办法（征求意见稿）〉征求公众意见反馈结果的公示》，2018 年 10 月 26 日，http://www.szpsq.gov.cn/psqjy/gkmlpt/content/6/6444/post_6444262.html#16138，最后检索时间：2023 年 2 月 11 日。

② 《坪山区教育局关于〈坪山区 2020 年义务教育阶段公办学校积分制入学政策（修订征求意见稿）〉群众反馈意见采纳情况的公示》，2020 年 3 月 20 日，http://www.szpsq.gov.cn/psqjy/gkmlpt/content/7/7649/post_7649367.html#16138，最后检索时间：2023 年 2 月 11 日；《深圳市龙华区教育局对〈深圳市龙华区义务教育阶段学校积分入学办法（修订稿）（征求意见稿）〉征求公众意见的反馈结果》，2020 年 3 月 25 日，http://www.szlhq.gov.cn/bmxxgk/jyj/dtxx_124232/tzgg_124234/content/post_7569322.html，最后检索时间：2023 年 2 月 11 日。

③ 《越秀区教育局关于印发〈2022 年越秀区来穗人员随迁子女义务教育入学工作的实施细则（试行）〉的通知》（越教字〔2022〕14 号），2022 年 3 月 29 日。

④ 《广州市白云区教育局关于〈广州市白云区来穗人员随迁子女积分制入学实施办法（征求意见稿）〉征集意见公告》，2022 年 3 月 29 日，http://www.by.gov.cn/hdjlpt/yjzj/answer/18512，最后检索时间：2023 年 2 月 11 日。

保（其中一个险种）连续满 5 年。在意见征集过程中，有大量意见反映在城中村租房备案困难的问题，建议取消或降低租赁合同备案满五年的要求。但是白云区以“该政策根据上位政策制定”为由，没有采纳这些建议。[①]

（三）租购同权与积分入学

对于其租赁住房能够合法备案的申请者来说，租赁住所的积分是否能与拥有产权住房的积分等同，也是一个充满争议的话题。珠三角各城市早期实行的积分制方案大多规定只有自有房产才能加分，或自有房产的积分明显高于租赁住房积分。例如 2014~2016 年，东莞市、惠州市惠城区、佛山市禅城区、中山市对自有房产设置 20~150 不等的加分，租赁住房不计分。同一时期，广州市黄埔区、肇庆市端州区规定租赁住房可积分，但其分数显著低于自有房产可得的积分。[②]

2016 年，《国务院办公厅关于加快培育和发展住房租赁市场的若干意见》（国办发〔2016〕39 号）出台，其中提到“非本地户籍承租人可按照《居住证暂行条例》等有关规定申领居住证，享受义务教育、医疗等国家规定的基本公共服务”，这一意见初步体现了“租购同权”的思想。2017 年 7 月，广州市人民政府办公厅印发《广州市加快发展住房租赁市场工作方案》，广州成为全国首个出台住房租赁新政的试点城市。[③] 文件中明确“赋予符合条件的承租人子女享有就近入学等公共服务权益，保障租购同权”。在此文件的指导下，2018 年广州市积分方案规定拥有合法产权住所可获 10 分加分，合法租赁住所则按年计算积分，每满 1 年积 2 分，最高为 10 分。也就是说，合法租赁住所有机会获得与拥有合法产权房同等的分数，基本体

---

① 《广州市白云区教育局关于〈广州市白云区来穗人员随迁子女积分制入学实施办法（第二次征求意见稿）〉征集意见的公告》，2022 年 5 月 18 日，http://www.by.gov.cn/hdjlpt/yjzj/answer/19774，最后检索时间：2023 年 2 月 11 日。

② 除了没有实行积分入学的江门外，我们选取了不设区的中山、东莞和珠三角其他市流动人口最多的区/县作分析。

③ 陈杰、吴义东：《租购同权过程中住房权与公共服务获取权的可能冲突——为“住”租房还是为“权”租房》，《学术月刊》2019 年第 2 期。

现了“租购同权”的原则。2021 年的新版积分方案延续了这一安排。在新方案征集意见过程中，有公众认为合法产权住所分值太低，广州市来穗人员服务管理局明确表示该安排是依据“租购同权”原则设置的，“合法产权住所分值应考虑到租房分值比例，分值过高影响指标体系整体分值权重”。①

因应“租购同权”的政策精神，珠三角其他城市的积分体系也进行了一定修改，提高了租赁住房的分值。例如 2019 年，佛山市禅城区首次设置了租赁住房的加分。但是，租赁住房与自有住房相对分值的调整也面临不少阻力。如 2019 年中山市的积分方案规定拥有房产可以获得 100 分加分，相对于 2016 年方案中该项 150 分的加分，有所降低。在草案意见征集过程中，有公众认为应增加房产的分值，也有公众建议降低该项分值。对此，中山市教体局回应称，降低该项分值的目的是“进一步缩小长期在中山工作、做贡献但无房产的流动人员在总积分上的差距”。② 与广州和深圳不同，中山市的积分方案并没有给合法产权住房租赁者提供相应加分。因此，虽然自有房产的加分有所下降，但对无房产的申请者来说，无论在中山居住了多久，他们与有房者在居住情况一项的分数差距，依然有 100 分。

惠州市惠阳区积分入学申请者可凭借在该区拥有房产的时间积累分数。2019 年的方案规定，拥有房产每月计 1.4 分，最高可得 50 分。2020 年，该项分数调整为每月计 0.4 分，最高可得 24 分。在回应公众意见时，该区表示 2020 年“将积分指标‘住房保障’的产权房分值下调到 24 分，是对原定产权房分值偏高的合理调整，符合当前国家购租并举同保障的住房制度导向”。③

---

① 《广州市来穗人员服务管理局关于公开征求〈广州市来穗人员积分制服务管理规定〉〈广州市来穗人员积分制服务管理规定实施细则〉意见的公告》，2021 年 4 月 7 日，http://lsj.gz.gov.cn/hdjlpt/yjzj/answer/11223，最后检索时间：2 月 11 日。

② 《〈中山市流动人员积分制入学管理规定（修订征求意见稿）〉、〈中山市流动人员积分入学管理实施细则（修订征求意见稿）〉社会公众反馈意见汇总情况》，2019 年 9 月 6 日，http://www.zs.gov.cn/zwgk/wgk/jcgk/content/post_1438584.html，最后检索时间：2023 年 2 月 11 日。

③ 《惠阳区教育局关于对〈惠阳区义务教育阶段异地务工人员随迁子女积分制入学实施办法（征求意见稿）〉征求意见的结果公示》，2020 年 2 月 25 日，http://www.huiyang.gov.cn/zmhd/dczj/jgfk/content/post_3573905.html，最后检索时间：2023 年 2 月 11 日。

但与中山市类似，在惠阳区租房无法积累分值。也就是说，有无房产两类申请者，该项分数差距可达 24 分。惠州市仲恺高新区 2018~2021 年的积分方案规定在该区合法租房可获得与拥有产权房相同的住房加分。但 2022 年起，租房者无法再获得该项积分。该区取消租房加分的理由是“近年来住房项目的得分率不断提高且大部分为租房得分，该项目已不具备区分度。为适应我区实际情况的变化，提高住房项目的区分度，2022 年该项目仅保留自有产权房加分，取消租房加分”。[①] 换句话说，该区依然希望给予有房产的申请者一定的优势。

深圳市各区依据申请人的户籍、拥有房产的状况，赋予申请者不同的基础分。对于非深户籍申请者而言，在学区内购房和租房，基础分的差别通常在 10 分以上。[②] 宝安区 2020 年积分制入学办法草稿规定，非深户籍申请者若在学区内有自购商品房，基础分为 70 分，若为租房，基础分则为 60 分。[③] 在草案意见征集过程中，有公众认为“非深户购房基础分值过低，与非深户租房无法拉开差距”。宝安区教育局采纳了这一意见，将非深户购房的积分分值提高到 75 分，非深户租房者的分值则保留为 60 分。教育局给出的理由是，扩大这两类申请者的分差是遵循“体现优先保障稳定、长期居住非深户籍人员子女入学的政策导向”。[④] 换句话说，是否有房产被视作非深户籍人员是否在该区长期、稳定居住的标志。但显然，房产所有权不止表现了非本地户籍人员的稳定性，更是其收入与财富水平的直接体现。

总体而言，在中央“租购同权”思想的指导下，珠三角部分城市新增

---

① 《〈仲恺高新区义务教育阶段异地务工人员随迁子女积分入读公办学校实施办法（征求意见稿）〉公告的意见采纳情况》，2022 年 4 月 26 日，http://www.hzzk.gov.cn/dwrdbm/zzgxqxjwwbgs/zwgk/bmwj/tzgg/content/post_4620996.html，最后检索时间：2023 年 2 月 11 日。

② 各区其他项目的总加分在 4.4 到 26 分之间，因此居住状况 10 分的差距带来非常显著的影响。

③ 《宝安区教育局关于征求〈宝安区义务教育阶段学校积分制入学办法（修订稿）〉（征求意见稿）公众意见的公告》，2019 年 12 月 09 日，http://www.baoan.gov.cn/jyj/zwgk/tzgg/content/post_7007757.html，最后检索时间：2023 年 2 月 11 日。

④ 《〈宝安区义务教育阶段学校积分制入学办法（修订稿）〉（征求意见稿）征集公众意见结果反馈》，2020 年 1 月 3 日，https://mp.weixin.qq.com/s/lffnmABqT6tv90RJWh_gRw，最后检索时间：2023 年 2 月 11 日。

或提高了积分制入学政策中租赁住房的分值，但很多城市的政府出于地方经济发展和财政收入的考虑，保留甚至拉大了有房者与无房者之间的分值差距。可见，珠三角各地的实践与“租购同权”的政策精神相比，仍有不少落差，未来政策变化与阻力值得更多关注。

六　计划生育积分：人口政策转向与积分入学

除了以上各项可通过时间或经济投入积累的分数外，与计划生育相关的指标也面临不少争议。自积分制实施以来，流动家庭的计划生育情况一直是珠三角各城市积分入学方案的重要考量项目。在较早实施积分入学的几个城市中，违反计生政策曾作为“一票否决”指标，违反计划生育的流动人口子女无法申请积分入学。这一规定引起了部分舆论批评。之后，各地积分方案对于计划生育的要求逐年下降，从一票否决变为允许已接受处理的超生子女申请，扣减分值也逐年降低。例如 2011 年珠海市积分入学办法规定计划外生育的流动儿童没有资格申请积分入学。2014 年，珠海市取消了这一规定，调整为每多超生一个子女最多扣减 50 分。在 2010~2014 年，东莞市最初规定“符合计划生育政策”是积分入学申请的必备条件，后变为违反计划生育政策者接受处理满 5 年可申请积分入学，最后变为已接受违反计划生育处理即可申请。

2016 年，中共中央、国务院发布《关于实施全面两孩政策　改革完善计划生育服务管理的决定》，正式实施全面两孩政策。在此背景下，地方积分制入学政策对计划生育的要求也有所变化。深圳市教育局 2017 年发布的招生工作通知不再把符合计划生育政策作为申请入学的必备条件，但符合计划生育政策的申请者依然可获得一定加分，具体分数由各区规定。在学位紧缺的情况下，每一分都可能影响儿童的入学机会，因而计生情况加分的调整引起了不少家长的关注。

例如 2018 年，坪山区教育局对该区积分制入学实施办法草案征集意见。相比 2016 年的方案，这份草案把独生子女加分从 60 分调整为 6 分，政策内或全面二孩加分从45分调整为5分。在征集意见时，有公众认为按照往年的积分标准折算，政策内或全面二孩的加分应为4.5，而非5分，否则这对当初响应了一孩政策现今无法再生育的家庭不公平。但也有公众提出独生子女和全面二孩同样属于国家政策内子女，分值不应存在差异。对这两类意见，坪山区均不予采纳，理由是“国家和省现行计生政策要求对独生子女有所倾向性照顾，但又不宜将政策内生育和独生子女分值差距拉得太大”。[①]

2020年，深圳市7个区分别向公众征求对该区积分入学办法的意见。此外，福田区单独对计生情况加分调整征集意见。8个区的意见稿对“计生加分情况”的规定一致，都规定独生子女可加1分，其他情况不加分。与2018年坪山区的情况类似，公众围绕计生情况加分主要有“独生子女加分太少”“独生子女不应该加分或独生子女和二孩都加分”两类意见，前者认为对独生子女应有所优待，后者认为符合国家政策的子女不应区别对待。对此，南山区政府的回应中提到“2020年起，全市计划生育积分统一标准”。[②] 在最终公布的方案中，7个区未调整计生情况加分，只有宝安区采纳了“独生子女加分太少”的意见，将独生子女加分提高到2分（占非深户籍积分总分的2.21%）。而未对积分入学方案征集意见的两个区中，龙岗区与多数区保持一致，仅规定独生子女可加1分（占非深户籍积分总分的1.11%），盐田区则将独生子女加分降至0.2分（占非深户籍积分总分的0.24%）。

2021年6月，中共中央、国务院发布《关于优化生育政策 促进人口长期均衡发展的决定》，实施一对夫妻可以生育三个子女政策，明确将入

① 《坪山区教育局关于发布〈坪山区义务教育阶段公办学校积分制入学实施办法（征求意见稿）〉征求公众意见反馈结果的公示》，2018年10月26日，http://www.szpsq.gov.cn/psqjy/gkmlpt/content/6/6444/post_6444262.html#16138，最后检索时间：2023年2月11日；《坪山区义务教育阶段公办学校积分入学实施办法听证报告书》，2018年11月23日，http://www.szpsq.gov.cn/psqjy/gkmlpt/content/6/6444/post_6444130.html#16138，最后检索时间：2023年2月11日。

② 《〈南山区2020年义务教育阶段公办学校积分入学实施办法〉征求意见稿反馈与采纳》，2020年4月21日，http://www.szns.gov.cn/xxgk/qzfxxgkml/tzgg/content/post_7379928.html，最后检索时间：2023年2月11日。

户、入学、入职等与个人生育情况全面脱钩。2022 年，深圳市全市统一取消计划生育加分，计生情况与入学不再挂钩。纵观珠三角各城市，肇庆市端州区、惠州市惠城区分别于 2015 年、2016 年不再对计划生育情况计分。中山市、广州市黄埔区、东莞市、珠海市香洲区、佛山市禅城区则陆续在 2019~2022 年取消这一项积分。自此，得益于国家人口控制政策的逐步放宽，以计划生育情况区分流动儿童受教育权利的时代宣告结束。

七　总结

近年来，在上级政策的指引下，珠三角各地的积分制入学政策朝着规范化、包容性方向发展。但同时，部分地方政府依然存在冲动，尝试通过积分制筛选直接有益于地方财政收入、经济发展的流动人员。这既包括对积分入学项目和权重进行修订，也包括在租赁合同备案等方面设置壁垒，边缘化中低收入人群。而不同家长群体则通过公开意见征集等渠道，努力争取自身权利。

总的来说，积分制入学政策是一种将原先的非正式入学途径正式化，并在有限范围内兑现公共服务均等化承诺的政策创新。在过去十余年里，这一政策扩散到珠三角各个城市并日趋完善，为更多中低收入外来务工者子女带来入学机会。但与此同时，这一正式化的实践，本身就意味着把外来务工人员生活、工作的方方面面都纳入政府承认的正式体系之中。这对于非正式部门的流动人口来说，常常意味着高成本和复杂的手续。因此，围绕这一政策的制定和实施，常常面临着争论和博弈，也时有反复。在此背景下，外来务工人员是否有制度化的渠道反映自身诉求、参与政策博弈，显得尤为重要。

相较国内其他很多城市，珠三角地方政府在政策出台与修订过程中较为注重信息公开、吸纳各方意见。[①] 这些做法为外来务工者表达意见与诉求提

① 笔者收集了上海、杭州、宁波、苏州、青岛、厦门、成都、重庆等城市的积分入学相关资料，大部分城市并没有对积分制入学政策进行公开意见征集。

供了平台，对于积分政策的修改和完善有着重要意义。但与此同时，珠三角不同城市间的政策公开、意见征集情况也有所差异。部分城市在修订积分入学政策时并没有征求公众意见，或者只设定了非常短的意见征集时间，这都限制了公众的参与。在未来政策修订与完善过程中，社会力量能否和如何参与其中，包括表达诉求、反馈和进行监督等，以及各级政府如何回应民意，将是影响未来流动儿童教育状况的关键。

参考文献

Eli Friedman. *The Urbanization of People*: *The Politics of Development*, *Labor Markets*, *and Schooling in the Chinese City*, New York: Columbia University Press, 2022.

王毅杰、卢楠:《随迁子女积分制入学政策研究——基于珠三角、长三角地区 11 个城市的分析》,《江苏社会科学》2019 年第 1 期。

张小劲、陈波:《中国城市积分入户制比较研究: 模块构成、偏好类型与城市改革特征》,《华中师范大学学报》(人文社会科学版) 2017 年第 6 期。

B.8

“双减”政策下流动儿童教育发展的现状和反思

顾 然　钱文文　周浩然　农 麟　韩嘉玲 *

摘　要： 本文针对珠三角地区的流动儿童进行研究，探究“双减”政策的实施对流动儿童及其家长的影响。在“双减”政策的落实方面，本研究发现，“双减”政策产生了一系列的积极影响，包括有效缓解流动儿童学习压力、减轻家庭教育支出负担、开展丰富的课后服务及提升学生参与情况等等。同时，本研究也注意到，学校课后服务落实情况及效果差别明显，课后服务项目并不能完全满足当前流动儿童及其家长的需求。本研究进一步探讨了“双减”政策对家庭教育产生的阶层差异影响，发现家长的教育模式差异强化了子女教育获得不平等的再生产，教育劣势的“双重困境”进一步加强。这使得流动儿童家长的教育焦虑更甚，从而采取进一步的“增负策略”。本研究针对“双减”政策可进一步优化的方面提出政策建议，以促进“双减”政策的落实。

关键词： “双减”政策　流动儿童　课后服务　流动人口社区

---

* 顾然，南京大学社会学院博士研究生，主要研究方向为教育社会学、人口流动；钱文文，暨南大学经济与社会研究院研究助理，主要研究方向为劳动经济学；周浩然，暨南大学经济与社会研究院研究助理，主要研究方向为劳动经济学；农麟，香港中文大学社会学硕士，曾任暨南大学经济与社会研究院高级执行督导，主要研究方向为调查方法、农村教育；韩嘉玲，暨南大学经济与社会研究院讲座教授，主要研究方向为农村发展、人口迁徙、农村教育、社会发展等。

一 背景与研究方法

我国应试教育背景下最突出的问题之一是中小学生作业和校外培训负担过重，家长经济和精力负担过重，短视化、功利性现象普遍存在，严重对冲了教育改革发展成果。2021 年 7 月 24 日，中共中央办公厅、国务院办公厅印发《关于进一步减轻义务教育阶段学生作业负担和校外培训负担的意见》，《意见》明确提出要进一步减轻义务教育阶段学生作业负担和校外培训负担（以下简称“双减”）。“双减”政策的出台无疑是重塑国内教育生态、重构教育体系的标志性转向。在该政策实施一年后，国内学界对其效果与影响进行了调查与分析。中国人民大学的三位学者研究发现，“双减”政策实施以来，青少年抑郁减少 78.6%，父母焦虑症状却有明显增幅①。北师大中国教育与社会发展研究院发布的《全国“双减”成效调查报告》显示，89.0%的学生对课后服务满意，31.5%的家长表示学生校外培训负担明显减轻。报告提出了完善课后服务内容、推进义务教育资源优质均衡发展、提升家庭教育素养等深化“双减”改革的建议②。

我国教育政策在转向高质量、保障公平、均衡发展的过程中，需要特别关注对弱势群体和困难学生的影响。适龄流动儿童作为一个快速增长的、庞大的受教育群体，面临着学习环境不稳定、父母教育关注和投入不足、学习和生活融入困难等多重问题的冲击。

（一）研究问题

我们关注作为落实素质教育要求的“双减”政策的实际效果及影响，进一步分析影响流动儿童、家长行为选择的逻辑，力求廓清其背后的运作机

① 李丹：《研究显示：“双减”一年，青少年抑郁减少、父母焦虑症状上升》，2022 年 7 月 31 日，https://t.ynet.cn/baijia/33142100.html，最后检索时间：2022 年 12 月 10 日。

② 北京师范大学中国教育与社会发展研究院：《全国“双减”成效调查报告》，2022 年 3 月 2 日。

制，着重探究以下问题：“双减”政策的减负要求对流动儿童的学习和成长产生怎样的直观影响？政策实施过程中产生了哪些实际问题？学校课后服务是否缩小流动儿童教育获得差距，促进教育公平？家长和儿童对这一政策持怎样的态度？不同阶层（包括流动儿童中的不同阶层）家庭应对“双减”的行动策略、特点和深层原因是怎样的？

（二）研究方法

为充分了解“双减”对流动儿童及其家长的影响，本研究通过与广东千禾基金会“小禾的家”项目开展合作，在广州市天河区 A 村、佛山市南海区 B 社区、广州市番禺区 C 村、广州市黄埔区 D 社区、广州市番禺区 E 村、广州市番禺区 F 村开展调研工作。除了 B 社区本地人口占比相对较高外，其他社区/村均为流动人口集中聚居区域。研究采用定量和定性相结合的方法进行数据收集，在分别对家长及儿童进行问卷调查的基础上，同时对 B 社区和 F 村两个典型社区的部分家长、社工开展访谈。

本研究关注处于二至六年级就读阶段的儿童及其家长，尤其关注流动儿童中的农民工子女家庭。受疫情影响，大部分社区无法开展日常亲子活动，我们也无法获得预计的儿童与家长的调查样本，最后研究组采取线上、线下相结合的调研方式同步开展数据收集工作，并在站点社工及各社区居民的协助下，共完成家长问卷 148 份，儿童问卷 142 份，合并可匹配的有效家庭问卷 116 份。尽管样本量相对有限，但在一定程度上仍可观察到“双减”政策对流动儿童家庭的影响。

（三）调查对象基本情况

超过 60%的家长教育水平集中在高中及以下，超过 80%的家长对儿童教育期望较高。家长问卷调查结果显示，72.97%的家长户籍地不在本区。回答对象以父母为主（95.95%），其中母亲比例更高（母亲 79.06%，父亲 16.89%），（外）祖父母占比为 3.38%。可见流动家庭中父母是儿童的主要照顾者，只有少数家庭由上一代来照顾。在家长的基本情况方面，父亲的平均年龄为 38 岁，教育水平在高中及以下的占 68.75%；母亲的平均年龄为 37 岁，教育水平在高中及以下的占 63.89%。在工作方面，父母亲工作以个体户、企业/公司中高级管理人员和生产与制造业一般职工为主。在家庭经济情况自评方面，31.03%的家长自认为有困难，67.59%的家长认为家庭经济条件一般，1.38%的家长认为家庭条件较好。在教育期望方面，86.13%的家长希望自己的孩子能够读到大学本科及以上。

流动儿童占儿童问卷受访者的 60%以上，多子女家庭结构较为普遍，儿童主要与父母生活，其中母亲为主要照顾者，母亲接送儿童上学的比例高于父亲。从儿童的个人特征来看，调研对象的平均年龄是 10 岁，有 65.41%的儿童户籍地不在本区，可见部分流动人口中的子女获得了本地户籍。从儿童的家庭特征来看，51.41%的儿童有一个兄弟姐妹，23.24%的儿童有两个兄弟姐妹，还有 3.52%的受访儿童有 3 个兄弟姐妹，21.38%的儿童是独生子女。儿童和爸爸妈妈共同生活的占比为 84.51%，其中同时也和祖父母共同居住的比例为 29.16%，单独和爸爸或者妈妈居住的占比为 6.34%，受访对象中没有离家寄宿的儿童。从儿童的上学情况来看，妈妈接送和自己上学的占比最高，分别为 33.10%和 26.76%，其次是爸爸接送，占 17.61%。

就读于公办学校的流动儿童比例略多于民办学校。流动儿童就学表现良好，家中都有专属儿童的学习空间；儿童能体会父母较高的教育期望，大部分没有感受到较大压力。调查的流动儿童中，59.77%的流动儿童就读于公办学校；就读学校的规模大部分分布在 500~999 人和 1000~1999 人，占比分别为 41.38%和 42.53%。在学校表现上，有 83.91%的流动儿童担任过班干部，86.21%的流动儿童上学期在班上的成绩排名在中等及以上。在儿童的居家学习方面，有 82.76%的流动儿童家里有自己独立的书桌，71.26%的家里有比较多除课本和杂志外的书籍，58.62%的家里有电脑或平板，可以上网学习。在父母的教育期望方面，70.93%的流动儿童都表示父母对自己的学业成绩有中等及以上程度的要求，68.60%的流动儿童提出父母希望自己将来读到大学本科及以上的学历，但仅有 18.64%的儿童表示对此感到较大压力。

二　课后服务现状

（一）“双减”有效缓解流动儿童学习压力，家庭教育支出负担有所减轻

“双减”政策的目标是让学生更好地回归校园，减轻过重作业负担，科学利用课余时间，发挥学校作为教育主体的作用。儿童问卷数据显示流动儿童放学后写作业的时间平均每天减少了 20 分钟左右；参加体育运动和娱乐游戏的时间平均每天增加了 10 分钟左右。超过 80%的家长表示孩子的学业负担减轻了，其中 51.09%的表示明显减轻。由于学生的课业负担减轻，因此他们变得更有时间去从事自己感兴趣的事。

> “双减之后，孩子有更多的时间去做她自己喜欢的事情，在降低课业压力的同时能深入钻研自己喜欢的领域，实现全面发展”。（本地家长 B01，202209）

在教育支出方面，30.43%的家长表示因不需参加课外培训班，整体花销变少，同时也有 52.17%的家长表示教育支出基本不变，因为把更多的钱花费在课外兴趣班上。仅有 16.30%的家长提出参加课后服务增加了教育支出负担。课后服务是自主参加性质，未参加的家长表示受限于花费（45.00%）、接送时间不合适（25.00%）以及课后服务内容不符合需求（25.00%）。民办学校出于经费考虑更有可能劝说家长参与，无形中增加家长教育花销的负担。

> “公办的话你上就上，不上的话也不会强制性地给你去洗脑的，但

民办那就不一样啊，它会用各种理由跟你去说，在各种要收费的项目上面尽可能地说服家长去交这个钱。”（外地家长 F03，202209）

（二）流动儿童课后服务满意度高于家长

受访的流动儿童对课后服务的反馈更为积极，有 84.38%的受访儿童喜欢参与课后服务。整体来看，儿童更希望参加体育类（46.10%）、艺术类（46.10%）和娱乐游戏类（39.72%）课后服务。在体育类、艺术类和娱乐游戏类等各类课后服务的开展过程中，儿童得到的不仅仅是压力的放松和知识的提升，从中获得的充实感、自豪感和荣誉感也是儿童积极参加课后服务的原因。

“去参加课后服务可以跟我的朋友一起运动、交流，还有老师会指导我们一些运动技巧，我感觉这学期以来我的身体状况都变好了。”（流动儿童 F01，202210）

“如果可以选择的话，我更想参加像书法、乒乓球这种课后服务，放学后回家一个人待着有些无聊，我觉得这些课后服务应该很有趣，而且学到的东西很有用。”（本地儿童 B02，202209）

“孩子在经过老师指导过后，获得了一些奖状，孩子很开心，对学习更加感兴趣了。”（本地家长 B03，202210）

家长对于儿童参与课后服务的满意度略低于儿童，满意度（含“非常满意”和“比较满意”）的比例为 70.51%。具体来看，有 72.22%的家长认为参加授课或者写作业自习的课后服务提高了孩子的学习成绩，有 4.76%的家长表示参加体育、艺术等课后服务提高了孩子的特长水平。整体来看，家长认为孩子更需要的课后服务类型排序依次为体育活动（79.05%）、科普活动（77.03%）、自由兴趣小组（73.65%）、完成作业（72.30%）。

（三）课后服务参与率较高，作业托管类收费低于兴趣课程费用

"双减"政策发布后，广东省2021年秋季学期推行义务教育阶段学校课后服务"5+2"模式①。问卷调查结果显示，79.55%的受访家长表示孩子所在学校已经开展课后服务项目，其中近一半学校是从2021年开始开展的。在学校开展了课后服务项目的前提下（学生具有选择自主权），有71.43%的儿童参加了课后服务。对于参与了课后服务的儿童，98%的家长都表示了解或部分了解自己孩子课后服务的具体内容。目前参加课后服务项目的孩子中，参与最多的项目分别是完成作业（71.43%）、自习（40.28%）、体育活动（24.49%）、音乐和美术（16.33%）和自由兴趣小组（16.33%）。关于课后服务的参与频率，46.43%的儿童周一到周五每天都会参加课后活动，39.29%的儿童每周参加一到两次，14.29%的儿童每周参加三到四次，平均每次课后服务的时间在80分钟左右。关于课后服务项目的负责老师调查数据显示，本校文化课老师占比为45.61%，本校非文化课老师及校外机构老师的占比分别为17.55%、22.81%。除此之外，14.04%的受访儿童表示每天负责的老师不同。调研数据显示，校园实行的情况基本符合"双减"政策让学生学习回归校园、加强完成作业指导和满足学生多样化需求的目标导向。

关于课后服务项目的缴费情况，58%的家长表示参加课后服务是需要缴纳一定费用的，问卷数据显示平均费用为每学期1300元左右，通过与社区社工的访谈，我们了解到缴费金额较高的是体育、音乐和美术等项目（大约50元/节），而辅导作业和自习需要支付的看管费用相对较低（大约5元/节）。

"公办学校会邀请校外机构入校提供兴趣培训课程，然后将培训费

① 蒋隽：《广东推行课后服务"5+2"模式　今年秋季学期开始施行》，https://www.chinanews.com.cn/sh/2021/07-29/9531408.shtml，最后检索时间：2022年12月10日。

用根据不同课程的收费平摊到参加的学生，因此收费价格比市场价便宜。这样每个孩子的费用就会少一些。我了解到的，比如踢足球、吹笛子，按照兴趣班的价格，一周一节（均价 50 元/节），一个学期大概 500~1000 元不等吧。像是课后服务，是 5 块钱一节，那一个学期就是 300~400 块。”（社工 C01，202209 & 202212）

（四）课后服务未能满足家长及儿童的多样化需求

在现有课后服务的需求契合度上，问卷数据显示家长和孩子的需求并不完全一致。家长和儿童最期待的课后服务类型都是体育活动，但除此之外，家长更希望孩子参与科普活动、兴趣小组和完成作业，而孩子则更偏向音乐美术和娱乐游戏活动。特别的，流动儿童家长更重视子女的作业监督和学业或学习类培训，在作业量减少以及取缔校外机构培训之后，他们更希望学校能够提供更多与学业相关的服务。

“学校现在按照要求多是开展一些书法、画画之类的服务，可我就想有人能在我没下班的时候照看孩子写作业，现在学校没有提供辅导作业服务，我还得再去找托管中心。”（外地家长 F02，202209）

相较而言，市场化的托管中心更切合这位家长的服务需求，同样有其他本地儿童家长提到了这一点。尽管在文件中强调课后服务禁止进行授课，但依旧有家长表达了对这一规定的不满：

“如果能够把孩子留下来，对薄弱的科目补习，那课后服务我就更支持了。”（本地家长 B02，202209）

（五）学校课后服务落实情况及效果存在差别

在“双减”政策提出的同时，“课后服务”作为优化与恢复家庭及学校的照顾与教育功能的重要政策被广泛落实。国内对课后服务的研究尚在起步阶段，主要集中在讨论我国课后服务实施过程中遇到的实际问题[①②③④]，针对流动儿童的实证研究则相对较少。本研究访谈发现，尽管双减政策的落实带来了学校更多的托管服务以及各项课后服务项目，不同学校的开展状况及开设质量不尽相同。

例如，可链接优质外部资源的学校，能提供给流动儿童优质的课后服务，满足孩子素质发展的需要。

> “学校有开设书法班，书法老师的师傅是比较出名的书画家，所以我们知道请过来的老师水平是有一定功底的。孩子学得也很开心，收获很大。”（外地家长 F01，202210）

此外，一些流动儿童家长反映，课后服务期间老师并不经常在教室，教室里总是吵吵闹闹的，不能在规定时间内完成作业；有的学校尽管开展了体育活动类的课后服务项目，也仅是由班主任带学生跳跳绳之类的简单运动，并没有得到实际锻炼。质量较差的托管和课后服务成为课堂教育劣势的进一步延伸。

未开展课后服务项目的学校，主要集中为民办学校。访谈中我们注意到由于民办学校需要自筹经费，而经费基本来源于对家长的收费，针对流动儿童的民办学校为了保持学校的运营，往往需要考虑收支平衡的问题，开设课后服务的动力不足。

> “不同于公办服务收费很便宜，民办学校的托管费用本身就包含着校车费用（占大头），会比较高。如果多出来一小时的课后服务费用，还需要增加教师课时费用补贴。而课后服务收费如果太低不足以覆盖教

---

① 顾艳丽、罗生全：《中小学课后服务政策的价值分析》，《教育科学研究》2018 年第 9 期。

② 韩登亮、郭翠萍：《我国课后服务政策实施的理性思考》，《教学与管理》2019 年第 33 期。

③ 刘凯：《我国课后托管政策研究》，《教育评论》2019 年第 2 期。

④ 邹敏：《中小学生课后服务的属性及权责问题探讨》，《中国教育学刊》2020 年第 3 期。

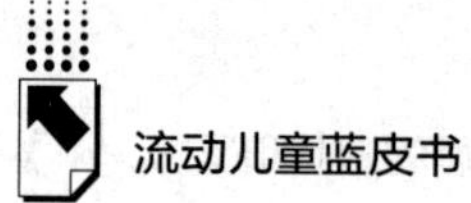

师开支，教师没有动力教孩子。如果太高，提供的服务质量不满足家长期待，家长会有落差，因此民办学校也没有动力开设课后服务。”（社工 C01，202209 & 202212）

课后服务的普遍开设使得部分流动儿童能够享受到一些课后服务，然而其所在学校或社区能提供的课后服务项目质量参差不齐，他们往往参与到低质量的课后服务项目中。

“只有少数老师会在教室里面监督学生，两个小时晚托，有可能老师只有半个小时在，其他的时间他就不管了。这种情况下小孩留在学校，自觉的就写一下，不自觉的就在那混，混到时间就走人，作业也没完成。”（外地家长 F05，202209）

缺乏有效安排的课后服务项目会使得学生们处于一个无约束的环境中，存在互相习得越轨行为的可能，从而使得学生的学业获得进一步降低。一些研究也发现了课后服务的正向效果并不总是得到验证。Park 等人对美国低收入家庭的孩子课后服务影响研究有类似的发现，即“来自低社会经济地位家庭的儿童更有可能参与低质量的课后服务项目”。课堂教育的不足，再加上低质量的课后服务，不平等从课内教学进一步延伸到课后服务，形成了双重劣势①。

课后服务的质量对学业获得和社会交往的影响存在差异。国外的研究认为，“包容且有归属感”的支持性环境、工作人员的结构化支持和参与学生的有效正反馈被视为衡量课后服务项目的合格标准②。可以说，是否开展课

① Park H., Zhan M., “The Impact of After-school Childcare Arrangements on the Developmental Outcomes of Low-income Children,” *Children & Youth Services Review*73（2016）.

② Smith E. P., Osgood D. W., Caldwell L., et al. “Measuring Collective Efficacy among Children in Community-based Afterschool Programs: Exploring Pathways toward Prevention and Positive Youth Development,” *Am J Community Psychol* 52.1（2013）.

后服务、课后服务的质量及类型是影响参与儿童能力发展的重要因素。质量相对较差或不符合流动儿童需求的课后服务会进一步降低学生的学业获得。

三　“双减”政策下的家庭策略

（一）不同阶层家庭在空闲时间的亲子陪伴表现差异明显

受访家长在访谈中普遍表示与子女在空闲时间的互动在“双减”后显著增多，互动形式却有明显不同。社会经济地位相对较高的家庭，空闲时间的安排更体现了家庭文化资本的内涵。文化资本相对较高的家庭会在空闲时间更多和子女一起参加社区开展的亲子活动。B 社区的家长告诉我们，他们社区经常开展的活动包括爱心小值班活动、安全教育活动，以及正在进行中的“正向教养儿童成长”活动。家长有意愿且有时间陪伴子女，“我们还参加了社区的家庭大舞台，暑假呢还会有爱心小值班活动。”（本地家长 B01，202209）更多积极的亲子活动能够提高孩子的非认知能力，促进家庭关系的和谐。

相比之下，流动儿童虽然与父母同住，但是父母的陪伴明显少于其他儿童[①]，这会导致养育者行为监护水平，即父母对子女行为的了解、组织或调节能力的降低[②]。我们在访谈中也证实了，流动儿童在空闲时间很少得到父母的陪伴。从我们的访谈资料可以看出，很多流动儿童放学后更多会待在家里处于一种无监管的状态，或到父母的档口[③]，帮助父母工作。F 村的几位家长都表示，平时上班到很晚才回家，孩子自己在家可能就玩手机或者跟朋友在外面玩。我们也访谈到了一些流动儿童家长选择周末把儿童带去工

① 邓林园、李蓓蕾、靳佩佩、许睿：《父母陪伴与儿童自我价值感的关系：城市与流动儿童的对比研究》，《教育学报》2017 年第 13 期。

② 赵景欣：《养育者行为监控与农村留守儿童的孤独、反社会行为》，《中国临床心理学杂志》2013 年第 21 期。

③ 档口，多在广东话口语中使用，即形容做小生意的商店。

作场所，也观察到一部分家长把儿童带到父母较嘈杂的工作环境中学习的情况。

（二）家长教育模式强化了子女教育获得不平等的再生产

“双减”政策后学校育人方向从过分关注分数向关注学生的全面发展转变，逐渐摆脱应试教育功利化、短视化的束缚。而在升学压力不减的背景下，学校的转向使得子女的学习获得更依赖于家庭教育的有效参与。本研究在访谈过程中观察到了不同类型家庭采取差异性的家庭教育模式，在教育参与、教师交流方面差异更为明显。

本地家长受教育程度相对较高，普遍采取较为积极的教养模式，在面对“双减”政策冲击时，所采取的教养模式也会更具有稳定性：孩子的教育模式从小就相对固定，培养是一个循序渐进的过程。他们也更有能力参与到孩子的学业中，通过辅导孩子的作业更加准确地感知孩子当前学习状况。他们也会积极优化教养模式，更加敏感地捕捉孩子的变化，来自 B 社区的本地家长在五年级前一直在辅导孩子的功课，她表示：“双减后，家庭教育的重要性更高了，所以我们家又去参加了一些讲座，之后我就调整了我的辅导方式来适应孩子新的学习阶段和政策变化。”（本地家长 B01，202209）

对于受教育程度相对较低的农民工家长而言，受工作时间所限，他们无法抽出更多时间陪伴子女，对孩子的学业状况也并不清楚。他们往往将更多的教育责任转移到学校或者社会，寻求课外补习、托管等方式来弥补家长在这方面的不足。

> “因为我跟他爸爸的工作性质，都是长夜，我们白天得休息，没有时间看着他写作业，做得怎么样就看第二天老师批回来怎么样了。”（外地家长 F04，202209）

长期以来，流动儿童就读的学校多半是所谓的薄弱学校，往往无法提供优质均衡的课后服务，加上家长辅导孩子课业的能力可能不足，流动家庭往往也无法承担相对高昂的补习开销，使得这些儿童在功课辅导、父母陪伴等方面存在显著不足。

“双减”政策带来的考试排名模糊化对不同的家长产生了差异化影响。一部分家长会通过自己观察孩子作业批改情况或者强化与老师的沟通来准确知晓孩子的学业状况。可以说，家长个人的努力则充分体现了社会经济地位及文化资本带来的影响。一位来自 B 社区家庭的本地家长表示，老师会主动采取措施来绕过规定，比较委婉地告知成绩区间，家长由此可以推测出孩子的成绩。

> “老师不会公布排名也不会公布分数，但是会告诉我孩子的成绩在哪个区间，然后又会在家委会的学期总结上公布每个区间有多少学生，这样子让我们知道了孩子的成绩状况，但是也不算违规。”（本地家长 B02，202209）

需要明确的是，一刀切地取消作业和排名并不是一件很容易让家长接受的事情。一方面，大部分流动儿童家长由于其工作性质没有足够的时间与老师互动沟通；另一方面，根据伯恩斯坦的教育符码理论，不同阶级的语用习惯和言说形式可以被划分为限制型符码和精致型符码。流动儿童家长大部分从事简单体力劳动，使用集约型符码；老师更多使用更贴近于中产阶层的精致型符码。因此，流动儿童家长与老师沟通时，两种不同的符码使用习惯导致沟通出现偏差。尤其由于本身受教育程度较低，与老师互动的过程并不顺畅，在涉及违反规定的相关话题时，流动儿童家长更难以启齿，隐含着教师与家长选择性沟通的不平等方式。因此，对于流动儿童家长而言，成绩和排名是流动儿童家长直观了解孩子学习状况的主要方式。而“双减”政策对考试和排名的要求，使得他们无法真实地感知孩子的学习状况。

> “平时夜班上得多，也没时间跟老师沟通”，“我们怎么好意思直接问老师孩子的成绩，都规定了不允许问这些东西的”。（外地家长 F02、F03，202209）

对于一些社会经济地位相对较高的家长而言，积极参与家委会以及和老师长期沟通的“心照不宣”让他们更有机会了解到孩子的学习状况。一位本地儿童家长告诉我们：

> “我本身是家委会的成员，所以老师跟我沟通得也多，最后成绩怎么样老师会跟我说的。”（本地家长 B03，202210）

因此，“双减”带来的考试排名模糊化加深了外地家长与本地家长对孩子学业情况了解程度的差距，反映出一种教育不平等再生产的路径。同时，家长教育参与不足够的家庭，会降低孩子的学业获得，其不足的家庭文化资本也会随着文化再生产，进一步影响到子女的教育获得。

（三）“双减”后流动儿童家长教育焦虑进一步提升

“双减”首先强调的减负是减轻儿童的作业量，从“根”上严格控制，同时对考试和排名作了严格规定。当访谈中谈及“双减”以及学习效果，家长们呈现出一种矛盾心态，一方面，他们认同课后服务能够有效帮助学生完成作业，开展兴趣活动；另一方面，他们认为“双减”后的作业量减少以及模糊排名都是不好的，这种焦虑感会随着子女临近升学变得更明显。

与此同时，不少家长将自己孩子成绩下滑的原因归于作业量减少以及取消成绩公示和排名。他们认为，一方面，减少作业和排名弱化了孩子的“竞争意识”，使得他们的学习态度更为消极。来自 F 村（流动人口聚集区域）的家长普遍表示，与“双减”前相比，子女更不愿意花时间在学习上，“以前都要预习复习的，现在让他做都不情愿了”（外地家长 F06，202207）；甚至有孩子拒绝完成家长自己布置的学习任务，“我孩子跟我说，学校里面老师都不布置作业，也不公布成绩了，你们还非要我做”（外地家长 F04，202209）。这种消极的学习态度尽管较为极端，但同样说明不进行准确的引导，“双减”所传达出的“减负意识”可能会使得部分儿童错误地认识学业任务。

从教育期望来看，绝大多数的家长都希望自己的子女能够有本科及以上学历，普遍而言，他们认为高等教育的教育回报更高。本研究的数据显示，83.69%的家长希望自己的子女未来有本科及以上的学历，在不同户籍之间并不存在显著的差异。

“读大学，坐办公室”更是很多流动儿童家长对子女的期望，他们并不希望自己的子女最后与他们一样成为体力劳动者。在标准化考试的制度之下，高考成绩成为他们所认为实现目标的唯一途径。“双减”在减负的同时，也让家长们产生了更为严重的危机感，担心子女学习态度和学业水平的下降，会使得他们的教育期望无法实现，这进一步提高了他们的教育焦虑水平。

在当前的教育升学制度没有改变的情况下，“双减”难以缓解家长的教育焦虑。不少家长都提及了教育分流制度，他们普遍认为，在中考50%的分流制度前提下，对子女教育上的松懈会让他们有很大概率进入职校。尽管一些家长已经做好孩子进入职校的准备，包括可能的职校学轨，但总的来说，大部分家长还是希望自己的子女能够进入普通高中并取得大学学历。调研的F村外地家长认为，“职校意味着没前途，找不到好的工作”（外地家长F01，202209），也有家长认为，“职业中学都是学业成绩差的学生去的，很多不良习惯的，孩子在里面很容易学坏。”（本地家长B02，202210）作为流动家庭，受到户籍制度的影响，中考的升学压力竞争更为严峻。一位家长告诉我们，“对于外地生，在本地来考，要比本地的成绩高出很多，才能考上一个好的高中。”（外地家长F01，202209）差异性的录取政策，使得这些外地家长有着更强的动机去提高儿童的学习成绩，这种焦虑随着“双减”的推行更为强烈。

一些研究发现，父母的期望要普遍高于子女，而流动儿童父母对子女的教育期望相对更高[①]，这种过度的教育期待会使得流动儿童更易产生厌学情

① 李家成、王娟、陈忠贤、印婷婷、陈静：《可怜天下父母心——进城务工随迁子女家长教育理解、教育期待与教育参与的调查报告》，《教育科学研究》2015年第1期。

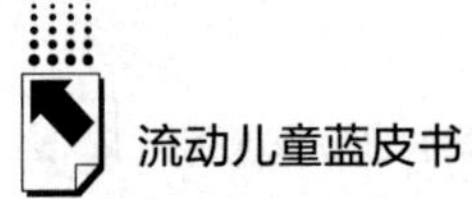

绪和习得无助心理[①]，对流动儿童的学业获得产生更负面的影响。同时，“双减”后，校外学业培训的取缔以及优质学校教育资源供给不平衡不充分，在入学制度和升学制度的长期户籍歧视下，进一步增加了儿童实现家长教育期望的难度。

（四）教育焦虑带来的“增负策略”和“影子教育”

一些研究认为，应试教育造成的困局使得减负措施无法顺利实施，为了稳定和提高自己子女的成绩，家长普遍都会选择“增负策略”[②③]。而这种增负策略进一步加大了儿童的学业压力。

家长采取的增负策略首先体现在家庭内部，增加监护照料孩子的时间，并布置更多的课外习题给孩子做。B社区的一位外地家长表示，“我会给他布置课外的作业，特别是课外书的阅读，这是孩子自身学习能力的一个培养”（外地家长B06，202210）。然而，不少家长都表示自己“心有余而力不足”。尤其是流动人口家庭的家长，受教育程度相对较低，很难在家庭内部为孩子的学习提供更多帮助。“我自己小学都没毕业，没能力辅导他作业”（外地家长F03，202209）。这使得不少家长都有着寻求市场帮助的需求，通过托管或课外补习来实现“增负”。“我只能给他去托管，有的题目不懂的话，他可以去问托管老师”（外地家长F03，202209）。这些家长认为补习是“第二条赛道”，取消补习机构的课外补习后，他们的子女就无法通过这一方式来弥补课堂的不足。

“双减”后课外补习机构被取缔，家长对增加子女作业辅导的需求使得“增负策略”以影子教育的形式继续存在，并扩大了流动儿童和本地儿童之间的教育不公平。在取消课外补习后，反而滋生了更多灰色地带。私人家教作为替代补习机构“一对一”教辅的衍生品，成为经济能力相对较高家

① 蔺秀云、王硕、张曼云、周冀：《流动儿童学业表现的影响因素——从教育期望、教育投入和学习投入角度分析》，《北京师范大学学报》（社会科学版）2009年第5期。

② 文雪、扈中平：《从博弈论的角度看“教育减负”》，《中国教育学刊》2007年第1期。

③ 李斌辉：《博弈论视野中的基础教育课程改革困境》，《教育理论与实践》2008年第29期。

庭的新选择。一些退休教师或大学生则通过租房、住家教育的方式，规避政策中所明确的机构办学漏洞，提供相对平价（但大多仍高于之前机构办学费用）的课外补习。然而，对于不同社会阶层的家长而言，补习的费用所带来的影响是不同的。对于本地家长而言，他们居住的社区可能就有大学生和老师提供补习服务，尽管"收的比之前机构高不少"（本地家长B04，202210），他们还是愿意参加；对于流动儿童家庭而言，有些家庭在"双减"未推行前可以到课外培训机构中"咬咬牙花点钱给孩子补课"，但是现在"一节课去到五六百一个小时，真的是很贵。"（外地家长F01，202210）

在我们的访谈中，一位流动儿童家长表达了她的无奈："只有那些有钱的人家才请得起这些私人家教。人家本来成绩就很好，又能请这么好的家教，肯定成绩更好了，怎么比得过人家?"（外地家长F05，202209）

课外补习作为"双减"政策进一步强调的减负对象，同样也是以往家长们用以弥补校内教育不足的主要手段①。在所有人都处于同一政策环境的情况下，为子女争取更多的学习时间，是家长用来提高儿童学业水平的重要路径。国际学者针对学校之外的时空进行研究发现，几乎所有的学业差距的扩大都发生在暑假期间，即学校之外的时间②，这种发现被称为夏季损失现象（Summer Loss）、学习的季节模型（Seasonal Patterns of Learning）：在暑假期间，不同家庭中成长的子女在学业表现上的差距会拉大，社会经济地位较高的家庭会通过各种方式，如安排儿童在校外时间参加课外补习班，来帮助子女改善学业表现③。对于流动儿童而言，他们的家庭大多数没有足够的条件，无力参与这种"富人的游戏"，家庭资本匮乏使流动儿童的影子教育

① 马健生、吴佳妮：《为什么学生减负政策难以见成效？——论学业负担的时间分配本质与机制》，《北京师范大学学报》（社会科学版）2014年第2期。

② Condron D. J.，"Social Class, School and Non-School Environments, and Black/White Inequalities in Children's Learning," *American Sociological Review* 74.5（2009）.

③ 王晓磊：《初中阶段教育质量与影子教育机会的不平等——以CEPS 2013-2014数据为例》，《北京社会科学》2017年第9期。

参与率显著低于本地城镇儿童[①][②]。

拉鲁总结的“工人阶级教养模式”，即工人阶级通常不认可协作培养对教育子女的必要性，也不觉得安排儿童的闲暇时光或者干预儿童在学校的经历是自己的责任[③]。她的理论认为，工人阶级家庭很少参与子女的教育是由于他们自身较低的文化资本使得他们向上流动的意愿和机会都比较低。而本研究则发现，中国的农民工家庭不同于西方的工人阶级，有着更强烈的向上流动意愿。中国外来人口中的农民工阶级有着较高的教育期待，其形塑力量既有传统儒家教育长期以来的熏染，也有不断与城市中产阶级教育文化互动的影响。

而校外补习的地下化，使得流动家庭更难获得补充教育且更难承受教育成本，进一步加大教育获得的差距。总的来说，更为隐蔽的课外补习方式很难根除，这使得不同阶层之间儿童的教育差距进一步扩大。

四　政策建议

（一）提高课后服务质量，促进教育资源普惠优质发展

“双减”所带来的影响，在不同学校之间存在显著的差异。本研究发现流动儿童就读的学校大多为花费较高但“办学质量低”的民办学校，对于课后服务的重视度和关注度不足。因此，与公办学校相比，延迟放学使得他们面临低质量课堂教育与缺少课后服务的双重劣势。为了避免“双重劣势”的进一步延伸，在政策制定和落实方面，要关注各类性质学校托管班开展情况、各类课后服务项目的质量提升，制定合理的课程安排和恰当的活动内容，充分利用托管和课后服务时间培养发展儿童的兴趣、提升其综合能力。

① 王金娜：《减负如何导致教育机会不均等——从“水龙头理论”反思小学生“减负”的政策与实践》，《湖南师范大学教育科学学报》2016 年第 15 期。

② 周春芳、苏群、常雪：《农村流动儿童影子教育参与及其对我国教育结果均等化的影响》，《农业技术经济》2021 年第 6 期。

③ 安妮特·拉鲁：《不平等的童年：阶级、种族与家庭生活》，宋爽、张旭译，北京大学出版社，2018，第 7 页。

（二）因地制宜提供课后服务，满足流动家庭和流动儿童多样化需求

总的来说，课后服务的有效推行能够保障低收入家庭子女的受教育权利，弥补因校外教育支出不同而扩大的教育不平等，缩小因家庭收入差距而导致的教育差距"马太效应"。我们的研究则发现，受到就读学校性质、家长教育模式、家校沟通频率等的影响，不同阶层的家庭儿童教育获得存在明显差异。与此同时，"双减"并未消除影子教育，反而可能引起家长"增负"的策略性行动。

从国际经验中能够显著地看到，由学校提供的课后服务在一定程度上可以弥补流动儿童校内教育和家庭教育的不足，缩减他们与本地儿童之间的差距①②。优质且相对廉价的教育资源是流动儿童家长所渴求的，而课后服务正有机会成为他们所需要的这种服务。政府可以通过加大力度购买课后服务、专项补贴等形式，让流动儿童家庭上得起、用得好课后服务。同时，为作为城市中的边缘群体的流动儿童提供质量较高的课后服务，包括托管班、看护服务、阅读服务以及其他兴趣班等，可以吸引并支持更多进城务工父母将孩子带在身边，增加父母对孩子的陪伴时间，减少儿童留守情况的存在，让孩子能在与父母一起流动的过程中也接受良好的教育。

（三）加强家校互动，提高家长教育参与深度

我们在实地访谈中注意到流动人口家长自身因工作繁忙、家庭教育能力不足，导致参与孩子教育与家校互动的意识和能力不够的现象。以往的研究还发现，学校会选择性地抑制家长参与，只鼓励受教育水平高、社会关系丰富、符合学校价值观的家长参与，却忽视阶层地位较低家长的需求③。因

---

① Riggs N. R. , "After-school Program Attendance and the Social Development of Rural Latino Children of Immigrant Families," *Journal of Community Psychology* 34. 1（2006）.

② Snyder H. N. , Sickmund M. , "Juvenile Offenders and Victims：2006 National Report," *Office of Juvenile Justice & Delinquency Prevention* 253（2006）.

③ 吴重涵、张俊、王梅雾：《是什么阻碍了家长对子女教育的参与——阶层差异、学校选择性抑制与家长参与》，《教育研究》2017 年第 38 期。

此，学校和社会有必要思考研究如何通过形式多样的家校活动营造家校共育的环境。针对流动儿童家长工作时间长的问题，应多采用家访而非家长会的形式促进家校之间的互动；针对流动儿童家长教育程度相对较低的现实，学校应更为主动地与他们联系，避免官样文章和过于书面的表达方式，让流动儿童家长更有效地参与到家校互动中。最后，充分利用家校互动组织，建立并完善家委会，强化流动人口家长在家委会中的话语权，积极将弱势家长的利益纳入考量范围之内。

（四）推动社区营造，促进社区在教育中提供更多功能

在本研究的调研过程中，我们也参与了一些社区举办的儿童教育活动，如 D 社区的职业教育路径分享会、F 村的观影会、C 村的音乐节、A 村的读书会等。在没有活动的时候，同样有很多小朋友在社区空间娱乐、阅读，并且有社会工作者或志愿者在旁看护，非常有效地实现了社区在教育中发挥的重要功能。在“双减”后，儿童平日的娱乐时间以及周末的休闲时间增多，在社区的活动时间随之变长。针对流动儿童家长文化资本相对较低、空闲时间相对较少的现状，社区应进一步承担责任，通过建设社区辅导站、培育社区社会组织、完善社区休闲游乐设施的方式，来改善这些孩子无监护地玩耍的情况，充分强化社区效能。

因此，加强社区社会活动的开展，推动儿童友好的社区环境的营造，需要社会组织、村居委会以及政府部门的多方合力，共同实现家庭、学校、社会在流动儿童教育中的积极作用。

参考文献

李丹：《研究显示：“双减”一年，青少年抑郁减少、父母焦虑症状上升》，2022 年 7 月 31 日，https：//t. ynet. cn/baijia/33142100. html，最后检索时间：2022 年 12 月 10 日。

北京师范大学中国教育与社会发展研究院：《全国“双减”成效调查报告》，2022

年3月2日。

蒋隽:《广东推行课后服务“5+2”模式　今年秋季学期开始施行》，https://www.chinanews.com.cn/sh/2021/07-29/9531408.shtml，最后检索时间：2022年12月10日。

顾艳丽、罗生全:《中小学课后服务政策的价值分析》，《教育科学研究》2018年第9期。

韩登亮、郭翠萍:《我国课后服务政策实施的理性思考》，《教学与管理》2019年第33期。

刘凯:《我国课后托管政策研究》，《教育评论》2019年第2期。

邹敏:《中小学生课后服务的属性及权责问题探讨》，《中国教育学刊》2020年第3期。

Park H., Zhan M., “The Impact of After-school Childcare Arrangements on the Developmental Outcomes of Low-income Children,” *Children & Youth Services Review*73 (2016).

Smith E. P., Osgood D. W., Caldwell L., et al. “Measuring Collective Efficacy among Children in Community-based Afterschool Programs: Exploring Pathways toward Prevention and Positive Youth Development,” *Am J Community Psychol* 52.1 (2013).

邓林园、李蓓蕾、靳佩佩、许睿:《父母陪伴与儿童自我价值感的关系：城市与流动儿童的对比研究》，《教育学报》2017年第13期。

赵景欣:《养育者行为监控与农村留守儿童的孤独、反社会行为》，《中国临床心理学杂志》2013年第21期。

李家成、王娟、陈忠贤、印婷婷、陈静:《可怜天下父母心——进城务工随迁子女家长教育理解、教育期待与教育参与的调查报告》，《教育科学研究》2015年第1期。

蔺秀云、王硕、张曼云、周冀:《流动儿童学业表现的影响因素——从教育期望、教育投入和学习投入角度分析》，《北京师范大学学报》（社会科学版）2009年第5期。

文雪、扈中平:《从博弈论的角度看“教育减负”》，《中国教育学刊》2007年第1期。

李斌辉:《博弈论视野中的基础教育课程改革困境》，《教育理论与实践》2008年第29期。马健生、吴佳妮:《为什么学生减负政策难以见成效？——论学业负担的时间分配本质与机制》，《北京师范大学学报》（社会科学版）2014年第2期。

Condron D. J., “Social Class, School and Non-School Environments, and Black/White Inequalities in Children’s Learning,” *American Sociological Review* 74.5 (2009).

王晓磊:《初中阶段教育质量与影子教育机会的不平等——以CEPS 2013-2014数据为例》，《北京社会科学》2017年第9期。

王金娜:《减负如何导致教育机会不均等——从“水龙头理论”反思小学生“减负”的政策与实践》，《湖南师范大学教育科学学报》2016年第15期。

周春芳、苏群、常雪：《农村流动儿童影子教育参与及其对我国教育结果均等化的影响》，《农业技术经济》2021 年第 6 期。

安妮特·拉鲁，《不平等的童年：阶级、种族与家庭生活》，宋爽、张旭译，北京大学出版社，2018。

Riggs N. R. , "After-school Program Attendance and the Social Development of Rural Latino Children of Immigrant Families," *Journal of Community Psychology* 34. 1 (2006).

Snyder H. N. , Sickmund M. , "Juvenile Offenders and Victims: 2006 National Report," *Office of Juvenile Justice & Delinquency Prevention* 253 (2006).

吴重涵、张俊、王梅雾：《是什么阻碍了家长对子女教育的参与——阶层差异、学校选择性抑制与家长参与》，《教育研究》2017 年第 38 期。

致谢：

特别感谢千禾社区公益基金会在研究团队进入凌塘村、石岗东村、火把社区、叠北社区、小东村、傍江西村等村居进行调研时提供的帮助。社区的工作人员和驻点社工为本研究的顺利完成亦提供了支持。

B.9

广州市异地中考政策变迁与实施效果（2019～2022年）*

向 芯 吴子劲 李子舒 等**

摘 要： 2019～2021 年，广州逐步落地中考新政，从 2019 年起放宽非户籍生公办普高报考条件，从 2021 年起将公办普高非户籍生招生限额从 8%调整为 8%～15%/18%；逐步提高自主招生及“名额分配”在招生计划中的占比。中考新政使流动儿童在广州升读公办普高的机会有所增加、他们与户籍生在统考批次的录取门槛差距有所缩小，户籍生升读公办普高的途径更多元化、就读机会未受到显著负面影响；但新政并未消除流动儿童与户籍生升学机会与门槛差异。即使在 2022 年，广州流动儿童升读公办普高机会仍仅是户籍生的 1/4，前者平均录取分位数仍显著更高。从城市发展考虑，我们建议广州 2024～2026 年将公办普高非户籍招生限额改为 13%～28%，将非户籍生纳入名额分配范围，从 2027 年起在公办普高招生过程中不基于户籍差异化设置报考资格、分配招生计划和划定录取门槛。

关键词： 异地中考 流动儿童 广州

---

* 本文系北京亿方公益基金会“菁莪计划”资助项目阶段性研究成果。广州市越秀区青草青少年成长服务中心执行团队的符璧莹为本文提供了宝贵建议。

** 向芯，北京师范大学人文与社会科学高等研究院教育科技中心讲师，广州市越秀区青草青少年成长服务中心理事长、联合发起人，哈佛大学文理学院及哈佛教育学院教育专业博士，研究方向为教育公平和比较教育；吴子劲，广州市越秀区青草青少年成长服务中心理事、调研顾问，研究方向为流动人口与教育公平；李子舒、杨焯喆、谢仲寒、韦嘉嘉、伍思颖，广州市越秀区青草青少年成长服务中心调研团队成员。

一　研究背景及问题

流动人口在包括广州在内的超大型城市发展过程中扮演着不可或缺的角色，他们对超大型城市的年均 GDP 贡献率可达 36.4%[①]。流动人口随迁子女（或称“流动儿童”）能否在流入地城市获得有质量保障的教育资源，直接影响着流动家庭的福祉和城市长期发展的驱动力。

中考是流动儿童在流入地接受教育的关键分水岭，很大程度决定他们是继续在流入地城市上学，还是为了升学而回到流出地成为留守儿童。流入地城市的异地中考政策，成为影响流动儿童受教育权落实情况、回应流动—留守儿童议题的关键所在。

自 2014 年实施异地中考政策、对广州本地户籍学生和广州市外户籍学生（简称“非户籍生”[②]）分开录取以来，广州屡次调整非户籍生报考及入读公办普通高中（简称“公办普高”）门槛（见图 1），对流动儿童义务教育阶段后的教育资源供给方式进行探索。

广州异地中考政策对流动儿童教育资源供给的限制主要体现在公办普高报考阶段及招生录取阶段。在报名阶段，符合一定条件的流动儿童才有资格填报公办普高志愿，不符合资格者只能报考民办高中或职业学校。在招生录取阶段，政策对公办普高招收非户籍生的比例进行了限制，对本地学生与“非户籍生”不再在同一队列进行录取。例如 2014~2020 年，政策规定公办普高招收“非户籍生”的数量不得超过学校该批次招生计划总数的 8%（见图 1），远低于“非户籍生”占初中在校生的比例（30%~40%）[③]。

---

① 苏欢欢：《改革开放以来北京市流动人口对经济增长的贡献研究》，首都经济贸易大学硕士学位论文，2020。

② 基于经验判断，参加中考、报考公办普通高中的非户籍生中，境内流动儿童数量远多于外籍儿童，本研究将“非户籍生”等同于流动儿童/随迁子女，在后文因应语境进行混用，不再单独说明。

③ 广州市教育局：2015~2019 年《广州市教育统计手册》，http://jyj.gz.gov.cn/gk/zfxxgkml/qt/tjsj/，2022 年 11 月 23 日。

图1　广州异地中考政策演变

资料来源：穗价〔2013〕177号《关于规范我市公办中小学收费管理有关问题的通知》，广州市教育局《关于做好来穗人员随迁子女参加高中阶段学校招生考试工作的实施方案（试行）》，穗教规字〔2018〕8号《广州市教育局关于进一步深化高中阶段学校考试招生制度改革的实施意见》。

广州市越秀区青草青少年成长服务中心（简称“青草公益”）曾对2012~2018年中考情况进行分析，发现2014年逐步实施异地中考政策后，考分全市排名前10%~25%的“非户籍生”升学机会受到显著压缩[①]，“非户籍生”进入公办普高概率不到户籍生的1/5[②]。

2019~2021年广州逐步落地“新中考”，对面向流动儿童和本市户籍生的高中阶段学校招生、考试、录取规则作出了一系列调整。从2019年开始，“非户籍生”报考公办普高的条件从严苛的“四个三”调整为相对宽松的

① 王向：《广州市流动儿童中考问题研究》，载杨东平主编《流动儿童蓝皮书：中国流动儿童教育发展报告（2016）》，社会科学文献出版社，2017，第165~176页。

② 王向、向芯、杨佳媚：《超大、特大城市的流动儿童教育政策分析：以广深积分入学与异地中考政策为例》，载韩嘉玲主编《流动儿童蓝皮书：中国流动儿童教育发展报告（2019~2020）》，社会科学文献出版社，2020，第157~184页。

“两个有”。2021 年起，各类公办普高录取“非户籍生”的比例限额也调整为 8%~15%/18%。同期，广州逐步提高了参与自主招生及“名额分配”招生在各校招生计划总数中所占比重，并调整了中考录取批次划分方式。

这些政策深刻影响着流动儿童在广州继续升读公办普高的机会、途径及门槛。基于此前对广州异地中考政策的研究，本文希望回答以下核心问题：在 2019~2021 年异地中考新政逐步实施期间及此后的 2022 年，身处广州的流动儿童在初中毕业后升读本地公办普高的机会、途径及录取成绩门槛发生了什么变化？

我们将基于广州市教育统计手册、广州市招生考试委员会办公室网站等官方渠道提供的数据，结合过往研究汇总的 2014~2018 年广州中考相关数据，分析上述问题，探讨调整后的异地中考政策，对流动儿童公办普高报考门槛与报考资格审核通过率、流动儿童升学机会、流动儿童与户籍生被公办普高录取的学业门槛差异等关键指标产生了什么影响。

二　新政后流动儿童在广州升读公办普高的机会增加，但仍远少于本市户籍生

首先，我们通过对比广州初中在校生中流动儿童占比、获公办普高报考资格的考生中流动儿童占比及公办普高招生计划中非户籍生招生计划数占比这三个关键指标之间的关系，分析流动儿童在广州升读公办普高的需求及空间。

如图 2 所示，2014~2022 年流动儿童占广州初中在校生比例在 32%~40%的范围内波动变化，且 2015 年后维持在 35%以上。但同期成功获取公办普高报考资格考生中流动儿童占比均不超过 31%。在流动儿童报考公办普高门槛严格的 2017~2018 年（“四个三”），这一比例甚至不超过 20%，随后在 2019 年因报考门槛调整为相对宽松的“两个有”而回升至 29%，但仍明显低于初中在校生流动儿童占比。流动儿童高中阶段升学需求在报考环节即受到了压缩，2019~2022 年的异地中考新政未能完全扭转这一趋势。

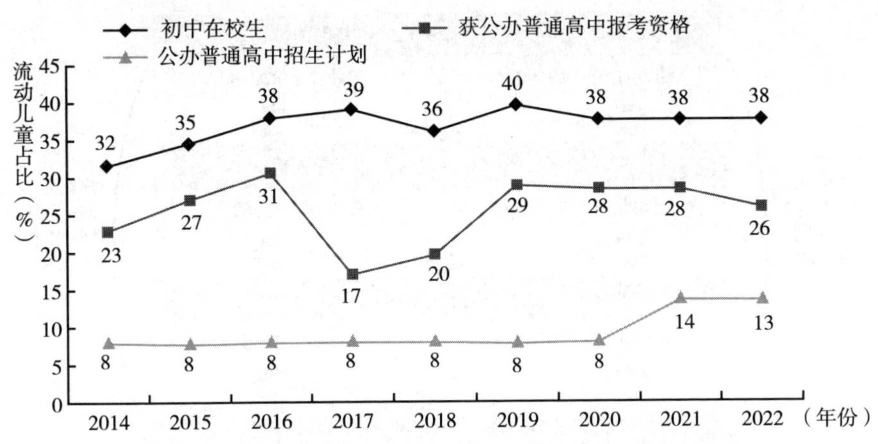

图 2　广州 2014~2022 年初中升读高中流动儿童占比年度变化

注：由于直至截稿时广州市教育局并未公布 2020~2022 年《广州市教育统计手册》，笔者无法直接计算 2021~2022 年初中在校生流动儿童占比，此处沿用 2020 年数据作为预估。

资料来源：基于 2015~2019 年《广州市教育统计手册》、广州市招生考试委员会办公室 2014~2022 年《广州市中考报名工作顺利结束》《广州市中考志愿填报准时结束》中考信息提供的数据计算所得。

在公办普高招生计划中，用于招收流动儿童的招生计划数占比在 2014~2020 年均不超过 8%；随着 2021 年异地中考新政全面落地，流动儿童升读公办普高的机会有所增加，这一比例在 2021 年上升至 14%，但仍远低于同期初中在校生流动儿童占比（38%）或获得公办普高报考资格的中考报名者流动儿童占比（28%）。

接下来，我们通过流动儿童与本地户籍生初三在校生报名中考并获得公办普高报考资格的比例，及公办普高招生计划数与获得公办普高报考资格的中考报名者数量的比例，分析流动儿童与本地户籍生升读公办普高的实际机会。

如图 3 所示，对于 2019 年秋季入读初一的 2022 届初中生而言，99%的户籍生在 2022 年报名参加了中考并自动获得报考公办普高的资格，但仅 61%的流动儿童在 2022 年报名参加中考，其中只有 91%获得报考公办普高的资格。这一数据与我们在青草公益项目合作学校所观察到的现象基本一致：大部分中低收费的民办打工子弟学校从初一到初三的学生流失率都较高，不少家长因担心在广州无法升学而在初一、初二时把子女转学回老家。

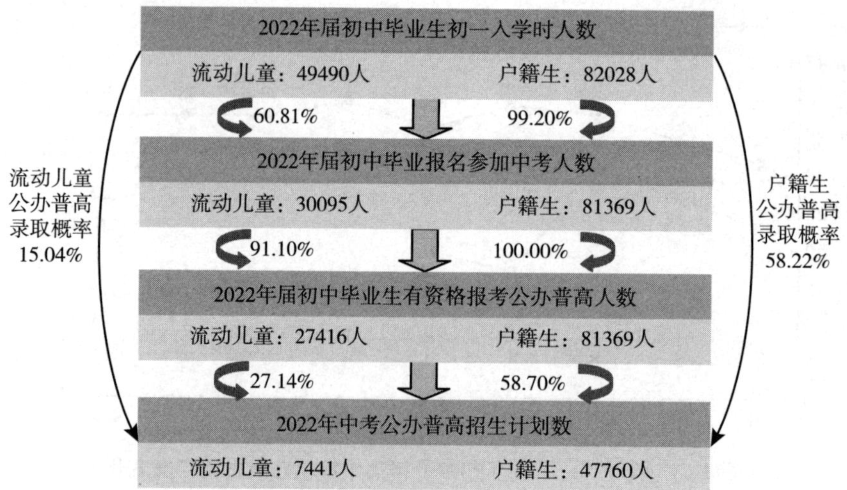

图 3　2022 届广州初中毕业生户籍生与流动儿童公办普高升学机会对比

注：由于流动儿童在初中过程的流失率高于户籍生，此处使用 2022 届毕业生初一入学人数作为基数预估流动儿童及户籍生公办普高升学机会，将低估流动儿童与户籍生升学机会的差异。

资料来源：2019 年《广州市教育统计手册》、广州市招生考试委员会办公室《2022 年广州市中考志愿填报准时结束》。

在报名参加中考并获得了公办普高报考资格的学生中，户籍生和流动儿童被公办普高录取的机会分别为 59%和 27%。总体来说，对于 2019 年秋季入读初一的 2022 届初中生而言，拥有广州户籍意味着 58%的机会在三年后（2022 年）升读公办普高，而同年入学的流动儿童升读公办普高的机会则只有 15%左右。

图 3 所描述的还是 2021 年异地中考新政落地后的情况。在 2021 年以前，流动儿童与本地户籍学生升读公办普高的机会差异更大。如图 4 所示，2018～2020 年，以初一入学时的人数为参照，户籍生在三年后升读公办普高的机会在 60%及以上，而流动儿童在三年后升读公办普高的机会不超过 10%，约为户籍生升读公办普高机会的 1/6。如果我们以报名参加中考的学生作为参照，则 2014～2020 年户籍生和流动儿童升读公办普高的机会分别在 62%～77%和 13%～16%。

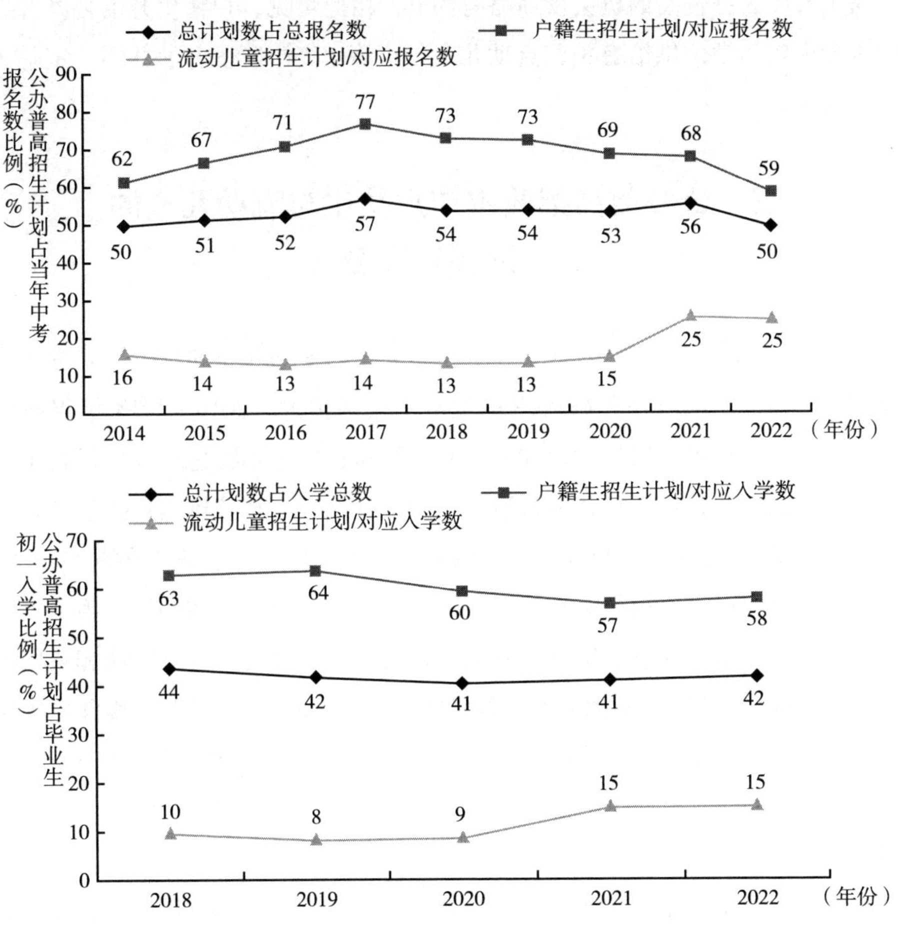

图 4　2014~2022 年广州公办普高招生计划数占比年度趋势

资料来源：基于 2015~2019 年《广州市教育统计手册》、广州市招生考试委员会办公室 2014~2022 年《广州市中考报名工作顺利结束》《广州市中考志愿填报准时结束》中考信息提供的数据计算所得。

值得注意的是，2021 年提高公办普高招收“非户籍生”的限额后，流动儿童的升学机会大幅上升，但由于公办普高招生规模整体扩大，无论是以初一入学人数还是中考报名人数作为参照，当年户籍生的公办普高升学机会都没有大幅下降。2022 年，由于户籍生中考报名率大幅升高，报名参加中考的户籍生升读公办普高的机会显著下降，但以初一入学时的人数作参照，户籍生升读公办普高的机会反而略有回升。由此可见，户籍生升读公办普高的机会主要与学位供给有关，流动儿童与户籍生高中阶段升学并不一定陷入零和博弈。

三 公办普高招收本市户籍生与流动儿童的途径逐渐分化

2014~2022年，广州公办普高本市户籍生与流动儿童的招生方式进一步分化。首先，广州公办普高自主招生范围逐渐扩大。2014~2018年仅有国家、省、市体育传统项目学校和经市教育局审批的艺术特色学校可以自主招收体育、艺术特长生，且其体育特长生招生计划数应在该校当年招生计划总数的2%~5%，艺术特长生招生计划数一般为当年招生计划总数的5%。除少量经市教育局批准招收宏志生，特色课程重点立项学校和外语、美术类特色学校可独立招收少量学生外，其余学校均只能通过统一考试招收和录取学生①。2019~2020年，经批准的示范性普高可以试行自主招生，其自主招生及特长生招生计划总数不得超过当年招生计划总数的10%②。2021~2023年，经批准的非示范性普高也可开展自主招生，其自主招生及特长生招生计划总数不得超过当年招生计划总数的5%③。

同期，广州公办普高名额分配（旧称“指标到校”）招生计划的占比也逐步提升。2016年，广州首次引入名额分配，把高质量普高的部分学位分配到各初中学校，向薄弱校及农村校相对倾斜，以增加上述学校学生升读高质量普高的机会，促进教育均衡。当时政策规定，广州市所有国家级示范

① 广州市教育局：《关于印发〈广州市高中阶段学校招生考试工作意见〉的通知》（穗教发〔2014〕36号），http://jyj.gz.gov.cn/gkmlpt/content/5/5492/post_5492435.html，2022年12月8日。

② 广州市教育局：《关于2019年至2020年广州市高中阶段学校考试招生的工作意见》，http://jyj.gz.gov.cn/yw/tzgg/content/post_2584326.html，2022年12月8日。

③ 广州市教育局：《关于进一步深化高中阶段学校考试招生制度改革的实施意见》，http://jyj.gz.gov.cn/yw2/zcfg/content/post_5293854.html，2022年11月30日。

性普通高中2016~2018年指标分配的比例是其当年招生总计划的30%①。政策随后在2018年进行了更新，要求广州市公办的示范性普通高中学校和省一级普通高中学校在2019~2023年应将不低于50%②的招生计划合理分配到初中学校。

由于名额分配仅面向本市户籍生和政策性照顾借读生，不对流动儿童开放，且特长生和自主招生计划也往往向本市户籍生倾斜，广州公办普高招收流动儿童和本市户籍生的途径分化日益显著。如图5所示，广州公办普高户籍招生计划中统一考试招生的占比在2019~2022年逐步降低，从55%降至39%，其中示范性普高更是从43%降至32%。相比之下，广州公办普高流动儿童招生计划中统一考试招生的占比在2019年为98%，2022年也高达81%。

对于本市户籍生来说，近年来的广州中考改革意味着其公办普高的录取途径变得更为多元，名额分配已成为他们进入示范性公办普高的主要途径，处于薄弱校的学生及有各类特长的学生进入公办普高尤其是示范性公办普高的机会逐步增加。相比之下，除了极少数能通过特长生招生或自主招生获得公办普高青睐的学生外，绝大多数流动儿童仍然需要通过统一考试争取进入广州公办普高的机会。

不难看出，广州公办普高（尤其是示范性公办普高）把大多数本市户籍招生计划投放到了名额分配和自主招生、特长生招生，2022年公办普高户籍生全市统一考试招生批次③计划数仅占公办普高户籍生招生计划总数的39%（见图5）。相比之下，公办普高非户籍生招生计划中自主招生、特长生招生计划的占比虽然也略有提高，但全市统一招考批次计划数占比仍高达81%。在

① 广州市教育局：《2016年广州市国家级示范性普通高中学校部分招生指标直接分配到初中学校的实施办法》，http://jyj.gz.gov.cn/gk/zfxxgkml/bmwj/qtwj/content/post_4197730.html，2022年11月30日。

② 广州市教育局：《关于进一步深化高中阶段学校考试招生制度改革的实施意见》，http://jyj.gz.gov.cn/yw2/zcfg/content/post_5293854.html，2022年11月30日。

③ 在2014~2022年，广州中考招生计划类别和批次有过多次调整，本文中的“统一考试招生”指的是各类公办普高除独立招生、自主招生、特长生招生、名额分配以外的，基于中考成绩在全区或全市范围内进行录取的所有招生计划和批次，包括往年各类普高的“统一计划”“剩余计划”等。

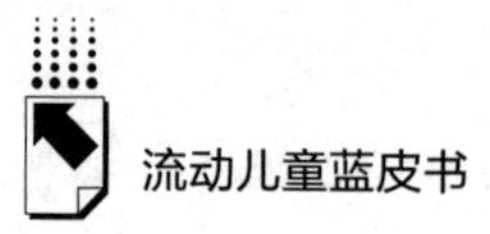

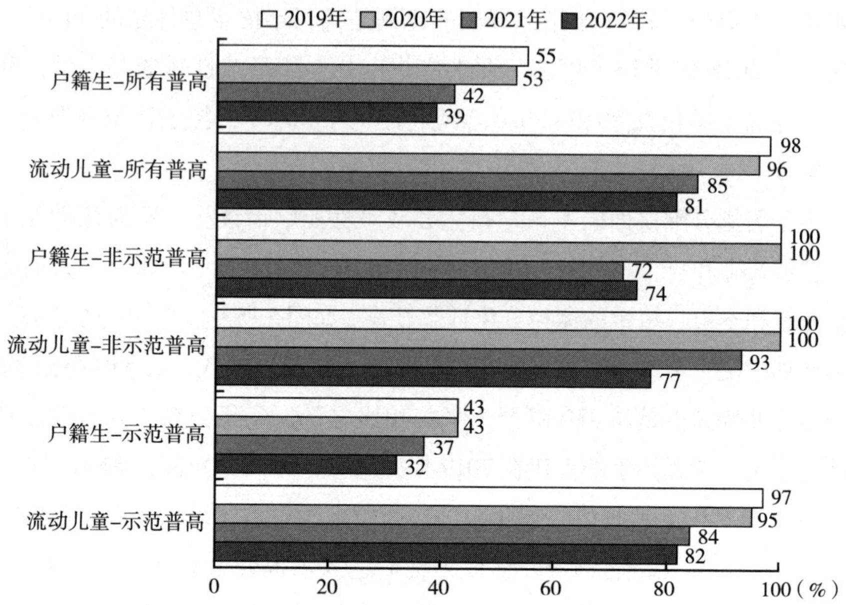

图5　2019~2022年广州公办普高流动儿童与户籍生统一考试招生计划占比

资料来源：2019~2022年《广州市高中阶段学校招生报考指南》。

招生方式进一步分化及流动儿童录取限额提高的综合影响下，公办普高全市统一招考批次的流动儿童和本市户籍生录取分数线/分位数差距显著缩小。

四　流动儿童与本市户籍生统一考试招生批次录取门槛差异有所缩小

为进一步考察流动儿童进入广州公办普高的相对难度，我们对2019~2022年间广州各公办普高统一考试招生批次的本市户籍生和流动儿童录取分数线及对应分位数差异进行了分析。如图6所示，2019~2020年大部分公办普高流动儿童和户籍生录取分数线差距在50分以上，不少学校甚至在100分以上；而2021年起，大部分学校分数线差距已回落到50分以内。总体而言，公办普高统一考试招生批次的流动儿童和户籍生平均录取分数线差距从2019年的59.43分降至2022年18.66分，录取分差明显减少。

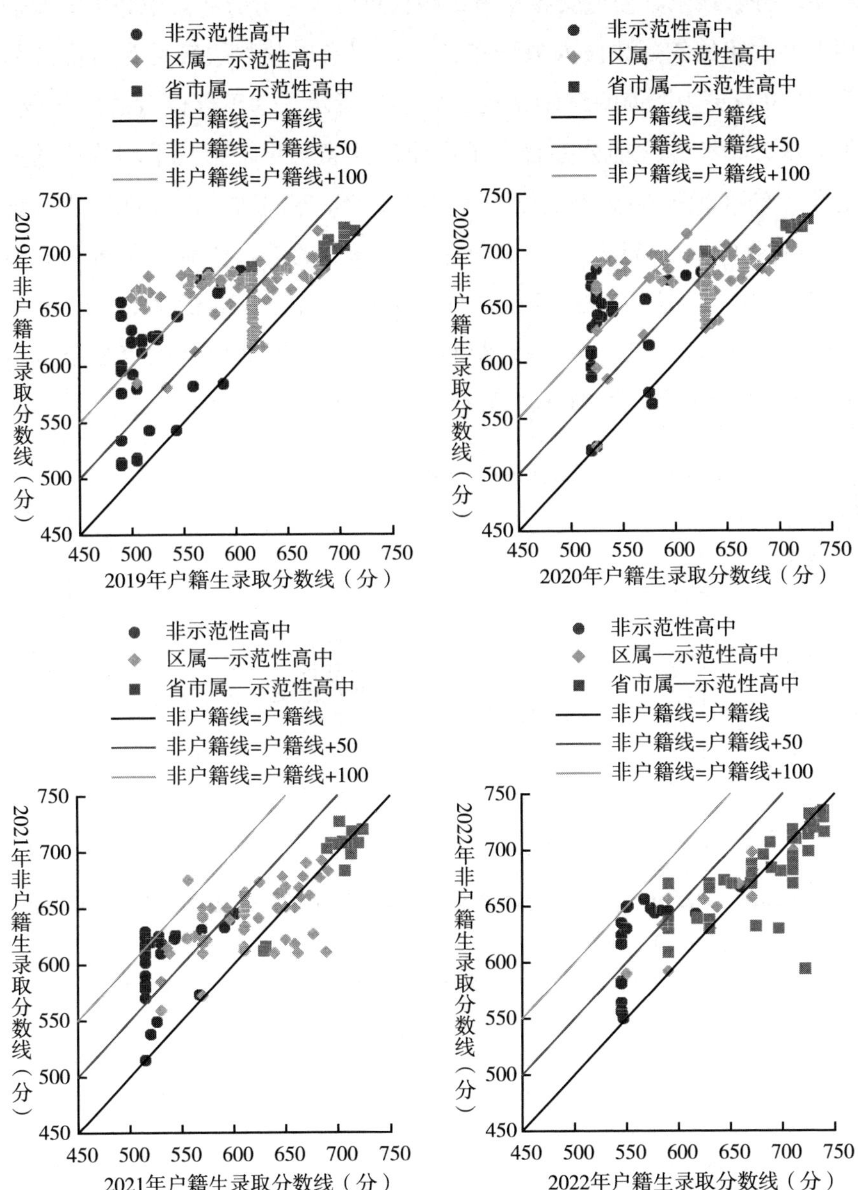

图 6　2019~2022 年广州公办普高流动儿童与户籍生录取分数线对比

资料来源：广州市招生考试委员会办公室 2019~2022 年中考业务—历年分数。

由于分数线及其差值受各年考试题目难度及考分分布影响较大，我们根据招考办发布的各分数段人数分布信息，把录取分数线转化为对应的分位数①，以进行更为严谨的跨年比较。如图 7 所示，基于分位数的回归分析②结果显示，2021 年之前公办普高录取流动儿童与户籍生的平均分位数差值稳定在 21%（2019 年 95%置信区间［18.50%，24.45%］，2020 年 95%置信区间［17.48%，23.65%］），即公办普高录取的最末位流动儿童总成绩全市排名平均而言比最末位户籍生总成绩全市排名还要再靠前 21%。在 2021 年异地中考新政落地后，这一差距有明显下降，2022 年平均值缩窄至不足 10%（95%置信区间［4.41%，11.45%］），但仍然显著大于零。

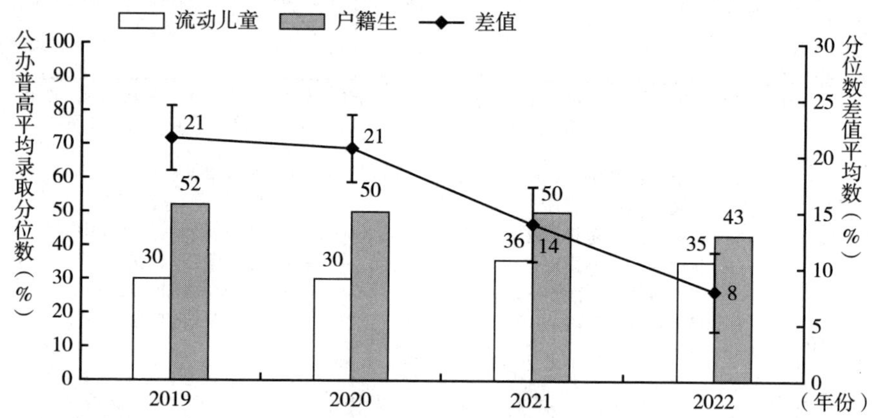

图 7　2019～2022 年广州公办普高流动儿童与户籍生录取分位数及差值年度趋势

注：图中误差线为均值的 95% 置信区间。

资料来源：广州市招生考试委员会办公室 2019～2022 年中考业务—历年分数。

---

① 分数对应分位数估算方法：基于广州市招生考试委员会办公室公布的 2019～2022 年广州市中考分数段统计表中包含的分数点及累计人数比例进行多项式模型拟合，综合考虑拟合指标以及与原始数据的实际吻合程度，选择 4 次方或 5 次方多项式模型用于估算，并根据原始数据对估算数据进行校正。

② 采用混合效应线性模型进行分析，因变量——学校录取分位数，随机效应——录取批次（截距）、学校招生范围（截距），固定效应——户籍性质（户籍 vs. 流动儿童）、年份（2019/2020/2021/2022）、学校性质（示范性 vs. 非示范性）、学校属地（省市属、各区属共 12 个水平），户籍性质×年份、户籍性质×学校性质、户籍性质×学校属地、户籍性质×年份×学校性质、户籍性质×年份×学校属地。

由此可见，在广州市级层面，2021 年完全落地的异地中考新政有效缩小了流动儿童和本市户籍生在统一考试招生批次被公办普高录取的学业门槛差异，但流动儿童升读公办普高的学业门槛仍然比本市户籍学生更高。流动儿童和本市户籍生在统一考试招生批次的录取门槛差异缩小，一方面是因为面向流动儿童的录取限额从不超过 8%提高到 8%~15%/18%，增加了流动儿童的录取机会、降低了其录取门槛；另一方面也是因为本市户籍生和流动儿童招生途径的分化。因为名额分配招生计划的分配向薄弱校及农村校倾斜，同一所公办普高在上述学校的名额分配录取分数线往往低于其统一考试招生的户籍生录取分数线，而通过自主招生、特长生招收的学生中考成绩仅须达到同批次录取控制线。名额分配、自主招生和特长生招生计划的比例提高，在一定程度上加剧了本市户籍生在公办普高统一考试招生批次的学业竞争，提高了本市户籍生统一考试录取门槛。即便如此，流动儿童升读公办普通高中的门槛仍然显著高于户籍生，前者录取途径更为单一，通过考试被同一所公办普高录取仍然需要比户籍生有更高的分数。

五　不同行政区流动儿童升学机会与门槛差异大，花都、天河形势尤为严峻

广州仅 14 所省属及市属公办普高面向全市招生，对户籍生与流动儿童都不区分初中学籍所在行政区，其招生计划数仅占全市公办普高招生计划总数的 13%左右、全市初三在校生人数的 6%左右[①]。其余公办普高招生计划都来自区属公办普高，面向流动儿童招生时只招收本区初中学籍考生，在招收户籍生时外区学籍生比例也不能超过其招生计划总数的 15%[②]。2021 年公办普高招收流动儿童的限额提高到 8%~15%/18%后，区属公办普高招收流动儿童的具体比例由各区统筹决定。因此，广州初中毕业生进入公办普高的

① 广州市招生考试委员会办公室：2019~2022 年《广州市高中阶段学校招生报考指南》。

② 广州市教育局：《关于进一步深化高中阶段学校考试招生制度改革的实施意见》，http://jyj.gz.gov.cn/yw2/zcfg/content/post_5293854.html，2022 年 11 月 30 日。

机会很大程度上取决于其学籍所在行政区的区属公办普高学位供应及分配情况，对于只能报考省市属公办普高和学籍所在区区属公办普高的流动儿童尤其如此。在本节，我们将从行政区层级出发，分析初中学籍在不同行政区的流动儿童升读公办普高机会和相对门槛的变化及异同。

由于各行政区均未公开各届流动儿童初中毕业生人数及中考报名人数的准确数据，我们以各行政区区属公办普高招生计划数占初三在校生人数的比例、初中在校生中流动儿童所占比例，以及区属公办普高招生计划数中非户籍招生计划数所占比例这三个指标作为参考，来分析在不同行政区就读初中的流动儿童的实际升学机会差异。

区属公办普高招生计划占初三在校生人数的比例这一指标反映的是各区区属公办普高学位的整体供求情况。如图 8 所示，在 2019~2022 年，番禺、增城、从化的这一比例维持在 44%及以上，区属公办普高学位供应相对充裕，而花都、白云、天河和海珠大多数年份维持在 30%以下，区属公办普高学位供应紧张。值得注意的是，地处城郊的南沙区在 2019~2021 年新投入使用广州市第二中学南沙天元学校、广州大学附属中学南沙实验学校 2 所区属公办普高，其区属公办普高招生计划数占本区初三在校生人数的比例从 2019 年的 33%逐年提高到 2022 年的 55%，南沙区成为 2022 年区属公办普高学位最为充裕的行政区。

初中在校生中流动儿童占比及区属公办普高招生计划数中非户籍招生计划数占比这两个指标之间的关系，反映了各行政区流动儿童和户籍生的升学机会差异。如图 9 所示，各行政区初中在校生中流动儿童的比例差异较大，其中花都超过 50%，天河、荔湾、番禺、白云超过 40%，而越秀和从化仅占 20%左右。2021 年前，各区区属公办普高招生计划数中非户籍招生计划占比均接近 8%，因此初中在校生中流动儿童占比越高的行政区，流动儿童跟户籍生升读区属公办普高的机会差异就越大；在流动儿童占比最高的花都，每 100 个初中生中就有 52 个流动儿童，但每 100 个区属公办普高学位只有 8 个能用于招收流动儿童。

2021 年公办普高招收流动儿童的限额提高到 8%~15%/18%后，各区招收流动儿童的实际比例出现了明显分化。在初中在校生流动儿童占比超过

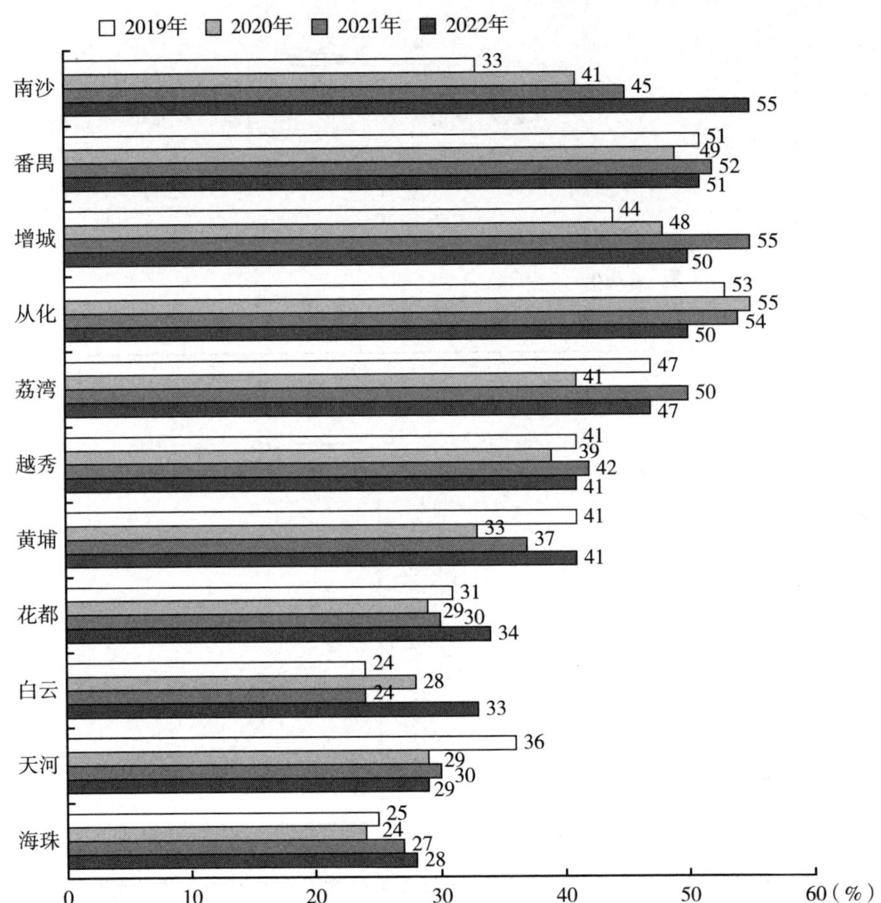

图 8　2019~2022 年广州各区区属公办普通高中招生计划数占本区初三在校生人数比例

资料来源：2019~2022 年《广州市高中阶段学校招生报考指南》及 2018~2019 年《广州市教育统计手册》。

40%的五个行政区中，白云、荔湾、番禺都在 2021 年把区属公办普高招收流动儿童的比例提高到 15%或 18%，且 2022 年维持在类似水平，其初中在校生中流动儿童占比跟区属公办普高招生计划中非户籍招生计划占比的比例显著降低（详见图 9），流动儿童和户籍生升读区属公办普高的机会差异大幅缩小。但初中在校生中流动儿童占比最高的花都在 2021 年把区属公办普高招收“非户籍生”的比例提高到 16%后在 2022 年又降低到 12%，而排名

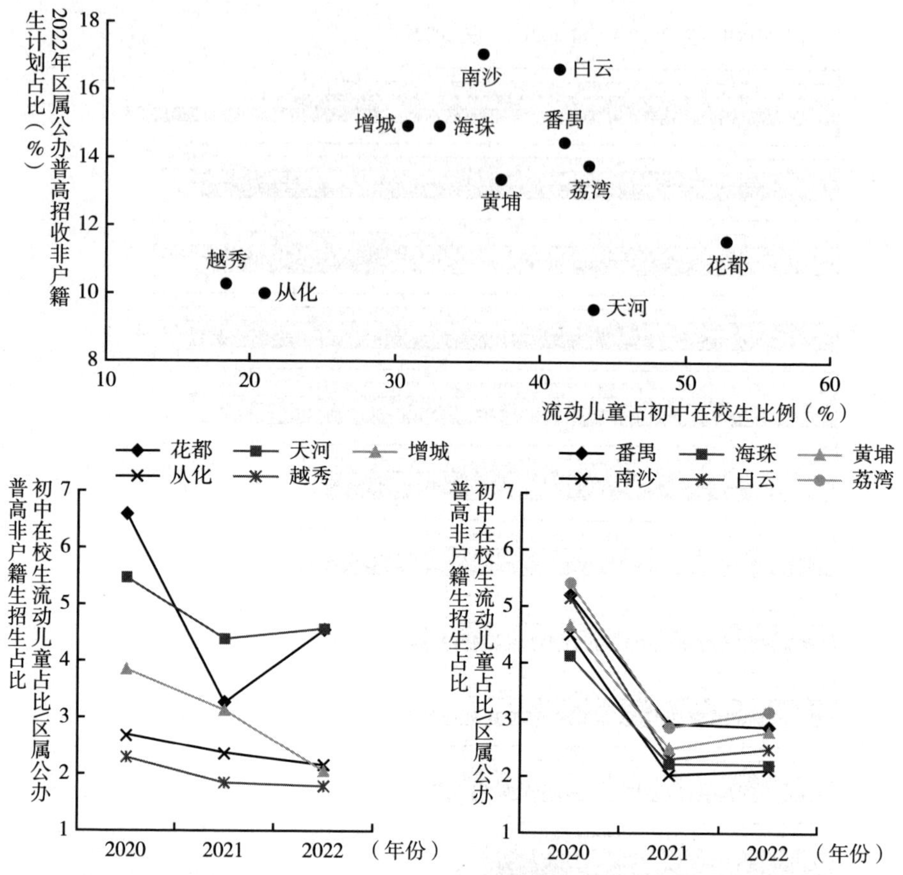

图 9　2020~2022 年广州市行政区区属公办普高教育资源流动儿童供需对比

资料来源：广州招考办官方网站及 2020~2022 年《广州市高中阶段学校招生报考指南》。

第二的天河区则是在 2021~2022 年维持在 10%左右的低位，其流动儿童与户籍生升读区属公办普高的机会差异远远大于其他行政区。

值得注意的是，初中在校生中流动儿童占比最高的五个行政区中，花都、天河和白云的区属公办普高招生计划总数占初三在校生人数的比例都仅为 30%左右（详见图 8），进入全市各区最低水平之列。其中花都和天河又是流动儿童和户籍生升读区属公办普高机会差异最大的两个区。因此，花都和天河的流动儿童的升学形势最为严峻，其升读公办普高的机会不仅远低于本区户籍生，而且低于学籍在其他行政区的流动儿童。

最后，我们通过分数线和分位线数据，分析各行政区区属公办普高流动儿童和户籍生的录取门槛差异变化。如表 1 所示，整体来说，白云、花都、南沙和番禺的区属公办普高流动儿童和户籍生录取门槛差异最大，这四个区 2020 年非户籍生和户籍生平均分位差高达 30%、21%、39%、32%。虽然它们 2021 年后分位差有不同程度的下降，但仍超过 10%。相比之下，从化的流动儿童与户籍生录取门槛差异最小，平均分位差在 2019~2022 年均低于 6%，且在统计学上不显著；省市属学校及越秀区属学校在 2021 年异地中考新政落地后，平均分位差不超过 5%，统计学上也不显著。实际上，在 2022 年，仅白云、花都、南沙、番禺 4 个行政区的区属公办普高流动儿童与户籍生录取分位数有显著差异，省市属学校及其余 7 个行政区区属学校两类群体录取分位数平均值已无显著差异。

表 1　2019~2022 年各区属及省市属公办普高流动儿童与户籍生录取分位差平均值变化趋势

单位：%

学校属地	2019 年	2020 年	2021 年	2022 年
白云	26	30	26	21
花都	22	21	12	19
南沙	36	39	23	17
番禺	28	32	22	15
荔湾	26	19	13	无显著差异
增城	21	23	21	无显著差异
海珠	23	16	14	无显著差异
黄埔	23	21	14	无显著差异
天河	19	16	13	无显著差异
越秀	19	15	无显著差异	无显著差异
从化	无显著差异	无显著差异	无显著差异	无显著差异
省市属	8	10	无显著差异	无显著差异

注：上述数据基于混合效应线性模型分析所得。因变量——学校录取分位数，随机效应——录取批次（截距）、学校招生范围（截距），固定效应——户籍性质（户籍 vs. 流动儿童）、年份（2019/2020/2021/2022）、学校性质（示范性 vs. 非示范性）、学校属地（省市属、各区属共 12 个水平），户籍性质×年份、户籍性质×学校性质、户籍性质×学校属地、户籍性质×年份×学校性质、户籍性质×年份×学校属地。

资料来源：2019~2022 年广州市高中阶段各批次学校招生录取分数。

值得注意的是，在2022年区属公办普高流动儿童与户籍生录取分位数仍有显著差异的4个行政区中，白云区和南沙区的区属公办普高招生计划中非户籍招生计划占比均已接近广州市规定的18%上限，番禺区也接近15%。换句话说，部分行政区即使把区属公办普高非户籍招生计划提高到广州市所允许的上限，也仍未能消除区属公办普高录取户籍生与流动儿童时的门槛差异。

此外，各区户籍生和流动儿童升读区属公办普高机会的差异大小，和区属公办普高户籍生和流动儿童录取门槛差距的大小并不一定对应。天河是户籍生和流动儿童区属公办普高升学机会差异最大的行政区之一，但同时也是录取门槛差距较小的区之一；而2022年录取门槛差距依然明显的南沙，反而是户籍生和流动儿童区属公办普高升学机会差异最小的行政区之一。

我们推测，这很可能与各区流动儿童基础教育情况和区属公办普高结构存在较大差异有关。根据青草公益项目团队搜集整理的信息，2022年广州有69所学费低于10000元/学期的民办初中，其中天河有19所，为全市最多；南沙仅2所，为全市最少。在积分入学提供的公办学位远未能满足流动儿童义务教育就学需求的情况下，这些民办学校为中低收入阶层流动人口家庭子女提供了在广州就学的机会，但教育质量、管理水平往往有限，其学生难以在中考学业竞争中胜出。

作为新兴城市中心的天河集中了大量中低收入的外来务工者，辖区内大量民办学校为这些流动家庭提供了相对充裕的中小学入学机会，但也造成了户籍生与流动儿童之间教育质量的巨大差距。同时，天河区属公办普高招生计划总数仅占本区初三在校生人数的30%左右（见图8），且所有的区属公办普高均为示范性普高，除本区学籍的户籍生和流动儿童外，可招收不超过15%的本市户籍外区学籍生，户籍生升学竞争更为充分，分数线更高。因此，即使天河区初中在校生中流动儿童占比高达44%而区属公办普高招生计划中流动儿童招生计划占比仅为10%左右（见图9），其区属公办普高户籍生和流动儿童的分位数差距自2019年起逐年缩窄，直至2022年甚至没有显著差异。

相比之下，作为广东三大自贸区之一、地处城郊的南沙人口仍相对稀疏，政府近年来一直大力兴建学校、吸引人才。一方面，在广州 2017~2018 年推行积分入学时，南沙将其公办中小学 20%学位用于积分入学（远高于其他行政区：多在 4%~8%）①，有更高比例的流动儿童进入了公办学校。另一方面，由于南沙中低收费民办学校数量极少，中低收入流动家庭若无法通过积分入学获得学位，便只能选择将子女送到其他行政区就学或送回户籍所在地。这两方面因素共同导致南沙户籍生和流动儿童义务教育阶段教育质量差异比其他区更小。此外，南沙区大力新建区属公办普高，其 2022 年区属公办普高招生计划总数已达本区初三在校生人数的 55%（见图 8），为全市最高，且 8 所区属公办普高中仅有 2 所为可招收外区学籍生的示范性普高，户籍生区属公办普高学位供应充裕、录取分数线较低。因此，即使南沙区 2022 年为流动儿童提供了全市最为充裕的区属公办普高升学空间，但其流动儿童的录取门槛依然远高于户籍生。

六　结论与建议：应逐步取消公办普高招生中对户籍生与非户籍生的区分

广州市在 2019~2021 年逐步落地“新中考”政策，将公办普高统一考试招生计划中流动儿童的占比从 2014~2020 年的不超过 8%提升至 8%~15%/18%，并将仅面向户籍生的名额分配招生比例从 2016~2018 年的 30%提升至 50%。在上述两个核心措施的影响下，流动儿童升读公办普高的机会有所提升，他们在统一考试招生批次的录取门槛有所下降，流动儿童和户籍生在统一考试招生批次的录取门槛差距有所缩小，其中省市属公办普高和 7 个行政区的区属公办普高面向户籍生与非户籍生的平均录取门槛在 2022 年已无显著差异。同时，户籍生升读公办普高的途径进一步多元化，户籍生整体升学机会并未受到显著的负面影响。

---

① 王向、向芯、杨佳媚：《超大、特大城市的流动儿童教育政策分析：以广深积分入学与异地中考政策为例》，载韩嘉玲主编《流动儿童蓝皮书：中国流动儿童教育发展报告（2019~2020）》，社会科学文献出版社，2020，第 157~184 页。

不过，“新中考”并未消除流动儿童与户籍生之间的升学机会与门槛差异。即使在2022年，广州流动儿童升读公办普高的机会仍然只有户籍生的1/4，其平均录取分位数仍然显著高于户籍生。其中，初中在校生中流动儿童占比最高的花都与天河两区流动儿童的升学形势最为严峻，初中学籍在这两个行政区的流动儿童升读区属公办普高的机会不仅远低于同区户籍生，而且低于学籍在其他行政区的流动儿童。此外，天河区区属公办普高统一考试招生批次的户籍生与非户籍生录取门槛已无显著差异，这一看似公平的录取分数线数据掩盖了天河区流动儿童和户籍生义务教育质量及公办普高升学机会的巨大差异。

广州市当前中考政策将于2023年底到期，下一阶段的中考改革将何去何从？无论是从国家政策导向还是城市长期发展需要来看，我们认为广州都应该进一步推进中考改革，保障流动儿童享有与户籍儿童同等的义务教育阶段入学和义务教育阶段后升学机会。从国家政策导向的角度来看，中共中央、国务院印发的《中国教育现代化2035》[①] 明确了“实现基本公共教育服务均等化、推进随迁子女入学待遇同城化”的战略任务及目标。农村宅基地与城市建设用地流转也被纳入了下一阶段社会经济发展的重点规划之中[②]，这一领域的改革将为包括公办教育在内的流动人口公共服务提供更具针对性的财政来源。从城市发展的角度来看，超大型城市按常住人口规模规划包括公办教育在内的公共服务供给，向常住人口提供均等化公共服务，不仅是出于对社会公平与教育公平的追求，更是出于城市社会经济长远发展的效益考虑。广州市政府对第七次人口普查数据的解读——“常住人口规模扩大，显示强大的城市吸引力”[③] ——明显区别于独生子女政策时期控制城市人口数量的政策话语基调，表明广州市已认识到流动人口对于广州社会经

① 《中共中央、国务院印发〈中国教育现代化2035〉》，http://www.gov.cn/xinwen/2019-02/23/content_5367987.htm，2022年12月8日。

② 《中共中央 国务院关于加快建设全国统一大市场的意见》，http://www.gov.cn/zhengce/2022-04/10/content_5684385.htm，2022年12月8日。

③ 广州市统计局：《人口红利特征明显 育才聚能素质提升——广州市第七次全国人口普查数据解读》，http://tjj.gz.gov.cn/stats_newtjyw/sjjd/content/post_8540388.html，2022年12月8日。

济发展的重要意义。

具体来说，我们建议广州从2024年起将公办普通高中非户籍招生计划所占比例的限额调整为13%~28%[①]，探索将非户籍生纳入名额分配录取范围，并从2027年开始在公办普高招生过程不再基于户籍设置报考资格、分配招生计划和单独划定录取门槛。将公办普高招收非户籍生的限额调整为13%~28%，一方面将促进户籍生和流动儿童升学机会差异最大的花都区、天河区为流动儿童提供更公平的升学机会，另一方面将为白云区、南沙区、番禺区等区属公办普高非户籍招生计划占比已接近现有限额上限但户籍生和非户籍生录取门槛仍存在较大差异的行政区提供更大的调整空间，为最终完全实现流动儿童入学待遇同城化做铺垫。

与此同时，广州市应制定政策引导并支持各行政区扩大义务教育阶段公办学位供给，降低流动儿童在广州接受公办义务教育的门槛，切实保障流动儿童接受免费且有质量的义务教育的权利。否则，即使公办普高招生过程不再基于户籍设置报考资格、分配招生计划和单独划定录取门槛，流动儿童仍可能因为义务教育阶段的入学困难、教育质量低而难以获得实质上公平的教育机会。2022年天河区户籍生与流动儿童升读区属公办普高的机会差异巨大，但其区属公办普高统一考试招生批次户籍生与非户籍生录取门槛无显著差异，就是令人警醒的例证。在国家要求严控义务教育阶段民办学校及学位比例的大环境下，如何保障流动儿童在流入地接受义务教育的权利，将是广州及其他高度依赖民办教育的珠三角城市要面对的关键挑战。

参考文献

韩嘉玲：《新型城镇化背景下我国流动儿童教育的新挑战》，《教育家》2021年第2期。

① 13%为2021~2022年广州全市范围公办普高统一考试招生计划中非户籍生的占比均值，28%为2021~2022年广州市中考报名人数中流动儿童占比均值。

郝晓伟、闵维方：《各级教育投入与经济增长的关系研究》，《清华大学教育研究》2022 年第 5 期。

闵维方、余继、吴嘉琦：《教育在扩大内需拉动经济增长中的作用》，《教育研究》2021 年第 5 期。

浦小松：《财政教育支出对经济增长的影响研究——来自 283 个市级地区面板分位数回归模型的证据》，《价格理论与实践》2021 年第 3 期。

吴嘉琦、闵维方：《教育对产业结构升级的作用机制》，《教育研究》2022 年第 1 期。

吴开俊、周丽萍：《进城务工人员随迁子女义务教育财政责任划分——基于中央与地方支出的实证分析》，《教育研究》2021 年第 10 期。

王亚菲、王瑞、徐丽笑：《国内大循环背景下流动人口消费潜力的经济效应测度》，《中国人口科学》2022 年第 4 期。

B.10
异地高考政策实施十年的回顾与展望

朱富言 *

摘　要： 异地高考政策经历了十年的探索，在保障随迁子女在流入城市参加高考方面取得了重大突破，越来越多的随迁子女受惠于此，为今后进一步做好随迁子女异地高考工作提供了强有力的制度保障。同时，异地高考政策的惠及率仍有较大提升空间，部分地区异地高考推进较慢，政策陷于长期博弈。建议落实教育优先发展理念，分类管理，梯次推进，设立随迁子女招生专项计划，打造好异地高考政策改革2.0。

关键词： 随迁子女　异地高考　高考

自2012年《关于做好进城务工人员随迁子女接受义务教育后在当地参加升学考试工作的意见》发布以来，异地高考政策经历了十年的探索，在保障随迁子女在流入城市参加高考方面取得了重大突破。系统回顾异地高考政策的十年实施历程，审视现行异地高考政策的运行状况，展望异地高考政策未来的改革前景，对于办好人民满意的教育、建设教育强国具有重大的现实意义。

一　异地高考政策回顾

（一）异地高考政策的出台背景

自2008年开始，随迁子女异地高考问题成为全社会的热议话题。学术

* 朱富言，中国教育科学研究院教育财政研究所助理研究员，人口学博士，研究方向：流动人口子女教育。

界对异地高考问题高度关注形成了大量研究成果，随迁子女家长通过讨论会、向教育主管部门提交建议书等多种形式奔走呼吁表达诉求，新兴媒体和传统媒体针对“异地高考”刊发大量报道评论，“两会”代表也以提案和建议的方式建言献策。2011 年的“两会”的第五天，“异地高考”跃升为话题榜之首，成为舆论最为关注的焦点。[①] 社会各界对异地高考政策的关注与积极讨论，形成了一系列研究成果，为异地高考政策的设计提供了参考，对相关政策制定部门产生了较大的影响，推动了异地高考政策的加速出台。

（二）异地高考政策的出台历程

1. 制定规划与方案

2010 年《国家中长期教育改革和发展规划纲要（2010-2020 年）》首次在国家层面对异地高考政策作出明确表述。历经多轮调研与论证，2012 年 8 月，《关于做好进城务工人员随迁子女接受义务教育后在当地参加升学考试工作意见》这一异地高考的纲领性文件对异地高考进行了明确的制度设计，异地高考政策方案正式出台。

2. 试点先行全面铺开

《国家中长期教育改革和发展规划纲要（2010-2020 年）》所设计的重点领域综合改革工作中，山东省、湖南省、重庆市被列为重点领域综合改革的试点地区中的“基础教育综合改革试点”，以探索解决异地高考的可行路径与办法。[②] 基于上述探索，截至 2013 年初，除西藏外的其余 30 个省份陆续出台了本区域的相关方案规定，异地高考政策正式在全国开始落地推行。

---

① 《两会第 5 日舆情分析：尝试异地高考有助教育公平》，https://news.sina.com.cn/c/2011-03-07/211822069698.shtml，2011 年 3 月 7 日，最后检索时间：2022 年 12 月 7 日。

② 《教育部公布重点领域和省级教育统筹综合改革试点》，http://www.gov.cn/gzdt/2010-12/26/content_1773198.htm，2010 年 12 月 26 日，最后检索时间：2022 年 12 月 7 日。

二　异地高考政策实施状况

经过十年的运行，异地高考政策从无到有，越来越多的随迁子女受惠于此，得以在流入城市参加高考，教育公平得到进一步提升。

（一）取得的成效

1. 惠及的随迁子女数量不断增加

近10年来，高中随迁子女规模基本保持稳定增长状态，高中随迁子女由2013年的68.47万人增长到2021年的185.47万人。与之相对应，高三随迁子女的数量在2013年以来也保持了持续增长的态势，2013年高三随迁子女的数量为20.24万，2021年则增长到58.10万人（见图1），年均增速为14.09%。

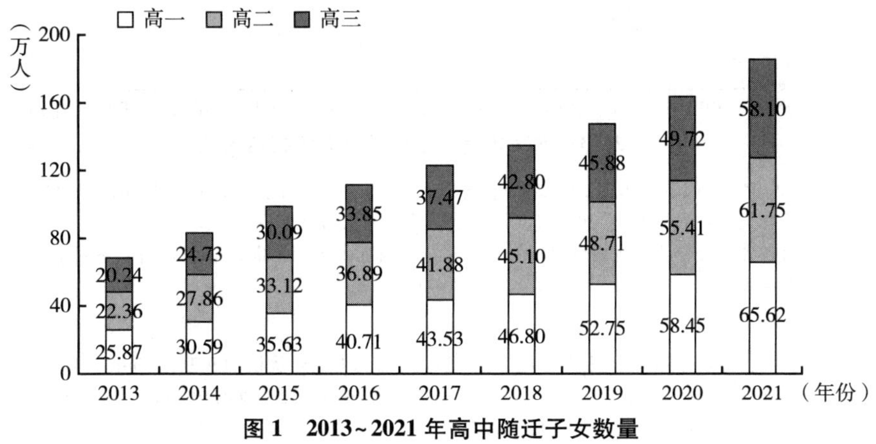

图1　2013~2021年高中随迁子女数量

资料来源：教育部发展规划司相关年份《全国教育事业发展简明统计分析》《中国教育事业发展统计简况》。

2013年，根据10个省份的公开数据，约4500名随迁子女获得参加义务教育后升学考试的资格，2014年全国有5.6万名随迁子女报考。[①] 2015年

① 张春铭：《今年28个省份解决随迁子女在居住地参加高考问题——全国5.6万考生在流入地高考》，《中国教育报》2014年6月4日第1版。

有 29 个省份 7 万名随迁子女参加了高考，2016 年有 28 个省份 11.8 万名随迁子女报考，2017 年有 15 万随迁子女报考，2018 年有 17.6 万随迁子女报考。[①] 2019 年在当地参加高考的随迁子女达到 22.4 万人，[②] 2020 年有 25.6 万名随迁子女在流入地参加高考。[③] 2021 年，共有 27.7 万名符合条件的随迁子女在流入地参加高考。[④] 截至 2022 年 9 月，累计已有 168 万余名随迁子女在流入地参加了高考。[⑤] 根据上述信息，估计 2022 年有 34.85 万名随迁子女在流入地参加了高考。

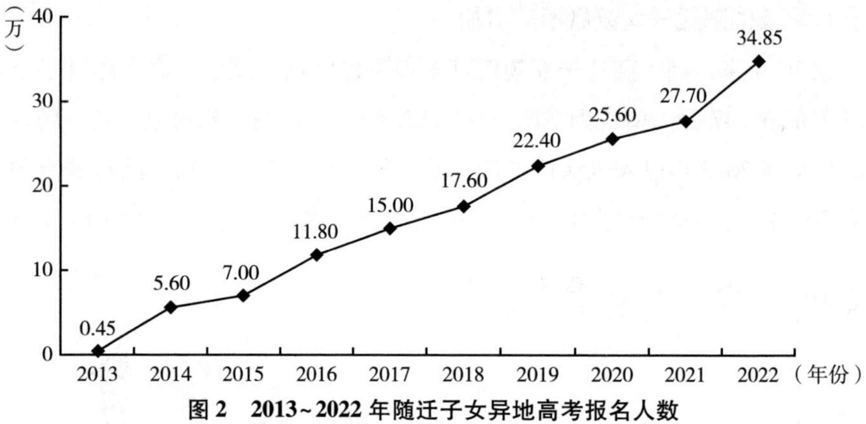

图 2　2013~2022 年随迁子女异地高考报名人数

说明：截至 2022 年 10 月，2022 年的随迁子女报考人数尚未公布，此处以 2013 至 2022 年合计报考人数减去 2013 至 2021 年历年随迁子女报考人数推算得出。

资料来源：教育部发展规划司相关年份《全国教育事业发展简明统计分析》《中国教育事业发展统计简况》。

---

① 教育部：《教育部对十三届全国人大一次会议第 5132 号建议的答复》，http://www.moe.gov.cn/jyb_xxgk/xxgk_jyta/jyta_xueshengsi/201812/t20181220_364160.html，2019 年 9 月 2 日，最后检索时间：2022 年 11 月 26 日。

② 教育部：《对十三届全国人大二次会议第 6809 号建议的答复》，http://www.moe.gov.cn/jyb_xxgk/xxgk_jyta/jyta_xueshengsi/201911/t20191101_406435.html，2019 年 9 月 2 日，最后检索时间：2022 年 11 月 26 日。

③ 赵秀红：《更好的教育惠及更多的孩子——党的十八届三中全会以来教育领域综合改革成就述评之三》，《中国教育报》2020 年 11 月 13 日第 1 版。

④ 教育部：《关于政协十三届全国委员会第四次会议第 3460 号（教育类 253 号）提案答复的函》，http://www.moe.gov.cn/jyb_xxgk/xxgk_jyta/jyta_jijiaosi/202204/t20220412_616031.html，2021 年 10 月 22 日，最后检索时间：2022 年 11 月 26 日。

⑤ 程旭、张欣：《中国特色现代教育考试招生制度更加完善》，《中国教育报》2022 年 9 月 16 日第 1 版。

2. 为配套解决随迁子女教育问题提供了思路

从2003年国务院《关于进一步加强农村教育工作的决定》，到2004年中共中央、国务院《关于进一步加强和改进未成年人思想道德建设的若干意见》，再到2006年国务院《关于解决进城务工农民问题的若干意见》，中央政府尝试从多个环节入手全方位解决随迁子女就学问题。近些年异地高考政策在实践表明，随迁子女教育问题已不仅仅是一个教育领域内部的问题，已经越来越多地与解决其他社会问题联系起来。异地高考政策在制定与实施过程中，注重系统性、整体性、协同性，形成了协同管理体制、渐进推进机制，为解决随迁子女教育问题做出了有益探索。

（1）教育系统内外协同。随迁子女异地高考问题的解决，仅仅依靠教育部门无法解决，需要充分发挥社会各方面力量的积极性，协调各部门之间的关系，统筹人、财、物。例如，各地大多以教育部门、发展改革部门、公安部门、财政部门等相关部门作为主要力量一同推进。部分地区，如贵州省、新疆维吾尔自治区在上述四部门之外，还将监察厅纳为政策制定决策者；宁夏回族自治区将民政厅等其他六个部门作为该地异地高考政策的制定者与参与者，以聚集各方力量共同推进随迁子女异地高考政策。

（2）渐进式分阶段解决。解决异地高考问题，需要从能够做的环节开始做起，通过制度建设逐步形成保障随迁子女教育发展的规划体系、财政保障体系，循序渐进地取得异地高考新成果，并最终解决异地高考问题。例如，广东省根据当地的教育资源承载能力、一流高校在广东的招生数量、现有户籍人口与流动人口数量、教育发展进程等现实状况设计了异地高考“三步走”方案（第一步，从2013年起允许积分入户的随迁子女报名参加高考；第二步，从2014年起对满足5项资格条件的随迁子女允许其在广东参加高职院校录取；第三步，2016年起对满足5项资格条件的随迁子女全面放开，允许其参加广东省高考），分阶段推动解决广东省随迁子女的异地高考问题。

（3）因地制宜逐步破冰。由于城市间教育资源配置情况差异较大，人口的净流入与净流出情况也不尽一致，难以在全国层面采取统一的细化方案来解决异地高考问题。基于此，异地高考方案提出由各省（自治区、直辖市）人民政府根据自身情况制定具体办法，以避免忽视地方实际导致难以落实的局面。例如，江西、山东、安徽、福建、浙江等地由于高考移民问题压力较小，其异地高考政策基本围绕学生学籍及就读年限等进行规定；而北京、广东、云南、贵州等地，由于人口流入压力较大或高考移民问题形势严峻，其异地高考政策对居住证明、合法稳定住所、合法稳定职业、社会保险、学生学籍等进行了详细规定。这种结合地方具体实际形成的差异化实施方案保障了异地高考政策得以在各地实施与推进。

（二）异地高考面临的困境

1. 异地高考政策的惠及率仍有较大提升空间

整体来看，仅有部分高三随迁子女得以流入城市参加异地高考，政策惠及的随迁子女仍然有限。这其中既有随迁子女自身主观的原因，也有部分客观原因，如政策条件过于严苛限制了相当数量的随迁子女参加异地高考。

（1）高三随迁子女的报考率低于六成。从高三随迁子女的报考率看，2014 年以来整体升高，尤其是 2017 年以来稳定在五成以上，但最高也仅为 2020 年的 60.33%（见表 1）。这意味着有约一半的随迁子女毕业生未报名参加高考，异地高考政策的惠及率仍有较大提升空间。

表 1　随迁子女高考报考率

指标	2013 年	2014 年	2015 年	2016 年	2017 年	2018 年	2019 年	2020 年	2021 年	2022 年
随迁子女毕业人数(万人)	11.62	15.09	20.87	25.81	29.54	34.04	39.56	42.43	49.70	58.10
随迁子女报考人数(万人)	0.45	5.6	7	11.8	15	17.6	22.4	25.6	27.7	34.85
报考率(%)	3.87	37.10	33.55	45.72	50.77	51.71	56.62	60.33	55.73	59.98

说明：2022 年随迁子女毕业人数以 2021 年的高三人数作为代替，2022 年随迁子女报考人数来源同图 1。

资料来源：随迁子女毕业人数来自教育部发展规划司相关年份《全国教育事业发展简明统计分析》及《中国教育事业发展统计简况》。

随迁子女高中毕业生未报名参加高考的原因，大致可以分为几种类型：不想读书，直接就业；不符合报名条件，被限制报名；符合报名条件，但只能报考职业学校等。无论哪一种情况，随迁子女高中毕业生的高考报考率远远低于全部高中毕业生整体的高考报考率，这一现象值得高度关注。

（2）初一随迁子女最终参加高考的报考率低于两成。在随迁子女升入初中及高中后，由于各地的入学政策大多规定学生要具有在本市完整的上一学段学习经历，这导致中途流入的随迁子女一般难以办理入学手续，新增的随迁子女非常少。随迁子女的数量变动，在很大程度上可以视为“同批人”单方向的减少变动，相当一部分随迁子女在初二、初三选择了回家乡，或在高一之后陆续返回家乡参加高考。据此，从“同批人”这一概念的角度看，某年份的高三随迁子女来自5年前的初一随迁子女，为“同批人”；2016年的高三随迁子女来自2011年的初一随迁子女，是“同批人”。以此类推，2021年的高三随迁子女来自2016年的初一随迁子女，是“同批人”。

①从“同批人”的留存率角度看，随迁子女初一至高三的留存率低于35%。2021年的高三随迁子女与2016年的初一随迁子女为“同批人”，其初一到高三的留存率为34.19%。2011年至2015年的初一随迁子女，其到高三的留存率分别为28.73%、28.93%、27.76%、29.24%、30.97%（见表2）。大部分初一的随迁子女出于各种原因在之后的中间阶段流失，或者返回家乡以“留守儿童”的身份就读，或者初中毕业后进入劳动力市场不再继续就读，仅有1/3左右的初一随迁子女留存读到高三。

表2　“同批人”的留存率与高考报考率

单位：万人

指标	2016年	2017年	2018年	2019年	2020年	2021年
A 高三随迁子女人数	33.85	37.47	42.8	45.88	49.72	58.10
B 在初一时的随迁子女人数(年份)	117.83 (2011)	129.5 (2012)	154.16 (2013)	156.93 (2014)	160.53 (2015)	169.92 (2016)
C 随迁子女报考人数	11.8	15	17.6	22.4	25.6	27.7
D 初一到高三的留存率(=A/B)	28.73%	28.93%	27.76%	29.24%	30.97%	34.19%
E 初一随迁子女高考报考率（=C/B）	10.01%	11.58%	11.42%	14.27%	15.95%	16.30%

资料来源：高三随迁子女人数、在初一时的随迁子女人数等数据来自教育部发展规划司相关年份《全国教育事业发展简明统计分析》《中国教育事业发展统计简况》，随迁子女报考人数同图2。

②初一随迁子女最终参加高考的报考率低于两成。从初一随迁子女中最终参加高考的报考率看，2016 年的初一随迁子女与 2021 年的高三随迁子女为“同批人”，这一批初一随迁子女最终参加高考的报考率为 16.30%。以此类推，2011 年至 2015 年的初一随迁子女最终参加高考的报考率分别为 10.01%、11.58%、11.42%、14.27%、15.95%（见表 2）。这意味着绝大部分新升入初一的随迁子女未参加几年后的异地高考，异地高考政策实际惠及的人数有限。

2. 部分地区异地高考推进较慢

（1）部分地区异地高考政策不彻底。当前，部分地区的异地高考政策对随迁子女高考报考的学校类型进行限制，只允许随迁子女报考生源不充足的高职院校或第三批本科院校，是一种不彻底的异地高考政策。

北京市《进城务工人员随迁子女接受义务教育后在京参加升学考试工作方案》规定，自 2014 年起符合条件的随迁子女可以在北京参加高等职业学校的考试录取。这一规定执行至今，基本未再进行调整。

上海市规定，“随迁子女是指考生为持有积分未达到标准分值的《上海市居住证》持证人的同住子女，且参加本市全日制普通中等职业学校自主招生考试并完成全日制中等职业教育完整学习经历后的毕业生。随迁子女应届毕业生可以参加专科自主招生和三校生（技校、职校和中专生）高考的专科层次录取，随迁子女往届生只可参加专科自主招生”。[①] 另外，《上海市居住证积分管理试行办法》规定的积分构成中，教育背景、专业技术职称和技能等级是占权重最高的基础指标，相当一部分普通随迁子女家庭是难以达到 120 分的标准分值的，更难以报考本科层次的院校。

新疆在《关于做好新疆自治区 2022 年普通高等学校招生考试报名工作的通知》中规定，根据自身条件，随迁子女只能分类报考如下类型对应的学校和专业：①区内外高职（专科）院校（专业）；②区内本科院校（专

① 上海市教育委员会：《随迁子女可以报考哪些考试项目?》，http://edu.sh.gov.cn/jyzt_2021gk_zcjd/20211020/81d326291ade49db93fdb5329606dea9.html，最后检索时间：2022 年 11 月 26 日。

业）和区内外高职（专科）院校（专业）；③区内外本专科院校（专业）。

云南省规定，户籍未迁入云南的随迁子女可报考第三批本科院校或专科院校；在云南省有完整中等职业教育学籍但户籍未迁入云南的毕业生，可报考省属高职专科院校。

海南省教育厅《关于做好2022年海南省普通高等学校招生考试报名工作的通知》规定，根据随迁子女在本省连续就读年限、随迁子女家长在本省的连续居住年限、有合法稳定的职业并参加社会保险的年限等情况，对随迁子女的报考批次与学校类型进行限制。

（2）部分地区的异地高考报考人数常年保持在较低水平。异地高考政策实施后，相当部分地区的随迁子女报考人数迅速增长。由于各地信息公开程度存在差异，异地高考报名人数在大部分省份是一种不完全公开状态，只有少数省份能查到部分年份的相关公开数据。例如，北京市自2014年允许随迁子女报名参加高职学校招生以来，每年审核后符合条件并参加高考报名的人数基本保持在400人以下，2014~2019年参加高考报名的随迁子女人数分别为114人①、163人②、243人③、243人④、309人⑤、373人⑥；江苏省2013~2015年参加高考报名的随迁子女人数分别为347人⑦、3002人⑧、

① 张春铭：《今年28个省份解决随迁子女在居住地参加高考问题——全国5.6万考生异地高考》，《中国教育报》2014年6月4日第1版。

② 贾晓燕：《今年高考报名人数减少2701人》，《北京日报》2015年3月27日。

③ 商亮：《北京高考仍为知分填志愿 2016年报名人数出炉》，http://edu.sina.com.cn/gaokao/2016-03-31/doc-ifxqxcnr5046377.shtml，2016年3月31日，最后检索时间：2022年11月26日。

④ 马学玲、曾鼐：《北京考生注意！今年高考将取消三本与二本合并》，http://www.china.com.cn/txt/2017-03/29/content_40523089.htm，2017年3月29日，最后检索时间：2022年11月26日。

⑤ 沙璐：《2018年北京市高招政策出炉　取消5项高考加分项目》，https://www.bjnews.com.cn/news/2018/04/04/481961.html，2018年4月4日，最后检索时间：2022年11月26日。

⑥ 柯进、高毅哲：《热议：异地升学如何涉过深水区？》，《中国教育报》2014年3月8日。

⑦ 盛捷：《江苏异地高考人数较去年增近八倍》，https://www.chinanews.com.cn/edu/2014/06-05/6249406.shtml，2014年6月5日，最后检索时间：2022年11月26日。

⑧ 盛捷：《江苏异地高考人数较去年增近八倍》，https://www.chinanews.com.cn/edu/2014/06-05/6249406.shtml，2014年6月5日，最后检索时间：2022年11月26日。

7454 人[①]；广东省 2016 年、2017 年、2021 年参加高考报名的随迁子女人数分别为 9570 人[②]、17000 多人[③]、50000 多人[④]。而上海、天津等地，基本难以查找到随迁子女异地高考人数的数据。通过上述分析可以发现，除广东省外，其他流动人口较多的几个省份随迁子女参加异地高考的人数常年变化不是特别大，甚至保持在较低的水平。

在各地的实践过程中，广东省相当一部分地市在发布异地高考方案时能主动编制异地高考政策常见问答，主动化解随迁子女家庭在报名过程中的问题与疑惑，取得了较好的效果，广东省随迁子女的异地高考报名人数也位居全国前列。其他省，如江西、山东、安徽等省，由于随迁子女规模相对较小，其异地高考方案相对宽松，在实施推进过程中也取得了相对不错的效果。

3. 异地高考政策陷于长期博弈

（1）随迁子女家庭与城市本地家庭的博弈。“异地高考”是现有高考招生制度矛盾的集中体现，由于越来越多的随迁子女在流入城市接受高中阶段教育，而受限于土地、资金等问题，一些地方学校建设工作滞后，导致城市高中教育资源紧张进一步加剧，这就形成了随迁子女家庭与城市本地家庭的博弈。

尽管整体上随迁子女家庭与城市本地家庭对异地高考政策持支持的态度，但部分人口流入密集地区本地家长的反对比例较高。根据调查，

---

① 《江苏：今年 7454 名外来务工随迁子女报名在苏高考》，https://www.chinanews.com.cn/gn/2015/03-13/7127164.shtml，2015 年 3 月 13 日，最后检索时间：2022 年 11 月 26 日。

② 吴付平：《异地高考五年：北京 730 人 广东 3 万人》，https://gaokao.eol.cn/zhengce/baokao/201711/t20171103_1564100.shtml，2017 年 11 月 3 日，最后检索时间：2022 年 11 月 26 日。

③ 吴付平：《异地高考五年：北京 730 人 广东 3 万人》，https://gaokao.eol.cn/zhengce/baokao/201711/t20171103_1564100.shtml，2017 年 11 月 3 日，最后检索时间：2022 年 11 月 26 日。

④ 程婷：《广东省教育厅：2021 年有 5 万多名随迁子女在广东参加高考》，https://www.thepaper.cn/newsDetail_forward_19911530，2022 年 9 月 15 日，最后检索时间：2022 年 11 月 26 日。

某直辖市的本地高中家长持反对意见的比例甚至达到 69.1%，担心出现大量钻政策空子的高考移民、挤占本地孩子的升学指标是他们反对异地高考的主要原因。[①] 例如，一些异地高考的反对者将随迁子女家庭争取异地高考的上访行为称为“异闹”；在部分城市，流入地家长与异地高考支持者在网络上为异地高考“约辩”，甚至在现实生活中发生了诸多言语冲突。[②]

（2）中央政府与地方政府的博弈。在推进异地高考的过程中，中央政府与地方政府在异地高考的实施目标上存在一定的差异，由此产生地方政府与中央的博弈。从中央政府的角度看，中央政府是异地高考政策的总设计者，需要从整体的角度考虑异地高考问题，需要超越区域发展不均衡作出统一的决策。而从地方政府的角度看，由于高考具有强烈的计划属性与属地色彩，优质高等教育资源不均衡导致地方政府对本地利益有保护倾向。尤其是在目前的财政体制下，地方政府作为本地异地高考政策制定和执行的主体，负担了绝大部分本地高中学校的财政经费，中央直接负担的财政比例很低，地方全力推行异地高考则会导致本地公共服务的支出增加，给地方财政带来较大压力。例如，2013 年的全国教育工作会议上，教育部部长袁贵仁指出“在接受义务教育后升学考试上，认真落实国办文件要求，用统筹兼顾的根本办法抓好具体实施工作，争取各方面最大的共识度”。[③] 这在一定程度上体现了中央政府与地方政府推动异地高考目标上的差异与博弈。

4. 异地高考政策条件严格、手续烦琐

目前，各地对随迁子女在本地报名参加高考的要求严格程度不一。部分地区要求随迁子女只需具有三年连续在本地的读书经历及学籍，有的对随迁

① 吴霓、朱富言：《随迁子女在流入地高考政策实施研究——基于 10 个城市的样本分析》，《教育研究》2016 年第 12 期。

② 武杰：《15 岁非沪籍女孩的抗争》，《政府法制》2013 年第 4 期。

③ 袁贵仁：《在 2013 年全国教育工作会议上的讲话》，http://www.moe.gov.cn/jyb_xwfb/moe_176/201301/t20130124_147151.html，2013 年 1 月 9 日，最后检索时间：2022 年 11 月 26 日。

子女家长的居住、职业及社保等做出规定，需要随迁子女家庭办理各种证明材料。

各项门槛条件中，学籍、就学年限、居住证/暂住证、合法稳定职业、稳定住所条件相对容易满足，学籍作为必要的门槛设置得到了最多的认可。“社保”作为各项门槛条件中最难实现的条件，其合理性评价最低。根据调研，省内流动家庭和跨省流动家庭中缴纳社会保险的比例分别44.8%和39.8%，缴纳社会保险要求最难满足。①

例如，北京市在《关于做好2023年进城务工人员随迁子女在京参加高等职业学校招生考试报名工作的通知》中规定，进城务工人员及其随迁子女若符合规定的各项条件（居住证、居住登记卡或工作居住证，合法稳定住所，合法稳定职业满6年，连续缴纳社保满6年，具有本市学籍且已在京连续3年），随迁子女可以申请在京参加高等职业学校招生考试。

广东在2016年全面放开异地高考，要求随迁子女在广东参加中考并具有高中阶段3年完整学籍，其家长须具有合法稳定职业、住所并连续3年以上（含3年）持有广东省居住证、参加社会保险累计3年以上。

目前，相当一部分地区的随迁子女要办理各种证明才能符合异地高考的要求，尤其是部分证明还环环相扣地隐含着一系列其他前提条件，这意味着随迁子女要参加异地高考需要办理的手续更多更烦琐。

三　未来改革展望：打造异地高考政策2.0

在异地高考政策迎来实施10周年的重要时间节点，系统总结异地高考政策的实施状况，有必要进一步优化异地高考政策环境，由中央政府统筹设计异地高考政策改革的整体蓝图，打造升级版的异地高考政策2.0。

---

① 吴霓、朱富言：《随迁子女在流入地高考政策实施研究——基于10个城市的样本分析》，《教育研究》2016年第12期。

（一）进一步深化异地高考政策改革的可行性

1. 深化异地高考政策改革符合社会发展趋势

教育公平理念深入人心，进一步深化异地高考政策改革，让随迁子女获得发展自身、奉献社会、造福人民的能力，为教育高质量发展提供源源不断的人力支撑和智力支持，符合社会发展趋势。

2. 人口发展深度转型降低了城市教育资源配置压力

在今后相当长的一个时期，我国人口增速将逐步放缓，并开始进入负增长阶段，尤其是城市本地新生人口的下降，客观上降低了城市教育资源的配置压力，为随迁子女在流入城市接受高中教育创造了较为宽松的环境，为进一步改进异地高考政策提供了更多选择空间。

3. 舆论环境对异地高考政策非常支持

异地高考符合教育公平的理念，全社会对该政策的支持度均比较高，各相关利益方大多对异地高考表现出较为积极的态度，仅有少部分城市本地家长持反对意见，整个社会的舆论环境对异地高考政策较为有利。

（二）打造异地高考政策改革 2.0的具体举措

1. 落实教育优先发展理念

许多地方对随迁子女接受教育设置诸多限制，随迁子女的受教育权利被置于城市户籍、社保、居住证、税收等事项之后，教育优先发展在基层存在着“说起来重要，做起来次要”的现象，与教育优先发展理念相矛盾。这需要地方政府着力改变异地高考工作中与教育优先发展理念不一致的观念与行为，制定异地高考工作清单制度，使得随迁子女无论户籍在哪儿都能享有公平公正的教育，共享一片蓝天。

2. 分类管理，因地施策

根据全国各地的流动人口规模与社会经济发展形势，对各省（自治区、直辖市）异地高考政策进行分类管理，因地施策。

（1）异地高考较为轻松的地区。废除附着于随迁子女家长身上的“四证”或“五证”等各种资格条件要求，仅保留对随迁子女的本地学籍或本地学习年限等资格条件要求。

（2）异地高考有一定困难的地区。异地高考有一定困难的省（自治区、直辖市），根据当地社会发展形势，允许保留 1 项关键的涉及随迁子女家长的资格条件，如社保证明等。同时，可适当保留对随迁子女的本地学籍或本地学习年限等资格条件的要求。

（3）异地高考有较大困难的地区。对异地高考有较大困难的省（自治区、直辖市），设立时间表，逐步允许随迁子女与本地学生报考完全同样的学校类型。根据当地社会发展形势，允许保留 2 项关键的涉及随迁子女家长的资格条件，如社保证明、居住证等，将缴纳社保时长的标准统一规定为 3 年。同时，保留随迁子女自身的相关资格条件。

3. 梯次推进，循序渐进

根据“战略性、全面性、指导性、科学性、关键性、可操作性”等原则，围绕异地高考制度建设的内容，按时间和标准化内容两个维度进行详细规划。

（1）第一阶段：2023～2030 年，逐步增大异地高考对随迁子女的惠及面。到 2030 年，提升高三随迁子女的报考率至 75%以上。精简随迁子女家长的相关条件至 2 项以内。尽快结束部分城市异地高考政策仍处于过渡阶段的状态，逐步废除只允许随迁子女参加高职学校的招生录取的规定，对随迁子女的报考学校完全放开。

（2）第二阶段：2031～2035 年，增强异地高考工作的服务属性，弱化管理属性。到 2035 年，提升高三随迁子女的报考率至 85%以上。逐步降低随迁子女参加高考的“门槛”，将异地高考的资格条件逐步精简为随迁子女自身相关的条件，围绕随迁子女的自身条件进行政策设计，完全剔除随迁子女家长的相关条件。根据各项“门槛”的难易程度，将附着于随迁子女父母的“门槛”逐步进行剥离，逐步取消工作证明、居住证明、社保等要求。

（3）第三阶段：2035～2050 年，教育优先发展真正落地。到 2050

年，高中随迁子女与城市本地学生享有完全一样的受教育权。随迁子女在流入城市完全不因户籍因素影响高考权利，每一个随迁子女的异地高考权利得到完全保障，不因家长的各种情况而受到限制，做到“愿考尽考”。

4. 建立多方参与、凝聚全社会共识的博弈决策机制

让随迁子女家庭、城市本地家庭、流入地政府、流出地政府等直接利益相关方充分参与到异地高考政策的决策机制中，确保各相关方的利益诉求得到充分表达与保障。

5. 设立随迁子女招生专项计划

综合随迁子女占比情况，在现行的国家专项计划、高校专项计划和地方专项计划的基础上，对随迁子女数量较多的省市设立随迁子女高考招生专项计划，以减小对流入城市招生名额的冲击影响。

6. 建立合理的经费保障机制

以常住人口为基础完善转移支付制度，建立财政转移支付同吸纳随迁子女挂钩的机制。中央财政经费对接纳高中随迁子女地区给予相应的补助和投入，从城市教育费附加、转移支付资金、社会捐助等多渠道筹集高中阶段教育建设资金，实现教育经费的分配与随迁子女规模相匹配，提高各地接纳随迁子女的积极性。

7. 以法律手段保障随迁子女的受教育权

借鉴国外在保障移民子女受教育权方面简化入学程序的经验，优化随迁子女报考流程，在现有教育法律法规中增补保障异地高考的相关条款，以法律法规保障随迁子女在流入城市的高考权利。

参考文献

雷万鹏、张子涵：《公平视野下农民工随迁子女教育政策研究》，《华中师范大学学报》（人文社会科学版）2022 年第 6 期。

姚佳胜、方媛：《政策工具视角下我国流动儿童教育政策的量化分析》，《教育科学》2020 年第 6 期。

陈宣霖：《异地中考政策促进随迁子女选择高中教育吗》，《复旦教育论坛》2021 年第 1 期。

欧阳光华、杜剑涛：《新高考背景下的异地高考：现状、问题与对策》，《现代教育管理》2021 年第 3 期。

卢伟：《入学不易升学更难：农民工随迁子女之教育困境及对策探讨》，《中小学管理》2020 年第 12 期。

潘振宇、童文胜：《异地高考政策执行的难题及其应对》，《教学与管理》2022 年第 30 期。

专题研究篇

Thematic Reports

B.11

被流动的童年：留守/流动儿童的生活史分析

韩嘉玲　余家庆*

摘　要： 儿童留守和流动的经历并非割裂的状态，而是一个连续、动态的变化过程。通过对一批20世纪90年代末期进城流动的农民工子女20年后的回访，本文提出一个分析框架解释儿童“留守/流动”身份变化过程，如何为一套整体出发、环环相扣的微观制度所建构。基于对18名已经成年的农民工子女及其家庭成员的生活史访谈，我们从流动儿童的童年经历出发，围绕流动儿童的家庭生计/监护能力、城市就学机会/打工子弟学校和社会空间/关系再生产三个维度着手分析，从中透视不同的微观制度如何建构农民工子女的童年生活。我们的分析也表明：农民工的家庭化

* 韩嘉玲：暨南大学经济与社会研究院讲座教授；研究方向：农村发展、人口迁徙、农村教育、社会发展等；余家庆：复旦大学社会发展与公共政策学院博士研究生，研究方向：家庭社会学。基金项目：广东省哲学社会科学规划2020年度一般项目“中越跨国婚姻现状：对广东越南新娘的研究”（批准号：GD19CSH06）。

流动在城市实现了空间和社会关系的再生产，形成了一套以亲缘和乡缘为基础的社会网络，这对今天的流动人口城市公共服务政策提供了某种启发。

关键词： 农民工子女　留守/流动　童年历程

桃园学校四年级的平平出生于河南，5 岁时和父母来到北京。我认识他的时候，他的父母随包工队去了天津的建筑工地，只留下他在北京的出租房中一个人生活。为了实地了解他的生活状况，放学后我跟随他一起回到住处。他不会用煤气灶做饭，因此就在学校吃完饭才回家，父母怕他乱花钱，把钱藏在房间的不同角落，需要用钱时打电话，父母才会告诉藏钱的位置。从此我每次去桃园学校调研和举办活动时，他总是特别开心地向同学介绍我。因为他，我也答应校长给他们班级上一堂课。但是当我如约走进教室时，却怅然发现课堂里没有了总带着慧黠而淘气眼神的平平的身影。课后，校长告诉我，昨天晚上，平平的母亲从天津过来北京把他带走了。我很高兴他能与父母团圆，但我无从知道，他是否还会面临一个人生活的孤独，他是否能适应新的环境。他是留在天津，还是会随着打工的父母去到其他的城市继续着漂泊的生活。

（田野笔记，2002 年 5 月）

一　重新审视“留守/流动”童年历程

1999 年，我们的研究团队在北京城乡接合部农民工聚集的生活区域留意到刚萌生的打工子女学校现象，并随后针对北京市流动儿童的义务教育状况开展了一系列的调研。[①] 当时，我们选择位于海淀区四季青乡的桃园学校开展了试调查，并在调研后于当地开展社区服务的过程中，认识了一批从湖北、河北、山东、河南等地来北京的流动儿童群体。[②] 前文中的平平正是笔者在 2002 年田野调查时认识的一名流动儿童，他的故事让我们看到多数的农民工子女在城市中一种流动、碎片化的童年生活。

我们费笔墨回忆平平，是希望以此一窥 21 世纪初期中国城市农民工子女身不由己的流动童年生活，并引出本文的立论。20 世纪八九十年代以来，中国农村劳动力开始持续而大规模、跨地域城乡流动，出现了当代中国独特的“民工潮”现象。从不流动到流动，这些“自由”的劳动力的形成，正如杜鹰与白南生指出的，是“传统发展战略与政策体制转变的结果，它也为随后而来的农村劳动力的大规模流动奠定了必要的政策体制条件”。[③] 随着外来农民工在城市的定居，流动儿童和留守儿童的问题也逐渐浮出了水面。21 世纪的前 20 年，学者对此开展了大量的研究：流动至城市的流动儿童研究[④]；留在

---

① 2000 年，我们对 50 所学校、2157 名的流动儿童、102 位老师进行问卷调查，并在 2001 年发布了《北京市流动儿童义务教育状况调查报告》。这篇调查是针对流动儿童这个群体较全面也较早的研究之一，此后社会及舆论针对这个群体的关注与日俱增。参见韩嘉玲：《北京市流动儿童义务教育状况调查报告》，《青年研究》2001 年第 8 期；韩嘉玲：《北京市流动儿童义务教育状况调查报告（续）》，《青年研究》2001 年第 9 期。

② 调查结束后，我们针对流动儿童缺乏课后照料、课业辅导及社区支持等问题成立了以社区为基础的社区学习中心（2000~2015 年），这个中心是国内最早以社区为基础针对流动儿童的社区服务。参见韩嘉玲：《北京市公益组织服务流动人口的现状及发展趋势——以流动人口教育与行动研究中心为例》，社会科学文献出版社，2011，第 269~297 页。其后，我们针对新生代农民工的就业与生活进行了回访，并形成了研究论文。参见 Han J. Rapid Urbanization and the Aspiration and Challenge of Second-generation Urban-rural Migrants［J］. *Chinese Education & Society*, 2012, 45（1）: 77-83.；韩嘉玲：《及早关注第二代农村流动人口的成长与出路问题》，《改革纵横》2007 年第 8 期。

③ 杜鹰、白南生：《走出乡村：中国农村劳动力流动实证研究》，经济科学出版社，1997。

④ 韩嘉玲：《北京市流动儿童义务教育状况调查报告》，《青年研究》2001 年第 8 期；赵树凯：《边缘化的基础教育——北京外来人口子弟学校的初步调查》，《管理世界》2000 年第 5 期；段成荣、梁宏：《我国流动儿童状况》，《人口研究》2004 年第 1 期；陈媛媛、冯帅章、韩昱洁：《流动儿童的教育问题：文献综述》，载韩嘉玲主编《中国流动儿童教育发展报告（2019~2020）》，社会科学文献出版社，2020。

农村的留守儿童研究[①]；以及近年来在新型城镇化背景下，随父母入城的农民工子女，因为超大城市人口就学政策而选择回流老家上学，或再次流动至大城市附近城市上学的回流/再迁儿童研究[②]。在大多数的既往研究中，“流动儿童”指那些随父母在城市生活或出生在城市的流动人口子女，而“留守儿童”则指那些无法随父母进城而留在家乡的流动人口子女。[③] 然而近来我们愈发认识到，无论是“留守儿童”还是“流动儿童”，仅仅是农民工子女在不同时间节点的一个临时性身份，而这种造成身份不断变化的社会结构性因素尚未得到充分的分析。

争争便是这样一个典型的“留守/流动”儿童例子。争争来自湖北安陆，1995 年随父母来北京，1996 年到 1997 年回湖北读小学一年级，1998 年来北京读小学二年级下学期，2003 年回湖北读初一下学期，2006 年因为中考失利结束学业，返回北京开始了他的打工生涯。2021 年，我们在武汉与阔别十余年、离开北京 4 年的争争一家重聚。那个儿童时期害羞腼腆的争争，现在已经成家立业，并侃侃而谈其离开学校后的生活。争争说：

> “为什么我特别坚决回来，就是想起我自己的经历对我的影响，不想儿子和自己一起过着漂泊的生活。因为我从小经历过这种在外地漂泊，搬家、换学校，我长期没有一个稳定的生活环境，一个（稳定的）学习环境，这对我来讲我觉得是很大的影响……我感觉始终都是在漂泊，所以我不想让我孩子再去经历一下我这样的经历。”（争争，A211014）

---

① 段成荣、吕利丹、郭静等：《我国农村留守儿童生存和发展基本状况——基于第六次人口普查数据的分析》，《人口学刊》2013 年第 3 期；谭深：《中国农村留守儿童研究述评》，《中国社会科学》2011 年第 1 期；李庆丰：《农村劳动力外出务工对“留守子女”发展的影响——来自湖南、河南、江西三地的调查报告》，《上海教育科研》2002 年第 9 期；叶敬忠、杨照：《关爱留守儿童：行动与对策》，社会科学文献出版社，2008。

② 韩嘉玲、余家庆：《离城不回乡与回流不返乡——新型城镇化背景下新生代农民工家庭的子女教育抉择》，《北京社会科学》2020 年第 6 期；李巧、梁在：《二代流动儿童回流状况及其影响因素》，《人口研究》2019 年第 3 期。

③ 韩嘉玲、张亚楠、刘月：《流动儿童与留守儿童定义的变迁及新特征》，《民族教育研究》2020 年第 6 期。

争争频繁流动的童年历程，折射出一种连续的儿童迁徙经历，即农民工子女留守和流动状态是不断变化和摇摆的。这种“被流动”童年生活的连续性提醒我们，不能简单地把留守和流动儿童身份割裂开来分析。不仅如此，争争的童年历程以及争争成年后的感慨，让我们意识到“流动”为一套整体出发的微观制度所建构。这也是为何我们希望在20年后，从生活史的角度出发，重新回顾农民工子女的童年经历。如学者项飙等所指出的，“被流动”是一种值得留意的身体状态。[①] 近年来，跨国流动研究愈发注意到了在跨国劳务过程中，流动不是流动者的行为，而是流动者在“被流动”——各种管理规则、中介因素约束了流动者的行为逻辑与观念认知，这意味着，研究流动不能只关注流动者本身，而一定要看支持、制约、引导流动的那些过程。[②]

虽然项飙等讨论的对象是跨国成年移民，但是我们同样发现，在农民工子女的流动与留守这样一种不断变动的童年状态中——在这种活生生的、具体的“留守/流动”过程中，映射特定的制度运作与组织方式。因此，有必要从一个整体的角度出发来讨论“留守/流动”过程背后的不同制度/机构的运作。如果说在新近的家庭研究中，研究者开始强调关注家庭决策的能动性：家庭以一种即兴创作的模式来实践日常生活，[③] 那么，接下来的分析中我们企图说明，儿童“留守/流动”的过程背后，不是家庭决策的即兴创作，而是在既定条件下的即兴创作。

综上，本文尝试从农民工子女的童年历程出发，从中透视不同制度如何塑造了儿童的童年生活，并以此折射出更加细微的社会变迁。制度之间的关联实则引出了一种整体论（holism）的方法论立场。整体论源自以涂尔干与

---

① 项飙、约翰·林德奎斯特：《流动，还是被流动：跨国劳务的基础设施》，《社会学评论》2019年第6期。

② 项飙、约翰·林德奎斯特：《流动，还是被流动：跨国劳务的基础设施》，《社会学评论》2019年第6期。

③ Yan Y., Neo-familism and the State in Contemporary China [J]. *Urban Anthropology and Studies of Cultural Systems and World Economic Development*, 2018: 181-224.

布迪厄为线索的法国结构主义传统。[①] 这一立场主张把微观的个体实践与宏观的结构或者社会制度/机构（social institution）联系起来。正如涂尔干认为，社会学也可以被定义为“制度/机构学”（the science of institutions），其目标在于研究社会制度/机构的起源（genesis）和运作（functioning）。[②] 如果说针对流动或留守儿童的研究更侧重于对某一具体制度（如学校）的运作进行分析，[③] 那么我们则希望进一步阐明不同制度/机构是如何环环相扣并建构儿童身份的。在这个基础上，我们把整体论立场纳入了我们的分析框架，从流动儿童的家庭生计模式/家庭监护能力、城市就学机会/打工子弟学校和儿童在城市的社会空间/关系再生产三个维度着手分析，去理解留守/流动儿童的社会化进程。我们的发现也表明，有必要将儿童流动与留守的经历当成一个“完整的过程”，而不是区别分析。

二　研究方法与资料说明

回访（revisit）指研究者对自身做过调查的田野工作点或研究对象再次访问，这在众多研究者的学术生涯中有迹可循，此处我们不再赘述。[④] 就回访这一方法论取向而言，其意义不仅是延续或总结作者田野工作点的学术生命，也是通过一个时间角度去重新审视研究对象本身。按照布诺威（Buroway）的说法，回访本身包含了一种“考古”（archeologica）的意义在

---

① Hall J. R., The Capital (s) of Cultures: A Nonholistic Approach to Status Situations, Class, Gender, and Ethnicity [M] //Lamont M., Fournier M., Cultivating Differences: Symbolic Boundaries and the Making of Inequality. Chicago: University of Chicago Press, 1992；贾清源、洪涛：《通过整体论社会学来思考农民工子女就学现象的民族志研究》，《开放时代》2018年第1期；李英飞：《涂尔干早期社会理论中的“社会”概念》，《社会》2013年第6期。

② Durkheim E., *Rules of Sociological Method: And Selected Texts on Sociology and Its Methods* [M]. NY: The Macmillan Press, 1982.

③ 贾清源、洪涛：《通过整体论社会学来思考农民工子女就学现象的民族志研究》，《开放时代》2018年第1期。

④ 兰林友：《人类学再研究及其方法论意义》，《民族研究》2005年第1期。

其中。[①] 这一过程中，研究者结合访谈回顾（retrospective interviews）、已发表文献和历史文档数据重新审视研究主题，并赋予田野工作历史深度。[②] 在这个意义上，我们时隔20余年后对那些当年曾接受笔者调查的流动儿童进行了回访，并且对他/她们的家庭成员进行了访问，以期从不同方面探讨多代农民工家庭的生活历程，而本文针对童年经历展开论述。

因此，我们主要使用生活史的方法（life history method）进行访谈。简而言之，我们从如今已经成年的农民工子女[③]回忆他/她们的童年开始，通过对生活经历的回忆和对个人观点的评价来呈现他/她们当时的童年历程。同时，我们还进一步对他/她们的家庭成员（包括父母、配偶及子女）进行了访谈，以期对其生命历程的认识更加深刻，并从不同的角度补充更多的细节。由于笔者早年田野调查后在社区开展的服务中建立了访谈的信任基础，受访者对我们的回访高度配合，愿意对我们倾谈许多细节回忆和内心看法。此外，本文分析时所使用的资料还包括了笔者过去20余年对流动与留守儿童研究的田野观察与发表的文章。通过流动儿童对童年经历的回忆，本文试图从一个整体论的立场出发，分析农民工子女童年历程背后的微观制度运作。

本研究访谈的对象都是笔者于2000年在北京的打工子弟学校桃园学校开展流动儿童课题研究时认识的流动儿童。当时他/她们就读于3~6年级，并彼此相识。但是在小学毕业后，大多数人便跟随家庭各奔东西，基本上彼此间没有留下任何有效的联系方式。同时，桃园学校及社区学习中心也随着北京的快速城市化而不复存在。这一城乡接合地带在其后20余年陆续的拆迁与建设中，已成为北京的高档社区，我们很难像费老重返江村一样回到原地再调查。结合手头已有的资源，笔者首先对在北

① 布洛威区分了五种不同类别的回访研究，本文仅在考古式重访的意义上展开论述。

② Burawoy M., Revisits: An Outline of a Theory of Reflexive Ethnography [J]. *American Sociological Review*, 2003: 645-679.

③ 本文中的流动儿童与农民工子女的定义是：除国家统计局对流动儿童的统计口径“居住地与户口登记地所在的乡镇不一致，且离开户口登记地半年以上的0~17岁人口”外，户籍登记地为农村而且随父母进城打工后曾经在北京有读书经历的18岁以下的儿童。

京生活、依然保持联系的几名曾经的流动儿童进行了访谈。随后，我们通过他/她们有限的联系网络重建桃园小学的校友群，并形成了我们的访谈样本框。截至成文时，共联系上 20 名曾经的学生和 1 位老师加入校友群。2021~2022 年，我们分别在北京、湖北武汉、河南郑州、湖北孝感、山西大同、山东德州、河北石家庄与承德等地访谈了他/她们及其家庭成员。我们的分析材料源自对其中 18 名成年后的流动儿童（见表 1）及其家庭成员（包括父母、配偶及子女）的访谈。每次访谈大约持续 1~2 个小时，并根据需要进行了多次追访。针对一些具有共性的问题，我们通过微信群进行提问，并观察这一批业已成年的流动儿童是如何回应以及互动的。

表 1　受访者基本信息

家庭编号	名字	性别	出生年份
A	争争	男	1989
A	艳艳	女	1987
B	军军	男	1987
B	燕燕	女	1990
C	程程	女	1988
C	静静	女	1985
C	瑞瑞	男	1990
D	婷婷	女	1987
D	威威	男	1989
D	巍巍	男	1986
E	如如	女	1987
E	坤坤	男	1989
F	福福	男	1987
G	烨烨	女	1987
H	爽爽	女	1989
J	磊磊	男	1987
K	涛涛	男	1986
L	亮亮	男	1987

资料来源：笔者整理，名字为受访的流动儿童化名，英文字母代表对应的家庭编号。

三　留守与流动：一个连续的童年经历

如同其他经历过留守的农民工子女那样，燕燕依然对20余年前父母离家前往北京的那一天印象深刻。1996年，父母把年仅6岁的燕燕留在老家由外婆照顾，只带上燕燕的哥哥军军进京。

> “爸妈去北京的前一晚，我们一家一起去了姑妈家，第二天一早他们和姑姑一起带着我哥很早就走了，把我一个人留在姑妈家。我睡醒了发现家人不见了，我找不着他们，我就哭了。姑妈家里的人就带着其他小朋友跟我一起玩，我就不跟他们玩，那时候虽然小。心性也大。他们把我丢了，我也不高兴嘛，就偷偷一个人去找他们。……我顺着那个大路，直接走回我们自己的家里去找他们。因为人又小，才六岁。从上午走到下午三四点才到家，一路哭着走回家。直到后来才知道爸妈去北京了，（不久）我被送到了邻村的外婆家。”（燕燕，B211204）

不到一年后，燕燕父母把其已经十岁却无法找到学校读书的儿子送回老家求学，接上燕燕进京。1998年，同样因为找不到学校念书，已经八岁的燕燕再一次回到村小读一年级，随哥哥与外婆共同生活。燕燕的第二次留守生活并没有持续很久。1999年，父母从老乡处得知附近有可以接收农民工子女的小学，便将兄妹二人再度接到北京，在海淀区蓝靛厂附近的一所连校名都不记得的打工子弟学校求学。半年后，他们全家搬到桃园学校所在的柴家坟村，兄妹分别就读于三年级与四年级。随着燕燕和哥哥军军先后回老家念初中，燕燕开启她第三次留守是在初中阶段。这一次燕燕在老家一直念到了初三中考前夕。在中考前几个月，自认升学无望的燕燕决定放弃学业外出打工。2006年，不到16岁（身份证上仅15岁）的燕燕“第一次一个人出远门，乘坐长途大巴”（燕燕，B211204），到杭州投奔四姨，并在一家外资服装厂开始了打工生涯。从一个社会化的角度说，燕燕至此告别了自己的留守/流动儿童身份，成为新生代的“打工妹”。

之所以要赘述燕燕与其兄长令人眼花缭乱的“留守/流动”经历，是为了呈现留守儿童与流动儿童身份的连续性转换的图景（vision）。[①] 北京市在1997年进行的首次外来人口普查数据显示，当时北京地区外来流动人口已达285.9万人，其中0~15岁儿童16.2万人。[②] 可以说，两兄妹不过是北京当时16万余名流动儿童中的一员，并构成了中国第一代流动—留守儿童群体的缩影。在燕燕9年的教育经历中，她一共流动过四次（湖北-北京-湖北-北京-湖北）。伴随流动的是不断更换的学校经历，在京期间，燕燕读过三所小学；在老家期间，燕燕读过一所小学和一所初中。哥哥军军的经历与燕燕类似，军军初二期间辍学务工。在之前，他流动三次（湖北-北京-湖北-北京），在京期间读过三所小学和一所初中，在湖北读过两所小学，一所初中。无论是当时的调查还是如今的访谈均显示，像燕燕与其兄长那样经历多次流动的儿童并不在少数。

从燕燕和其兄长的例子可以看到，留守儿童和流动儿童实际是同一群体在不同时空下的两种状态。因此有必要将他们流动与留守的经历当成一个“完整的过程”来对待。如果我们从这样一个连续的角度出发，接下来所产生的问题是，何种微观制度与社会机构的安排是影响儿童留守、流动与回流的主要因素？如果我们认为流动是一种社会性的后果，那么让子女留守/流动自然不是某个农民工家庭的随心所欲的决策，而是综合了一系列因素而做出的选择。对此，我们希望呈现哪些制度性因素建构了家庭流动与决策本

① 本文在项飚关于“图景作为理论”的意义上使用图景一词。这里的理论指的不是某种特定的公式、陈述或表达，而是一种通过揭示生活不同方面彼此之间的联系来传达某种思考（ideas）的形式。在此意义上，我们通过生活史的方式来描述这种家庭实践内部的动态性，来呈现农民工子女童年生活图景。参见：Xiang B.，Theory as Vision［J］. *Anthropological Theory*，2016，16（2-3）：213-220.

② 北京市外来人口普查办公室：《1997年北京外来人口普查资料》，中国商业出版社，1998。

身。因此，我们将从儿童被流动这一状态出发，分析“留守/流动”过程背后的不同制度/机构的运作过程，从中透视童年生活是如何为环环相扣的社会制度所建构，并企望在这些微观层面的细节陈述中，折射出某些宏观的社会变迁背景。

四　被流动的童年：家庭、学校与社区

（一）家庭生计模式与监护能力

四季青乡位于北京西郊，当地以生产蔬菜供应北京而闻名，常住人口规模在 4 万~5 万人。[①] 改革开放后，本地菜农大多不再务农，转行从事其他非农工作，并外包土地给外地人耕种。因此，吸引了一批来自河北、山东及湖北等地的流动人口来此种菜、卖菜。根据 1997 年的外来人口普查数据，全乡共有流动人口 1.89 万人。然而，不过短短几年后，到了 2004 年，四季青镇（于同年撤乡建镇）全镇流动人口已经达到 11 万余人，而同期的常住居民人口不过 5.5 万余人。[②] 我们当年在桃园小学所调查的农民工子女，绝大多数来自这一时期在当地务工的家庭。例如，争争、艳艳的父母和姑父于 1995 年从湖北来此地卖菜；军军、燕燕的父母和其舅舅于 1996 年来到当地卖菜。对于这一批农民工家庭而言，即使不是从事与农产品买卖有关的行业，也大多从事其他零售批发的小商贩生意。磊磊、如如、福福、涛涛家几个来自河北与山东的家庭则从事包括环卫及街头摊点（卖煎饼）、小商品买卖（卖陶瓷、小百货）等在内的小商贩生意。这类服务业就业有两类特点：第一，就业场所与居住场所相对稳定，同时在劳动过程中自主性相对更强，可以安排自己的工作时间。这与珠江三角洲以加工出口生产为主导的宿舍劳动体制模式[③]形成差异。如军军父亲在 90 年代初期也曾到南方当工人，统

① 胡淑彦、苏国斌：《四季青镇志》，内部出版物，2018。

② 胡淑彦、苏国斌：《四季青镇志》，内部出版物，2018。

③ 任焰、潘毅：《宿舍劳动体制：劳动控制与抗争的另类空间》，《开放时代》2006 年第 3 期。

一管理的劳动过程与集体宿舍的居住环境让他没有条件带子女进城。第二，零售服务的个体户生意追求薄利多销，因此基本不会雇用劳动力，而是依赖于家庭内部劳动力的协作。因此，农民工家庭往往以夫妻分工或者亲属合作的方式从业。例如，以军军父母的卖菜工作为例，父亲每天清晨去批发市场批发青菜，而母亲在家做完饭后到市场出摊卖菜，父亲中午回家吃饭补觉，晚上到点的时候再来市场帮忙收摊。即使是年幼的流动儿童，也需要参与到家庭内部的劳动协作分工当中。

> “我跟我父母，去早市卖菜、去上货，有时候我们一家三口都去上货，晚上两三点钟我起来跟着他（父亲）一块走，去上货批货，有很多人偷那个菜嘛。我父亲去上货的时候，他上回来的货就放在三轮车上，要骑到菜市场去卖。然后我就在上面坐着、看着菜。上完货也差不多四五点或者五六点，回来就需要摆菜呀卖菜什么的，差不多一天就是那样。”（军军，B211102）

换言之，这种依靠家庭内部协作的生计方式决定了家庭很难采取一人留守、一人流动的内部分工。因此，为了方便照顾孩子，农民工家庭往往会带上子女一起进城。如如的母亲这样回忆自己当初进城的经历：“我们一家四口坐上从石家庄开往北京的长途车，带上我们卖煎饼的三轮车，倒放在长途车顶上，包括三轮车总共收了我们五个人的车钱，就这样到北京的”（如如母亲，E220507）。与其他从事建筑业、制造业的宿舍劳动体制相比，从业服务业的农民工父母的工作场所和居住环境也相对更加稳定，例如，拥有自己的经营摊点和狭小但独立的居住空间。虽然“不稳定”贯穿了家庭流动历程，但一旦流动家庭在城市站住脚步，父母就有条件安排子女进城。

在夫妻二人需要共同外出的生计模式基础上，子女是否随迁流动还取决于家庭其他监护角色的照顾能力与资源分配。一般而言，留守儿童的一般监护人主要由祖辈等直系亲属构成。但是具体交给谁来照顾，扩大家庭内部遵循父权文化和实用主义导向的基本原则。父权文化指的是长辈优先照顾男性子嗣的子女，因为男性子嗣（往往是长子）对父母承担养老的义务。[①] 而实用主义则指的是有限照顾能力下的资源分配。虽然今天的家庭研究留意到了在计划生育政策实施后的家庭生活中，家庭资源和情感重心愈发下沉到下一代，甚至老年人为流动儿童而进城流动。[②] 但是在计划生育政策严格实施之前，大多数的农村居民都生活在多子女家庭中，拥有多个兄弟姐妹，父母和祖辈的照顾能力和精力均有限。争争在小学毕业后回到老家念初中。当时争争的奶奶已经去世了，他和大伯家的两个小孩都是由爷爷一个人负责照顾：

> “我相当于一个人独自回去做了留守儿童，那时候我姐已经去深圳打工不在老家了……只是我回去的时候，爷爷已经70出头了，他一个人要种地，还要照顾三个（孙子），就相当于照顾我之外，还有我大伯家的两个孩子，照顾我们三个人的三餐就已经很不容易了，其他的实在顾不上。”（争争，A211014）

这样的例子也发生在如如和福福两家。福福父亲有四个兄弟，这意味着对于福福的爷爷而言，代替外出的儿女照顾孙辈的压力极为沉重。所以福福父母刚进城的时候尽量减轻自己父母的照顾负担，把“小儿子带在身边，将大儿子留给爷爷照顾，把女儿送到外婆家生活”。（福福母亲，F221014）。而如如的爷爷奶奶比较早就去世了，所以如如父母只能寻求外公外婆的支持，但外公外婆本身也要照顾自己的孙子孙女：“大舅二舅也去了北京打工，所有的农活都留给了外公外婆，同时（他们）还需要照顾舅舅的孩子”（如如，E220807）。因此，当直系亲属无法提供充分的支持，父母也只能勉

① Santos G., Harrell S., *Transforming Patriarchy* [M]. University of Washington Press, 2016.

② Yan Y., Neo-familism and the State in Contemporary China [J]. *Urban Anthropology and Studies of Cultural Systems and World Economic Development*, 2018: 181 - 224; Qi X., Floating Grandparents: Rethinking Family Obligation and Intergenerational Support [J]. *International Sociology*, 2018, 33 (6): 761-777.

强把子女带进城，或者寻求其他旁系亲属的支持。程程的爷爷奶奶很早就过世，同时找不到其他亲戚长时间帮忙照顾，因此程程父母只能一家五口人一起来到北京生活。而威威回家读高中时，一直照顾他的奶奶已经去世，只能拜托威威的大伯一家代为照顾。

进一步来说，即使父母为老家留守的子女找到了监护人，但是其照顾能力也往往有限，只能满足孩子基本生活需求。在亲子陪伴、亲子教育上，作为祖辈或者旁系亲属则束手无策。[①] 在不少回忆中，第一代流动儿童都谈到了短暂的留守生活中缺乏家长管教的自由自在的“快乐时光”（军军，B220323；涛涛，K221013）。另外，有些留守儿童需要过早承担起协助家庭角色，从而减轻照料者的负担。例如，被送到外婆家的如如与弟弟坤坤下雨停课的时候就要和外婆一起去田里除草。“每天总有干不完的农活”（如如，E220127）。这使得父母也倾向于在条件适合的时候把子女接到城里亲自照顾。如如父亲正是对两个孩子边读书边干农活于心不忍，于是在进城的次年（1998 年）把二人接到城里的打工子弟学校读书。

（二）城市就学机会与打工子弟学校

我们接下来说明，城市入学机会是影响儿童留守/流动状态的另外一个重要因素。早在 90 年代初期，当时大城市的流动儿童的入学途径主要是缴纳借读费用进入公办学校读书。至少在北京，直到 90 年代中期，日后为我们所熟知的面向流动儿童、费用相对低廉的打工子弟学校尚未普遍出现。在此情况下，除非父母有能力承担子女在城市就读的不菲费用，否则没有进城读书的机会。1995 年六岁的威威随父母来北京，一年后还没有找到上学的地方。于是父母将威威送回老家与留在家乡的哥哥巍巍与姐姐婷婷一起在村小读书。直到 1998 年，父母看到其他老乡都把孩子带来北京的打工子弟学校念书，于是把三个孩子一起接到北京。

---

① 韩嘉玲、张妍、王婷婷：《农村留守儿童的家庭监护能力研究》，《南京工业大学学报》（社会科学版）2016 年第 2 期。

而1990年代中期出现的打工子弟学校是农民工群体“自力更生、自力救济的产物”[①]。北京最早一批创办的行知小学创始人李淑梅办校的初衷仅仅是为了“让亲戚家的孩子也有学可上”，于是在“菜地里搭了个窝棚小学”，从9个老乡的孩子开始办学。[②] 程程在1993年随父母来北京，1994年，已经六岁的程程由于没有找到学校，她只好返回老家读书。两年后，由于行知学校扩招，并搬到离他们住处不远的五孔桥，父亲便将她与姐姐接来北京，姐弟三人成为这所当时只有144名学生学校的新生源。1998年是北京打工子弟学校创办的高峰期。[③] 例如，本研究受访者曾就读的“桃园小学”成立于1998年9月。成立之初，学校不过70多名学生，但不到半年学生人数便实现了翻番，到了次年，桃园小学的学生人数已经翻了两番，达到了300多人。

随着流动儿童教育问题及打工子弟学校的出现，微观层面的办学实践引发了宏观层面的制度变化。1995年教育部开始针对流动儿童的教育问题进行调研并于1996年在六个流入地城市试点《城镇流动人口中适龄儿童少年就学办法（试行）》。1998年，国家颁发《流动儿童少年就学暂行办法》，成为中国首个针对流动儿童教育的专门政策法规。需要指出的是，这一办法只是个暂行办法，完全没有意识到城乡人口大流动将给教育带来的冲击与挑战。同一时期，面对急剧变化的人口大流动的社会格局，当时的教育体制并没有采取长远措施予以解决，基本上对流动儿童进城采取阻挡的管理策略，仅允许采取有条件借读的方式入学，并默许了简易学校的存在。[④]

不过，在微观层面，这种政策上的“默许”为流动儿童在城市就读留下了空间，同时也促成了打工子弟学校灵活而不稳定的运作模式。所谓灵活，指的是学校的管理模式和服务内容，往往从流动人口家庭的实用角度

① 韩嘉玲：《北京市流动儿童义务教育状况调查报告》，《青年研究》2001年第8期。

② 韩嘉玲：《北京市流动儿童义务教育状况调查报告（续）》，《青年研究》2001年第9期。

③ 韩嘉玲：《城市边缘的另类学校：打工子弟学校的形成、发展与未来》；孙霄兵：《中国民办教育组织与制度研究》，中国青年出版社，2003。

④ 韩嘉玲：《流动儿童教育与我国的教育体制改革》，《北京社会科学》2007年第4期。

出发，提供适应流动儿童家长特殊需求的服务。例如打工子弟学校的收费可以采取按月或学期的形式收取，如每学期300元或每月60元，满足农民工家庭的高度流动与资金周转的特殊需要。[①] 如，瑞瑞的母亲指出了公立学校和打工子弟学校收费上的不同："瑞瑞去公立学校的学前班上学，除了学费外还有借读费、赞助费，而且要一次性交清。我们也不知道明年的生意是否好做，是否还继续住在这里。一次性要交这么多，我们家三个孩子，实在负担不起，最后还是让他们都去了打工子弟学校。在这里我们要是手头紧，和校长打个招呼晚点交或每个月交都好商量。"（瑞瑞的母亲，C220425）因此对于大多数农民工家庭而言，打工子弟学校更受欢迎。

收费制度的弹性也暗示了学校无法提供有保证的教学服务和教学条件。在大多数受访流动儿童的回忆中他们的教室设施简陋。由于打工子弟学校的校舍都是租借的，多半是利用原本的厂房、菜地或民居改建的"窝棚学校"因此教室大小不一，有的大有的小。甚至桌椅板凳都是从公立学校淘汰的废品中修修补补来的。[②] 虽然校舍简陋，狭小的院子"连运动的操场都没有"（微信群聊天记录，220316），但是学校还是尽可能地"组织羽毛球、乒乓球及跳绳等运动会"（微信群聊天记录，220316）。可以看到，打工子弟学校复制了同一时期乡村小学的办学模式[③]，采取因陋就简、收费低廉的方式保证了农民工子女上学的机会。不过，虽然环境简陋，但是多数来自农村的流动儿童并不排斥，甚至认为其办学条件更好。来自湖北的艳艳说："农村学校的条件不好，上一年级的时候我老是坐在窗户旁边，窗户都破了，一下雨刮风的时候，雨就会打进来，风吹进来就很冷。但是去了北京之后，北京的学校冬天一般都有暖气，就觉得这个很好。"（艳艳，A220126）

除了学校管理富有"人情味"、收费制度灵活外，打工子弟学校还提供

---

① 韩嘉玲：《流动儿童教育与我国的教育体制改革》，《北京社会科学》2007年第4期。

② 韩嘉玲：《流动儿童教育与我国的教育体制改革》，《北京社会科学》2007年第4期。

③ 20世纪90年代中期，我国的农村教育还处在三级办学二级管理体制的背景下，村小的办学经费由村一级自筹，大多数的村小办学条件很差，还不如在城市里所谓非常办学的打工子弟学校。除了少数经济条件好的村子外，多半农村学校的办学条件是非常简陋的。

了各种教学之外的“服务”，包括提供流动儿童留校、接送、寄宿等服务。虽然从校方的角度而言，这些服务是为了吸引和留住生源，但教学之外的管理和服务在实践中确实解决了大多数农民工家庭无法按时接送或者照顾其子女需求的问题。例如，学生早上六点便可以进校，放学后可以留校写作业到八点，这样父母可以按上下班的时间来照顾子女。有的学校甚至提供学生在校食宿的条件，以满足有此特殊需要的家庭。① 除此之外，打工子弟学校是围绕人口流动和聚居而设立的；课本采用全国教材，是考虑流动儿童回老家继续升学的需要；入学转学灵活，方便流动儿童随时插班、转学等。② 正是因为有了行知及桃园学校等面向流动儿童的学校，流动儿童才有机会从老家来到北京读书并与父母团聚。

但这种管理和服务的灵活性也为打工子弟学校运作的不稳定性埋下了伏笔。如我们指出的，学校的收入直接源自每年的就读儿童的学费，但是每年读书的学生人数本身会因为家庭流动和当地流动人口结构而变化。打工子弟学校的运作基本是依靠收取学费来维持，然而它面向的又是低收入群体的农民工，低廉的学费虽然使得学校有生源，却难以保障流动儿童得到稳定的教学服务，这同时导致了它难以获得合法身份。校址到期、生源减少、收不抵出、校址拆迁等因素都会导致打工子弟学校的换址、关停和转手。流动儿童只能因此不断更换学校。例如，到了 2000 年，由于桃园学校的六年级学生只剩下六七个，学校决定停止当年的六年级招生。程程、军军、燕燕、如如等人只能转到离家远点的位于北高庄村的行知学校读书。争争也回忆道：“我读五年级时柴家坟桃园学校没有了，我去篱笆房的桃园上五六年级。”（争争，A211014）他们就读的桃园学校从柴家坟（1998 年）搬到篱笆房（2000 年），2004 年又搬到田村。附近一所行知学校从办学后也搬迁了十余次。这种就读场所和环境的频繁变动，对于流动儿童而言并非好事，每一次变动都需要长时间的重新适应。

① 韩嘉玲：《流动儿童教育与我国的教育体制改革》，《北京社会科学》2007 年第 4 期。

② 韩嘉玲：《流动儿童教育与我国的教育体制改革》，《北京社会科学》2007 年第 4 期。

“我五年级时，桃园没有学生了，我们都去了比较远的行知学校（在北高庄）。我们很多人都去行知读书，教室不够，全给放在一个原本存放电脑的房间里。我觉得那时候教室里挺挤的，人特别多。虽然人多，但我并没有什么好朋友。我原本桃园的玩伴有河南的、安徽的，因为学校没了，很多人都回老家读书了。”（燕燕，B211204）

需要指出的是，虽然微观层面的学校运作可能会产生影响，但宏观层面的升学政策约束，才是影响儿童能否继续留在北京等大城市求学的关键。在2013年异地中考与高考政策未出台之前，义务教育后的中考与高考制度下儿童只能在户籍所在地的省市参加中高考。一般想继续升学的流动儿童都会被父母安排在六年级或初中阶段回老家，以提前适应户籍所在地的命题方式和考试内容。[①] 没有升学意愿的儿童则多半就继续留在北京的打工子弟学校读初中。对于绝大多数期望子女通过教育改变命运的农民工家庭而言，送子女回老家读书成为一件再自然不过的事情。然而，事与愿违，即使流动儿童回到原籍初中读书，再次留守的儿童们也往往因学业衔接不适应、环境变化等各种原因而成绩一落千丈。就我们的调查对象而言，不少流动儿童都是在回去升学路上铩羽而归，只好提前进入劳动力市场，由此结束了他们的童年生涯。

（三）儿童社会空间与社会关系再生产

最后，我们试图从流动儿童在城市的社会空间和社会关系再生产的角度来解释留守/流动身份变化的制度性影响。就读于桃园学校的流动儿童家庭当时大多居住于当地城乡接合部，要么是几家人同住在农户的院子（类似四合院的格局，多半会分隔出几间屋子），或是厂房改造成的隔断房。这也意味着居住空间窄小，活动空间有限。例如，程程一家五口睡在“用木板搭的床上。爸爸妈妈和弟弟睡一张床，我和我姐睡一张床，一人一头”（程

① 韩嘉玲：《流动儿童教育与我国的教育体制改革》，《北京社会科学》2007年第4期。

程，C220307）。而烨烨的居住环境也极为相似：

> “那时候我们家里面四口人就住一个小屋里，屋里边可窄了，吃睡做饭都在一个屋里边。夏天就搭个地铺在地上，要么就是上下铺。用水都要到外边的院子里去接，而且那个时候经常停水。譬如说我洗澡或我哥洗澡，我们一家人都得出来在外边待着，等洗完了然后其他人再进去。”（烨烨，G220315）

在这样有限的居住空间和条件下，打工子弟学校不仅是流动儿童在大城市的一个就学场所，更是其童年生活的重要活动空间。因为打工子弟学校提供了一个相对而言更加安全和熟悉的童年活动空间。在程程的回忆中，因为当时租住的房子和学校很近，夏天的时候干脆和烨烨两人跑到学校里睡觉。“我和烨烨常常跑到学校最东边的教室，把几张桌子并在一起就睡在学校”（程程，C220307）。这里可以看到打工子弟学校的二重性，校园不仅是一个纯粹的教学空间，也是学生放学后的娱乐和社交活动空间。这样一来，流动儿童在城市的社会空间则以打工子弟学校为中心向外扩散。

> “虽然同学都是来自五湖四海，但是玩伴多半还是湖北的，也基本上住在我们那几个大院附近的……可能是离得比较近，而且又天天在一起，所以我们就在一起（玩）的机会比较多。有时候我们就去（学校）对面那个山上玩，也喜欢去河边，就是柴家坟往西走……有个闸道，下面非常深的，我们从三米上面往下跳……还有时候我们去（学校附近的）桃园偷桃吃。”（军军，B211102）

而军军的回忆揭示了两重含义。第一，流动儿童的城市社会空间以学校为中心向外扩散，在童年的课后生活中，儿童不断对陌生的城市空间进行探索，并逐渐熟悉自己所生活的社区。第二，这种探索的过程，依赖于以打工子弟学校为中心彼此熟悉的同学群体。而这些同学同在打工子弟学校，往往是亲戚、老乡和来自五湖四海的流动儿童，彼此之间拥有身份认同和熟悉感。这样一来，流动儿童就从“异乡人”而逐渐在居住、就学社区中建立自己对附近的熟悉感，而不仅仅维持一个“悬浮”的身份。[①] 换言之，以打工子弟学校为中心的社会空间的形成对流动儿童的童年生活而言非常重要，为儿童融入城市提供了一个中介桥梁。

如果说打工子弟学校为流动儿童在城市的活动空间提供了某种支持，那么更进一步的支持来自打工子弟学校的教师群体。当流动儿童父母忙于家庭生计的时候，教师承担了放学和周末时空的监护与陪伴角色，减少了父母的家庭照料压力。在烨烨回忆中，学校里的老师甚至某种程度上充当了他们的监护人与朋友的角色。“有的时候周六周日的话，老师在学校也没啥事儿，然后还会带着学生去远一点的地方玩儿，就在四季青这附近的河边或果园里，我们一起跑，带着小孩一起跑疯玩什么的”（烨烨，G220315）。如如也有类似的回忆：

> “我们下课后会骑着车带老师去附近的河边玩耍。放寒假暑假的时候，有的老师她不回家，就让我在学校住，跟她做伴，一起睡、一起吃饭，关系比较好。有的时候可能一起看看书。我还看老师的日记，上面说校长对她有偏见，我问什么是偏见，她说你觉得什么是偏见？”（如如，E220127）

打工子弟学校教师多半由来自农村的民办教师或务工人员中文化水平比较高者，或外地刚毕业无法分配工作的师范生来担任，并基本以年轻人为主。在教学上，这些教师教学经验有限或没有教师证。不过，他/她们多半是外地来京的打工者，也住在学校或城中村社区里，所以跟学生的关系往往更加亲密。威威至今还清晰地记得在学校观看有关流动儿童采访的纪录片

---

① 有关附近性的介绍，可参见严飞和项飚的对谈。严飞：《悬浮：异乡人的都市生存》，广西师范大学出版社，2022，第 1~10 页。

时，小时候个子不高的他被前面的同学挤到后面了，来自山东的王老师“一把抱起我来，把我扛在肩上看电视”（威威，D220502）。婷婷也比较了在打工子弟学校和回流后老家学校的差异，她特别强调了和老师的关系：“回去读书当然有些不适应，主要老师也没有那么亲切。在北京读书的时候老师像朋友一样。”（婷婷，D220418）这也是为什么直到20年后，当笔者询问和观察这一批当年的流动儿童时，发现他们对当年的师生互动依然印象深刻，并在群里深情回忆起学校里的老师。例如，争争强调“在桃园小学上学的那两三年，大概是我记忆中最美好的学校时光了”（争争，A220316）。如如也认为“这一段时光是一生中最美好的。我后来做梦还会梦见我回去学校上学去了”（如如，E220127）。

除了以打工子弟学校为中心的社会空间和关系的再生产外，农民工家庭之间的互动同样形成了一个在城乡接合部/城中村的熟人社会。流动家庭在城市的流动本身嵌入了一个亲属或乡缘为基础的社会关系网络（参见项飙的浙江村研究[①]）。例如，争争母亲就回忆了当时如何拜托同是湖北的老乡帮忙接送儿子争争回家。

> “争争来北京半年后，我们找了一个关系交了点钱，读了一个公立幼儿园，但公立幼儿园一般在四五点放学，我们卖菜回来后有时赶不上准点接他。学校老师让我们想办法，于是老师帮着我们在学校里找是否有住在我们柴家坟附近的湖北老乡，刚好有个同班的湖北老乡住得离我们不远，于是我们带着水果去他们家，他们家有个大点的姐姐负责接弟弟，我们就拜托她，如果我们赶不及回来就（请她）把争争接上放她家里，我们回来后再接争争回家。有时（我们）回来晚了，他就在同学家里吃晚饭。”（争争母亲，A221108）

上文也提及，流动儿童内部也保持着这样的强社会关系。在同一个学校

① 项飙：《跨越边界的社区：北京“浙江村”的生活史》，生活·读书·新知三联书店，2018。

内部，不仅师生共同有一个“离乡背井”的外来人口身份，同学之间也往往存在乡缘与亲缘关系。流动家庭都是多子女家庭，一般有两到三个孩子，所以兄弟姊妹多半在同一所学校读书。此外，学校不止有自己家的孩子，甚至班级同学里还有自己的亲戚，如婷婷不仅与弟弟威威、哥哥巍巍就读同一所学校，同时表弟健健与表姐南南在小学与初一、初二时都是同班同学。“学习不懂时我们还相互帮忙，文具也能共享”（婷婷，D221109），这样的情况在打工子弟学校中非常普遍。此外，像在农村小学读书时一样，住在一起的他们上学与放学时也往往结伴同行。

“我们大院的几个好朋友是一起去学校的，我和艳艳，还有一个珊珊，也是我们的老乡，但她后来初一就辍学打工了，就没有联系了。学校搬家后比较远了，我们六个人一起从柴家坟骑车到篱笆房的学校，我后面驮着弟弟威威，艳艳驮着弟弟争争，珊珊带着妹妹小珊。”（婷婷，D221109）

可以看到，农民工家庭在北京城乡接合部重新生产出一个基于乡缘或亲缘的熟人社会、亲属网络。虽然农民工家庭之间可能仅仅是同乡关系或者同是外来务工身份，却发展出一个互助的社会关系，围绕身份而产生了认同的基础。对于流动家庭而言，这种社会关系的形成降低了城市的生活成本。那么对于流动儿童而言，这种社会关系也是童年照料与陪伴的重要补充。也正如此，争争至今对回流的经历非常感慨，2003 年在北京已经读初一的争争被父母安排回老家念初中，他认为，不熟悉的校园环境、社会关系的断裂以及家庭照料的缺失对其回流的初中生活的影响是巨大的：

“我相当于一个人（独自）回去做了留守儿童，那时候我姐去深圳打工也不在老家了。我回家后到镇上的初中读书，离家里有一段距离，读初中的时候寄宿了。周六日回家，周一之后在学校。没有父母在家真的很缺乏安全感，你在外头特别是当时在农村，我们的学校不太好，还会有霸凌打架的事情。像我这样的学生当时就特别容易被欺负。因为你从小不在那边读书，所以你跟他们不熟，他们就欺负陌生人、新人……原本我成绩还不错，到初三的时候成绩直线下降。上课时我很努力地去看黑板，我就集中不起来（注意力），到后面就放弃了……初中毕业没有考上（高中）就直接回北京打工了。”（争争，A211014）

第一代流动儿童的回流多半是在初中阶段回老家求学，像争争那样经历留守的流动儿童（包括了本研究中的军军、燕燕、婷婷、巍巍、如如、福福、磊磊、涛涛、亮亮等）并不在少数。在21世纪初期的撤点并校的背景下，村里普遍已经不存在初中了，所以回乡读书需要回到乡镇的初中，并不是在自己曾经生活过的村里。与此同时，回流儿童已经在北京这样的大城市生活了一段的时间，因此，回乡读书对他们来说不仅是与父母分离，更大的挑战是原有社会关系的破裂，以及对重新建立社会关系的不适应。

五　余论：未完结的童年历程与政策启示

通过对一批流动儿童20年后的回访，本文提出一个整体论出发的分析框架来解释20世纪初期儿童“留守/流动”身份变化过程中的制度性因素。我们试图说明，儿童留守和流动的经历并非割裂的，而是一个连续、动态的过程，是家庭决策在既定条件下的即兴创作。这也是马克思所指出的：“人们自己创造自己的历史，但是他们并不是随心所欲地创造，并不是在他们自己选定的条件下创造，而是在直接碰到的、既定的、从过去承继下来的条件下创造。”[①] 我们回顾了20世纪初期哪些制度运作支持、制约、引导了儿童的“留守—流动”历程，也形塑了不同儿童具体化的生命经历。我们的分析也表明，在一个诸制度因素环环相扣的流动过程中，任何一种子功能的缺失与退出都会带来非预期的结果，这也对今天的城市公共服务政策提供了某

① 马克思：《路易·波拿巴的雾月十八日》，人民出版社，2001。

种启发。

为流动人口提供“均等化的公共服务”是当前社会建设的一个政策愿景。在此原则指导下，公共部门希望通过制度正式化的方式来帮助农民工家庭及其子女在城市享有更好的公共服务。例如，从 2005 年起，北京市教委对打工子弟学校采取“扶持一批，审批一批，淘汰一批”的方式，希望提升打工子弟学校的教学与运作规范性。虽然尚存的打工子弟学校由此更加正式化了，但也更加趋向于一个纯粹的就学场所。此前运作的其他非正式制度却因此压缩和被取缔，打工子弟学校也逐渐丧失它原本为流动儿童提供弹性的、符合其需求的服务的功能。在另一个场景中，北京近十年来围绕就业产业的布局升级以及城市空间的更新，某种程度上也挤压了我们所分析的这一批农民工家庭的生计方式，并直接抬高了他们在北京生活的成本。这样一来，农民工家庭可能继续迁徙到成本更低的其他居所，终结“北漂”生涯离开北京。在此过程中，流动儿童被迫舍弃在日常生活中积累下来的社会关系，以及对所处城市社区空间的熟悉，儿童的童年社会化过程因此受到影响。避免这种断裂的后果是公共政策制定过程中需要通盘考虑的地方。因此，我们建议政策可以有机结合围绕农民工家庭所产生的非正式制度运作。例如，针对流动儿童童年生活邻里空间的缺失和童年陪伴的相对不足，可以引入相应的社会组织和社区资源来满足随迁子女的多样化需求。

最后，20 年前的第一代流动儿童如今已经成年，大多数也与父辈相似，成为在大城市漂泊的第二代流动人口——“新生代农民工”而为我们所熟知。不少受访者至今散居在北京与各地，从事各行各业。因此，延续这样一个连续性的分析思路，我们将继续关注成年的流动人口如何看待童年经历对其成年生活的长期影响，以及那些既往的童年经历是如何塑造他们对待自己的子女——也就是愈发得到关注的第二代流动儿童的，他们的亲子关系与教养方式如何。至少，笔者所回访的流动儿童，他们无不感叹地回忆起童年生活的遗憾、创伤以及丰富的情感经历，并形成某种心态或者是人生的经验总结，反映在日后的行为模式上。正如本文开头介绍的争争——2006 年，时年 17 岁、升学失败的争争回到北京开始了打工生涯。12 年后，争争决意舍弃在北京拼搏换回来的小小事业（他在北京和朋友合伙经营光通信设备维修业务），回到湖北的省会武汉开始新生活——其中一个重要考虑正是争争不希望子女重蹈自己的留守与流动的覆辙。童年历程如何影响成年的生活，或者如何成为教养观念认知的重要来源，有待我们进行更长远的探索。

B.12

迁徙的家庭与变迁的童年：人口流动给学前儿童带来的红利与挑战

王诗棋　李敏谊*

摘　要： 随着工业化和城市化进程的不断加快，人口流动规模也日益增大，所带来的流动儿童、留守儿童问题也愈加引起社会各界的广泛关注。本文以在经济发达的人口流动大省——广东省的3~6岁在园儿童的大型调研数据为基础，从家庭环境、学前教育质量两个维度着手，分别以粤东西欠发达农村地区和发达的特大城市深圳为例，分析了人口流动给学前儿童早期发展带来的红利和挑战。最后从政府、家庭、幼儿园三方合力的视角提出了相应建议，以支持流动人口家庭子女的早期发展。

关键词： 人口流动　学前儿童　儿童早期发展

人口流动所带来的家庭迁徙与童年变迁是一个全球性议题。在欧美等发达国家更多的是国际移民问题，在中国更多的是国内移民问题。随着我国工业化和城市化进程的不断加快，人口流动呈现两大趋势：数以万计的青壮年劳动力一方面从农村向城市转移，从中小城市向大城市、特大城市

* 王诗棋，北京师范大学硕士，教育学部科研助理，研究领域：学前儿童教育与发展、社会变迁与儿童发展；李敏谊，本文通讯作者，北京师范大学教育学部教授，博士生导师，研究领域：学前教育与国家发展、幼儿园教师持续专业发展及能力建设、指向可持续发展教育的幼儿园课程与教学法。

转移，另一方面是中部、西北、东北等地的人口向东南沿海集聚。第七次全国人口普查数据显示，2020 年中国流动人口规模约 3.76 亿人，占全国人口的 26.6%，较 2010 年增长约 70%。其中 0~6 岁流动儿童规模约 2351 万人，占全国同年龄段儿童人口总数的 20.8%，其中 3~6 岁流动儿童约为 1544 万人，相比于 2010 年约 680 万 3~6 岁流动儿童而言，增长了近 1.3 倍（见图 1）。

由此可见，中国人口流动更为频繁了，而且以家庭为单位的迁徙成为人口流动的主要特征。人口流动的家庭化带来了流动儿童、留守儿童以及回流儿童等问题。这些儿童数量之庞大，涉及年龄段之广泛，引发社会问题之错综复杂，吸引了各界的持续关注。进一步从流动儿童的年龄段来看，相比于 2010 年，2020 年 3~6 岁流动儿童数量明显多于 0~3 岁流动儿童。这可能与随着人口流动趋势的加强，为了让子女接受更优质的教育资源，越来越多流动家庭的父母选择将子女带在身边，在流入地接受学前教育服务有关①。但是这一抉择会面临居住地的幼儿园入学政策、费用以及家庭经济条件等的限制。也正因如此，另一部分家长选择将子女留在当地跟随父母一方或是祖辈生活，在当地接受学前教育，但这一选择会导致亲子分离，家长难以亲自养育和陪伴子女的成长。简而言之，与父母外出打工的“收入效应”相比，留守儿童所经历的“分离效应”越长，越不利于其早期学习与发展②。因此，在当下“迁徙中国”背景下，让子女成为“流动儿童”还是“留守儿童”对于迁徙中的家庭来说，一直是一个两难的选择。人口流动会对儿童早期发展带来哪些影响？公共政策如何缓解人口流动带来的流动儿童和留守儿童所引发的各种社会问题？这不仅仅是一个家庭的抉择，更关乎整个社会生态系统的运转。从儿童发展来看，儿童早期与家庭、学校、社区中的人、事物等的互

---

① 邢芸、胡咏梅：《流动儿童学前教育选择：家庭社会经济背景及迁移状况的影响》，《教育与经济》2015 年第 3 期。

② 王诗棋、李敏谊、李汪洋：《贫困地区父母外出对儿童早期发展的影响及其作用机制》，《中国农业大学学报》（社会科学版）2020 年第 5 期。

动会受到个体特征、环境的影响，并且会随着时间的推移而系统地、持续地影响儿童发展的轨迹，并影响其终生发展①(见图2)。

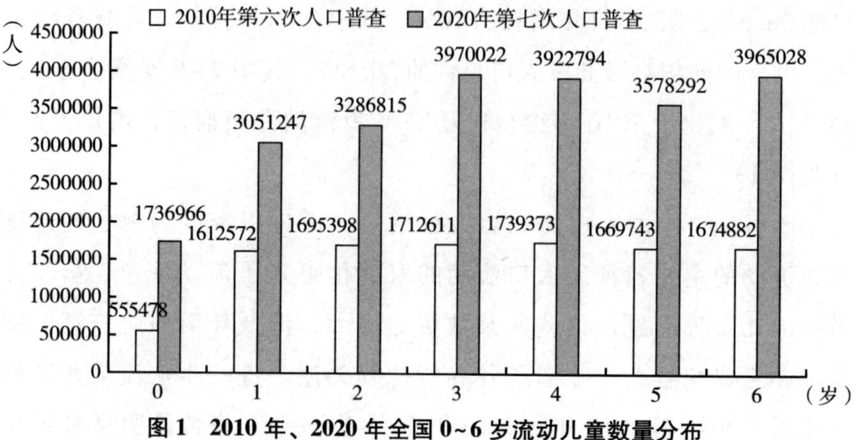

图1 2010年、2020年全国0~6岁流动儿童数量分布

资料来源：国家统计局第六次、第七次全国人口普查数据，http：//www. stats. gov. cn/tjsj/pcsj/，最后检索时间：2022年11月3日。

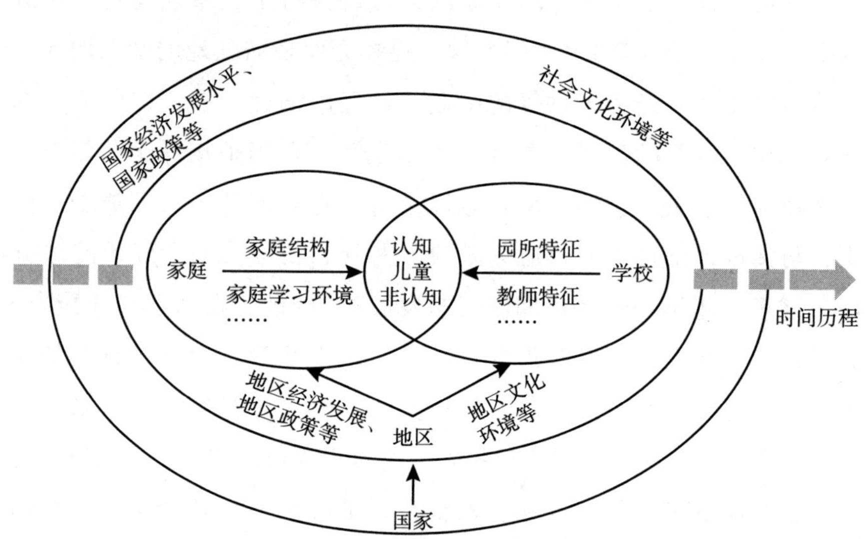

图2 生态系统视角下的儿童早期发展

① Urie Bronfenbrenner, Pamela A. Morris, "The Bioecological Model of Human Development," *Handbook of Child Psychology*; ed. Richard M. Lerner, William Damon, (Hoboken: Wiley, 2007), pp. 793-828.

因此，研究和分析人口流动与儿童早期发展问题需要丰富的多方数据，但是目前关于人口流动对儿童发展的探讨主要集中于义务教育阶段的儿童，对学前流动儿童的早期发展与教育的关注较少，也缺少相关的涉及儿童、家庭及幼儿园的大型调研数据。然而，由于学前教育不属于义务教育范畴，幼儿园异地入学政策体系相对不健全，相比于义务教育阶段流动儿童而言，学前流动儿童在受教育方面往往面临相对更大的困难。更进一步而言，2020年七普数据显示，粤港澳大湾区城市群、长江三角洲城市群和成渝城市群对于流动人口的集聚度在加大。尤其是广东省作为我国第一经济大省，跨省流入总人口接近3000万人，占广东省总人口的近三成。如何深入研究这些重点区域的迁徙中的家庭与变迁中的童年，尤其是破解如何促进学前流动儿童的早期发展与教育等问题，亟待深入研究。

本课题组于2018~2019年在广东省9个地市（广州、深圳、珠海、佛山、肇庆、东莞、中山、汕头、湛江），以幼儿园为基本抽样单位，对297所幼儿园将近27000名3~6岁儿童及其家庭、幼儿园情况进行了调研。该调研从家庭层面收集了丰富的数据，包括家庭结构、家庭社会经济地位、户口及流动状况等背景信息；从幼儿园层面收集了园所性质、质量等级、教师学历、资质等结构性质量的相关信息，能够为本研究主题的分析提供较为丰富的数据资源。因此，本报告将基于生态系统理论，利用本课题组在广东省的调研数据，首先描绘珠三角地区学前流动儿童的迁徙图谱，然后进一步分析省内以及省际人口流动给学前儿童早期学习与发展带来的红利与挑战，并提出有针对性的政策建议。

一　流动儿童何处来——珠三角地区学前流动儿童的迁徙图谱

国家统计局公布的第七次人口普查数据显示，广东省作为我国常住人口最多的省份，也是流动人口最多的省份。2020年，广东省常住人口达12601万人，自2007年以来，连续14年常住人口规模居全国首位。其中，流动人口为5207万人，占常住人口总规模的41.3%。流动人口中，省际流动人口为2962万人，省内流动人口为2244万人，与2010年第六次全国人口普查数据相比，流动人口增加了1774.7万人，增长51.7%[①]。经济快速发展带来人口快速流动，并进一步向珠三角城市群和都市圈集聚。庞大的人口流动在为广东省特别是珠三角经济发展和社会建设起着积极促进作用的同时，也对流入地有限的公共资源带来了挑战，尤其是外来人口的家庭养老、医疗待遇、子女入学等一系列问题日益突出。在分析人口流动对学前流动儿童教育带来的影响之前，明确流动儿童群体的迁徙方向及人口构成有其必要性。因此，本节主要利用课题组在广东省珠三角地区的调研数据，试图勾勒出珠三角学前流动儿童的迁徙图谱及人口特征。

如图3所示，在珠三角地区参与调研的22652名学前儿童中，流动儿童规模约占总体的36.5%，且省际流动的比例（22.5%）高于省内流动的比例（14.0%）。从流动方向来看，主要为由乡村向城市流动；从流出地来看，省际流动主要来自湖南省、广西壮族自治区、湖北省、江西省、四川省等地。从平均家庭社会经济地位[②]来看（见图4），本地儿童最高，省际流动儿童次之，省内流动儿童的家庭社会经济地位最低，但相比于本地儿童，省际和省内流动儿童的平均家庭社会经济地位差距较小。具体而言，从父母平均受教育年限来看，珠三角本地儿童父母平均最高受教育年限为14.34年，比流动儿童父母最高受教育年限平均高2年左右；从父母职业地位来看，本地儿童父母主要集中于个体工商户、办事人员及专业技术人员阶层，而流动儿童父母主要集中于产业工人及个体工商户阶层；从家庭经济收入来看，本地儿

① 广东省统计局：《广东省第七次全国人口普查主要数据解读稿》，http://stats.gd.gov.cn/tjgb/content/post_3283438.html，最后检索时间：2022年11月1日。

② 本文中“家庭社会经济地位”这一综合指标由“父母最高受教育程度”“父母最高职业阶层”“家庭平均月收入”三个指标合成。主要借鉴陈艳红（2014）以及任春荣（2010）提出的方法来计算儿童的“家庭社会经济地位”指数。具体而言，首先分别选取儿童父母受教育程度及职业阶层较高的一方赋值，作为其在两项指标上的得分进入下一步计算。然后对儿童家庭月收入、职业阶层、受教育程度进行缺失值处理，有一项缺少即将其作为缺失样本，并转换为标准分。最后对家庭月收入、职业阶层、受教育程度三个变量的标准分进行主成分分析，获取每个变量的因素负荷，进而按照公式计算出每个儿童的家庭社会经济地位指数。

童父母平均月收入主要集中于8000~12000元，而流动儿童父母平均月收入主要集中于4000~8000元。再从儿童所在地域来看，本地儿童中珠三角核心区——广州、深圳儿童的平均家庭社会经济地位最高；省内流动儿童中来自粤东西的儿童平均家庭社会经济地位明显低于珠三角城市群中相互流动的儿童；省际流动儿童中来自东部省份的儿童平均家庭社会经济地位高于来自中西部省份的儿童。从家庭结构来看，本地儿童中与祖辈同住的比例（64.6%）明显高于省内流动儿童（49.7%）及省际流动儿童（48.6%）。

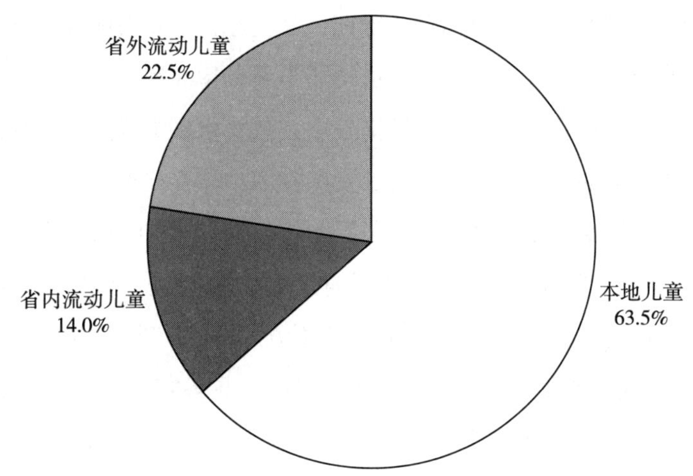

图3　珠三角地区学前流动儿童比例

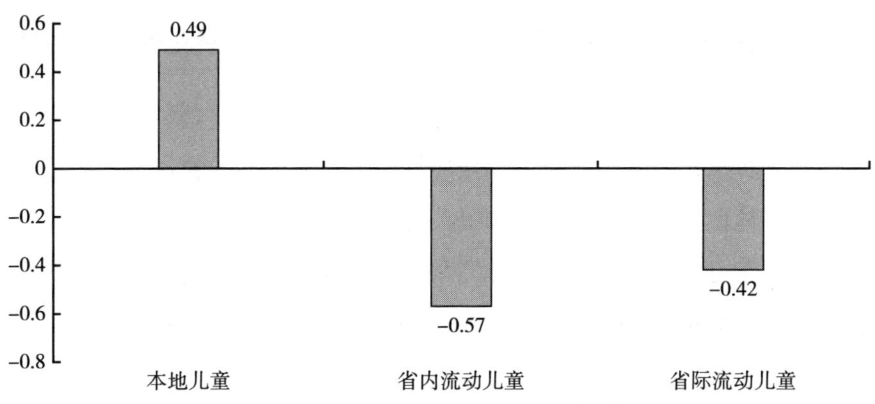

图4　珠三角地区学前流动儿童家庭社会经济地位分布

二　省内农村儿童进城得到的流动红利

为了寻求更好的工作机会、更高的经济收入以支持家庭发展，大量人口从经济欠发达地区迁移至经济发达地区，流动人口子女的教育和养育问题也日益突出①，于学前阶段儿童而言，这一问题更加严重，一是由于学前教育不同于义务教育，异地接受学前教育服务的政策尚未完善；二是由于学前阶段儿童正处于生理、心理发展的敏感期和关键期，家长在儿童身边的养育和陪伴对其早期发展非常重要。因此，是带子女流动还是将其留在家乡，成为许多流动人口家庭的一个两难选择。那么，在经济发展和教育水平欠发达的农村地区，父母的决策呈现怎样的样态？相较于将子女留在家中接受当地较低质量的学前教育服务而言，将子女带在身边在异地接受学前教育是否对儿童的早期发展更好？

因此，本节主要利用了课题组在广东省的调研数据，聚焦户口地为粤东西农村地区的儿童，将这一群体根据流动状况划分为三类：与父母同住在粤东西的儿童（农村本地儿童），父母外出被留守在粤东西的儿童（农村留守儿童），以及随父母迁移到珠三角的儿童（农村流动儿童），比较这三类儿童在家庭环境、学前教育机会与质量及早期发展结果上的差异，试图描述和阐释欠发达地区人口向上流动对儿童发展带来的红利。

（一）欠发达地区农村儿童的家庭环境——流动家庭有更好的育儿质量

如图 5 所示，在三类儿童中，与父母同住在粤东西的农村本地儿童的家庭社会经济地位最低，父母单独外出的农村留守儿童家庭社会经济地位次之，而跟随父母从粤东西迁徙至珠三角的农村流动儿童家庭社会经济地位相对更高②。具体而言，从父母平均受教育年限来看，三类儿童父母的平均最

---

① 朱斌、王元超：《流动的红利：儿童流动状况与学业成就研究》，《人口与发展》2019 年第 6 期。

② 本节中标准化的家庭社会经济地位计算的样本为粤东西农村地区入样儿童总体。

高受教育年限无显著差异，但农村流动儿童父母的平均最高受教育年限最高，为 11.77 年；从父母职业地位来看，农村本地儿童父母职业为无业失业/半失业阶层、农业劳动者阶层、产业工人阶层的比例（33.8%）明显多于农村留守儿童（26.8%）及农村流动儿童（21.7%）父母中相关职业所占的比例。从家庭经济收入来看，本地儿童家庭的平均月收入最低，月收入在 8000 元以下的家庭占比超过一半（67.1%），其中平均月收入在 4000 元以下的家庭占比将近 30%（27.8%），农村留守儿童家庭平均月收入在 4000 元以下的比例为 20.9%，而农村流动儿童家庭这一数值仅为 16%。由此可见，跟随父母从粤东西农村迁移到珠三角的流动儿童在家庭社会经济地位上相对更高。流动带来的收入效应显而易见，当然这也说明“不是猛龙不过江”。有能力在省内迁移的家庭可能本身就是综合实力更好的家庭，这本身就是一种选择效应。从家庭人口结构来看，粤东西农村本地儿童和留守儿童中与祖辈同住的比例都约为 70%，以主干家庭为主；而农村流动儿童中这一比例不到 50%，由此可见，更多的流动家庭是核心家庭。

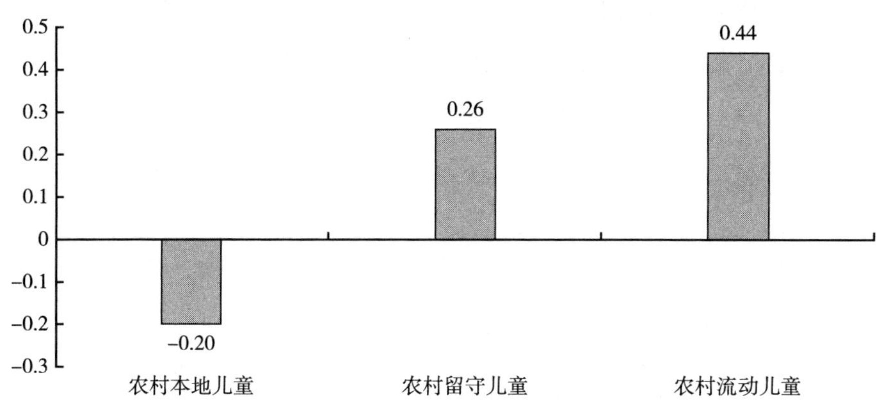

图 5　粤东西农村儿童家庭社会经济地位分布

为了更好地分析农村本地儿童、农村留守儿童、农村流动儿童在家庭环境上的差异，除了家庭社会经济地位这一指标外，课题组还使用家庭环境观察评估表（Home Observation for Measurement for the Environment，HOME）

这一世界范围内应用广泛的家庭环境和养育质量的评估工具来评估儿童的家庭环境[1][2]，该量表主要关注儿童在家庭中可得到的激励和社会情感的支持等各个方面的数量和质量，关注儿童在与家庭环境有关的客体、事件相互作用中接收到的信息[3][4]。原量表采用家长报告和访员观察相结合的方式进行数据收集，由于本调研采用问卷调查形式收集信息，经改编仅使用了原量表中家长报告部分的题项，该量表包括学习材料、语言刺激、学习刺激、物理环境、家长的榜样作用、多样性六个维度，量表得分越高，表明家庭养育环境质量越好。那三类儿童在家庭养育环境质量上有何差异？以往研究发现，父母外出会带来亲子分离，导致家庭部分养育功能缺失，进而对儿童的身心健康产生负面影响，这也就是所谓的“分离效应”，社会支持理论认为，社会连带的缺乏会在一定程度上损害人的健康[5]。本课题组之前在甘肃省某国家级贫困县的一项追踪调查研究也发现[6]，与和父母同住的农村本地儿童相比，父母外出的农村留守儿童的家庭更缺乏充分、有效的亲子交流，家庭养育环境质量也因此变差，在贫困地区，儿童的家庭经济条件普遍较差、生活及教育资源相对匮乏，承担留守儿童主要照料人角色的多为受教育水平低、养育理念落后的祖辈。对于正处在生长发育敏感期和关键期的学龄前儿童来说，家庭照料、亲子互动缺失，且缺少相应的替代和补偿措施[7]，将严重影响其身

---

① Robert H. Bradley, Robert F. Corwyn, “Caring for Children around the World: A View from HOME,” *International Journal of Behavioral Development* 29 (2005): pp. 468-478.

② 李艳玮、李燕芳、刘丽莎、吕莹：《家庭学习环境对儿童早期学业和社会技能的作用》，《心理发展与教育》2013 年第 3 期。

③ Robert H. Bradley, Bettye M. Caldwell and Robert F. Corwyn, “The Child Care HOME Inventories: Assessing the Quality of Family Child Care Homes,” *Early Childhood Research Quarterly* 18 (2003): pp. 294-309.

④ 卢珊、李璇、姜霁航、王争艳：《中文版婴儿—学步儿家庭环境观察评估表的信效度分析》，《中国临床心理学杂志》2018 年第 2 期。

⑤ 赵晓航：《父母外出务工对农村留守儿童健康的影响——基于 CFPS 2012 数据的实证分析》，《社会发展研究》2017 年第 1 期。

⑥ 王诗棋、李敏谊、李汪洋：《贫困地区父母外出对儿童早期发展的影响及其作用机制》，《中国农业大学学报》（社会科学版）2020 年第 5 期。

⑦ 中国发展研究基金会：《中国儿童发展报告 2017》，https://cdrf.org.cn/jjh/pdf/fazhanbaogao.pdf，最后检索时间：2022 年 11 月 2 日。

心健康发展。那在经济发达省份的欠发达农村地区，农村本地儿童、留守儿童及流动儿童的家庭养育环境是否也会呈现相似的样态？与父母在一起是否更好？本课题组通过数据分析发现（见图6），相比于与父母分离的农村留守儿童而言，与父母在一起的农村本地儿童和农村流动儿童的家庭养育环境质量显著提高。同时，家庭养育环境质量又与家长的受教育水平、家长的养育知识和观念、家庭经济条件等因素密切相关，因此相比于家庭社会经济地位较低的农村本地儿童而言，家庭社会经济地位相对最高的农村流动儿童，其家庭养育环境质量最高。因此，对于学前阶段儿童而言，与父母在一起对于良好养育环境、良好亲子关系的建立具有重要作用。

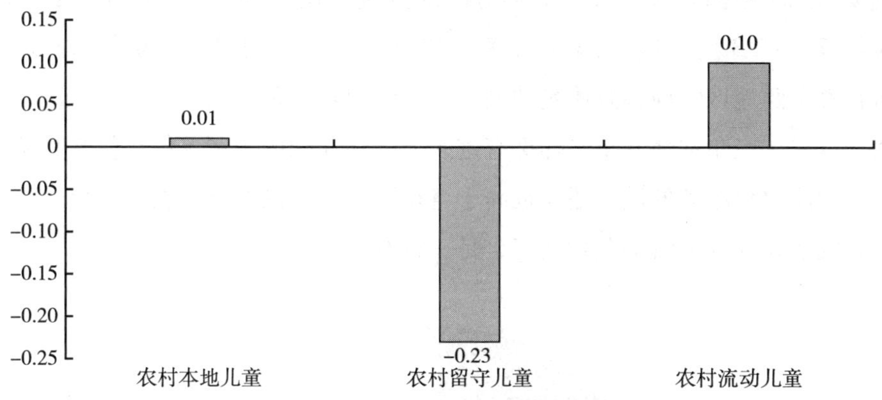

图6 粤东西农村儿童家庭养育环境质量分布

（二）欠发达地区农村儿童的学前教育质量——向上流动带来更好的学前教育机会和质量

相比于把子女留在家中而言，把孩子带在身边固然能够给予其相对充分的亲子陪伴，但是受限于学龄前流动儿童的学前教育政策不健全等外部因素，将子女带到外地接受学前教育服务对于欠发达农村地区的儿童而言，学前教育服务是否质量更高？这也是许多流动人口家庭选择困难的一个重要原因。本节通过对三类儿童所就读幼儿园的园所性质、质量等级、教师学历、教师资格进行比较发现（见图7、表1），在园所性质上，继续留在粤东西农村地区的儿童（农村本地儿童、农村留守儿童）主要就读于当地公办园，而跟随父母迁移至珠三角地区的农村流动儿童主要就读于民办普惠园。在园所质量等级上，农村本地儿童、农村留守儿童就读于规范化及以下质量园所的比例在70%左右，而农村流动儿童这一比例不超过50%，而就读于省一级、市一级园所儿童的比例（29.1%）远高于农村本地儿童（16.4%）及农村留守儿童（18.2%）。在教师资质上，粤东西农村流动儿童所就读园所教师中拥有幼儿园教师资格证的教师数量占比（68.3%）远高于农村本地儿童（53.4%）和农村留守儿童（56.3%）。在教师学历上，农村流动儿童就读幼儿园中拥有大专及以上学历教师数量占比（59.2%）也高于农村本地儿童（45.3%）和农村留守儿童（48.4%）。由此可见，广东省内部珠三角和粤东西地区学前教育质量的差异，虽然跟随父母流动至珠三角地区的儿童难以像珠三角本地儿童一样拥有进入公办幼儿园的便利条件，但是其所接受的学前教育服务的质量还是远高于粤东西农村地区的学前教育质量，这对于欠发达地区农村流动儿童而言，是一种红利。

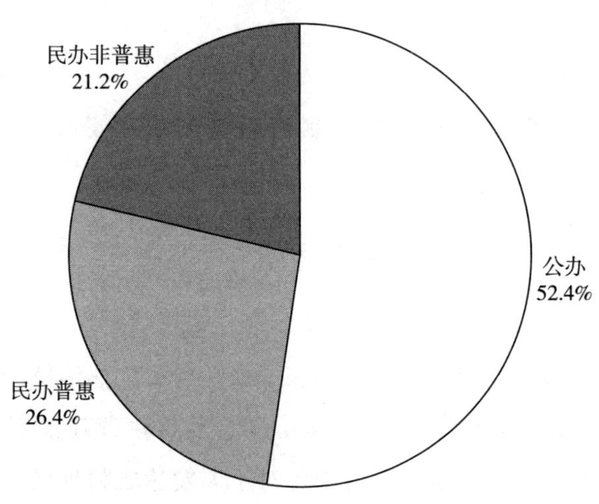

图7（a） 农村本地儿童就读园所的性质分布

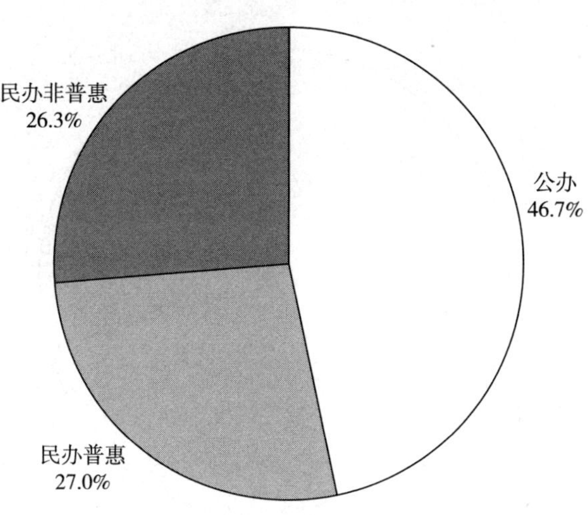

图 7（b） 农村留守儿童就读园所的性质分布

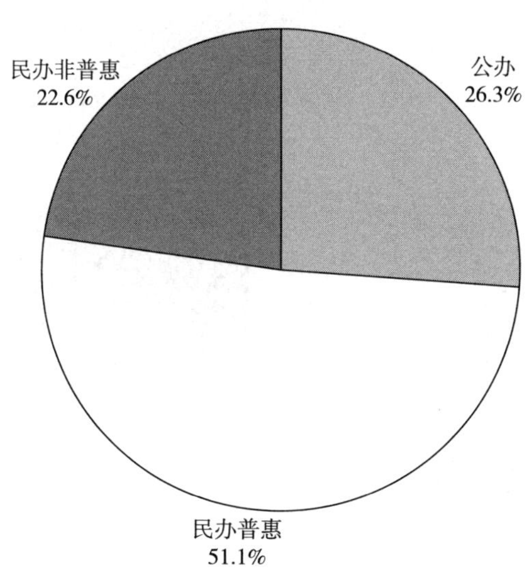

图 7（c） 农村流动儿童就读园所的性质分布

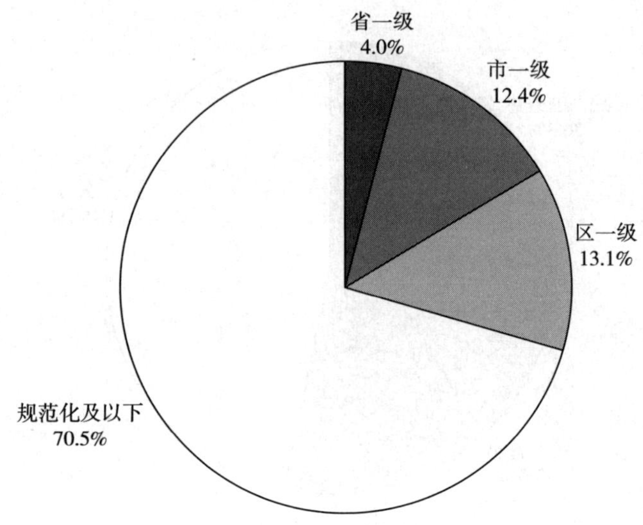

图 8（a） 农村本地儿童就读园所的质量等级分布

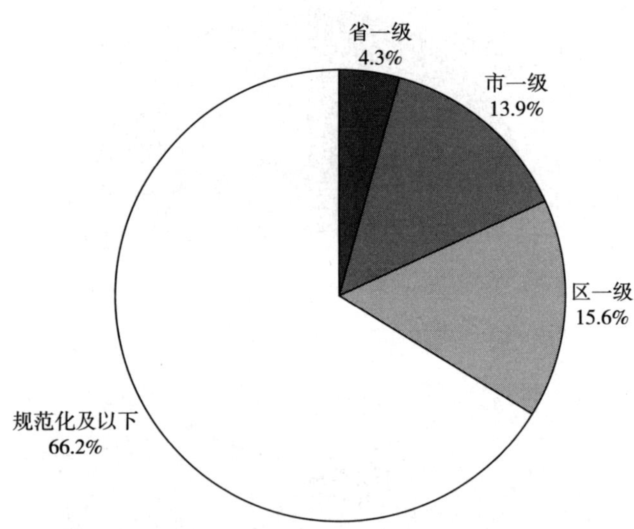

图 8（b） 农村留守儿童就读园所的质量等级分布

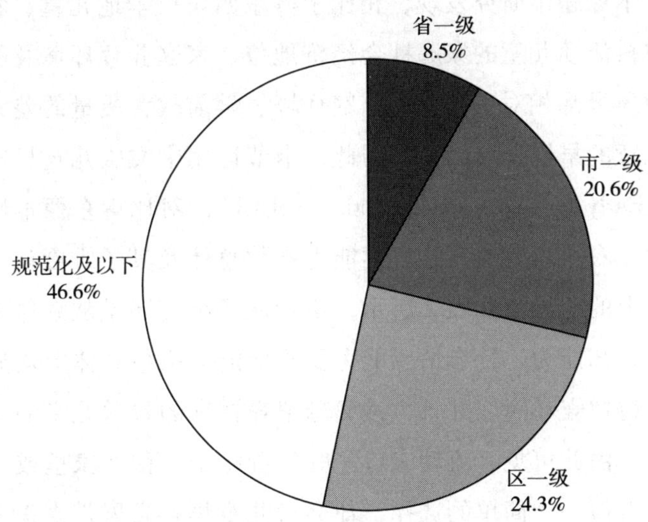

图 8（c） 农村流动儿童就读园所的质量等级分布

表 1 粤东西三类农村儿童就读园所教师资质和学历情况

单位：%

	园所教师拥有幼儿园教师资质占比	园所拥有大专及以上学历教师占比
农村本地儿童	53. 4	45. 3
农村留守儿童	56. 3	48. 4
农村流动儿童（粤东西→珠三角）	68. 3	59. 2

（三）欠发达地区农村儿童的早期发展结果——与父母一起流动的儿童是赢家

粤东西农村地区人口流动带来的流动和留守儿童问题，体现在家庭环境的变迁、接受学前教育服务质量的变迁等方面。从儿童发展来看，儿童早期与家庭、学校、社区中的人、事物等的互动会受到个体特征、环境的影响，并随着时间的作用而系统地、持续地影响儿童发展的轨迹，影响其终生发展。本课题组研究发现，相比于粤东西农村本地儿童、农村留守儿童而言，农村流动儿童的家庭社会经济地位、家庭养育环境及所接受学前教育服务的质量都相对更高，那家庭环境、学前教育质量的差异是否以及如何影响儿童的早期发展结果？因此，本节运用中文版儿童早期能力指数量表（The Early Human Capacity Index，eHCI），对比粤东西本地儿童、农村留守儿童、农村流动儿童在早期能力指数总体及其子维度认知能力、社会情感能力上的差异。如表 2 所示，不管从子维度还是从总体来看，农村流动儿童在认知能力、社会情感能力及早期能力指数总体上均显著高于农村本地及农村留守儿童。并且，被父母留守在家的农村儿童的早期发展结果得分最低。由此可见，流动人口家庭父母将子女留在家里或是将子女带在身边这样看似一个简单的选择，却会对儿童早期发展带来很大影响。尤其对于欠发达地区农村儿童而言，不管从家庭养育环境质量，还是从儿童所接受的学前教育服务质量来看，相比于亲子分离，与父母在一起是一种更优的选择。

表 2　粤东西农村儿童早期能力指数差异分析

	农村本地儿童		农村留守儿童		农村流动儿童		显著性水平
	均值	标准差	均值	标准差	均值	标准差	
认知能力	-0.03	1.00	-0.25	1.05	0.16	0.96	P<0.001
社会情感能力	-0.01	0.99	-0.20	1.12	0.10	0.97	P<0.001
早期能力指数	-0.01	0.96	-0.23	1.04	0.17	0.99	P<0.001

三　发达城市地区流动儿童面临的挑战

与欠发达地区农村留守儿童相比，跟随父母从粤东西农村地区流动到珠三角地区的儿童获得了更好的发展，这算是人口流动的一种红利。但是与流入地本地儿童相比，受限于学前教育异地入学政策不完善等因素，流动儿童是否以及面临着哪些挑战呢？本节主要利用了课题组在珠三角核心区之一——深圳市的调研数据，结合两类流动儿童（省内流动儿童、省际流动儿童）与本地儿童的比较，分析三类儿童在家庭环境、学前教育质量及早期发展结果上的差异，试图描述和阐释发达城市地区人口流动对儿童发展的挑战。

（一）发达城市地区流动儿童的家庭环境——省内流动家庭相对弱势

统计数据显示，深圳市接受调研的5208个幼儿园在读的学前儿童中，本地儿童占比58.7%，流动儿童占比41.3%，其中省内流动儿童占比16.0%，省际流动儿童占比25.3%，可见深圳市流动儿童比例（41.3%）明显高于调研样本中整个珠三角地区流动儿童的比例（36.5%），说明珠三角核心区，特别是深圳这一经济发达、就业机会更多的大城市的吸引力更大，人口流动也因此更为频繁。从家庭环境来看，在家庭社会经济地位上，如图9所示，深圳市本地儿童家庭社会经济地位显著高于流动儿童，在流动儿童群体中，省内流动儿童最低[①]。具体而言，从父母平均受教育年限来看，三类儿童父母的平均最高受教育年限存在显著差异，其中，深圳市本地儿童父母的平均最高受教育年限最高，为15.19年，省际流动儿童父母其次，为13.23年，省内流动儿童父母最低，为12.15年。从父母职业地位来看，深圳市本地儿童父母职业为办事人员阶层、专业技术人员阶层的比例（40.3%）明显多于省际流动儿童父母（30.7%）、省内流动儿童（22.0%）父母中相关职业所占的比例。从家庭经济收入来看，深圳市本地儿童家庭的平均月收入最高，月收入在12000元以上的家庭占比72.9%，省际流动儿童家庭中这一占比为50.7%，省内流动儿童家庭中该比例为44.1%。由此可见，深圳市本地儿童的家庭社会经济地位最高，而省际流动儿童的家庭社会经济地位比省内流动儿童高，这也验证了一句俗语“不是猛龙不过江”，这与深圳市高新技术产业的发展对外省市高端知

① 注：本部分标准化的家庭社会经济地位计算的样本为深圳市入样儿童总体。

识技术人才的吸引有着密切关系。从儿童流入的地市来看，省内流动儿童中仅有 15.4%的儿童从珠三角其他地市流入深圳市，其他的 84.6%的儿童均来自粤东、粤西、粤北地区；省际流动儿童主要来自邻近广东省的中部地区省份。从家庭人口结构来看，深圳市本地儿童中与祖辈同住的比例为 59.2%，而省际流动和省内流动儿童中这一比例不及50%。

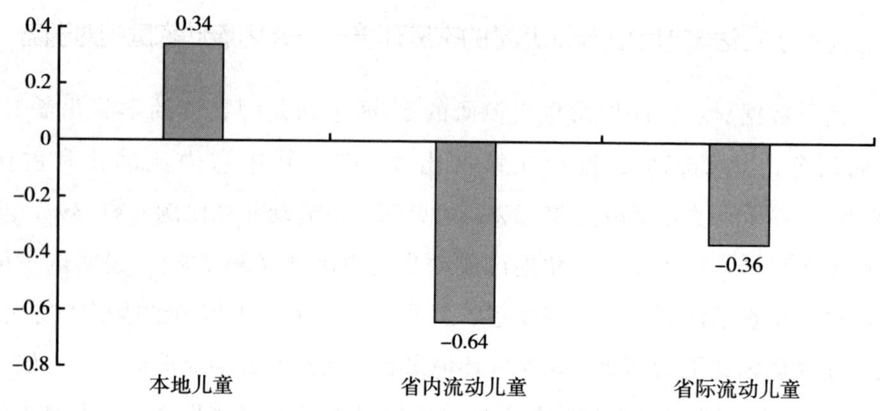

图 9　深圳市本地、流动儿童家庭社会经济地位分布

从家庭养育环境来看，如图 10 所示，深圳市本地儿童的家庭养育环境质量最高，省际流动和省内流动儿童的家庭养育环境质量类似。这一结果与家庭社会经济地位和家庭人口结构等因素密切相关①②。从父母受教育水平来看，相比于流动儿童，深圳市本地儿童的父母平均受教育年限相对更长，在养育知识、养育理念与技能上相对更为充分、科学；从家庭收入来看，本地儿童家庭月收入更高，家长有更多的资金可用于支配和进行子女的教育投资；从家长职业地位来看，本地儿童家长的职业地位更高，可能也相应会有更固定的时间能够用来分配给家庭，用于陪伴子女成长。同时，本地儿童家

① Robert H. Bradley, Robert F. Corwyn, Harriette Pipes McAdoo and Cynthia Garcia Coll, "The Home Environments of Children in the United States Part I: Variations by Age, Ethnicity, and Poverty Status," *Child Development* 72 (2001): pp. 1844-1867.

② Erika Hoff, Brett Laursen, "Socioeconomic Status and Parenting," *Handbook of Parenting*; ed. Marc H. Bornstein, (Mahwah: Erlbaum, 2002), pp. 231-252.

庭中与祖辈同住的比例相对较高，祖辈能够在一定程度上起到协助儿童父母照顾、陪伴及教育儿童的作用。相比之下，流动人口家庭的父母出于工作忙碌等原因，可能难以分配充分的时间精力来陪伴和养育子女、创设良好的家庭养育环境以支持儿童的早期发展①。

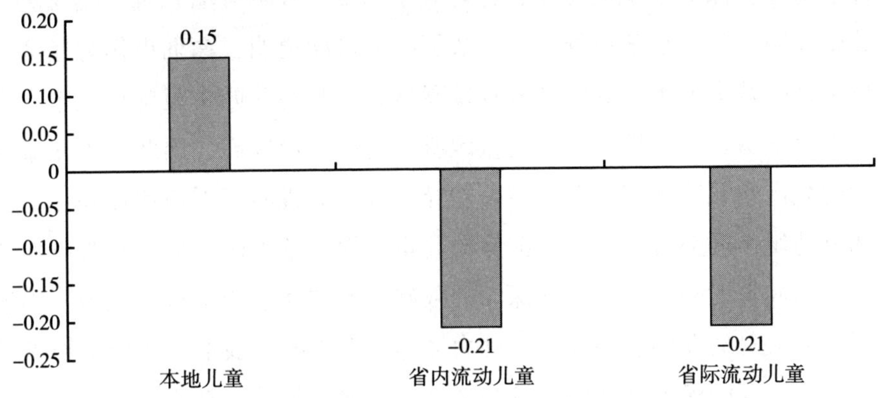

图 10　深圳市本地、流动儿童家庭养育环境质量分布

（二）发达城市地区流动儿童的学前教育质量——从“有学上”到“上好学”的进程中

以往研究发现，城市流动儿童和城市本地儿童在教育资源的可获得性和可负担性上存在显著差异②，相比于本地儿童，受制于异地入学升学政策，以及城市优质学前教育资源供给紧缺与需求量大的矛盾，流动儿童在流入地的教育问题备受社会关注。本节通过对深圳市本地儿童、省内流动儿童、省际流动儿童所就读幼儿园的园所性质、质量等级、教师学历、教师资格进行比较发现（见图 11-12、表 3），在园所性质上，深圳市本地儿

① 刘军萍、李彦、陈静：《流动的关怀：家庭公共政策视角下城中村流动儿童学前教育支持研究》，《少年儿童研究》2019 年第 8 期。

② 路锦非：《城市流动儿童的融入困境与制度阻隔——基于上海市的调查》，《城市问题》2020 年第 5 期。

童就读于公办园的比例（11.9%）高于流动儿童，但省内和省际流动儿童之间无显著差异，这可能与深圳市幼儿园中公办园占比小，民办园占比大有关；在园所质量等级上，同园所性质类似，本地儿童就读于优质园的比例高于流动儿童，但省内、省际流动儿童之间无显著差异。在教师资质和教师学历上，深圳市本地儿童、省内流动儿童、省际流动儿童三类儿童所就读幼儿园之间无显著差异。这一数据结果可能说明，深圳市作为经济和教育发达的特大城市，其学前教育发展良好，其幼儿园中教师持证率、大专及以上学历教师比例普遍较高，园所结构性质量较高，因此三类儿童所就读的城市幼儿园之间不存在显著差异。也可能说明深圳市积极关注、帮扶和资助城市弱势群体，在学前流动儿童入学升学方面采取了较为有效的措施。如放宽对外来人口落户深圳的限制，增加幼儿园学位、大力扩展普惠园、加大对幼儿园弱势儿童资助力度等。但也提示我们，可能需要考虑其他更为重要的评价幼儿园质量的指标，比如以师幼互动为核心的过程性质量，以及考虑家长教育支出等其他因素，才能进一步了解本地儿童和流动儿童在接受学前教育服务上的差异，进而提出相应的对策。

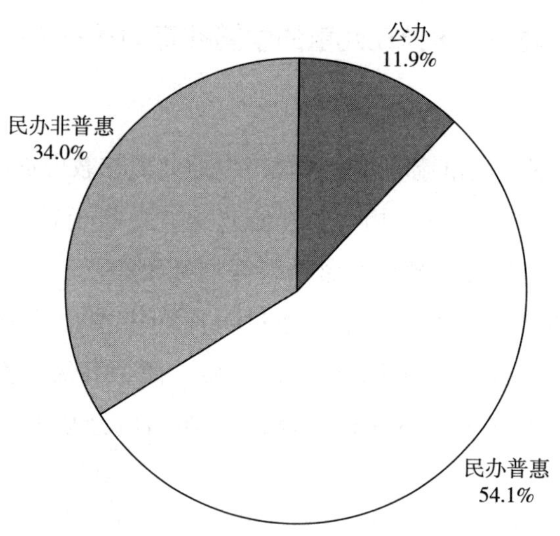

图 11（a） 深圳市本地儿童就读园所的性质分布

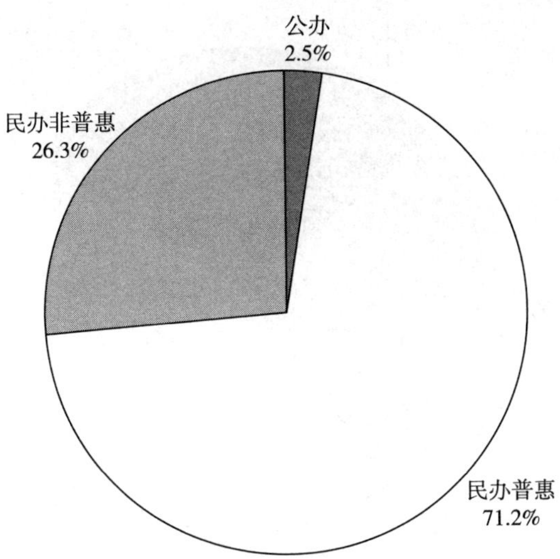

图 11（b） 省内流动儿童就读园所的性质分布

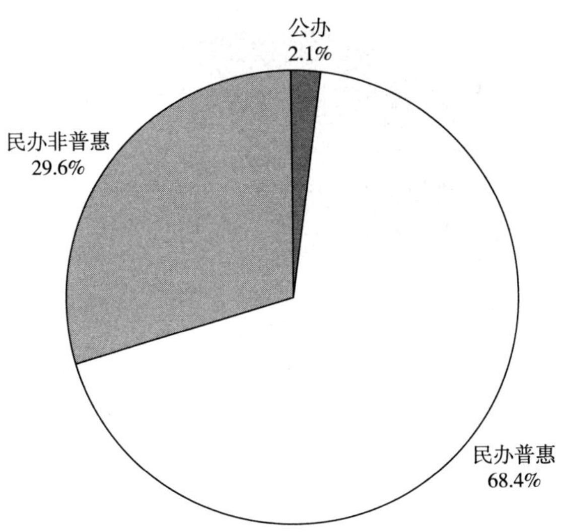

图 11（c） 省际流动儿童就读园所的性质分布

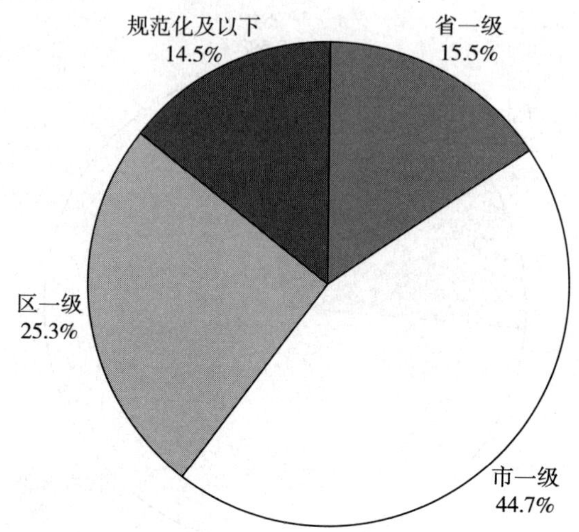

图 12（a） 深圳市本地儿童就读园所的质量等级分布

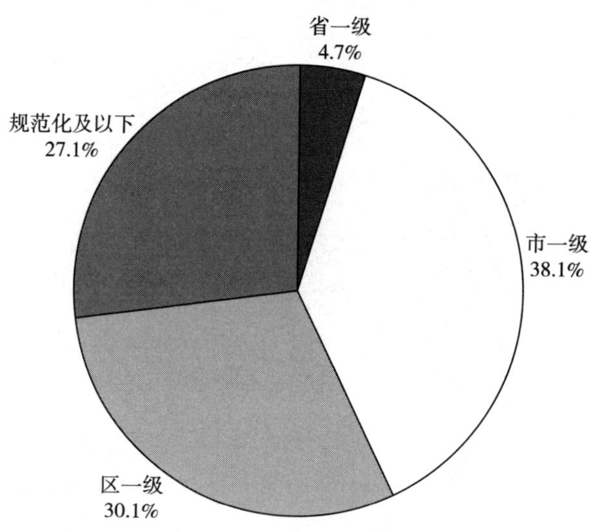

图 12（b） 省内流动儿童就读园所的质量等级分布

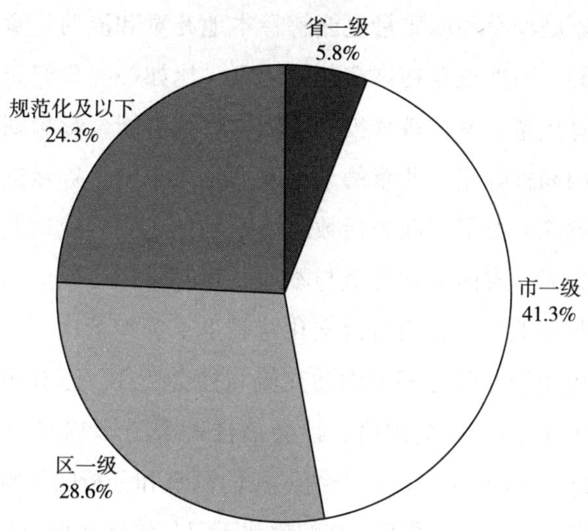

图 12（c） 省际流动儿童就读园所的质量等级分布

表 3 深圳市三类儿童群体就读园所的教师资质和学历情况

单位：%

	园所教师拥有幼儿园教师资质占比	园所拥有大专及以上学历教师占比
本地儿童	81.8	66.3
省内流动儿童	80.5	67.8
省际流动儿童	83.8	69.7

（三）发达城市地区流动儿童的早期发展结果——省际流动儿童劣势更明显

分析发现，深圳市本地儿童、流动儿童在家庭环境、学前教育质量上均有差异，那家庭和学校教育的差异所带来的影响是否以及如何呈现在儿童早期发展结果上？如表 4 所示，对比三类儿童的早期发展结果发现，不管从子维度——认知能力、社会情感能力来看，还是从早期能力指数总体来看，深圳市本地儿童的早期发展水平均显著高于流动儿童。结合本地儿童和流动儿童在家庭及学校教育上的差异分析结果可知，可能相比于幼儿园教育，家庭社会经济地位、家庭养育环境质量更能解释本地儿童和流动儿童在早期发展结果上的显著差异。当然也存在许多其他因素，比如一些我们尚未纳入调查和考虑的学校教育质量、家长教育投入等因素，都可能会影响到对这一差异的解释。那从省内和省际流动儿童的早期发展结果来看，省际流动儿童在认知能力、社会情感能力及早期能力指数总体上均低于省内流动儿童。尤其是在社会情感能力方面，省内流动儿童与本地儿童基本保持同等水平。这可能与省内流动儿童与本地儿童在语言及文化背景上更为相近这一因素有关，文化的相似性可能更便于儿童之间的沟通交流与社会交往。已有研究发现，文化因素会通过身份认同、社交网络、社会信任等渠道影响流动人口的社会融入①②。除此之外，可能还有许多未纳入我们调查和分析的影响因素。以此来看，流动儿童在人口流动背景下面临的挑战不仅仅体现在接受学前教育服务的机会和质量上，还体现在家庭养育环境创设、儿童文化融入和适应等多个方面。

表 4　深圳市三类儿童早期能力指数差异分析

指标	本地儿童		省内流动儿童		省际流动儿童		显著性水平
	均值	标准差	均值	标准差	均值	标准差	
认知能力	0.10	0.95	-0.10	1.03	-0.17	1.06	P<0.001
社会情感能力	0.04	0.97	0.03	1.01	-0.11	1.05	P<0.001
早期能力指数	0.09	0.95	-0.06	1.05	-0.15	1.06	P<0.001

四　总结与建议

随着工业化和城市化进程的不断加快，人口流动规模也日益增大，所带来的流动儿童、留守儿童问题也愈加引起社会各界的广泛关注。那人口流动

① Viola Angelini, Laura Casi and Luca Corazzini, "Life Satisfaction of Immigrants: Does Cultural Assimilation Matter?" *Journal of Population Economics* 28 (2015): pp. 817-844.

② 马鑫、黄涛：《就业机会的文化壁垒——跨方言区流动如何影响移民就业?》，《世界经济文汇》2022 年第 4 期。

对学前儿童而言有何影响？是一种红利还是一种挑战？流动中的家庭与变迁中的童年又存在着怎样的关系？本文以课题组在经济发达的人口流动大省——广东省的3~6岁在园儿童的大型调研数据为基础，从家庭环境（家庭社会经济地位、家庭人口结构、家庭养育环境）、学前教育质量（园所特征、教师特征）两个维度着手，分别以粤东西欠发达农村地区和发达的特大城市深圳为例，分析了人口流动给学前儿童带来的红利和挑战，最终聚焦到核心目标——儿童的早期发展之上。

通过分析发现，在家庭环境质量、学前教育质量较差的欠发达农村地区，相比于父母留在当地，或者独自外出打工而将子女留守在家中而言，把年幼的子女带在身边流动到发达地区是一种更优的选择，这不仅体现在能够给予其更多的陪伴，更体现在能够提供相比于原户籍地更高质量的学前教育服务，有助于儿童的早期发展①。但是当我们把目光聚焦到发达城市中的流动儿童群体时，与城市本地儿童相比，流动儿童的发展面临着诸多挑战，已有多数报告提出，因为户籍壁垒导致义务教育阶段、高中阶段流动儿童面临异地上学难这一问题②，相对而言，对于不属于义务教育的学前教育阶段而言，这一问题更为突出，虽然2010年普及学前教育政策实施以来，我国学前教育普及率大幅提升，儿童基本实现了“有园上”这一目标，但距离“上好园”还存在着较大距离。入园的限制性条件多，公办园、优质园学位难求，民办园学费高、家庭分担比重过大等都会影响流动儿童在流入地接受学前教育服务。除了面临流入地的入园问题外，家庭养育问题也尤为突出。特别是对于那些从事工业生产、建筑业及服务行业且家庭社会经济地位较低的流动人口家庭而言，工作繁忙，难以有充足的时间和精力去培养和教育子女；经济收入低，难以进行充分且有效的教育投资；同时工作不稳定、流动性大，难以满足大城市落户的标准，这些因素都会影响流动人口家庭子女的

① 肖利平、刘点仪：《乡城人口迁移与流动儿童教育获得——基于教育质量的视角》，《中国经济问题》2021年第6期。

② 韩嘉玲主编《流动儿童蓝皮书：中国流动儿童教育发展报告（2019-2020）》，社会科学文献出版社，2021。

养育和教育[1]，最终影响儿童的早期发展。

因此，如何支持流动人口家庭子女的早期发展？这需要政府、家庭、幼儿园多方合力。于政府而言，制定、颁布和完善相应的流动人口子女异地入园标准和政策，放宽入园条件，增加幼儿园学位，特别是普惠园的学位，严格管理幼儿园收费标准，提高普惠园的质量标准，加大对弱势儿童、弱势家庭的资助和帮扶，让更多的学前流动儿童不受户口及父母工作的影响而难以接受流入地的优质学前教育服务。如 2022 年 9 月颁布的《深圳经济特区学前教育条例》第十一条提出的“市、区人民政府应当建立学前教育资助制度，通过保教费补贴、生活补贴等方式，为家庭经济困难儿童、特殊需要儿童、孤儿、事实无人抚养儿童和烈士子女等接受普惠性学前教育提供资助”[2]。于家庭而言，尽量将年幼的子女带在身边，让其与父母生活在一起，尽管工作繁忙也要尽可能给予其有效的关心和陪伴，为其创造良好的家庭学习环境和情感支持，这对良好亲子关系的建立，对儿童认知及社会性的健康发展有重要意义。于幼儿园而言，加强家校合作，通过家委会密切联系家长，了解流动人口家庭的教育问题与需求，开展家校活动，如家长开放日、家长儿童运动会、家长育儿知识讲座等，在不过多增加家长负担的前提下，提高家长的参与度，丰富家长的育儿知识和理念，对于弱势家庭和儿童给予特别关照和帮助，家校共同支持学前流动儿童的早期发展，提升儿童发展质量。

但是，我们也必须意识到，中国人口流动与家庭迁徙仍然在漫长的历史进程中。尽管坚持走以人为核心的“新型城镇化”道路以及逐步推进基本公共服务覆盖流动人口等政策已经得到大家的共识，但是人口流动必然带来流入地内部利益的重新分配和社会秩序的重新调整，当然还有文化冲突与融

① 陈彬莉、李英华、袁丽：《阶层、流动与反思：流动人口家庭教养实践的多重逻辑》，《教育学报》2021 年第 3 期。

② 深圳市人大常委会：深圳市第七届人民代表大会常务委员会公告（第五十九号）——《深圳经济特区学前教育条例》，http://www.szrd.gov.cn/rdlv/chwgg/content/post_826162.html，最后检索时间：2022 年 11 月 2 日。

合等议题值得进一步深入研究。未来还需要更多混合方法论的追踪研究来对这个复杂的社会进程进行考察，也需要倡导公民社会建设的参与式行动研究来进一步推动这个历史进程。

参考文献

Erika Hoff, Brett Laursen, "Socioeconomic Status and Parenting," *Handbook of Parenting*; ed. Marc H. Bornstein, (Mahwah: Erlbaum, 2002), pp. 231-252.

Robert H. Bradley, Bettye M. Caldwell and Robert F. Corwyn, "The Child Care HOME Inventories: Assessing the Quality of Family Child Care Homes," *Early Childhood Research Quarterly* 18 (2003): pp. 294-309.

Robert H. Bradley, Robert F. Corwyn, Harriette Pipes McAdoo and Cynthia Garcia Coll, "The Home Environments of Children in the United States Part I: Variations by Age, Ethnicity, and Poverty Status," *Child Development* 72 (2001): pp. 1844-1867.

Robert H. Bradley, Robert F. Corwyn, "Caring for Children around the World: A View from HOME," *International Journal of Behavioral Development* 29 (2005): pp. 468-478.

Urie Bronfenbrenner, Pamela A. Morris, "The Bioecological Model of Human Development," *Handbook of Child Psychology*; ed. Richard M. Lerner, William Damon, (Hoboken: Wiley, 2007), pp. 793-828.

Viola Angelini, Laura Casi and Luca Corazzini, "Life Satisfaction of Immigrants: Does Cultural Assimilation Matter?" *Journal of Population Economics* 28 (2015): pp. 817-844.

陈彬莉、李英华、袁丽：《阶层、流动与反思：流动人口家庭教养实践的多重逻辑》，《教育学报》2021 年第 3 期。

广东省统计局：《广东省第七次全国人口普查主要数据解读稿》，http://stats. gd. gov. cn/tjgb/content/post_ 3283438. html，最后检索时间：2022 年 11 月 1 日。

韩嘉玲主编《流动儿童蓝皮书：中国流动儿童教育发展报告（2019-2020）》，社会科学文献出版社，2021。

李艳玮、李燕芳、刘丽莎、吕莹：《家庭学习环境对儿童早期学业和社会技能的作用》，《心理发展与教育》2013 年第 3 期。

刘军萍、李彦、陈静：《流动的关怀：家庭公共政策视角下城中村流动儿童学前教育支持研究》，《少年儿童研究》2019 年第 8 期。

卢珊、李璇、姜霁航、王争艳：《中文版婴儿-学步儿家庭环境观察评估表的信效度分析》，《中国临床心理学杂志》2018 年第 2 期。

路锦非：《城市流动儿童的融入困境与制度阻隔——基于上海市的调查》，《城市问题》2020 年第 5 期。

马鑫、黄涛：《就业机会的文化壁垒——跨方言区流动如何影响移民就业?》，《世界经济文汇》2022 年第 4 期。

深圳市人大常委会：深圳市第七届人民代表大会常务委员会公告（第五十九号）——《深圳经济特区学前教育条例》，http://www.szrd.gov.cn/rdlv/chwgg/content/post_ 826162.html，最后检索时间：2022 年 11 月 2 日。

王诗棋、李敏谊、李汪洋：《贫困地区父母外出对儿童早期发展的影响及其作用机制》，《中国农业大学学报》（社会科学版）2020 年第 5 期。

肖利平、刘点仪：《乡城人口迁移与流动儿童教育获得——基于教育质量的视角》，《中国经济问题》2021 年第 6 期。

邢芸、胡咏梅：《流动儿童学前教育选择：家庭社会经济背景及迁移状况的影响》，《教育与经济》2015 年第 3 期。

赵晓航：《父母外出务工对农村留守儿童健康的影响——基于 CFPS 2012 数据的实证分析》，《社会发展研究》2017 年第 1 期。

中国发展研究基金会：《中国儿童发展报告 2017》，https://cdrf.org.cn/jjh/pdf/fazhanbaogao.pdf，最后检索时间：2022 年 11 月 2 日。

朱斌、王元超：《流动的红利：儿童流动状况与学业成就研究》，《人口与发展》2019 年第 6 期。

B.13

走向中考分水岭：广州流动儿童的升学与发展困境

向 芯 杨佳媚 黄昕宁 罗 霄*

摘 要： 本文基于2019~2020年在广州四所主要招收流动儿童的民办和公办学校开展的长期田野调查，分析学校、家长和流动儿童如何认识、应对流动儿童在初中毕业后的升学困境。在分数至上的应试教育环境里，四所生源和升学率各异的学校采取了三种不同的策略应对中考分流带来的挑战："中考至上"、"系统分流"和"隐形筛选"。学校、老师向学生、家长传递的升学信息往往滞后、片面甚至带有误导性。在这样的环境里，教育程度不高的流动家长普遍对于子女升学感到焦虑无助，流动儿童则表现出复杂矛盾的状态。A校和B校的大部分学生及C校、D校少数学业成绩较好的学生听从老师、家长的引导，围绕考普高努力备考，把"考不上怎么办"的问题延迟到中考后回答。C校、D校的大多数学生在初二、初三期间进入了一种模糊混沌的过渡空间，对当下的应试教学丧失意义感，也对未来感到迷茫无措，用游戏、视频、聊天、睡觉填充剩余的初中时光。

关键词： 中考 普职分流 信息壁垒 广州市

* 向芯，北京师范大学人文与社会科学高等研究院教育科技中心讲师，广州市越秀区青草青少年成长服务中心理事长、联合发起人，哈佛大学文理学院及哈佛教育学院教育专业博士，研究方向为教育公平和比较教育；杨佳媚、黄昕宁、罗霄，广州市越秀区青草青少年成长服务中心调研团队成员。

一　研究背景：日益严峻的流动儿童困境

在中国当前的教育体制中，中考是阻碍流动儿童在流入地升学的关键分水岭。2017 年，广州的异地中考政策提高了流动儿童报考广州公办普高的门槛，报名参加中考的非本地户籍考生符合报考公办普高资格的比例从 93%下降到 43%，成功考入公办普高的机会只有 14%左右①。绝大多数流动儿童只能在进入广州各类中职学校或者返乡升学之间二选一。

严峻的中考形势给流动儿童、流动家庭以及流动儿童所就读的打工子弟学校带来了重重挑战。青草公益（全称“广州市越秀区青草青少年成长服务中心”）是扎根广州流动人口社区的专业教育公益机构。2016 年，一所合作多年的打工子弟学校向青草公益求助，请青草公益为该校“非中考班”的初三学生开设职业课——当时，该校一届 150 多个初三学生里，只有不到 1/4 的孩子有资格报考公办高中，最终只有二十来人能够考上。对于那些没有资格考公办高中或难以考上的孩子，花一年时间备考似乎已经没什么意义，除此之外，学校也不知道还能为他们做些什么，所以在慌乱之中向青草公益求助。

于是，青草公益从 2017 年开始探索如何支持流动儿童突破升学与职业发展困境。为了更深入地了解学生的现状和需求、寻找合适的项目介入模式和时间节点，青草公益调研团队从 2018 年开始在 4 所打工子弟学校进行田野调查及个案追踪，在各校选取 1～2 个 8 年级班级（2020 届）进行课堂观察，访谈相关班主任，并选择了 15 名家庭背景、学业情况及升学期望各异的学生及其家庭进行了长达 2 年的追踪，以期回答以下问题：

（1）流动儿童就读的各类学校如何在三年里逐步塑造不同成绩水平、家庭背景的学生和家长的升学预期，引导他们的升学选择？

---

① 王向、向芯、杨佳媚：《超大、特大城市的流动儿童教育政策分析：以广深积分入学与异地中考政策为例》，载韩嘉玲主编《流动儿童蓝皮书：中国流动儿童教育发展报告（2019～2020）》，社会科学文献出版社，2020，第 157～184 页。

（2）流动儿童和他们的家长是如何逐步认识到自己的实际升学机会，并选择不同的升学路径？

这四所学校分布在广州的四个行政区，流动儿童占比均超过80%，主要生源为居住在周边城中村的个体商户、服务业或制造业从业者子女；这四所学校学生的学业水平及毕业去向差异都较大（见表1）。

表1　四所流动儿童学校的基本信息对照

	A校	B校	C校	D校
办学性质	公办	民办	民办	民办
流动儿童比例	80%~90%	约90%	约90%	近100%
学费(元/学期)	不收学费，部分学生反映交过赞助费	约6000元/学期，个别学生反映交过赞助费	约7000元/学期	约7000元/学期
毕业生去向——广州普高	40%~50%	40%~50%	不到20%	约10%
毕业生去向——广州中职	50%~60%	50%~60%	约70%	约80%
毕业生去向——其他(返乡升学、就业等)	个别	个别	约10%	约10%

资料来源：本文作者访谈数据。

注：图中所标注的学费及毕业生去向均基于2017~2019年情况。

二　学校视角：三种不同分流策略

经过两年（2018~2020年）的追踪，我们发现这四所学校采取了三种不同的策略应对中考分流带来的压力和挑战：普高升学率相对较高的A校和B校均采用了“中考至上”策略，为了引导所有学生专注备考，两所学校在志愿填报前都刻意屏蔽跟中职教育相关的信息；普高升学率较低的C校采用了“系统分流”策略，从七年级开始基于学生学业成绩及升学预期划分重点班和普通班，在九年级则进一步根据学业成绩和升学预期把学生分流进三个不同的轨道；而普高升学率极低的D校采取的策略被我们称为“隐性筛选”，D校虽然没有根据学业成绩分班，但除了每个教室前排少数

几个成绩最好、受老师重视的学生之外，绝大多数学生在进入九年级前就感知到老师们不再对自己寄予期望。无论哪所学校，校方、老师向学生、家长传递的升学信息往往是滞后、片面的，甚至带有误导性。

（一）成绩和升学导向的评价体制

四所学校的教师都反映，中考成绩几乎是教育局评价学校的“唯一指标”。2019 年 1 月，我们曾在 C 校教师办公室看到，八年级期末考试成绩表中分数较低的学生被红色笔迹圈出，W 老师透露说，这些学生的成绩不会被报送到教育局，因为“学校成绩太低，区里面有意见”。D 校的 L 老师则直接说：“怎么说呢，（教育局）检查我们的教学能力主要就是看中考的分数，到底学生去哪里，不是我们业绩的范围……以中考成绩为指标，你有什么样的成绩，就可以考什么样的学校。”

在 A 校，Q 老师也曾在跟我们闲聊时提到，“教育局看学校的办学能力，没看别的指标，就是中考成绩……有些孩子的成绩，一看就是上不了高中的，我们老师也知道。如果让这些孩子去考试……”说到这里，Q 老师欲言又止，我们调研员试探性地问：“会影响升学率？”Q 老师点了点头。

在这样的评价体制下，老师的主要任务，就是“管理学生成绩”。他们的日常工作大多是备课、讲课、批改作业，和学生的谈话内容也以学科知识与学习方法探讨居多。成绩，定义了大多数教师对学生的脸谱化印象——“他啊，成绩蛮好的”“他属于成绩差的、难管的”等。

但是当前异地中考政策给这些打工子弟学校和老师们制造了一个难题：他们大多数学生无法升读普高，甚至连报考公办普高的资格都不具备。面对这一难题，这四所学校采取了三种不同策略。

（二）A 校与 B 校：中考至上

在流动儿童占主体的广州初中学校里，这两所学校都是学业成绩上的佼佼者，每年均有将近一半的初三毕业生考上广州的公立高中。因为名声不错，两所学校在招生时都拥有一定的筛选空间，可以通过笔试、面试等手段选择成绩和行为记录均较好的学生。

面对中考后的普职分流，A 校和 B 校采取的都是“中考至上”策略。A 校没有区分重点班和普通班，从初一到初三都在课堂、集会、家长会和私下交流中鼓励绝大部分学生以努力学习、考取高中为目标。B 校虽然在 8 个班级中划分出 2 个重点班，但同样希望绝大多数学生以中考为目标。两所学校的升学指引工作均集中在初三下学期填报志愿阶段，且主要关注公办普高的报考条件、录取门槛和志愿填报流程，虽然在志愿填报之前会提醒成绩靠后的同学填报中职志愿，但两所学校都拒绝在中考前向学生介绍中等职业学校升学路径和专业的具体信息。B 校的管理人员说，希望学生能破釜沉舟备考，“不希望学生觉得有其他出路”。

不过，在 A 校和 B 校的大多数教室里，都会有个别学生从七年级（初一）开始就被老师认为在升学上没什么希望的。我们的调研员第一次在 A 校课堂观察结束时，记下了这样一段互动：

下课结束后我来到办公室。Q 老师问我：“感觉怎么样?”还未等我回答，他继续说“你看他坐的位置就应该感觉到了吧？他的成绩很差……”我这才反应过来，他问我的是我对我的“同桌”的感觉。为了方便听课，我坐在课室的角落一个瘦瘦小小的男生 YSS 旁。在那一堂 Q 老师的数学课里，YSS 一开始是埋头写语文作业，随后和我低声闲聊起来，在看到我画班上的座位表后，便合上作业本，自告奋勇地帮我画了起来……Q 老师无奈地说：“我已经管不住他了。”（20190108 A 校观察笔记）

这些同学常年占据期中、期末考试排名的末几位，他们的座位也往往被安排在教室后排，逐渐成为班里的“隐形人”。对于他们不交作业、上课走神等问题，老师们逐渐放任不管，“只要他们不影响其他同学就好”。初三下学期，A 校的老师们会单独向这些排名最末的同学们推荐跟本校有合作关系的中职项目，引导这些同学提前到中职学校报名、不再参加中考。

（三）C 校：系统分流

在其所属行政区主要招收流动儿童的民办学校中，C 校的学生学业水平相对较高，但在2017~2018年也只有20%左右的毕业生能在广州考上普高。

面对中考分水岭，C校采取的是“系统分流”的策略，把有限的资源集中在最有可能为学校贡献升学率的学生身上。从七年级（初一）开始，C校就根据学生入学成绩把学生归入重点班与普通班。在这个阶段，重点班与普通班的基本课程安排与考试安排还没有明显差别，老师常向所有学生强调“努力学习、取得好成绩”的重要性，但把排名靠前的学生和教学经验丰富的骨干型教师都集中在重点班。同时，教普通班的L老师坦言：“平时我关注得比较多的是那些成绩好的，怕他考不上。”虽然此时老师一般还不会直接向学生、家长沟通他们对于学生升学潜力的判断，但许多普通班学生都已通过分班制度及教师的态度感受到自己“不受重视”。

系统分流在八年级（初二）下学期骤然加速，成为显性的标签。学校召开家长会，介绍初中毕业后的不同升学路径，按照学生的统考成绩、报考资格及升学意向进行分班。九年级（初三）一开学，同学们就被分流进入三个不同的轨道：以考普高为主要方向的“中考班”，以报读五年制大专项目为主要方向的“大专班”，和以报读各类三年制中等职业教育学校为主要方向的“中专班”。

为了提高效率，学校九年级的教学班子每年固定，为三个班级的学生安排不同的课程，实施不同的管理方式。“中考班”集中了学习成绩最好、升学意愿最为强烈的学生，由教学经验丰富的骨干教师任教，学生集中精力学习、复习中考科目。虽然这个班级最终也只会有一半左右的同学如愿考上普高，但绝大多数同学直到中考前都以考高中为目标。

“大专班”的学生大多成绩中等，不会报名参加中考，但部分学生仍然希望尽量继续升学。C校引导他们参加在中考前单独进行的“五年一贯制”大专招生考试，在教学上着重关注该考试考察的语文、数学和英语。

而“中专班”则集中了全年级学习成绩最靠后的学生。C校组织他们到跟学校有合作关系的中等职业学校报名，同时大幅减少他们的主科课时和作业量，用体育课和看电影来填充学生的在校时间。大多数老师默许学生上课睡觉、打闹、玩手机，重点管束打架、谈恋爱、化妆、文身等在老师们看来更为“危险”的行为，以避免他们给学校带来“麻烦”。

（四）D 校：隐性筛选

D 校位于一个厂区林立的工业区中，招收的大多是周边的制造业工人或个体小商户的子女。D 校学生的学业表现在所在行政区里排名靠后，绝大多数毕业生都流向中职学校，只有不到 10% 的学生能够上高中，还有一小部分学生会选择直接就业或返乡就学。相较于另外三所学校，D 校在招生上几乎没有筛选余地，在老师们眼中，“孩子们的家庭背景基本处于底层”，学生本身的知识基础、学习动力都较薄弱，只有极少的学生有可能在激烈的中考竞争中杀出重围。

D 校在每个年级都设置了一个“特色班”，这个班的学生“每学期多缴 500 元（学费）”，但“特色班”与“普通班”在课程安排与师资力量上并没有显著差异，在入学之初的各班成绩也基本平行，同学们也说不出特色班与普通班究竟有什么差异。

从七年级到九年级上学期，D 校的老师们都没有跟学生和家长直接谈初中毕业后的升学问题，只是鼓励所有同学都好好学习、提高成绩。直到九年级下学期，D 校才开始综合学生的意愿及成绩分出“中考班”与“非中考班”，集中力量带领中考班的少数学生进行备考，同时组织非中考班的学生去合作的中等职业学校参观。在此之前，在我们问及升学意愿时，绝大多数孩子及家长们都表达希望能上高中的愿望，觉得这才“有出路”，“哪怕那所高中是全区垫底的高中”。

但是，老师们十分清楚学生们实际的升学机会。在跟我们的交流中，他们坦言“有能力在中考中竞争的也只是那么一小撮学生”。而在实际的教学中，他们往往把这一小撮学生安排在教室前两排，频繁跟他们互动、眼神交流，鼓励他们“考上高中”。至于被安排在教室中后排的大多数孩子，老师们逐渐不再要求他们认真听讲、做笔记，而主要强调“纪律与安全”。

在这样的环境下，虽然有不少学生到九年级仍然会说自己“想考高中”，但他们对于实际情况也是心中有数的：一方面，“我们年级的前几名在别的学校也就中等水平”；另一方面，“考试管理很松，即使期中或是期末考，作弊也是常见现象”。“想考高中”的说法，更像是配合老师和家长的表演。不少学生坦言自己会为了避免家长痛批而“自己修改成绩单上的成绩”，我们也曾亲眼看到有学生把老师手写的3字开头改成8字开头。在八年级的时候，不少班级已经经常有过半的学生上课睡觉、聊天、打游戏、看课外书、胡乱涂鸦或发呆，老师们也并不阻止。虽然他们并不像C校普通班、中专班的同学们一样早早被贴上明确标签，但这些学生实际上在八年级甚至七年级时就已经逐步进入了那个模糊不定的过渡空间：考上普高的希望日益渺茫，学校课程也逐渐失去了意义，于是他们只是跟着老师的节奏在教室里待着，等待学校在九年级下学期确认他们“非中考”的身份，再等待正式毕业进入职中。

（五）信息屏蔽与利益交换

这四所学校采取了不同的分流策略，但在升学引导方面有一个共同点：他们给学生提供的升学信息都是模糊的、滞后的、片面的，甚至是具有误导性的。

在分数与文凭至上的应试教育环境里，中职教育是被“看不起”的。老师们普遍认为，如果在七年级、八年级时就跟学生宣传中职信息，学生很可能理解为学校已经放弃他们了，这会“影响学生的思想”，导致学生更早地放弃、“失去希望”、不再配合老师引导。

为了尽可能地提高学生投入应试学习的动力，四所学校在七年级和八年级阶段都引导所有学生以考取高中为目标，刻意向学生和家长屏蔽跟中职相关的任何信息，回避流动儿童升学机会极少的现实和“考不上普高怎么办”的问题。直到八年级末甚至中考志愿填报时，才会定向引导难以考上普高的学生报考中职。

更为重要的是，对于九年级时确定以考中职为主要目标的学生，学校和老师能够提供的升学信息也往往是片面甚至具有误导性的。在我们调查的四所学校里，老师们都不了解中职教育实际情况，也没有精力支持学生基于自身情况进行深入梳理。他们所提供的升学信息，往往只是向学生们推荐跟学校“合作”的特定学校和专业。

对于这种情况，新华社旗下《半月谈》在2020年曾以《一个生源卖6万，专向农村学生开刀？部分民办中职招生黑幕重重》一文，对湖南省中职招生买卖生源进行了报道，我们在广州也发现了类似的现象。而这种招生“合作”背后，往往暗藏着初中学校和中职学校之间的利益交换——学生如果前往这些“合作”学校的特定专业报名，他们的初中班主任（或校领导）就能拿到几百元的“人头费”。这种现象在经营压力大的民办学校更为普遍，在个别主要招收流动儿童的公办学校也存在。在青草项目负责人跟D校老师沟通项目合作计划的时候，Q老师迟疑地确认了该校“拿人头（费）”的现象，并解释“我们老师工资也很低”，所以中职学校给的人头费也是老师的“一些补贴”。C校的W老师则表示，这种现象（拿人头费）“现在已经不能放在台面上来讲了，但是之前几乎是公开的”。另一所民办学校的校长也曾在跟青草项目人员洽谈项目时直接表示，教师们收入确实不高，他如果强行制止他们收“人头费”，会进一步降低教师团队的积极性和稳定性。

由于这样的利益交换大多以较为隐蔽的方式进行，我们难以确定它具体的范围和程度。但可以确定的是，大量流动儿童成为初中学校和中职学校之间利益输送的牺牲品。我们在田野调查和项目工作中发现，在跟中职学校建立了招生“合作”关系的初中学校，毕业生大多集中报考了这些学校推荐的学校和专业，部分学生和家长在老师的引导下误以为自己只能从老师推荐的几所学校中进行选择、不能报考其他学校，更有不少学生进入中职之后才发现自己完全不适合所选专业，或者学校能够提供的实际教学资源和升学就业渠道跟招生宣传时的描述相去甚远。我们热切希望包括广东省在内的各地方政府向新华社旗下《半月谈》报道中的湖南省政府学习，主动曝光、积极治理职业教育招生领域存在的乱象，以保障广大学生、家庭尤其是最弱势的农村流动家庭的基本权益，实现我国“技能强国”的梦想。

三　家长视角：中职偏见与信息壁垒

（一）中职偏见

我们访谈的大多数家长都非常希望子女能考上高中、大学。在他们看来，上高中与大学，意味着“拿到文凭”与“获得好工作”、脱离打工的“辛苦”，这才是好的出路：

> 如果不上一个好的高中，不上一个大学，不学好一点的，不学多点知识的话，以后她的生存是很大的一个困难……我是想让她享受一下在高中在大学里面的这种生活，就是大学生活这种让她去体验一下，就是为她以后工作打下一定的基础，哪怕你上了大学之后你再出来学一门技术，学什么都好，最起码对（得起）你的青春……你以后有一个美好的回忆吗？因为我自己没有上大学，所以我就很希望我女儿能过上这种生活。（20190327 D校 YSQ 母亲访谈）

近年来，我国对职业教育的重视度和投入逐步提升，2021 年修订的《职业教育法》明确提出职业教育与普通教育具有同等重要地位。但是，在我们接触的大多数家长看来，读中职、技校并没有什么前途，这只是成绩实在不行时迫不得已的选择。受访的家长中，有少部分家长认为在中职能“学一技之长”，但更多家长从亲友圈子里听到的是关于职校的负面信息：

> 那些技校或艺校那些地方…… 我觉得如果你学几年没学什么特长的话，基本上是浪费时间，在这没用……因为我认识了好几个人，他小孩子去学机电，乱七八糟那些护校，出来什么（技术）都没有的，又重新去学东西、重新找工作，你出来找不到工作没办法。（C 校 ZJR 父母访谈）

由于自身学历不高，大多数家长难以判断孩子实际的升学机会，对于如何帮助孩子提高成绩也感到手足无措。因此，在学校通过分班或私下沟通明确告知家长孩子考不上之前，大部分家长都希望子女努力考高中，没有意愿了解中职；而当老师的评价、分班的结果或者孩子中考录取结果摆在眼前时，他们往往只能接受这一结果。

比如小云爸爸，他在小云七年级时就已感觉到小云成绩不太好，不知道在广州考不考得上普高。但当我们问他是否考虑过让女儿读中等职业学校时，他坚定地说："我没有这样的思想，但有亲戚的孩子考不上好的高中都选择这条路。我要看她到了初二、初三以后，看她成绩怎么样，到时候她以最好的成绩考高中吧，考不到的时候，再有这个想法。"

当然，家长群体中也有少数例外，比如阿华的妈妈。阿华在小学时成绩就很差，没有初中学校愿意录取他，妈妈和姐姐托人求人情才勉强让他在D校读上了初中。阿华的妈妈早已接受阿华读不了高中、以后肯定要读"技校"的事实。她自己以前连初中都没能读完就出来打工了。虽然她也希望儿子读高中，但如果儿子能把初中念完再去读两年职中、学一门手艺，总比跟自己一样初中辍学出来打工要好些。

（二）信息壁垒前的无助焦虑

对于绝大多数教育程度不高的家长来说，学校和老师是他们获取升学信息的主要途径。但是，由于学校传递的信息往往是碎片化的、滞后的甚至带有误导性的，很多家长都感到焦虑、迷茫和无助。

小叶的妈妈唐女士就是一个典型的例子。她只念过两年小学，识字不多，看不懂长篇大论的政策文件，连用微信都有些困难。跟我们联系的时候，她一般用语音留言，偶尔发文字信息往往都很简短，还夹杂着错别字。2018年7月，在儿子小叶七年级末的家长会上，她才第一次听说要符合"四个三"的要求才有资格报考广州的公办高中，其中包括父母至少一方在广州有"三年连续社保"。她受雇的保洁公司为了节省社保成本把她的社保买在了外市，小叶爸爸在佛山工作，社保也在佛山。"（入学的时候）学校都没有说，他们到放假之前（七年级快结束的时候）才说……如果你刚进去的时候就跟我说，那时候我还可以（马上去买），搞到现在我都不知道怎么办！我又不懂这个。”

提起小叶初中毕业后的问题，唐女士连连叹气，眼眶湿润，一遍又一遍地说“我根本搞不懂”，困惑、迷茫、内疚、焦虑混杂着无助。她不知道除了普高之外还有哪些升学路径，也不知道谁能帮助她解答这些问题。2018年底，广州更新了异地中考政策，从2019年起把报考公办普高的资格要求从“四个三”改为了相对宽松的“两个有”，小叶或许有机会报考公办普高了。但我们在2019年1月去访问唐女士的时候，她还没有听说过这一变化。事实上，我们在2019年3月对四所学校十余名家长进行访谈时，几乎所有家长都跟唐女士一样，还未听说过这个影响子女报考公办普高资格的关键政策变化。

即使是信息渠道更广的家长，也难免在错综复杂且碎片化的升学信息中陷入迷茫和焦虑。张女士的大儿子小瑞是C校成绩最好的几个学生之一。小瑞上八年级后，张女士就开始密切关注今日头条上跟升学相关的各种消息。在我们访问张女士的时候，她翻出当日一条关于录取分数线的推文给我们看：“你看，700多分，好高啊，不知道他能不能考到？”在旁边的小瑞也吓了一跳，原本在他模模糊糊的概念里，600多分就能上高中了。实际上这则消息展现的是广州几所重点高中，分数自然高。我们向她解释后，她又问，“要去哪里看全部的信息？”学校每年只开两次家长会，很多东西都不会详细讲，而她自己在网上看到的信息又支离破碎，常给她和小瑞带来焦虑。

四　学生视角：迷茫混沌的过渡空间

在这样的学校和家庭环境下，C校和D校的大多数同学都在进入九年级前就已接受自己只能读中职的事实，进入迷茫混沌的过渡空间，用游戏、聊天、打闹、发呆消磨剩余的初中时光，然后在中考前后，急急忙忙地从老师、家长或同学推荐的学校和专业中选一个报名。这一过程往往伴随着焦虑、紧张、失望、沮丧等复杂的情绪，和大量看似自相矛盾的言行和决定。

C 校的阿阳就是一个典型的例子。八年级时，阿阳在 C 校普通班，几乎是老师眼里的隐形人。他成绩靠后，得不到老师的重视；他活泼、好动、贪玩，一下课就一溜烟儿不见人影，热衷于打游戏，但又还不算是最让老师头疼的。八年级上学期的期末考，阿阳总共考了 200 分，属于年级末流，九年级进入不参加中考的"中专班"、毕业后读中职几乎已经是板上钉钉的事，但在那时的阿阳眼里，以后读什么专业、做什么工作的问题显得遥远又不切实际。有时他说自己以后要去学电脑，有时说要做游戏主播，"16 岁就可以签约了。每天直播两小时，可以领工资，能领一万"。但当我们追问更详细的想法，他往往会耸耸肩，随口用别的话题搪塞过去。有一次，调研员在聊天时问他毕业后想做什么，他不假思索地说："初中毕业，读高中嘛。我起码读到大学才愿意加盟俱乐部。"阿阳的妈妈只念过初中，常苦口婆心地劝他好好学习，但常被口齿伶俐的阿阳呛得说不出话来。

九年级，阿阳果然进入了 C 校"中专班"。他更加不再交任何作业，听得懂的课就听一点，听不懂的就睡觉、玩手机。"（老师们）基本都看开了，不管了"，"这学期很轻松，（学校把我们）当猪一样养"。他不再提"上高中"的事儿，挂在嘴边的话变成了"高中挺没趣的""高中压力大，打死也不想上"，甚至不记得——或者不承认——自己八年级时曾多次说以后要上高中。

九年级下学期，C 校"合作"的几所中职学校开始轮流给"中专班"的同学们宣讲。五月份，谈起学校和专业选择，阿阳似乎一下子褪去了曾经的嬉笑，告诉我们他决定要学动漫制作专业，"我想去新海诚工作"。他并没有绘画基础，但一直喜欢看动漫，在决定学动漫之后，有段时间他隔三岔五地在 QQ 上向调研员分享自己新画的习作。C 校招生的几所中职学校里也有动漫专业。一开始阿阳觉得这些学校的动漫专业不怎么样、想要找更好的学校，我们也给阿阳推荐了青草公益的升学咨询服务。不过，他最终还是没有去看其他学校，而是在来学校招生的其中一所中职报了名。当我们问起选择这所学校的原因，他说是因为它位置在市中心，交通方便。几个星期后，他就收到了录取通知。

初中的最后两年时间，阿阳基本上都处于一个模糊混沌的过渡空间里，他的状态接近于人类学家所说的“阈限”（liminality）状态。“阈限”指的是人在两种社会身份或阶段之间转换时的一种过渡阶段，往往发生在特定的仪式中（如部落里庆祝女孩成为女人、男孩成为男人的盛大仪式）。在阈限状态的人处于两种社会身份之间，已经褪去了过往的身份却又还未正式进入新的身份，因而得以暂时脱离法律与习俗的束缚，挑战甚至翻转约定俗成的规范与秩序。在我国应试教育的大环境下，初中生的核心任务甚至唯一任务就是好好学习、准备中考，再经由以中考为核心的一系列重大仪式，成为“高中生”或“中职生”。然而，对于像阿阳这样的因没有本地户籍、成绩不够出众而早早感受到自己无法考上高中的青少年来说，备考失去了意义，他们作为初中生的身份只剩“空壳”，提前进入阈限状态。成为“高中生”已不太可能，但成为“中职生”并不是一个令人向往的选择，无论老师、家长还是他们自己，都希望尽可能推迟面对“考不上高中怎么办”的问题。于是，对于大多数初中生来说仅限于中考前后一两个月的阈限状态，对阿阳们来说可能持续一两年，甚至更长的时间。

当然，并不是所有的流动儿童都会经历这样模糊混沌的过渡空间。在 A 校，由于学校坚决贯彻“中考至上”的策略，学生学业水平也相对较高，大多数学生在中考前都会以考高中为唯一目标，哪怕对自己是否真的能考上高中抱有疑虑，也会在老师、家长的催促下把顾虑放在一边，等到真的考不上时再说。因此，绝大多数 A 校学生初中三年都处于紧张的备考节奏中，没有机会进入这样的过渡时期，直到填报志愿甚至考完出分的时候才会考虑考不考得上高中、要不要读职中的问题。

以雯雯为例，她学习刻苦努力，但成绩一直在 A 校中下游徘徊，考上高中希望很小。但是，在老师和家长的引导下，她早已深度内化了应试教育的逻辑，把考高中、上大学视为自己梦想，用文凭和学历来评估自己的价值。从七年级到九年级，她犹如一根越绷越紧的弦，所有的假期都在补习，甚至有时学习到凌晨。中考前，她的班主任反复劝她报学校推荐的“普职融通”项目（中职学校为成绩较好且希望考本科的学生开设的班级），但她一点也不想去，决心“不到最后一刻绝不认输”。最终，雯雯的中考成绩还是没能达到广州普高的非户籍生录取控制线。为了读高中、考大学，这个从小在广州长大的女孩决定独自到汕头老家读书，并在暑假期间就开始预习高中的学习内容。

进行系统分流的 C 校也有少数学生有类似的经历。小芊就是其中之一。七八年级时，小芊是 C 校普通班里成绩最好的几个学生之一，父母希望她能考上高中，她自己也以此为目标，常拉着我们的调研员询问高中生活情况。八年级末，她踩着线进入了 C 校“中考班”，教学难度和学业压力都骤然增加，小芊适应得很艰难。老师们常说，“你们没有退路了，你们除了上高中就只能去上中专，可是有些中专又没有什么好的，有的时候上了也是白上的”。小芊的妈妈也会说，“你好好学习，不然你就完了”。小芊一边觉得自己必须努力学习，一边又经常感觉“实在不想学”，状态在“很紧张”“很烦躁”“好累”“很颓废”之间频繁切换；一边担心自己考不上普高，一边又无法接受读中职的事实。填报志愿的时候，小芊跟其他同学一样填了几所非户籍生分数线最低的公办普高，又在报考指南里挑了几所学费最低的公办中职和看着“合眼缘”的专业。“顺序都是随便的”，“只要有高中读就好了”。遗憾的是，小芊的中考成绩并不理想。她十分低落，不敢把成绩发给老师，也不愿意跟我们讨论分数或录取结果。整整半年以后，她才终于跟我们说：“姐姐，我没有考上高中。”她进入了一所中专学法务，仍在艰难地适应着被老师、家长们早早判定为“没有出路”的中职生活。

五　后记

在追踪这 15 位学生的两年里，青草公益逐步研发并完善了“流动青少年升学与职业发展项目”，通过职业探索游学、职业故事分享支持青少年形成更丰富的职业认知，通过线上线下讲座及一对一升学咨询服务，帮助初中生和家长了解更准确的升学信息、更主动地面对中考分水岭带来的挑战。2019~2021 年，这个项目累计支持了 4259 位像阿阳、雯雯一样的青少年和唐女士、张女士一样的家长。

与此同时，广州的民办教育发生着巨大而深刻的变化。2021 年初，C 校管理人员跟我们诉苦：“现在的民办教育要实行淘汰制，政策出台说广州整个民办（中小学）只留下来 30%的比例，现在是 45%，有 15%要停办，所以我们也在寻找转型路径。”

2021 年 5 月，中共中央办公厅、国务院办公厅下发《关于规范民办义务教育发展的意见》，要求各地民办义务教育在校生省级占比不得超过 5%，县级占比不得超过 15%①。而 2019 年，广州市初中在校生就读民办学校的比例高达 30%②。

这些政策进一步加重了 C 校、D 校这样的民办学校的生存压力。两所学校均大幅提高学费、缩减招生名额，以期改善生源、提高成绩。广州多所民办学校关停或大幅涨价、流动儿童无学可上的报道屡见报端。

C 校从 2021 届开始改革九年级的分班制度，不再设置“大专班”和“中专班”，称所有学生都将参加中考。不过 C 校的学生告诉我们，虽然名义上各班都一样，学校仍把成绩好的学生集中在一个班级，配以更好的师资。

在这样的环境下，流动儿童的升学困境是否会进一步提前出现？是否会有更多的孩子在“小升初”甚至“幼升小”的门槛边被拦下，只能返回户籍所在地就学？这是我们需要继续关注、研究并用行动参与的问题。

---

① 黄蕙昭：《广东教育巨变》，《财新周刊》2022 年 8 月 8 日。

② 广州市教育局、广州市教育研究院：《广州市教育统计手册（2019 学年度）》，《普通中学》第 9 页。http://jyj.gz.gov.cn/attachment/0/96/96341/6456182.pdf，最后检索时间：2022 年 12 月 8 日。

参考文献

冯帮：《流动儿童“升学难”的成因及对策》，《教育发展研究》2007 年第 12A 期。

广州市教育局、广州市教育研究院：《广州市教育统计手册（2019 学年度）》，《普通中学》第 9 页。http：//jyj. gz. gov. cn/attachment/0/96/96341/6456182. pdf，最后检索时间：2022 年 12 月 8 日。

黄蕙昭：《广东教育巨变》，《财新周刊》2022 年 8 月 8 日。

汤美娟：《贫困的理想：流动儿童职业期望的惯习形塑》，《教育学术月刊》2015 年第 7 期。

汪永涛：《“返乡”或“留城”：北京市流动儿童的教育分流》，《当代青年研究》2016 年第 1 期。

王向：《广州市流动儿童中考问题研究》，载杨东平主编《流动儿童蓝皮书：中国流动儿童教育发展报告（2016）》，社会科学文献出版社，2017。

王向、向芯、杨佳媚：《超大、特大城市的流动儿童教育政策分析：以广深积分入学与异地中考政策为例》，载韩嘉玲主编《流动儿童蓝皮书：中国流动儿童教育发展报告（2019~2020）》，社会科学文献出版社，2020。

向芯、孙瑜：《超大城市流动青少年的亚文化生产机制》，《青年研究》2022 年第 1 期。

朱云品、吴倩：《流动儿童升学意愿研究——基于 CEPS 数据的实证分析》，《文教资料》2021 年第 2 期。

B.14

广东省人口政策和流动儿童义务教育状况的变化

——以广深莞三地为例

蒋杰庆　黄蕙昭　熊亚洲*

摘　要： 本文从广东省的广深莞三个代表性城市的人口政策和义务教育入学政策出发，分析了流动儿童数量减少的状况与相关影响因素。近年来，地方人口发展规划与户籍政策调整、城市更新进程加速、民办教育“控比”政策、入学门槛提高，以及学费上涨等因素，对流动儿童家庭的教育成本、教育机会、教育可及性带来了深远影响。在“全面二孩”政策实施后的2023~2025年小学入学高峰期来临之际，本文从积极稳妥推进民办教育改革和切实减轻流动儿童家庭的经济压力的角度提出了建议。

关键词： 流动儿童　义务教育　民办教育　广东省

广东省是我国流动人口和流动儿童①数量最多的省份之一。2020年全国人口普查数据和教育部统计数据显示，全国每100个流动人口中有近14人

* 蒋杰庆，广东律成定邦律师事务所律师，关注人口流动、城市化和公共服务等问题；黄蕙昭，财新记者，清华大学历史学硕士，关注教育政策问题；熊亚洲，广州市黄埔区比邻公益服务中心负责人，关注流动儿童教育和社区服务等问题。

① 本文所指的流动儿童，与教育部《中国教育监测与评价统计指标体系》（教发〔2015〕6号）中“随迁子女”的定义一致，即随迁子女是指户籍登记在外省（区、市）、本省外县（区），随父母到输入地（同住）并在校接受教育的适龄儿童少年。需要说明的是，“随迁子女”的范围比“进城务工人员随迁子女”更广。

居住在广东省，而全国义务教育阶段每100个流动儿童中有近23人在广东省就读，可见相对其他省份而言，广东省的更多流动人口家庭把孩子带在身边上学。按照《国务院关于调整城市规模划分标准的通知》的标准，广州和深圳是超大城市，东莞属于特大城市，三个城市常住人口的规模均超过1000万人，而且流动儿童数量也位居全国前列。在2022年1月到9月，本文作者陆续在广深莞三地流动人口聚居的社区对流动儿童家长、社区机构工作人员和民办学校校长进行了访谈。在此基础上，结合“十三五”以来人口政策和教育政策的修订，本文着重分析广东省的广深莞三个代表性城市的流动儿童数量的变化以及原因。

一 广东省人口政策和流动儿童入学政策的变化

（一）人口政策的动向发生分化

在“十三五”时期，随着国家新型城镇化战略和各地户籍制度改革的深入推进，广东省各个城市的人口政策总体而言朝着落户门槛降低、常住人口和户籍人口快速增长的方向发展，形成了广深两市以人才引进落户和积分落户两种模式为主，其余城市则陆续废止积分落户政策并以人才引进落户和“居住社保落户”两种模式为主的户籍政策。①

表1 “十三五”时期广州、深圳和东莞出台的落户政策

城市	人才引进落户门槛	积分落户基础门槛	积分落户名额	居住社保落户
广州	本科学历;或者中级技术职称;或者技师资质	社保满4年且积分满100分	8800名（2020年）	无此政策
深圳	大专学历;或者中级技术职称;或者技师资质	居住登记和社保满5年,且有居住证	10000名（2020年）	无此政策

① 较为特殊的是，佛山市一直到2022年仍然保留积分落户政策，但是同时也存在“居住社保落户”政策。“居住社保落户”指的是满足一定的居住年限和社保年限即可直接落户的政策，它与积分落户的最大区别是不需要参与排名，一般没有年度名额限制，因此其门槛可以认为比积分落户更低。

续表

城市	人才引进落户门槛	积分落户基础门槛	积分落户名额	居住社保落户
东莞	本科学历；或者应届大专毕业生；或职业学校、技工院校毕业人员；或初级职称并有中专以上学历；中级工职业资格等	无此政策	无此政策	5年居住证和5年社保

资料来源：《广州市引进人才入户管理办法》（穗府办规〔2020〕10号）、《广州市积分制入户管理办法》（穗府办规〔2020〕11号）、《深圳市户籍迁入若干规定》（深府〔2016〕59号）、《深圳市积分入户办法（试行）》（深发改规〔2017〕1号）、《东莞市人才入户实施办法》、《东莞市推动非户籍人口在城市落户实施方案》。

到了“十四五”时期，广东省人口政策的动向则发生了一定的分化。《广东省新型城镇化规划（2021—2035年）》规定“全面放宽特大城市和Ⅰ型大城市落户限制，将落户条件中对参加城镇社会保险的年限要求由不超过5年进一步放宽到3年以下”。但是对于超大城市的落户政策，目前国务院和广东省均无强有力的约束政策，广深莞三个城市的落户政策也朝向了不同的方向。

1. 广州：落户政策总体变化不大

2022年6月，广州市来穗人员服务管理局发布《广州市积分制入户管理办法（公开征求意见稿）》，拟将参与积分入户排名的基础门槛从100分提高到150分，并且将积分项目进行部分调整。一般来说，评价积分落户的门槛，更为重要的指标是年度名额有多少。根据广州市来穗人员服务管理局发布的数据，2018~2021年广州积分落户名额分别为7000名、8000名、8800名和10000名，呈现逐年增加的趋势。而且从近几年的最末一名的积分来看，也均在150分以上。综合基础门槛和年度落户名额增加的趋势来看，短期内广州市的落户政策总体而言将不会有明显的变化。

2. 深圳：拟提高落户门槛

2016年起施行的《深圳市户籍迁入若干规定》，其落户门槛在北上广深四个城市中是最低的。2021年5月深圳市发改委发布《深圳市户籍迁入若干规定（征求意见稿）》，比较明显的变化有三点：（1）学历型人才引进落户门槛提高至本科学历；（2）技术型人才引进落户门槛提高到中级专业技术资格且具有全日制大专以上学历；（3）技能型人才引进落户门槛则将年龄限定在35周岁以下。在《修订说明》中，立法者直言未来深圳的经济发展更需要高学历、高技能、年轻型人才。尽管征求意见期间收到了一些反对提高门槛的意见，但是2021年6月由深圳市司法局发布的《深圳市户籍迁入若干规定（征求意见稿）综合意见及采纳情况》并未予以采纳。

积分入户方面，2021年5月发布的《深圳市居住社保积分入户办法（征求意见稿）》拟对2017年的《深圳市积分入户办法（试行）》进行修订，最重大的变化是将参与积分排名的门槛从办理居住备案登记且参加社会保险满5年提高到满10年。截止到2022年12月28日，深圳的两份落户政策修订稿仍未正式出台，而2021年度和2022年度深圳积分入户也已经停止申办两年。

3. 东莞：预计将继续降低落户门槛

作为特大城市，东莞在2018年2月施行了《东莞市推动非户籍人口在城市落户实施方案》，外来人口满足社保和居住证满5年（“两个五年”）的条件即可直接落户。可以预见的是，未来东莞和珠海等城市将会按照省政府的“十四五”规划，把5年的门槛降低到3年或更短。①

（二）流动儿童入学政策的变化

首先，从政策文本来看，2022年基本延续了“十三五”时期的政策，只进行细微调整，比如东莞原先允许用居住登记证明来代替居住证，2022年起改为统一使用居住证申请入学。从基础门槛来看，深圳的基础门槛需要1年的社保，在三地中是最高的；从积分项目来看，广州的项目种类远比深圳和东莞要多。

① 在珠三角地区，2022年1月1日起实施的《中山市人民政府关于印发中山市户口迁入暂行规定的通知》已经将“居住社保落户”的门槛降低：自有住房人员参保年限从3年降为1年，没有自有住房人员参保年限从5年降为3年；而佛山、惠州、江门、肇庆的类似政策在2016~2018年已经修订为3年或更短了。

表 2　广州、深圳和东莞 2022 年流动儿童入学政策

城市	入学条件
广州	(1)“两个五年统筹入学”:同时满足 5 年居住证和 5 年社保两个条件的随迁子女,入学时可优先统筹安排到公办小学或初中入学 (2)积分入学基础条件:办理居住证及在本区居住满 1 年 积分项目:居住证、住房、社保、年龄、学历、职称、发明专利、献血、志愿活动、纳税等
深圳	积分入学基础条件:同时满足社保满 1 年,居住证、房产证明或租房备案这些条件 积分项目:房产情况、居住年限、社保年限
东莞	积分入学基础条件:2022 年从“有效居住证或居住登记”调整为“有效居住证” 积分项目:居住证年限、社保年限、纳税情况、自有居所情况

说明：2022 年广州市保留“两个五年统筹入学”模式的还有花都区、番禺区、越秀区、海珠区、荔湾区、增城区、南沙区、从化区、白云区 9 个区；广州市积分入学政策以白云区和越秀区政府发布的政策为参考。

资料来源：广州各区政府和教育局发布的入学政策；《深圳市人民政府关于印发非深户籍人员子女接受义务教育管理办法的通知》（深府规〔2018〕3 号）《东莞市 2022 年义务教育阶段学校招生入学工作指导意见》《东莞市义务教育阶段非户籍适龄儿童少年积分制入学积分方案》。

然后，从就读的学校类型来看，在“十三五”时期广东省随迁子女就读公办学校（含政府购买民办学位数）的比例并不高：2017 年全省仅达到 56.38%①，这一数字与中央一直以来提倡的“两为主”存在较大差距；到了 2020 年，广州和东莞的数据也仅分别达到 44.5%和 50.07%（见表 3）。2021 年 4 月，教育部印发《关于督促进一步做好进城务工人员随迁子女就学工作的通知》，其中广东省有 47 个区县被列为重点督查对象，其主要评价指标为 2019 年进城务工人员随迁子女就读公办学校（包含民办学校学位补贴）比例未达到 80%。随后，在《广东省教育厅转发督促进一步做好进城务工人员随迁子女就学工作的通知》中，省教育厅要求各区县该比例到 2022 年达到 85%。

① 《广东义务教育阶段随迁子女数量占全国逾三成》，https://baijiahao.baidu.com/s?id=1606055938480667769&wfr=spider&for=pc，最后检索时间：2022 年 10 月 8 日。

表 3　广州、深圳和东莞流动儿童就读公办学校的比例

城市	年份	就读公办学校比例	年份	就读公办学校比例	年份	就读公办学校比例
广州	2017	42.57%	2019	39.91%	2020	44.5%
深圳	2017	45.78%	2019	—	2020	45%~46%
东莞	2018	39.92%	2019	50.2%	2020	50.07%

说明：广州市 2017 年统计的是随迁子女就读公办学校的比例，2019 年和 2020 年均为进城务工人员随迁子女的数据且包含民办学位补贴，其中 2019 年的数据为《广东省教育厅转发督促进一步做好进城务工人员随迁子女就学工作的通知》之附件 2 广州市的 10 个区汇总的数据（若加上从化区该数据应该会超过 40%）。深圳市的数据均为随迁子女就读公办学校的数据，其中 2017 年的数据若加上民办学位补贴则达到 70.78%；东莞市的数据均为随迁子女的数据，且包含公办学位和民办学位补贴。

资料来源：广州市和深圳市 2017 年的数据为向两市教育局申请政府信息公开所获得；《广东省教育厅转发督促进一步做好进城务工人员随迁子女就学工作的通知》《广州市基础教育发展“十四五”规划》；央视新闻：《深圳：近六成学位用于保障非户籍随迁子女入学》，https：//finance.sina.com.cn/jjxw/2021-11-17/doc-iktzqtyu7822800.shtml；《东莞市 2018-2019 学年各类学校基本情况总表》《关于东莞市 2018 年预算执行情况和 2019 年预算草案的报告》《东莞市 2020 年教育工作报告》《东莞市 2021 年教育工作报告》。

再结合民办教育的发展政策来看，2021 年 5 月中办、国办印发《关于规范民办义务教育发展的意见》，其中第二条明确提出：“建立民办义务教育在校生占比监测和通报制度……原则上不得审批设立新的民办义务教育学校。”尽管中央未明确具体的比例，但是各省主要是以“省域实施义务教育的民办学校学生覆盖面不超过 5%、县域不超过 15%”[①] 为目标。

在中办、国办和省教育厅发布的以上政策影响下，为了达到压缩民办教育比例的目标，地方政府所采用的具体方法是否合理、是否会影响到流动儿童入学，是本文的核心关注点。

① 李虔、郑磊：《新时代民办义务教育的改革逻辑与发展空间》，《中国教育学刊》2021 年第 9 期；《广东教育巨变》，https://weekly.caixin.com/2022-08-06/101922926.html，最后检索时间：2023 年 1 月 11 日。另外，深圳市教育局和深圳市发改委在《深圳市民办义务教育收费管理办法（征求意见稿）》的《起草说明》中也提到，到 2025 年深圳民办义务教育占比将降低到 15%。

二　广东省流动儿童数量的变化

从表 4 可见，与 2015 年类似，2020 年广东省流动儿童占全国的比例（22.84%）仍然远远高于广东省流动人口占全国的比例（13.85%）。相对其他省而言，一方面，广东省存在大量劳动密集型产业，外来人口的平均年龄较为年轻，大量外来务工人员的子女处于小学和初中阶段；另一方面，过去广东省民办教育产业发达，而且入学方式较为灵活，便于父母把孩子带在身边上学，这对于减少儿童留守现象有非常积极的意义。

表 4　广东省和全国流动儿童、流动人口数量和比例的变化

单位：万人，%

年份	全省随迁子女	全省学生	比例	全国随迁子女	比例	全省流动人口	全国流动人口	比例
2015	413.01	1224.20	33.74	1810.86	22.81	3201.96	24700	12.96
2018	461.76	1360.84	33.93	1952.41	23.65	—	—	—
2020	456.75	1462.58	31.23	1999.88	22.84	5206.62	37581.68	13.85
2021	435	1508.22	28.84	2007.13	21.67	—	—	—

说明：表中的随迁子女和学生均限定在义务教育阶段。

资料来源：《广东省人民政府履行教育职责自评报告》；大洋网：《广东幼儿园在园幼儿数达 500 万人》，https://news.dayoo.com/gzrbrmt/202207/12/158551_54306569.htm；广东省教育厅网站数据发布页面：http://edu.gd.gov.cn/zwgknew/sjfb/index.html；教育部教育统计数据；全国和广东省第七次人口普查公报；2015 年、2018 年的数据来源详见《中国流动儿童教育发展报告（2019~2020）》。

在 2015~2021 年，广东省义务教育阶段流动儿童的规模发生了先升后降的变化。在 2021 年全省有 435 万流动儿童，比 2018 年的高峰期减少了 26.76 万人。从在校生比例来看，2021 年广东省在校生中有 28.84%是流动儿童，比 2018 年降低了约 5 个百分点。从全国范围来看，广东省流动儿童占全国的比例也从 2018 年的 23.65%略微下降到 2021 年的 21.67%，但是仍然位居全国前列。

具体到广深莞三地，近几年义务教育阶段流动儿童数量均有所减少（见表 5）：广州的进城务工人员随迁子女从 2019 年的 36.39 万人，减少到

2021年的31.59万人；2018~2021年，深圳市随迁子女从89.88万人减少到83.85万人，东莞市随迁子女从82.21万人减少到73.16万人。

表5　广州、深圳和东莞义务教育阶段流动儿童数量变化

单位：万人

城市	年份	义务教育阶段随迁子女数	年份	义务教育阶段随迁子女数	年份	义务教育阶段随迁子女数
广州	2018年	—	2019年	36.39	2021年	31.59
深圳	2018年	89.88	2019年	—	2021年	83.85
东莞	2018年	82.21	2019年	78.7	2021年	73.16

说明：表中广州的数据为进城务工人员随迁子女的数据。另外，根据广州市教育局历年发布的《广州市教育统计手册》，2017~2019年随迁子女数量分别为62.84万人、61.09万人和61万人，2020年以后该数据不再公布。

资料来源：周丽萍、吴开俊：《广东省进城务工人员随迁子女义务教育财政责任分担研究》，《教育学报》2021年第6期；广州市教育局：《2021年广州市教育事业发展统计公报》，https://jyj.gz.gov.cn/gk/sjtj/content/post_8343409.html；梁伟堂：《超大城市民办打工子弟学校纳入基本公共教育服务路径研究》，广州大学硕士学位论文，2020；《优质教育阳光温暖更多随迁娃》，http://paper.jyb.cn/zgjyb/html/2022-08/12/content_612781.htm?div=-1；东莞市教育局发布的《东莞市2018-2019学年各类学校基本情况总表》《东莞市2019-2020学年各类学校基本情况总表》《东莞市2021-2022学年各类学校基本情况总表》。

三　广深莞三地流动儿童数量减少的原因分析

从教育部门发布的统计数据来看，同期广深莞三地义务教育阶段的学生总数均在增加，但是在校生中的流动儿童数量却减少了。正如上文所述，“十三五”时期三地的落户政策均进行了修订，“十四五”时期新的落户政策也在修订之中，而且社会经济、城市发展政策上多重变化因素交织，使广深莞的流动儿童教育面临新形势、新挑战，因此对流动儿童数量减少的原因需要结合多个视角来分析。

（一）落户政策的修订

上文提到，东莞市在2018年出台“两个五年”可直接落户的政策。以统计年鉴和公报的数据计算，2018~2021 年东莞户籍人口分别较上一年度增加了 9.5%、8.6%、4.8%和 5.6%，其中 2018 年度和 2019 年度户籍迁入人口均超过 17 万人。在访谈中，东莞市东城街道一名社区志愿服务者如此描述“两个五年”政策给其所在的流动人口社区带来的变化：

> 家长入户基本上是为了小孩上学。我们这附近很多人都工作 10 年到 20 年了，条件好的，积分较高，可以直接通过积分入学让孩子读公办学校；没有房产、学历、职称等条件的，也尝试着通过“两个五年”的方式申请户口。以前我们社区开展活动，20 人里面可能有 18 人都是非莞籍，现在是 20 人里面可能 15 人、16 人都是东莞籍了。

《东莞市人口发展规划（2020-2035 年）》也提到，放宽入户条件后“随迁入户子女数量的大幅度上升，致使公办学位严重紧缺”。因此，落户政策的放宽应当是东莞市近几年流动儿童数量减少的主要原因。相比之下，深圳积分入户停止申办两年，对流动人口家庭的未来规划，尤其是离开还是留在深圳，产生深刻的影响。

（二）城市更新的进程加速

改革开放以来，经过四十多年的开发，广深莞等地可供开发建设的土地日渐减少。近年来，城市更新，“三旧”（旧城镇、旧厂房、旧村庄）改造、棚户区改造、危房改造等项目逐渐上升为城市发展的重点任务之一。

2020 年，广州市出台《关于深化城市更新工作推进高质量发展的实施意见》和《广州市深化城市更新工作推进高质量发展的工作方案》，近 3 年内将对 83 个城中村、285 个旧街区实施改造；近 5 年，将对 183 个城中村实施改造。深圳市城市更新协会和广东合一城市更新研究院发布的《2022 年深圳城市更新白皮书》显示，2010~2021 年城市更新公告项目累计 980 个，拆除面积共 8182.5 公顷。2019~2020 年，东莞市分别有 81 个、174 个和

124个城市更新项目确认前期服务商。①

广深莞的城市更新范围广、推进速度快，对流动儿童入学、升学和转学产生重要影响：第一，直接导致纳入红线范围内的民办学校被关停；第二，流动人口家庭搬迁，导致儿童入学所需要的居住证、房屋租赁登记信息变更或者断档；第三，城中村拆迁后，短期内快速推高周边住房的房租价格，许多流动人口难以承受拆迁项目周边高昂的房租，而需要搬迁到城市更偏远的地区，甚至离开该城市。以城市更新项目较多的广州市黄埔区为例，根据统计年鉴和公报的数据计算，2021年末黄埔区常住人口为119.79万人，比2020年减少7.13万人，是黄埔区和萝岗区合并以来首次出现人口减少。

城市更新对流动儿童教育带来的冲击，比较典型的案例是2019年深圳白石洲旧改风波。作为深圳规模最大、人口最密集的城中村之一，白石洲15万人将要搬迁，而随迁子女上学难题凸显：许多家庭因为无法续租，申请入学时无法提供房屋租赁备案证明；正在就读的学生，马上面临搬迁，孩子上学需要转车多次；即将毕业的学生则面临跨区就读，担忧中考成绩计算受到影响。②

（三）民办教育“控比”政策带来的影响

上文提到，中央出台了严控民办教育比例的新政。从表6可见，广深莞三地民办学校在校生人数占在校生总数的比例均超过26%，东莞的数据则接近60%，这与新政要求的15%相距甚远。而非本市户籍学生，又构成了民办学校的学生主体，其中深圳和东莞的比例均达91.6%。因此，严控民办教育比例，将对流动儿童教育产生深远影响。

---

① 《2021年东莞城市更新年度成绩单，请查收!》，https://www.163.com/dy/article/GSIR5F5005380MPT.html，最后检索时间：2022年10月9日。

② 《深圳最大城中村“白石洲”清租困局：被断档的学位》，https://news.sina.com.cn/s/2019-07-06/doc-ihytcerm1698809.shtml，最后检索时间：2022年10月9日。

表 6　广州、深圳和东莞义务教育阶段民办学校概况

单位：所，万人，%

城市	年份	民办学校数量	在校生人数	占全市在校生人数的比例	非本市户籍学生比例
广州	2021	334	41.95	26.68	—
深圳	2020	255	50.9	34.9	91.6
东莞	2021	273	66.84	59.43	91.6

资料来源：广州市教育局《2021 年广州市教育事业发展统计公报》；深圳市教育局关于《深圳市民办义务教育收费管理办法（征求意见稿）》的起草说明；东莞市教育局《东莞市 2021-2022 学年各类学校基本情况总表》。

目前各市基本上停止了审批新的民办义务教育学校。近几年，东莞民办学校数量较为稳定，而广、深在规范民办义务教育发展上，主要采取以下两项限制举措：（1）以减少招生计划、控制班额等方式限制办学规模（“缩招”）；（2）逐步关停一部分年检不合格、场地租赁到期或办学条件不达标的民办学校。

“缩招”方面，对比广州各区发布的义务教育阶段招生计划，2021~2022 年，黄埔区、白云区、荔湾区多所民办学校招生计划均有 1~2 个班数的减量。而深圳市教育局发布的新版《深圳民办中小学设置标准》（深教规〔2020〕1 号）则以减小班额的方式限缩民办学校办学规模：小学班额控制在 40 人以内，中学班额控制在 45 人以内。同期，2021 年版《广州市普通中小学校建设标准指引》第 3.1 条、2020 年版《东莞市普通中小学校建设标准指引》第十条所规定的班额仍然为小学每班人数不超过 45 人、初中每班人数不超过 50 人。相比之下，深圳市这次政策修订幅度更大。

关停方面，综合广州各区教育局的公告，2020~2022 年黄埔区 8 所学校因城市更新、办学许可到期或办学场地租赁合同到期而注销办学许可证；[1]

---

① 2020 年 5 月黄埔区教育局发布《关于注销广州市黄埔才晖小学等四所学校办学许可的公告》；2021 年 5 月黄埔区教育局发布了育才学校、利民艺体实验小学、宏岗学校 3 所民办学校停办的公告；2022 年 2 月黄埔区教育局发布崇德实验学校办学许可证有效期将于 2022 年 7 月 31 日届满后不在原址续办的公告。

花都区 2 所学校因办学场地租赁合同到期等原因停招。[①] 此外，天河区科技园中英文学校仅被教育局允许续期再办学 2 年，届时将如何处理仍未得知。[②] 2020 年以来，深圳龙华区民乐小学、胜华小学、东王实验学校也分别因场地租赁问题、办学条件不符、城市更新等原因停招或停办。[③]

访谈中，广州一名民办学校校长如此描述“控比”政策带来的冲击：

> 这个村只有一所打工子弟学校，我们今年是没有招生指标的。如果没有停招，我们应该有三个班的名额。外地家长只能去更远的地方找学校，现在低收费的民办学校学位更紧张，高收费的可能还好一点。

不可否认，“控比”政策在规范民办学校招生和办学上具有一定的正向引导作用，但在短期内，民办学校“缩招”、停办对流动儿童教育的冲击不容忽视。综合访谈与媒体报道的案例，地方教育部门鲜少对民办学校关停后学生分流作出整体规划与部署，流动儿童家庭需要自行转学、插班。通常，因公办学位吃紧，只有极少部分学生能直接从民校分流至周边公校；而民办学校普遍受“缩招”影响，办学规模变小，转学到民办学校的难度也在增加。受此影响，许多家庭面临转学后接送距离变长、学费升高、教学质量变动等风险，还有部分学生可能因转学困难而返乡就读。

（四）公办学校入学竞争激烈，同时民办学校入学门槛也在提高

积分入学是广深莞等地流动儿童进入公办学校最主要的渠道。从表 7 可见，2020~2022 年广州市部分区域提供给积分入学的公办学位数虽然整体呈

---

① 据《2020 年广州市花都区义务教育学校招生工作方案》，东骏学校 2020 年小学、初中均无招生计划；据《2022 年广州市花都区义务教育学校招生工作方案》，新英才学校 2022 年停止招生。

② 《天河一民校 8 月停办家长刚知情？教育局：已续期两年转公未定》，https://www.sohu.com/a/537017192_161795，最后检索时间：2022 年 10 月 9 日。

③ 龙华区教育局《关于深圳市龙华区胜华小学 2020 年秋季停止招收新生的公告》、龙华区《2022 年秋季民办学校招生信息》、龙华区《放马埔旧村片区城市更新单元旧屋村范围》。

增加的趋势，但随着报名人数快速增加，申请人数与公办学位数的差额总体也在扩大，到 2022 年白云区和花都区的差额都超过了 1500 人，而黄埔区近三年的平均差额也接近 1000 人。因竞争激烈，积分录取线“水涨船高”的现象越来越突出。

表 7　广州市部分区域提供的积分入学公办学位数与报名人数

区域	2020 年			2021 年			2022 年		
	公办学位数	报名人数	差额	公办学位数	报名人数	差额	公办学位数	报名人数	差额
白云区	2104	3342	1238	2550	3793	1243	3505	5085	1580
花都区	3333	4091	758	5142	5331	189	5621	7468	1847
黄埔区	2455	3449	994	2520	3567	1047	3567	4458	891

说明：报名人指的是通过教育局的积分入学系统正式提交申请的人，实践中许多家长会因没有居住证、房屋租赁凭证、社保证明或者预计其分数不高而不参与该系统的报名。

资料来源：各区义务教育阶段招生工作实施方案和积分排名公告。

而在深圳龙岗区，一名经常为积分入学提供帮助的社会工作者如此描述近两年来所在社区儿童就读公办学校的变化：

> 近两年我们社区新入学的流动儿童，越来越少能够到公办学校就读。深圳引进了大量高学历、高层次的人才，但是没有那么多的公办学位，所以进公办学校的竞争越来越激烈。

值得注意的是，在公办学校的积分入学竞争越发激烈之时，部分区域民办学校入学门槛也在提高。2021 年秋季开学前，广州黄埔区家长收到通知，办理民办学校入学时，须提供有效居住证和房屋租赁备案凭证（“两证”）。因通知突然，不少家庭措手不及：广州居住证需要登记居住满半年以上方可申领，面对城中村拆迁，流动儿童家庭往往没有足够的时间到新的社区办理居住证；同时，大多数城中村都是村民自建房，自建房产生的宅基地证地址一致性、房屋是否违建、税费由谁出等问题往往导致本地房东不愿意进行租赁备案，从而影响流动儿童入学；另外，许多区域都存在“学位锁定”（一般小学阶段，一套房产六年内只允许一个学位申请）的政策，这也在很大程度上影响了房东对于房屋租赁备案的配合度。

在调研过程中，我们从一些家长处了解到，比如在广州市越秀区、黄埔区，以及深圳市龙岗区，在 2018 年已经开始实施积分入学政策，即原则上是先通过积分入学的网上报名系统上传各种证明材料参与报名，然后根据积分高低决定分配到公办学校还是民办学校。但是许多民办学校也留有一些名额，允许因没有居住证等材料而无法参与积分入学的家长直接带儿童到学校报名、交学费。到 2021 年，因为积分入学政策执行得越来越严格，这种在入学证明材料上的“零门槛”的入学方法越来越难以实现，如果家长没有居住证和社保，小孩很可能连民办学校都无法就读。2022 年 12 月 20 日，广州市教育局发布的《关于做好来穗人员随迁子女接受义务教育工作的通知（征求意见稿）》第二条第三款新增了“对于不符合保障性入学条件和积分制入学条件的来穗人员随迁子女，可自主申请报读民办义务教育学校”，如果该政策顺利出台，将在一定程度上纠正这种“一刀切”的做法。

（五）民办学校学费普遍上涨

民办学校学费普遍上涨也是一个值得关注的趋势。根据“广州市义务教育学校招生报名系统”（https：//zs. gzeducms. cn/）的数据，2022 年有 116 所民办小学提高了学费，占比为 44. 3%。[①] 另外，该系统还显示，广州市白云区招生的 65 所民办小学中，有 23 所学校正申请上调学费和住宿费，涨幅普遍在 30%以上。东莞市发改局发布的《2021 年秋季 166 所民办学校收费标准调整的复函》中，涉及学费上调的有 165 所，其中小学平均上涨 1000～1800 元/学期，平均涨幅超过 30%；初中平均上涨 1200～1800 元/学

---

① 《广州民办小学招生供需两降：学位减上万个，44. 3%学校涨学费》，https://www. 163. com/dy/article/H9RBJRKR0550AXYG. html，最后检索时间：2022 年 10 月 8 日。

期，平均涨幅近30%。2021年秋季以来，深圳市部分民办学校学费大幅上涨，其中宝安区新丰小学学费由3600元/学期提高到6200元/学期；龙华区展华实验学校初一学费由8300元/学期调整为13000元/学期。①

根据《民办教育促进法》和《关于进一步完善我省中小学教育收费政策的通知》（粤发改规〔2018〕14号）等法律文件，教育收费经过物价部门审核后再公示，因此民办学校收费普遍上涨已成定局。但对普通务工家庭而言，多重因素叠加下，学费上涨却可能成为“不可承受之重”：一方面，2016年“全面二孩”政策实施后“幼升小”逐渐迎来高峰期，不少家庭要同时承担两个孩子的学费，对价格变化更加敏感；另一方面，疫情冲击下，珠三角中小制造业遭遇严峻挑战，外来人口务工收入亦受明显影响，更难支付不断攀升的教育成本。

访谈中，东莞家长阿菊（化名）反映，即使有政府发放的民办学位补贴，家庭收入仍然难以承担两个小孩高昂的学费开支：

> 我女儿今年读初一，儿子读小学一年级，现在能拿东莞二档补助，扣了“两免”，一个小孩每学期实际发的补贴是1000多元。② 两个小孩一年学费、校车费还是接近两万。今年疫情，他们爸爸印刷厂业务不好，一个月少的时候只有三四千，我打打零工，一个月一千多，大头都花在教育上了。

---

① 《宝安一学校涨学费引家长投诉，区教育局回应》，https://sz.leju.com/news/2021-09-06/07106840266142792339658.shtml，最后检索时间：2022年10月9日；《龙华一民校学费涨近五千，回应：已经部门核准，将资助困难生》，https://www.sohu.com/a/479691530_161795，最后检索时间：2022年10月9日。

② 根据《东莞市异地务工人员随迁子女积分制入学民办学位补贴暂行办法》，二档学位补贴为小学每生每年3500元，初中每生每年4500元。由于该补贴里面包含了免费义务教育公用经费补助和免费义务教育教科书补助，二档学位补贴为小学每生每年实发1922.5元，初中每生每年实发1172.5元。参见《东莞2021年秋季积分制入学民办学位补贴开始申领》，www.dg.gov.cn/dgfgz/gkmlpt/content/3/3619/post_3619652.html#2689，最后检索时间：2022年10月23日。

除学费上涨外，民办学校其他服务费用（托管、餐饮等）同样上涨。访谈中，家住广州市黄埔区的李丽（化名）提及：

> 小孩入读的黄埔区YC学校，学费从2021年的7000元/学期，涨到2022年的9800元/学期，另外算上学校的早餐费、午餐费、中午“躺平睡”、晚托、校服、校车等费用，每学期学费及相关支出将近1.5万元，全年3万元左右。对于在工厂流水线工作的我们来说，教育支出带来的压力巨大。

对一般的打工家庭来说，若流动儿童在民办学校就读，教育开支可能占到家庭收入的30%～50%。在访谈中，已有家长表示难以承担高昂的教育开支，未来将选择带孩子回老家读书。

四　总结与展望

在上文分析了2018年以来广东省的广深莞三个代表性城市的流动儿童数量减少的状况和原因之后，有必要厘清这种减少是主动的，还是被动的；是积极的，还是消极的。本文将广东省流动儿童数量的减少分为如下两种情况。

第一类为吸纳式减少，即城市落户门槛降低，使越来越多流动人口转化为户籍人口，流动儿童数量也相应减少。《国家新型城镇化规划（2014—2020年）》《国家发展改革委关于印发〈2019年新型城镇化建设重点任务〉的通知》等中央文件的出台，推动了部分城市的落户政策修订为以居住年限和社保年限为主要依据，使没有受过高等教育但稳定居住就业的外来打工人口也能够在城市落户。

第二类为排斥性减少，即部分城市出台人口疏解政策，以及流动人口的居住成本、落户门槛、入学门槛提高，导致部分流动儿童不得不离开该城市，其中很多成为留守儿童。以往比较典型的案例是北京市和上海市因实施人口疏解政策而关停打工子弟学校，其中上海市招收随迁子女的民办学校从

2011 年的 158 所减少到 2021 年的 48 所[①]。

在广东省流动儿童较多的代表性城市中，东莞主要是落户门槛降低后，常住流动人口“市民化”进程加快，从而带来流动儿童吸纳式减少。在广州和深圳两地，排斥性减少的因素最值得关注：广州对民办学校招生门槛、招生计划和办学条件施以更严格的要求，使短期内因民办学校“缩招”、关停而产生的“入学难”“分流难”案例屡见不鲜；深圳自 2018 年起对流动儿童就读民办学校设置“居住证+1 年社保”的门槛限制，以及严格控制民办学校班额，已对流动儿童就学造成了直接或间接的冲击。而广深莞三地显著提速的“三旧”改造，也在很大程度上减少了教育资源的提供。此外，广深莞三地均出现了民办学校学费上涨的现象，使不少家庭在申领民办学位补贴后依然难以承担不断增长的教育支出，令人担忧未来流动儿童和父母共同生活的可持续性。

2023~2025 年将是“全面二孩”政策实施后广深莞三地小学入学的高峰期，也是三地基础教育发展的关键期：根据统计年鉴的数据，2017 年和 2018 年高峰期，广州户籍出生人数分别为 20 万人和 17 万人；2017~2019 年高峰期，深圳户籍出生人数分别为 11.7 万人、10.6 万人和 11.7 万人，东莞户籍出生人数分别为 4.7 万人、4.1 万人和 4 万人。而据地方基础教育发展“十四五”规划，广深莞三地分别计划到 2025 年新增 30 万、67.3 万、26 万个公办学位[②]。公办学位虽然计划扩容，但恰逢户籍儿童入学高峰期，这些新增的公办学位在满足户籍儿童的入学需求后，恐怕难以惠及流动儿童，届时流动儿童入学高峰期也将到来，“入学难”问题可能会进一步加剧。

---

① 周纪平：《见证上海农民工子女教育的十年（2008~2018 年）——一位教育工作者的亲身经历》，载韩嘉玲主编《中国流动儿童教育发展报告（2019~2020）》，社会科学文献出版社，2020；黄埔大道西观点：《流动人口子女政策论坛发言摘编（下）》，https://mp.weixin.qq.com/s/355HV06Q8FOPxEvOO1A6zg，最后检索时间：2022 年 10 月 15 日。

② 《广州市基础教育发展“十四五”规划》提出的目标为到 2025 年增加 30 万个公办基础教育学位（需要说明的是高中阶段也属于基础教育）；《深圳市教育发展“十四五”规划》提出的目标为到 2025 年增加公办义务教育学位 67.3 万个；《东莞市教育事业发展第十四个五年规划和 2035 年远景目标纲要》之附表 1 提出的目标为到 2025 年增加公办义务教育学位 26 万个。

作为改革开放的排头兵，广东省民办教育办学历史悠久、规模庞大，不宜过快过急、一刀切地推行“控比”政策。中办、国办《关于规范民办义务教育发展的意见》第二条的表述为“民办义务教育在校生占比较高的地方要通过多种方式积极稳妥加以整改”，《教育部 2022 年工作要点》中也提出“积极稳慎推进规范民办义务教育发展专项工作，加快优化义务教育结构，确保义务教育学位主要由公办学校和政府购买服务方式提供”。两份中央文件中的“积极稳妥”与“积极稳慎”，正是要求地方政府既要有承担义务教育主体责任的决心，也要有兼顾多方尤其是弱势群体利益诉求、避免造成短期重大震荡的治理智慧。而具体到广深莞三地，本文建议：（1）充分考虑 2023～2025 年入学高峰期带来的影响，对民办学校的“缩招”、停招与停办，设置一个时间合理的过渡期，并“积极稳妥”地做好针对学生分流的统筹与“兜底”工作；（2）在过渡期内，应当积极落实《义务教育法》第四十四条关于义务教育经费由省级统筹的规定，省政府和各市合力增加民办学位补贴的财政投入，切实减轻学费上涨给流动儿童家庭带来的经济压力。

参考文献

李虔、郑磊：《新时代民办义务教育的改革逻辑与发展空间》，《中国教育学刊》2021 年第 9 期。

周丽萍、吴开俊：《广东省进城务工人员随迁子女义务教育财政责任分担研究》，《教育学报》2021 年第 6 期。

梁伟堂：《超大城市民办打工子弟学校纳入基本公共教育服务路径研究》，广州大学硕士学位论文，2020。

韩嘉玲主编《中国流动儿童教育发展报告（2019～2020）》，社会科学文献出版社，2020。

陈宣霖：《政策执行的地区差异是如何发生的——意义建构视角下的随迁子女义务教育政策考察》，《教育学报》2021 年第 6 期。

朱海涛：《新城镇化背景下流动儿童义务教育入学困境与出路》，《教育与教学研究》2022 年第 6 期。

邢春冰、张晓敏：《子女随迁与流动人口的工资收入》，《财经研究》2022 年第 9 期。

B.15
贵阳市流动儿童教育背景与发展趋势

王 瑶*

摘 要： 本文基于作者2019~2020学年在贵阳为期四个月的实地调研、访谈及当地15所民办随迁子女学校的校长自测问卷报告，概述了贵阳市民办随迁子女学校的源起、运营与维护、教师队伍与学生基本情况。通过探索随迁子女学校与随迁子女家庭面临的各项挑战与需求，作者尝试对贵阳“公参民”教育改革可能遇到的问题进行分析，为开发公办学校学位、保障“公参民”过渡期的平稳、民办教师就业安置、对随迁儿童家庭经济状况与身心健康的关注以及随迁子女社区融入等相关政策提供建议。

关键词： 随迁子女 民办随迁子女学校 “公参民”教育改革 贵阳市

作为西南地区的重要交通枢纽和省会城市，贵阳因城镇化吸引了大量省内外务工人员，为了更好地解决这些流动人口子女面临的教育问题，近年来，贵阳市发布了多项政策。2021年，《教育部等八部门关于规范公办学校举办或者参与举办民办义务教育学校的通知》①（以下简称“公参民教育”）提出对义务教育阶段民办学校进行规范后，贵阳市开始减少民办学

* 王瑶，英国纽卡斯尔大学副讲师，博士，主要研究方向为教育政策、社会阶层流动、教育流动（城乡/跨国）、跨文化适应、比较与国际高等教育。

① 《教育部等八部门关于规范公办学校举办或者参与举办民办义务教育学校的通知》教发〔2021〕9号，http://www.gov.cn/zhengce/zhengceku/2021-08/25/content_5633199.htm，最后检索时间：2022年12月18日。

校数量并进一步增加公办学校学位供给以保障流动儿童入学。提出新建小区配建、回购义务教育民办学校转设公办学校两个方式，确保县域民办学校在校生占比不超过9%[①]。从2022年开始，贵阳市向逐步减少民办随迁子女学校并将学生分流到公办学校的新阶段过渡。截至2022年3月18日，云岩区区内11所义务教育阶段民办随迁子女学校已暂停办学，学生就近分流到辖区公办学校就读[②]。南明区也计划于2022/2023学年对随迁子女学校学生进行分流。这一转变可能会为该地区流动儿童教育带来一些新的挑战。

作者在2019~2020学年对贵阳市16所民办随迁子女学校进行为期四个月的实地调研并收集其中15所[③]学校校长自测问卷报告，根据此项调研成果，本文对贵阳市民办随迁子女学校的源起、运营与维护、教师队伍与学生情况做一个简要的说明，尝试对贵阳“公参民”教育改革可能遇到的问题进行分析，为相关政策制定方向和关注点提供建议。

一　贵阳的流动人口概况与相关政策

贵州省经济增速多年位居全国前三，2020年底实现全省贫困人口动态清零。从2000年到2020年，贵州省城镇居住人口占总人口的比重从23.96%（844.52万人）增长到53.15%（2049.59万人）[④]。根据《贵州省“十四五”新型城镇化发展规划》，贵州省将进一步提升城镇化率到62%左右，同时提升农业转移人口市民化质量与城市可持续发展能力。

贵阳是贵州省最大的城市，2020年常住人口598.7万人，同2010年第

---

① 贵阳市教育局：《2022年贵阳学前和义教拟增公办学位2.5万余个》，2022年2月，http://www.ddcpc.cn/detail/d_guizhou/11515115832803.html，最后检索时间：2022年12月8日。

② 云岩区教育局：《官宣！贵阳11所民办学校暂停办学》，2022年3月，http://jyj.guiyang.gov.cn/newsite/xwzx/qxdt/202203/t20220321_73061058.html，最后检索时间：2022年12月8日。

③ 为叙述方便并保证参与学校的匿名性，行文将用英文字母A至O指代15所学校。

④ 数据来源：《贵州统计年鉴2001》，《贵州统计年鉴2021》。

六次人口普查时的432.3万人相比，十年增加了166万余人，年平均增长率为3.3%①。作为西南地区的重要交通枢纽和省会城市，贵阳城镇化发展吸引了大量省内外务工人员，使其流动人口②在过去10年中增长2.5倍，由2011年135万人增至2020年332.6万人③。2020年，贵阳市人口净流入166万人，跻身全国人口流入前20名的城市④。作为人口流动新兴城市的代表，在北京、上海等一线城市人口规模相对趋于稳定的情况下，贵阳仍对流动人口保持巨大吸引力。至2020年底，贵阳市拥有贵州省内最多的流动人口，占全省总流动人口的28.44%，吸引流动人口332.6万人⑤，即全市超半数人口（55.56%）为流动人口。根据对中国人口流动趋势的相关研究，人口流动呈现向中心城市持续集中的特点⑥。就省内人口流动而言，欠发达地区人口会向省会等发达城市聚集。由于贵州省内经济发展水平存在较大差异，贵阳作为全省经济体量最大、质量最好的城市，具有更好的就业机会和公共服务质量，对人口的集聚能力也更强。例如，2020年数据显示，40.88%的流动人口为就业机会首选贵阳作为迁入地⑦。

贵阳市的经济增速稳居全国前列，2020年GDP同比增长5%，居所有省会城市的第4名。2015年经济学人智库在北京发布了《2015年中国新兴城市报告》，贵阳位列中国新兴城市榜单之首；世界经济论坛（World

① 贵阳市人民政府：《贵阳市第七次全国人口普查公报（第一号）》。文中人口相关统计数据时间未做特殊说明的，来源均为第七次人口普查。

② 根据第七次全国人口普查的相关统计口径，“流动人口”可以理解为“人户分离”的人口，即居住地与户口登记地所在的乡镇街道不一致且离开户口登记地半年以上的人口。

③ 据《贵阳：流动人口可均等享受多项基本公共服务》报道，2011年贵阳流动人口为135万。2020年第七次人口普查的数据为332.6万。

④ 周景彤、王梅婷：《从人口普查观察近年来我国人口流动的新变化》，《宏观观察》2021年第34期（总第357期），第1~11页。

⑤ 贵阳市人民政府：《贵阳市第七次全国人口普查公报》统计数据，截至2020年11月1日零时，全市常住人口为5987018人。

⑥ 罗丹阳：《增强中心城市聚集效应研究——以贵州省贵阳市为例增强中心城市聚集效应研究——以贵州省贵阳市为例》，《贵州社会科学》2019年第11期。

⑦ 贵州省统计局人口处：《贵州省人口迁移流动状况分析》，2021年。

Economic Forum）在 2016 年也将其列为中国快速发展的十大城市之头名[①]。可以预见，贵阳会持续聚集越来越多的省内外流动人口。

积极的人口发展规划和相对宽松的落户政策也使得贵阳能吸引大量的流动人口，贵阳市流动人口预计在未来五年内仍会持续增加。根据发改委《2019 年新型城镇化建设重点任务》的新一轮落户政策，“十四五”期间贵阳市人口发展规划与户籍政策发展呈现以下趋势：一是通过积极的人口发展规划，吸纳更多流动人口。根据贵阳市发展和改革委员会《“十四五”人口发展专项规划》（以下简称《规划》），预计“十四五”期间，全市流动人口规模还会持续增大，到 2025 年，流动人口将新增 33.93 万人。二是降低落户门槛，增加户籍人口总量。《规划》提出要进一步简化落户程序、放开落户限制，建立健全落户激励机制，吸纳引进的重点人群落户。2021 年贵阳市公安局提出“努力把贵阳市打造成为全国落户政策‘最宽松’、落户流程‘最方便’、落户时限‘最快捷’的城市”[②]。该背景下，贵阳市规范优化了符合落户规定的申请者的落户流程。然而，目前针对务工人员的落户政策并未放宽松，相关文件中指出“有意愿在我市城镇落户，暂无合法稳定住所的就业创业、学习、生活的申请人及随迁人员，可凭相关申请证明材料，在单位集体户、人才中心、社区集体户所在地公安派出所申请落户”[③]，然而对于具体的申请材料，以及一般的申请结果，并没有具体表述和公示，根据作者调研过程中的了解及同领域学者的研究[④]，对于工作流动性较大，

① World Economic Forum：Which are China's Fastest Growing Cities?，https://www.weforum.org/agenda/2016/03/which-are-china-s-fastest-growing-cities/，2016 年 3 月 14 日，最后检索时间：2022 年 12 月 8 日。

② 贵阳市公安局：《贵阳推出系列便民利民户政新措施》，https://gaj.guiyang.gov.cn/zx/rdgz/202112/t20211217_72074780.html，2021 年 12 月 14 日，最后检索时间：2022 年 12 月 18 日。

③ 贵阳市公安局：《在贵阳务工人员，想落户贵阳，需要什么材料?》，https://gaj.guiyang.gov.cn/jl/cjwt/hz/202202/t20220215_72551204.html，2022 年 2 月 15 日，最后检索时间：2022 年 12 月 18 日。

④ 韩嘉玲、余家庆：《离城不回乡与回流不返乡——新型城镇化背景下新生代农民工家庭的子女教育抉择》，《北京社会科学》2020 年第 6 期。

工作单位不固定或从事非常规职业的进城务工人员，现有落户政策门槛较高，会影响流动儿童去公办学校就读的机会。这部分流动人口子女的教育问题更加值得关注。

二　贵阳流动儿童教育——不断发展中的供需平衡

短时间内快速增加的流动儿童的教育需求进一步加剧了贵阳教育资源不足的状况。2017 年数据显示，贵阳市标准学位总量不足，义务教育学位供求上矛盾较为突出，义务教育阶段大班额 3800 个，占比达 13.54%①。因此，贵阳市很难在短时间内接纳全部流动儿童进入公办学校就读。在 2022 年以前，遵循“两为主、两纳入”（即以流入地政府管理为主、以公办学校为主，将随迁子女义务教育纳入城镇发展规划和财政保障范围）原则，贵阳市致力于将随迁子女纳入当地公办教育体系，政府购买民办学校学位与民办随迁子女学校是贵阳市满足流动儿童教育需求的两大途径。

（一）贵阳流动儿童入学现状

《贵阳统计年鉴 2021》显示，贵阳市随迁子女数为 148820 人（小学 107899 人，初中 40921 人）②，约占贵阳市义务教育阶段学生总数的 24.60%，其中进城务工人员随迁子女数（即持有农村户口随迁子女）为 104937 人（小学 76449 人，初中 28488 人）。2018~2020 年贵阳市随迁子女数据显示，随迁子女占全市义务教育阶段学生总数比例连续三年超 24%，2018 年高达 28.98%，而进城务工人员随迁子女在 2018~2020 年的比例分别为 20.82%、18.12%、17.32%，近两年占比略有下降，可能与受疫情影响部分务工人员携子女返乡有关（见表 1）。

① 贵阳市教育局：《贵阳市“十三五”教育事业发展专项规划》（筑教发〔2016〕174 号），jyj. guiyang. gov. cn，最后检索时间：2022 年 12 月 18 日。

② 该数据未包括学龄前和高中阶段随迁子女，下同。

表 1 贵阳市义务教育阶段随迁子女数量（2018~2020 年）

年份	贵阳市义务教育阶段随迁子女数（人）	贵阳市义务教育阶段进城务工人员随迁子女数（人）	全市义务教育阶段学生数（人）	随迁子女占全市义务教育阶段学生总数比例	进城务工人员随迁子女占全市义务教育阶段学生总数比例
2020	148820	104937	60.60 万	24.60%	17.32%
2019	157238	114122	62.98 万	24.97%	18.12%
2018	158917	120438	54.84 万	28.98%	20.82%

资料来源：《贵阳市 2018 年国民经济和社会发展统计公报》。

在义务教育阶段，相比于其他类型随迁子女，进城务工人员随迁子女因有限的家庭社会资源常常面临更多挑战①。贵阳市统计局专门对进城务工人员随迁子女的义务教育阶段就读情况进行统计，帮助相关人员更好地了解进城务工随迁子女的教育情况并提供针对性的支持。根据 2021 年最新统计，贵阳市 104937 名义务教育阶段进城务工人员随迁子女中，有 64147 名就读于公办学校，占总数的 61.13%，40790 名学生就读于民办随迁子女学校，占总数的 38.87%。在民办学校就读的进城务工随迁子女中，62.70%为政府购买民办学位。若将就读于政府购买学位的民办学校学生数（25574 名）计入，贵阳市义务教育阶段进城务工人员随迁子女在公办学校占比约为 86%。在 2015~2021 年，政府购买民办学位是保证随迁儿童公办学校就读率的重要方式，也与国务院教育督导委员会规定随迁子女就读公办学校和获得民办学位补贴的比例不低于 85%的要求相一致②。

（二）贵阳市民办随迁子女学校概述

2020 年，民办随迁子女学校承担着 40790 名（其中 25574 名为政府购

① 汪传艳、徐绍红：《进城务工人员随迁子女的教育再生产——基于“双重脱嵌”的视角》，《青年研究》2020 年第 1 期。韩嘉玲：《流动儿童教育与我国的教育体制改革》，《北京社会科学》2007 年第 4 期。

② 《国务院教育督导委员会办公室关于补充全国中小学校责任督学挂牌督导创新县（市、区）评估认定内容的函》〔2018〕27 号文件，http://www.moe.gov.cn/s78/A11/tongzhi/201805/t20180504_335069.html，最后检索时间：2022 年 12 月 18 日。

买学位）学生的教育任务，占随迁子女总数的38.87%。在本次调研涉及的16所参与学校中，14所来自贵阳市流动人口与民办随迁子女学校最多的云岩和南明二区，与这两个区2019年随迁学校数量在全市总量中的占比的估值87%大致相等，另外两校分别来自花溪与白云两区。

根据教育部与公安部1998年联合发布的《流动儿童少年就学暂行办法》，贵阳市教育局参照简易学校的做法，对民办随迁子女学校的设立条件酌情放宽，允许其租赁坚固、适用的房屋为校舍，于2005年颁布了《贵阳市各级各类民办学校设置暂行标准》，制定了一套适合本市实际情况的民办学校办学标准，将随迁子女学校纳入政府的规范管理，减少了无证办学的情况①。在此之前，贵阳市民办学校均参照公办学校的设置标准，但由于绝大多数民办随迁子女学校条件十分简陋，很难达到设定标准，因此，许多学校没有办学许可证。面对流动儿童义务教育需求与供给间的矛盾，贵阳市教育局参照简易学校的做法制定的民办学校设置标准，因地制宜地缓解了随迁儿童的入学压力。但是目前当地教育局不再以简易学校的标准为新的民办学校签发办学许可，而是需严格按照2017年颁布的《贵阳市教育局民办学校设置标准》对民办学校场地大小、师资与资金都设定严格标准，将加大标准化学校建设力度、扩大贵阳市标准化学校的覆盖面列为当年工作要点②。对民办随迁子女学校的实地调研，有助于流动儿童教育政策制定者了解贵阳民办随迁子女学校现状。

1. 办学条件与资金情况

调研结果显示，15所参与问卷调查的学校均有19年以上的办学历史。然而，较长的建校历史没有带来办学条件的显著改变，从学校硬件条件上来看，贵阳市民办随迁子女学校设施相对简陋，大部分学校的校舍为自建民

① 李新玲：《贵阳为啥难见“黑户学校”》，http://zqb.cyol.com/content/2009-12/14/content_2980721.htm，2009年12月，最后检索时间：2022年12月18日。

② 贵阳市教育局：《贵阳市教育局2017年工作要点》（筑教发〔2017〕1号），http://jyj.guiyang.gov.cn/zfxxgk_5617343/fdzdgknr/ghxx/jhzj/202001/t20200110_42305858.html，最后检索时间：2022年12月18日。

房，无符合学生活动空间需求的操场，仅有两所学校为每个教室配备了多媒体设施。调查的 15 所学校中，6 所学校目前仍在租赁校舍。受新的城市规划、租约变更等潜在因素的影响，租赁校舍导致民办学校在做基础设施投入时可能会有所保留，不会对校舍改善做过高的投入。6 所学校因拆迁、低入学率、自建校舍等原因有过一到三次不等的搬迁经历。

民办随迁子女学校被视为一种特殊的办学形式，如果参照现行的民办学校的设置标准，绝大多数随迁子女学校无法满足要求。但如果取缔这些学校，贵阳市公办学校目前无法容纳所有学生，势必会造成一部分随迁子女无处读书，带来更大的教育问题。因此，即便贵阳市民办随迁子女学校基础设施相对落后，依旧是贵阳市随迁子女的稳定教育供给基地。

虽然贵阳市教育局提出一系列对贵阳市民办随迁子女学校的补助①，但资金仍是大部分民办随迁子女学校面临的主要难题。学校的收入通常由两部分组成，一部分是贵阳市教育局每年拨发的生均公用经费［基准定额小学 600 元/（年·人），初中 800 元/（年·人）］，另一部分是学生的学费收入。根据 15 所学校的问卷结果，小学的平均学费从 700 元/学期到 1600 元/学期不等，平均学费为 1083 元/学期。在初中阶段，7 所拥有初中部的学校，生均学费从 1300 元/学期到 2000 元/学期不等，平均学费为 1654 元/学期，略高于小学阶段。

生源对学校发展起决定性作用，无论生均公用经费还是学生学费收入，都与学生数量紧密联系。简言之，学校的学生数量越多，所得生均公用经费与学费就越多，学校的资金运转也相对充裕，对基础设施的投入力度也会更大。例如学校 B，学生数量一度达到 800 余人，学校于 2016 年搬入校长自建的教学楼中，并且为每班配备了多媒体设备。近年来随着贵阳市逐步增加公办学校学位数，外出务工人员返乡，以及父母携子女二次流动去省外务工等，贵阳市民办随迁子女学校的学生数量整体呈下降趋势，导致部分学校因招生不足而关闭。

---

① 例如 2019 年，贵阳市教育局拨付经费 1078.295 万元对受疫情影响的民办义务教育阶段中小学校及民办普惠性幼儿园进行扶持。见《贵阳：1000 万助力民办学校渡难关》，中国教育新闻网。

民办随迁子女学校的资金支出主要由教师工资、基础设施建设与维护、办学场地租金三大方面构成。根据校长问卷调查结果，表 2 展示了 15 所学校的教师工资与校舍租金的情况。

表 2　民办随迁子女学校资金支出情况

学校	教职工总数（人）	最低工资（元/月）	最高工资（元/月）	平均工资估算（元/月）	租房支出（元）
学校 A	18	1800	4200	2600	不适用
学校 B	16	3000	5800	3900	不适用
学校 C	12	3000	4300	3300	58000
学校 D	18	2600	4700	2900	300000 *
学校 E	14	2300	2800	2600	80000
学校 F	12	2100	3000	2400	74000
学校 G	14	2400	2900	2500	50000
学校 H	13	2500	4500	3500	不适用
学校 I	12	2380	3380	2780	不适用
学校 J	8	1800	3000	2200	不适用
学校 K	13	2000	3500	—	不适用
学校 L	10	—	—	3000	不适用
学校 M	30	2500	4500	3500	120000
学校 N	24	—	—	—	不适用
学校 O	10	—	—	—	不适用
平均数	14.93	2365.00	3881.67	2931.67	76400

说明：学校 D 租金包括转让费，五年分期付款后，现任校长具有学校所有权，因此平均房租计算未包含学校 D。资料来源于参与调研的校长自测问卷。

虽然 5 所学校（C，E，F，G，M）需要支付 5 万元至 12 万元不等的办学场地租金，但通过对校长的访谈及问卷调查得知，教师工资是民办随迁子女学校的最大支出项目，占学校全部支出的一半以上。在一些学生数量较少的小型民办随迁子女学校中，教师工资在总支出中占比可达 70%以上。

上述数据未包括维修、水电费等开支以及每年几千元不等的学生学费拖欠。将各项收入与支出纳入考量，多数民办随迁子女学校可以维持收支平衡。然而，当学生数量急剧减少时，学校就会处于亏损状态，部分学校不得不暂停办学。有限的盈余也使得学校很难投入基础设施的改进，所以很多学校的办学条件仍是初期简易学校的标准。为改善学校的基础设施，一些学校积极地向公益组织与企业个人等寻求帮助。例如，学校 C、D、E 的运营得到了公益组织、企业与爱心人士的大力扶持，校长也积极将资源合理利用，购买运动器材、图书及修整操场等。

2. 教师情况

如表 2 所示，虽然民办随迁子女学校教师工资较低，依然是学校财务支出中最大的份额。通过问卷数据可以估算出，15 所民办随迁子女学校的平均估计月薪为 2931.67 元/月，仅为 2019 年贵阳公立学校教师平均工资标准（9091.67 元/月）的 32.25%①。从民办学校出现伊始，较低的工资便困扰民办随迁子女学校的教师。贵阳民办随迁子女学校教师除了和公办教师工资差距大外，大部分教职员工没有带薪休假，这意味着教师不会在寒暑假期间获得报酬或者全额工资，通常每年仅可获得 10 个月的工资。此外，民办学校教师相比公办学校教师可能会承担更多的教学与学生学业辅导任务。由于大部分进城务工父母受限于工作时间或对学校授课知识了解程度低，不能给予子女相应的学业辅导，也无法全面照顾学生的饮食起居。因此，随迁子女学校的教师承担很多教学外的辅导工作，例如，利用午休时间辅导学生家庭作业；也需给予学生身心健康更多的关注，例如，调解学生的家庭矛盾。

民办随迁子女学校教师的工资虽然很低，但教师的工作量较大，二者之间的不平衡也造成了民办随迁子女学校每年较高的教师离职率（约 50%），尤其是年轻教师流动性很大。截至数据收取时，15 所学校的教师总数为 8~30 人，平均教师人数为 15 人，中位数为 13 人。2 所学校教师的教师资格证持有率为百分百，12 所学校超过 70%的教师获得了本科学位或大专/高中学位，仅有部分学校少量教师是中专/中学及以下学历（见表 3）。

① 黄娴：《贵阳全面提高教师工资收入》，《人民日报》2020 年 9 月 11 日 12 版。

表 3　民办随迁子女学校教师构成

学校	教职工总数	有教师资格证教师比例	本科及以上学历	大专及高中学历	中专及中学学历	小学及以下学历
学校 A	18	55.56%	27.78%	55.56%	11.11%	5.56%
学校 B	16	100.00%	62.50%	37.50%	0	0
学校 C	12	50.00%	66.67%	33.33%	0	0
学校 D	18	88.89%	50.00%	38.89%	11.11%	0
学校 E	14	42.86%	21.43%	50.00%	28.57%	0
学校 F	12	50.00%	25.00%	41.67%	33.33%	0
学校 G	14	35.71%	57.14%	35.71%	7.14%	0
学校 H	13	53.85%	53.85%	23.08%	15.38%	7.70%
学校 I	12	75.00%	50.00%	25.00%	25.00%	0
学校 J	8	37.50%	25.00%	75.00%	0	0
学校 K	13	46.15%	30.77%	69.23%	0	0
学校 L	10	60.00%	20.00%	30.00%	50.0%	0
学校 M	30	100.00%	56.67%	43.33%	0	0
学校 N	24	54.17%	54.17%	33.33%	12.50%	0
学校 O	10	—	—	—	—	—
平均数	14.93	60.69%	42.93%	38.20%	13.87%	0.95%
中位数	13.00	54.01%	50.00%	42.26%	11.11%	0

资料来源：参与调研校长的自测问卷。

拥有本科学历的教师，多数为青年教师或应届毕业生，也往往是具有教师资格证的老师，但是这类教师的离职率最高。在调研过程中发现，几乎所有参与访谈的年轻教师，都是在民办学校教书的同时备考公办学校教职或寻求其他就业机会，这部分教师只要获得新的工作机会便会在短时间内离职。也有少数教师持有中专/初中及以下学历，这类教师通常年纪相对较大，部分没有教师资格证，但拥有丰富的教学经验和较低的流动性。教师学历及教师资格证可以反映教师的知识水平与业务能力，而教师在日积月累的教学实践中的经验也不能被全然否决。

总的来说，民办随迁子女学校教师呈两极分化的特点：一方面是相对年轻、学历较高但流动性较大的年轻教师，另一方面是相对年长、学历较低但稳定性很大的年长老师。如何平衡两类老师在教学中的作用，保证学校教师队伍的稳定，是困扰民办随迁子女学校校长们的主要问题。在流动儿童向公办学校分流这一转折期，当民办随迁子女学校暂停办学时，年长的民办教师势必会面临更大的就业挑战，在政策执行时需充分考虑他们的安置需求。

当地教育部门也为解决民办学校教育教学水平参差不齐、师资匮乏等问题做出了努力。2010 年，贵阳市出台了《关于在贵阳市义务教育阶段民办学校实施特聘教师计划的工作方案》，安排南明、云岩两区各特聘了 200 名高校毕业生到义务教育阶段民办学校任教，提升民办学校师资水平①。贵阳市、区教育局组织公办学校与民办随迁子女学校开展手拉手活动，结成“对子”进行帮扶，要求每一所公办学校都要“结对子”帮扶一所民办学校，一并组织教研活动，区教育局一并评价学校管理和教学质量。

3. 学生情况

从学生情况来看，15 所学校中共有 4488 名学生就读，学生的基本情况也反映了贵州省人口流动的特征。根据问卷中校长提供的生源地比例估算，大部分随迁子女来自贵州省毕节市及下属各县，这与其拥有大量的外出务工人口的现状相一致。毕节地处贵州省喀斯特山脉深处，受地理、生态、历史、文化等因素的影响，是开发较晚的城市，经济水平相对落后，是全省城镇化率最低的城市（42. 12%），但同时也是贵州省人口最多的城市。2020 年，毕节市常住人口数为 6899636 人，占全省人口的比重为 17. 89%②。全市有 187. 69 万名外出务工农民③，省会贵阳市是他们省内务工的首选。

除了学生的户籍地主要集中在省内外，贵阳市随迁子女的另一个特点是

---

① 《关于在贵阳市义务教育阶段民办学校实施特聘教师计划的工作方案》（筑教发〔2011〕2 号）。

② 《毕节市第七次全国人口普查公报［1］（第二号）——县（市、区）人口情况》，https://www. bijie. gov. cn/zwgk/zfsj/tjxx/tjgb/202106/t20210602 _ 74919015. html，最后检索时间：2022 年 12 月 18 日。

③ 《毕节市 2020 年国民经济和社会发展统计公报》，2021 年，https://www. bijie. gov. cn/bm/bjstjj/zwgk/tjsj/tjgb/202105/t20210507_74711212. html，最后检索时间：2022 年 12 月 18 日。

少数民族学生数量多。经 11 位校长估算，其学校少数民族学生比例为 14.00%~97.40%，数量约 25~300 人，这也与贵州省作为中国少数民族人口最多的省份之一的人口特征相一致。全省有 17 个原住民族，主要以村落形式聚居，有苗、布依、侗、绥、仡佬、彝、土家族等少数民族，占总人口的 36.44%①。调查中发现，少数民族家庭多为 2~3 个子女，相较独生子女，每个孩子获得的家庭资源相对更少。另外，少数民族父母早婚比例较高，同时，据教师估算，还伴随着约 40%以上的较高离婚率。父母不恰当地处理家庭矛盾的方式，如单方面失联、离婚前后的冲突、重组家庭后对前任婚姻子女的忽视等，导致了部分流动儿童的不安全感、内疚感、自卑感，造成流动儿童学业发展、行为表现、情绪适应、人际交往和亲子关系等方面的巨大挑战。调节流动儿童的家庭矛盾，降低其对儿童的影响，也是民办随迁子女学校教育工作者们在教学任务外的工作核心。校长与教师们会定期对学生进行家访，从课堂走到家庭，充分了解学生在学校之外的需求，甚至要调节父母冲突。在制定服务于相对弱势的流动儿童相关政策时，不仅要关注流动儿童家庭的经济状况，还要充分考虑子女数量、亲子关系、身心健康等条件与需求。民办随迁子女学校的教育工作者可以成为政策制定的重要咨询对象，他们作为家校之间的桥梁，可以提供更有针对性地改善随迁儿童教育与生活的建议。

从学生家庭社会经济状况来看，流动家庭之间的社会经济状况也存在较大的差异。作者通过校长、老师访谈与学生家访发现，流动家庭的收入可以细化为自主经营或有从事管理职位家庭成员的高收入家庭，在建筑、餐饮等相对稳定行业工作的中等收入家庭，以及以打零工、背背篼等暂时性工作为生的低收入家庭，其中，中低收入家庭占比最大。就居住条件而言，绝大部分流动家庭在城中村租住房屋，以学校 B 为例，全校 233 名学生中在贵阳购房的家庭不超过 5 户。因租房预算有限，子女很难有自己的独立房间，通常

① 贵阳市人民政府：《贵阳市第七次全国人口普查公报（第一号）》，2021 年，http://tjj.guiyang.gov.cn/2020_zwgk/2020_zdlygk/2020_sjfb/tjgb/202105/t20210531_68340911.html，最后检索时间：2022 年 12 月 18 日。

与父母或者兄弟姐妹共享一间房。就父母受教育程度而言，大部分父母的最高学历为中小学，这与中小学是贵州流动人口占比最多的两个教育阶段相一致[①]。值得注意的是，务工父母中也存在极少数文盲的情况。

从儿童的营养健康状况来看，一些教职工在访谈中对流动儿童的营养状况表示担忧。2021 年底，一项在贵阳市某民办随迁子女学校的抽样体检调研也显示了流动儿童较高的营养不良率。对 46 名 5~7 岁学生的体检调查显示，67%的孩子体重偏轻，41%的孩子贫血，85%的营养不良[②]。

流动儿童在成长中面临的挑战是多样的，即便解决了流动儿童在公办就学的难题，我们仍需对流动儿童的学业发展、身心健康等给予更多的关注与支持。

三　政策建议

从目前贵阳民办学校建设的现状来看，“公参民”教育改革可能会遇到以下几个问题：第一，务工家庭多租住城中村中且流动性较大，小区配建的公办学校很难服务到低收入流动家庭；第二，现有民办随迁子女学校办学设施相对简陋，是否符合民办学校转公办学校的标准及具体的要求仍待详细说明；第三，除现有民办随迁子女学校就读的学生均可被公办学校接受外，新入学或新随迁儿童的入学政策尚不明晰，是否全部无条件就读于公办学校，还是仍设立入学门槛？如为后者，如果随迁家庭无法满足入学条件，而民办学校又被关闭，则流动儿童何去何从？

贵阳市流动儿童教育供给当前处于从民办学校到全部纳入公办学校的转折中，作者建议将以下几点纳入考量。

---

① 贵州省统计局人口处：《贵州省人口迁移流动状况分析》，2021 年，http://stjj.guizhou.gov.cn/tjsj_35719/tjfx_35729/202109/t20210930_70689379.html，最后检索时间：2022 年 12 月 18 日。

② 蔡静远、范俏佳：《进城务工随迁子女营养状况堪忧 免费午餐能否惠及?》，https://topics.caixin.com/2022-03-10/101853875.html，最后检索时间：2022 年 12 月 18 日。

首先，在增加公办学校学位时，须考虑公办学校的接纳能力，避免因班级合并出现大班额。在公参民转型的招生过渡期，面对生源的快速下降及招生停止带来的办学资金锐减，前述民办随迁子女学校的各项挑战可能会更为突出，因此需要加大过渡期对现存民办随迁子女学校的资金投入及现有学生的教学保障。在过渡期，当地教育部门应建立与现存民办随迁子女学校更及时的沟通反馈渠道，为避免加重学校本身教职工数量不足带来的人员流转困难，可采取线上访谈或者教育局专员上门等方式来及时了解学校的办学状况与需求。对自愿转为公办学校的民办随迁子女学校，需要制订更为详细的办学条件提升计划，例如，匹配合适的多媒体等教学设备量、扩建操场、提供符合场地面积的体育器材。

其次，在民办随迁子女学校教师安置方面，在暂停民办学校办学时，教职工的安置需根据其特点进行细化，如对年长教师的（再）就业问题需给予更多关注。当原民办随迁子女学校教师不满足在公办学校继续从事教育行业的条件时，可以为教师提供再就业指导，帮助其顺利转入新行业，也可以与地方企业合作，对转业教师在同等条件下给予优先录取。

再次，需要对流动儿童的家庭经济状况与身心发展给予重点关注。地方教育部门需要对公办学校就读的流动儿童提供经济补助，尤其需要考虑隐性资金支出。例如，一些流动儿童在原随迁子女学校可享受免费午餐，而转入公办学校后自付餐费将给流动家庭带来新的经济负担。部分随迁子女学校无须购买校服或者接受公益组织的校服捐赠，而在公办学校购买校服对流动家庭而言也是一笔新的支出。此外，转学可能带来的交通费增加也需纳入补助的考量范围。在身心健康方面，接收流动儿童的公办学校及教师需充分了解流动儿童的特点与需求，在转学过程中为流动儿童提供更有针对性的帮助，使其顺利适应新环境。流动儿童转入公办学校并非单纯地换了学习地点，需要在转学前中后对学生进行有效疏导以应对分离带来的情绪波动、对新环境的不安、授课方式的变化以及可能存在的歧视等问题。推动针对流动儿童融入公办学校的相关学术研究以及寻求原随迁子女学校教育工作者的建议可以帮助随迁儿童有效适应新环境。

最后，相关部门可以考虑利用学生的课后时间来帮助流动儿童健康成长。例如，通过在社区活动室、儿童中心等场地举办符合儿童兴趣的活动，帮助他们更好地融入当地的文化与生活，同时分担务工父母的部分看顾任务。如当地公益组织“贵阳市同在城市扶困融入中心”以社区为切入点，走进随迁子女家庭，丰富随迁子女的课余生活，发掘他们的闪光点，以影响孩子的方式为流动家庭带来积极的改变。

如上所述，流动人口不断增长将是贵阳未来五年内要面对的现实，合理地配置公共资源，以满足流动人口持续增加的公共服务需求是贵阳市“十四五”期间的工作重点。其中，保障流动儿童的教育供给，是务工父母的迫切需求，也是地方教育部门的核心目标。在贵阳市流动儿童全部转入公办学校的转变期，流动儿童进入公办学校后的平稳过渡与融入，也将是接受流动儿童的公办学校面对的挑战。因此，在增加公办学校学位供给的同时，也需提出针对流动儿童学业、文化、心理融合的相应措施。

参考文献

周景彤、王梅婷：《从人口普查观察近年来我国人口流动的新变化》，《宏观观察》2021 年第 34 期。

罗丹阳：《增强中心城市聚集效应研究——以贵州省贵阳市为例》，《贵州社会科学》2019 年第 11 期。

韩嘉玲，余家庆：《离城不回乡与回流不返乡——新型城镇化背景下新生代农民工家庭的子女教育抉择》，《北京社会科学》2020 年第 6 期。

汪传艳 、徐绍红：《进城务工人员随迁子女的教育再生产——基于“双重脱嵌”的视角》，《青年研究》2020 年第 1 期。

韩嘉玲：《流动儿童教育与我国的教育体制改革》，《北京社会科学》2007 年第 4 期。

韩嘉玲：《城市边缘的另类学校：打工子弟学校的形成、发展与未来》，载于孙霄兵主编《中国民办教育组织与制度研究》，中国青年出版社，2003。

B.16
甘肃省欠发达地区乡村留守儿童心理健康研究（2015~2020年）

雍 琳　夏瑞雪　周爱保　孔 静　罗 俊*

摘　要： 城市化过程中，随着城镇对外来人口接纳度的提升，留守儿童数量呈现下降趋势，但总体心理健康状况仍然值得关注。本研究自2015年起先后三次对甘肃欠发达地区乡村留守儿童做心理健康调研，在量化数据的基础上通过访谈和观察等方法，了解该地区留守儿童心理健康的现状，分析留守、时间、性别、亲子联系等因素对留守儿童心理健康发展的影响。研究发现，虽然留守和非留守儿童存在一些共性问题，但留守儿童心理健康水平总体低于非留守儿童；学校心理健康教育需求量大、缺师资且流于形式，教育者对留守儿童消极刻板印象较多；父母外出对留守儿童的影响表现在手机依赖、情绪困扰、缺乏生涯思考、不自信四个方面。基于问题分析，研究者在文章最后提出避免凸显弱势儿童身份、建立动态更新的儿童心理健康档案、增加专业教师配置、稳定乡村教师队伍、为全体教师和相关人员提供心理健康教育培训五个方面的建议。

关键词： 留守儿童　心理健康　欠发达地区　甘肃省

* 雍琳，西北师范大学心理学院副教授，博士，主要研究方向为社会认知与弱势群体心理健康教育；夏瑞雪，西北师范大学心理学院教授，博士，主要研究方向为社会认知、群际互动和心理健康教育；周爱保，西北师范大学心理学院教授，博士，主要研究方向为社会认知与自我；孔静，西北师范大学心理学院硕士研究生，心理健康教育专业；罗俊，西北师范大学心理学院硕士研究生，应用心理专业。

一 研究背景

地区经济发展的不均衡和城市化进程的加速带来了劳动力从农村向城市的大规模转移。外出务工的农村父母将自己年幼的子女留在家乡，交由亲人或邻居朋友代为照管，于是产生了数量庞大的农村留守儿童群体。根据2000年第五次人口普查及2005年1%人口抽样调查数据推算，[①] 2005年末全国留守儿童有1450万~1859万人，其中农村留守儿童为1250万~1600万人。而根据2010年第六次人口普查资料样本数据推算，0~17岁农村留守儿童已达到6000万人。

近年来留守儿童问题得到社会广泛关注，同时随着经济发展和城市化过程中流动人口子女教育资源分配政策的调整，留守儿童总量有下降趋势，民政部2018年农村留守儿童数据表明，全国农村留守儿童有697万人。但是仅仅在一年后发布的《中国农村教育发展报告2019》中的数据表明，2017年中国农村留守儿童数量为1550.56万人。不同部门由于统计口径不同，统计结果也有较大差异。综合分析这些数据展示出的趋势，虽然农村留守儿童数量呈现下降趋势，但是总数仍然较多。随着进城务工的父母对留守子女发展问题越来越重视，有经济条件的父母选择带子女随迁到城市接受教育，这种情况下的农村留守儿童更有可能是社会经济地位不利的家庭中的孩子，因而他们面临的问题也更为复杂。

甘肃省地处内陆西部，2019年GDP在全国31个省份中排名第27位，城乡居民收入水平全国倒数第二，外出务工是农民增收的重要渠道之一，父母双亲在外的农村留守儿童有244380人，父或母一方不在身边的留守儿童数量更多[②]，随之而来的农村留守儿童问题值得关注。在全国脱贫攻坚战开始之前，全省65个县有58个为重点贫困县。

---

① 刘志军：《留守儿童的定义检讨与规模估算》，《广西民族大学学报》（哲学社会科学版）2008年第3期。

② 王家安：《甘肃贫困人口将达1200万人》，《兰州晨报》2011年12月9日。

虽然各级政府部门对留守儿童心理健康的重视程度日益提高，但是在经济欠发达的农村地区，基层留守儿童关爱保护工作由于缺乏高水平的心理健康工作人员和成熟可行的心理健康教育策略，至少在三个方面存在问题。其一，受一些引起社会关注的留守儿童事件的影响，无论是社区还是学校的留守儿童工作者，最主要的着眼点在于生命安全和人身伤害等问题，缺乏对留守儿童身心健康成长的全面关注。其二，虽然政府在心理辅导室和留守儿童之家的硬件建设方面投入了大量的资源，但是缺乏接受过专业培训的心理健康工作者的基层单位往往难以保证这些硬件设施的规范使用，缺乏人才导致硬件资源形同虚设，结果是留守儿童从中获益有限。其三，现有的学校评估模式中学生成绩仍然是绩效评估的重点，导致基层学校对儿童心理健康成长的关注不足，缺乏开设心理健康课程或开展心理健康活动的热情，心理健康教育在中小学（尤其是贫困地区中小学）由于缺乏有效且现实可行的模式而进展缓慢。

在国家社会心理服务体系建设和乡村振兴的大背景下，本研究自 2015 年起在甘肃农村贫困地区选择教育条件较差且留守儿童数量较多地区的学校作为研究对象，在 2015、2017 和 2020 年末使用问卷调查与访谈相结合的方法，分别在两个国家级贫困县（已如期脱贫）收集有关留守儿童心理健康状况的信息，期望在留守儿童数量迅速下降的背景下，了解留守儿童心理健康现状，并在此基础上提出有助于乡村留守儿童心理健康教育工作开展的建议。

量化研究基于 2015 年初到 2020 年末近六年时间的三次留守儿童心理健康调查的数据，发现留守、性别和测量时间对儿童的心理健康状况都有显著的主效应。与非留守儿童相比，留守儿童在心理健康的所有维度都显著处于更加不利的状况。与男童相比，女童除在内部学习动机方面显著高于男童之外，在其他大部分心理健康维度表现出的症状都多于男生。三次测量中的儿童在心理健康各维度得分的变化趋势不尽相同，说明儿童心理健康状况确实会随时间而发生改变。受篇幅所限，本文仅展示质化研究的一部分结果和对质化及量化结果的讨论。文章最后，结合实证研究和实践工作经验，对乡村留守儿童心理健康教育工作提出建议。

二　质化研究部分

（一）研究方法

问卷调查结果表明留守儿童在一些方面确实需要心理健康方面的帮助，但是如何才能更好地帮助学校开展心理健康教育工作呢？为了回答“该怎么做”的问题，同时也为了印证和协助解读量化研究的数据，研究者编制《家长访谈提纲》、《教师访谈提纲》和《儿童访谈提纲》，通过个人访谈和集体访谈两种形式共计访谈家长 10 人（5 位留守儿童照养者）、教师 10 人和儿童 20 人（其中 13 位留守儿童）。

儿童个人访谈提纲包括 8 个开放式问题，分别关注儿童的课后生活、人际交往、师生关系、自我评价、亲子关系、情绪管理、困难解决、未来理想八个方面的情况。儿童集体访谈提纲在个人访谈提纲的基础上对提问的方式做了微调。教师个人和集体访谈使用同一个访谈提纲，提纲内容涉及两个模块，第一个模块主要了解目标校及周边社区的留守儿童现状，以 4 个开放式问题与儿童问卷相互印证。第二个模块注重了解学校和教师对留守儿童心理健康问题的认识和对培训的需求。家长部分只做个人访谈，访谈提纲包括 12 个开放式问题，其中 6 个问题用于与教师和儿童访谈内容相互印证，另外 6 个问题分别了解家长在教养方式、亲子沟通、对子女期望、家校沟通等方面的状况。

每一个访谈都由经过专业训练的访谈员完成，在访谈之前收集访谈对象的人口学信息，并征求对方同意后录制访谈过程音频。访谈结束后由访谈员将访谈音频逐字转录为访谈笔录，由研究者对访谈笔录做分析。

（二）乡村留守儿童心理健康教育普遍存在的问题

访谈结果反映出目前乡村留守儿童心理健康教育存在的问题可以总结为以下几点。

第一，乡村学校目前心理健康教育活动开展少且流于形式。

量化研究的数据来自包括三所中心小学在内的共计10所学校，虽然其中两所中心小学有毕业于心理专业的教师，但这些教师的主要工作内容是学科教学而非心理健康教育。心理健康课程或活动的开展在这10所学校几乎处于空白状态。参加访谈的20名学生无论在学校还是在社区，都没有过参加心理健康教育活动的经验。学校附近社区通常设有留守儿童之家，虽然有活动场地，却基本处于闲置状态，偶尔为应付检查会组织附近的孩子们去做折纸和捏橡皮泥之类的活动。学校响应政府部门的号召，常组织留守儿童关爱活动，但主要内容限于为贫困家庭的留守儿童提供书包等学习物资。学校基本都有教师参加过县教育局组织的线上心理健康知识学习，但线上学习效果较差，学习内容多为理论知识，少实践应用，对教师的心理健康教育能力提升效果十分有限。

第二，师生有较高的心理健康改善需求，但是在心理健康专业知识技能和资源方面的无力感制约了教师们的行动。

与心理健康教育活动开展不足相对应的是，基层师生的心理健康改善需求实际上是较高的。尤其是在疫情期间，为配合疫情防控，孩子们长时间居家线上学习，在同辈群体缺席的情况下，心理和行为受到较大影响。从教师访谈的内容来看，教师普遍感觉工作压力较大，且在教学和班级日常管理工作中难以帮助学生养成良好的行为习惯、提升学生学业成绩。10位教师均意识到自己的学生存在心理健康教育方面的需求，且能够意识到父母缺席的情况下来自学校的影响对儿童心理发展有决定性作用，但由于专业知识技能的缺乏，他们认为自己基本无力满足学生在这方面的需求。

第三，教师的认知中存在留守儿童污名化现象。

在教师访谈中，访谈员问到留守儿童与非留守儿童的差别时，教师往往首先会提到留守儿童行为问题多、学业表现欠佳、学习动机不足和性格内向等消极方面。继续追问留守儿童是否有些优点的时候，被访者才会想起其可能的优势领域，如生活自理能力强等。继续追问之下发现，教师们指认的留守儿童个案问题往往是留守伴随贫困、孤残或离异共同作用的结果。成年人混淆了原因，将原本由贫困和孤残等带来的不利影响指认为留守的结果，显示出可能存在留守儿童污名化的情况。

第四，留守儿童在学习方面与非留守儿童有较多共性的问题。

从儿童访谈的情况来看，被访的孩子对学校生活基本持有比较积极的态度，但是孩子们口中的课堂教学大部分组织形式比较单一。当研究者问到喜欢什么样的老师这个问题时，大部分孩子都给出了令人惊讶的答案，受欢迎的不是和蔼可亲的老师，而是“厉害”的老师，孩子们的解释是老师凶一点才能管住调皮的孩子，课堂才不会乱。这可能从一个侧面反映出教师在面对问题儿童时应对技能技巧的缺失。对于自我调控和自我管理能力尚不成熟的小学儿童而言，单一的课堂管理和教学模式实际上是不利于儿童学习能力和积极心理品质的培养的，而且这种不利影响并不会因为儿童是否留守而有所不同。

第五，父母外出对留守儿童的影响表现在手机依赖、情绪困扰、缺乏生涯思考、不自信四个方面。

由于无人辅导家庭作业，加之需要接收学校发送在家长群里的消息，所以部分留守儿童在家使用手机的频率比较高，爷爷奶奶通常很难控制孩子们的手机使用，除用于接收学校信息和搜索作业答案之外，留守儿童在校外的手机使用时间普遍比较长，玩手游和刷短视频耗费了其大量的时间，也带来了遭遇不良信息的风险。

在访谈中，不止一次有孩子在提到自己的父母外出打工时表现出比较强烈的情绪反应，访谈员不得不暂停访谈，处理被访者的情绪问题。遭遇情绪问题时，孩子们无法向父母寻求安慰和支持，远程亲子沟通过程中部分家长关注生活而较少询问留守子女的心理状况，在这种情况下，同伴成为留守儿童处理情绪问题的重要支持力量。量化研究中发现部分家长不能做到至少每周一次与留守的子女通话或视频，并非不想联系，而是一方面不知道该跟孩子说什么，另一方面每次沟通都问生活中琐碎的问题，孩子有时也会觉得不耐烦，久而久之，联系的频率就会下降。这一现象提示，乡村学校的心理健康教育只注重学校教育可能是不够的，为家长提供一些亲子沟通的知识技能会对儿童心理健康状况的改善起到促进作用。

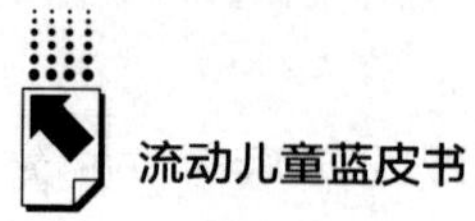

在访谈中，在被问到未来理想时，被访儿童除了求学之外几乎没有其他对于未来的思考，虽然小学阶段并非生涯规划的关键时期，但是让小学生了解未来可能的职业都包括哪些，对不同的职业有初步的了解，甚至在教师指导下能够像城市的孩子一样有机会体验不同的职业，对于儿童的职业生涯教育来说也是重要的环节。在考虑乡村儿童的心理健康教育时，将职业生涯教育纳入心理健康教育的范畴对于帮助乡村儿童厘清对未来自我的认识和做出适合自己的生涯决策而言有重要的意义和价值。

害羞和局促不安是研究者走访乡村学校课堂和社区时孩子们常常会表现出的状态，儿童访谈也常常因为部分孩子的沉默而耗费比较多的时间。这也凸显出自我相关主题的心理健康活动的重要性。将访谈中观察到的现象与问卷调查的量化数据相结合，为行动方案的制订提供了非常重要的信息。

需要说明的，一是以上在访谈中发现的问题，其实并非个别学校在个别时间段特有的问题。乡村学校教师的流动性较大，加上不同学校教师在日常交往中存在信息沟通，本研究中这些被访的教师陈述的不仅是目前工作的学校的状况，他们对学生心理健康问题和学校心理健康教育开展状况的描述，一定程度上能够反映整个甘肃农村地区心理健康教育的现状。二是从时间维度来看，量化研究三次调查涉及 2772 名 4~6 年级儿童，虽然三次调查的数据有波动，但留守儿童在心理健康的各个方面得分低于非留守儿童却是不变的，质化与量化研究结果能够相互支持。

同时，以上提到的问题并非留守儿童特有的问题，包括教学方法单一和班级管理技能欠缺导致儿童对学校教学活动兴趣降低在内的一系列问题不仅能在留守儿童身上观察到，也会表现在非留守儿童身上。从这个意义上看，乡村需要的其实并不仅仅是针对留守儿童心理健康的资源，更应该是适合所有乡村儿童的资源。考虑到学校心理健康教育如果过于凸显留守儿童的留守身份，反而会触发留守儿童的情绪，激活其防御机制，对留守儿童心理健康发展和学校心理健康工作开展都会产生消极的影响，就更有必要强调，在乡村开展的留守儿童心理健康促进活动关注的对象应该是全体学生，而不只是留守儿童。

三 讨论

（一）关于留守与非留守儿童之间的差异

4~6年级留守儿童心理健康状况分析的结果表明，留守儿童与非留守儿童确实在心理健康方面存在显著差异，留守儿童检出的心理健康问题整体上显著多于非留守儿童。这一研究结果验证了已有文献的主流观点（Allen, Cisneros, & Tellez, 2015; Antia et al., 2020; M. T. Chen, Sun, Chen, & Chan, 2020），说明与非留守儿童相比，留守儿童确实更需要心理健康方面的帮助。而根据t检验的结果，在除冲动倾向外的所有维度上，留守儿童都区别于非留守儿童且存在较多问题。

以留守与非留守儿童学习焦虑差异产生的原因为例，留守儿童在学业方面表现不良的观点在相关研究（如：L. J. Chen, Qi, & Yang, 2020; Hou et al., 2020）中并不罕见，因为父母不在家，主要照顾人是祖父母。甘肃偏远地区乡村的老年人文化程度普遍比较低，可以照顾儿童生活，但辅导学业时通常都是力不从心的。在教师、家长和儿童访谈中，几乎每一位被访者都谈到留守儿童在学业方面遭遇的困难。对于留守儿童来说，学业进步与否完全取决于课堂上是否能够消化所学的内容，完成课后作业时几乎得不到任何辅导。部分孩子求助于网络，直接搜正确答案，省去了思考过程的同时也失去了进一步消化吸收知识的机会。另外一部分无法使用网络的孩子遇到作业困难的时候既无家长可问，又不敢求助于老师，导致学业进展受到较大的影响。这种情况下，留守儿童面对考试时更可能过于关心考试分数而产生高焦虑。

再以对人焦虑为例，对人焦虑指标主要考察儿童人际交往方面的状况，得分过高的人通常过分注重自己的形象，害怕与人交往，并表现出人际退缩。父母是儿童社会性发展的重要影响力量，他们不但为孩子们树立社会适应的榜样，还在心理上和行为上为儿童的社会适应提供支持。父母陪伴下的孩子在心理上有更强的情感支持（Mordeno，Gallemit，Lantud，& Hall，2019），能够更从容地完成社会交往的任务，社会性得到较好的发展（M. S. Li et al.，2021）。缺乏社会性发展的榜样和交往中的安全感可能是诱发留守儿童对人焦虑的主要因素。此外，父母远离、隔代教养加上抚养者教育理念和能力方面存在的问题都影响留守儿童的自尊、内部学习动机和心理健康各要素。

（二）关于测量时间的影响

数据分析的结果表明，测量时间在除身体症状之外的所有维度上都有显著的影响。但不同变量随时间变化的趋势也不尽相同。这一结果说明儿童心理健康状况会受到多方面因素的影响而发生动态变化。这些因素可能来自社会、学校、家庭环境等，也可能来自儿童自身。

从社会整体环境的影响来看，在调查开展的 2015～2020 年，城市化进程加速，农村人口大量向城市转移，而城市对外来人口及其随迁子女的户口和就学等更加包容接纳。所以从总体来看，留守儿童的数量与农村人口数量一样，是呈下降趋势的。《中国农村教育发展报告 2019》指出 2017 年全国农村留守儿童数量为 1550.56 万人，比 2016 年减少 175.73 万人。而这一数字与留守儿童数量最多时的 6000 万人相比，下降幅度相当大。

从本研究中留守儿童在三次测量中所占比例来看，2015 年样本中有 61%是留守儿童，2017 年样本中只有 33%是留守儿童，2020 年调查的样本中留守儿童占比略有上升，达到 41%。这也从一个方面印证了留守儿童数量减少的大趋势。虽然留守儿童总体数量下降，但是考虑到能够与父母一起离开乡村前往城市生活的儿童，多数是父母文化程度较高或者家庭状况较好的，而目前仍然留在乡村不能随迁的儿童，则更有可能是父母文化程度较低和家庭状况较差家庭的子女。且随着留守儿童数量的下降，留守儿童感受到与周围同学不同的可能性会更高。当留守儿童成为“少数派”，随之产生的孤独感也会相应提升。这在一定程度上解释了关于留守与非留守儿童在孤独倾向方面得分差距显著增大的现象。

另外一个可能对测量时间效应产生影响的社会性因素是2020年突发的新冠疫情。在学习焦虑、自责、过敏、冲动、恐怖等多个维度都可以观察到2020年症状得分上升的趋势。疫情期间的封控、线上教学以及整个社会对于健康的担忧和不确定性提升等问题都可能是2020年症状得分上升的原因。以学习焦虑为例，疫情期间由于封控，很多学校断续地开展线上教学。一方面，居家学习对大多数儿童来说效果是差于在校学习的；另一方面，家长在线上教学期间成为儿童学习的主要监督人，家长对线上教学效果不佳的焦虑也在日常管教的过程中传递给儿童。两方面因素共同作用导致了学习焦虑症状在2020年的增多。自责、过敏、冲动等维度的表现则与居家学习期间同伴交往缺乏和亲子关系紧张有关，大幅增加的亲子时间里，亲子矛盾增多，经常被家长指出缺点和批评教育可能导致儿童自责和过敏等症状的增加。同伴交往是儿童社会性发展的重要影响因素，缺乏同伴这个参照群体，而且无法在与同伴交往的过程中为完成共同的目标而学会自我调整，叠加上居家学习期间消极情绪的积累，多重因素的共同作用也会使得冲动症状表现增加。至于恐怖倾向得分的提升，则可以与疫情期间对疾病的过度担忧有关。

社会层面的大环境以及重大事件的发生会对儿童心理健康产生影响，而学校的小环境中发生的一些改变也会对儿童心理健康产生直接或间接的影响。随着国家加大对基础教育的投资，各地乡村的校园校舍都得到维修或新建，乡村学校的多媒体设备有时甚至比大学还先进。国家政策鼓励教师向条件艰苦的乡村学校流动，并在职称晋升和向城镇选派教师时，给予在乡村学校从事教学工作贡献较大的教师优先晋升或流动的机会。在这一背景下，六年里几乎所有的样本学校都或多或少出现过因更换校长导致办学理念改变、因骨干教师流动导致教学压力增加以及因基建工程和搬迁等导致校园环境变化等问题。

社会和学校环境能够对儿童心理健康产生影响的因素多且复杂，很难一一列出，都会以直接或间接的方式作用于儿童的心理健康状况。社会和学校影响因素的复杂性决定了在校儿童心理健康状况必然处于动态变化的过程中，从这个方面来看，没有任何测量或调查能够一劳永逸地解决留守或非留守儿童心理健康问题。只有了解儿童心理健康状况变化的特点，才能有针对性地为儿童提供高质量的心理健康服务。

（三）关于性别差异

关于性别差异的数据分析结果既有积极的一面，也有消极的一面。女童的内部学习动机显著高于男童，说明女生更加能够享受学习带来的乐趣并能在遇到学习问题时坚持付出努力以解决问题。结合女生学习焦虑显著高于男生这一调查结果，可见调查样本中的女生对学习的重视程度高于男生。这对女生而言积极的意味较强。但是，由于内部动机不足往往与学业困难有关，所以这一结果实际上也意味着男生更有可能遭遇学业困难。这一结果与我们在访谈中获得的信息可以相互印证。无论是在教师访谈还是在学生访谈中，被认为学习方面存在较多问题的大多是男生。这提示在乡村学校的教学过程中可能需要为男生提供额外的帮助以提升其内部学习动机，预防和解决可能存在的学业问题。

女童在心理健康调查中大部分指标得分显著高于男童，说明她们有更多的心理健康症状，心理健康水平相对较低。这一现象并不罕见，从社会性别的角度来看，中国乡村重男轻女的文化传统本身就将欠发达地区的女童置于资源获取的劣势地位，无论是否留守，女生都更容易因为不必要的日常事务而产生恐惧，较男生更为冲动、有更强的孤独感且躯体化症状更多。

关于内部动机和心理健康两方面的研究结果提示研究者和教育者在乡村学校对男童和女童的工作重点应该有所区分。对男童而言，教学中应该更加重视积极的学习动机的培养；对女童而言，则应该在心理健康方面对其投以额外的关注。

（四）关于留守类型、父母返乡频率与亲子联系频率

根据家里是母亲外出、父亲外出还是父母均外出，留守儿童可以被分为三种，在本研究调查的样本中，约有 3/4 的家庭选择由父母之一留在家中照

看年幼的子女；而在这些单亲留守的家庭中，有70%以上的家庭选择由父亲外出务工，母亲留守照顾子女。量化分析结果表明，母亲留守的孩子在身体症状方面得分显著低于其他两个组的儿童。一方面，这一结果与国内大部分研究（如：M. T. Chen et al., 2020；Liu, Chang, Corn, Zhang, & Shi, 2021；Mao, Zang, & Zhang, 2020）的结论一致，认为母亲外出对留守儿童的消极影响更大；另一方面，由于父亲照养子女时相对粗枝大叶一些，对于子女的身体症状敏感度也较低，可能造成孩子身体症状被忽略而得不到及时处理的情况。母亲外出而父亲留守的儿童自尊得分显著高于其他两组的结果是预料之外的。有两个可能的原因可以解释这一现象。其一，男性和女性家长教育儿童的方式存在性别差异，与母亲相比，父亲更少唠叨和限制；其二，落后地区传统文化中男性地位较高的状况可能使得父亲留守的儿童更容易感受到社会赞许。

与双亲外出务工相比，单亲外出务工的儿童在个别维度的表现较为积极，提示家长在需要有人外出务工的情况下，尽量有一方留守在家照顾孩子，而非把子女托付给祖父母或亲戚朋友照顾。另外，留守在家的父亲应该多关注孩子的身体症状，而留守在家的母亲则应该更加注意鼓励和陪伴孩子以提升他们的自我评价，培养孩子具有积极的自我概念。结合父母返乡频率高的儿童自尊得分更高的结果，无论是何种留守类型，父母保证半年到一年返乡一次对于儿童积极自我概念的形成来说，会起到促进作用。

需要指出的是，只有身体症状和自尊这两个因素被检测到受到留守类型的影响，在其他因素上，父亲留守与母亲留守、双亲外出并无显著差异，这可能说明母亲单独外出务工对儿童造成的心理影响相对有限。

与父母联系的频率和父母返乡的频率在一定程度上反映了留守儿童与父母之间关系的密切程度。本研究调查的对象中，82%的留守儿童至少每周与父母联系一次，与同父母联系频率低的孩子相比，与父母联系频率高的孩子在身体症状方面得分较低。对此可以从两个方面来解读。其一是经常与子女沟通的家长更有可能及时了解孩子的问题，提醒照养者及时关注；其二是经常与父母联系这件事本身就会对孩子产生安抚的作用，让他们处于安全的依恋状态下，爱和归属的心理需要能够得到较好的满足，所以产生身体症状的可能性自然也比较低。

关于联系频率对学习焦虑影响的结果虽然略微出乎意料，却也能得到合理的解释。父母联系频率过低时，如前文所述，儿童在学业方面遇到问题时无法及时获得帮助，可能就会导致学习焦虑的上升。但是如果与父母联系频率很高，由于学习问题是留守儿童亲子沟通中的最重要话题之一，频繁被问及学习的儿童，学习焦虑水平升高的可能性也更高一些。在与家长的访谈中获得的信息也验证了这一解释。几乎所有家长都表示在与子女远程沟通时由于不知道该说些什么，所以除了是否吃饱穿暖、身体健康外，最常问的就是作业是否写完和在学校表现如何等问题。这些信息一方面提示家长在与留守儿童沟通时可以适当控制自己问及学习问题的频率，另一方面也提示教育者可以考虑为家长提供一些亲子沟通的建议或培训。

家庭社会经济地位对留守儿童在几乎所有维度的得分都具有显著的预测作用，对非留守儿童的得分预测能力不足。对这一结果可以从两个方面来解读：一方面，反映了家庭社会经济地位对留守儿童而言的重要性远高于非留守儿童，另一方面，说明父母陪伴成长可能可以在很大程度上抵消较低家庭社会经济地位带来的不利影响。

（五）关于学习动机与自尊

虽然本研究引入了对留守儿童而言较为重要的两个变量，一个是学习动机，一个是自尊。访谈中教师们普遍认为留守儿童在对自我的评价和学习动机方面存在较多问题，这一观点与量化研究数据分析的结果一致。动机与学业表现有关，数据分析的结果表明留守儿童的内部学习动机水平显著低于非留守儿童，结合性别差异分析的结果来看，留守男生内部学习动机不足是导致留守儿童平均分低于非留守儿童的主要原因。小学阶段男生的自我调控能力不及女生，相比调皮的男生而言，相对乖巧的女生更容易得到教师的赞许。在缺乏家长督促引导的同时，若学习过程中也无法得到足够的认可，这两方面可能共同导致男生内部学习动机缺乏的现状。

自尊是自我概念的核心成分之一，不但直接关系到留守儿童的心理健康状况，还被证实能够调节生活事件与心理反应之间的关系①。自尊得分体现了个体对自我的整体评价，留守儿童自尊得分显著低于非留守儿童，且与非留守儿童之间的差距有增大趋势。虽然除孤独之外的心理健康变量的测量结果目前并不支持留守与非留守儿童之间的差距显著增大的判断，但是持续较低的自我评价从长期来看极有可能对儿童心理健康成长造成消极的影响。

教师和社会中的其他人会受到刻板印象和偏见的影响，给留守儿童贴上一些不被人喜爱的标签，这些标签又会引发对于留守儿童的刻板印象威胁和自我污名化②等，进而影响留守儿童的心理和社会适应过程。大部分情况下，当研究者追问被访谈的教师，希望确认低自尊和低学习动机的具体案例时，最终的结果往往是教师意识到他们在谈论的并非留守儿童，而他们观察到的低自尊和低动机现象也不一定是由留守引起的。通常教师口中的案例除了具有留守特征之外，必然还伴随其他诸如单亲、离异、孤残等特征，这种特殊家庭的孩子在多种因素共同作用下而表现出自我评价降低和学习动机减弱。在留守儿童总数下降的过程中，留守与单亲、离异和孤残伴生的现象越来越常见，留守的消极影响因此常常被社会夸大，影响了整个社会对于留守儿童的印象。

---

① Gao, F. F., Yao, Y., Yao, C. W., Xiong, Y., Ma, H. L., & Liu, H. B., The Mediating Role of Resilience and Self-esteem between Negative Life Events and Positive Social Adjustment among Left-behind Adolescents in China: a Cross-sectional Study. *Bmc Psychiatry* 19 (2019): pp. 1-10; Han, L., Zhao, S. Y., Pan, X. Y., & Liao, C. J., "The Impact of Students with Left-behind Experiences on Childhood: The Relationship between Negative Life Events and Depression among College Students in China," *International Journal of Social Psychiatry* 64 (2018): pp. 56-62; Lan, T., Jia, X. J., Lin, D. H., & Liu, X., "Stressful Life Events, Depression, and Non-Suicidal Self-Injury among Chinese Left-Behind Children: Moderating Effects of Self-Esteem," *Frontiers in Psychiatry* 10 (2019): p. 1; Li, J., Chen, Y. P., Zhang, J., Lv, M. M., Valimaki, M., Li, Y. F., Zhang, J. P., "The Mediating Role of Resilience and Self-Esteem Between Life Events and Coping Styles among Rural Left-Behind Adolescents in China: A Cross-Sectional Study," *Frontiers in Psychiatry* 11 (2020): p. 13.

② 周文:《农村留守儿童自我刻板化与心理健康研究》，华中师范大学硕士学位论文，2019。

四　建议：关于提高弱势儿童群体心理健康水平的五个建议

以上对量化研究结果的归纳总结是基于乡村留守儿童数据的，但是其启示意义并不局限于留守儿童群体。结合文献检索和后续访谈收集到的信息，我们对弱势儿童群体心理健康教育工作的开展提出以下五点建议。

第一，心理健康教育面向全体儿童，关注弱势儿童但不凸显弱势儿童身份。

关注弱势儿童，但对于消极方面的过度关注可能存在问题：唤起消极情绪、导致错误归因和污名化倾向。中小学心理健康教育方案制订应面向全体学生，将对弱势儿童的特别关注融入涉及全体儿童的心理健康教育活动中，避免凸显儿童的留守身份。这一关注而不凸显的原则应贯穿留守儿童心理健康工作的所有方面。

第二，以学校为单位建立学龄儿童心理健康档案并动态更新。

教育主管部门应积极牵头建立学龄儿童心理健康档案，以科学严谨的方式定期对全体儿童的心理健康状况做专业的测量和评估。从短期看，建立学龄儿童心理健康档案除有助于及时发现问题之外，还有助于教育管理者及时把握在校儿童心理健康的动态特点，有针对性地开展适合儿童实际情况的心理健康教育活动。从长期看，儿童心理发展的数据的积累，也能够为进一步提高学校教学质量提供重要的参考。

第三，增加义务教育学校心理健康教育专业人才配置。

目前，欠发达地区的心理健康教育依然处于重硬件轻软件的投入模式，以致基层心理健康专业人才配备不足，心理健康教育设施闲置和心理健康课程虚设甚至不设的情况十分常见。应尽快落实国家对义务教育阶段学校心理健康教育教师配备的要求，减少乃至杜绝心理健康教育由非心理学专业教师兼任的现象。配备充足且具备专业素养的心理健康教育工作者才能够让已经投入的硬件得到充分利用，提高心理健康教育的投入产出比。

第四，保证乡村中小学教师队伍的稳定。

偏远地区农村中小学由于条件相对艰苦，会面临教师队伍流动性较大的问题。教师高流动性会给儿童带来适应方面的问题，且不利于师生之间信任关系的建立，造成儿童心理健康问题早期发现和识别方面的困难。教育主管部门应通过为乡村教师提供更为优厚的待遇、外出培训方面的倾斜、高质量的专业发展支持团队等途径稳定乡村学校教师队伍，为弱势儿童营造更加稳定的教育环境。

第五，面向全体教师、教育管理者和儿童主任等提供高质量的心理健康教育培训。

科任教师和班主任有责任也有条件及时发现和协助解决本班儿童心理健康问题；教育管理部门领导、校长和学校行政管理人员的心理健康教育理念是影响学校心理健康教育工作开展的重要因素；乡村儿童主任可以为弱势儿童提供较为稳定的陪伴，其工作是学校心理健康教育的有益补充。为所有相关人员提供必要的高质量培训，强化教育者的心理健康关注意识，才能保障弱势儿童身心健康发展。

参考文献

Allen, B. , Cisneros, E. M. , & Tellez, A, “The Children Left Behind: The Impact of Parental Deportation on Mental Health,” *Journal of Child and Family Studies*, 24 (2015): pp. 386–392.

Antia, K. , Boucsein, J. , Deckert, A. , Dambach, P. , Racaite, J. , Surkiene, G. , Winkler, V, “Effects of International Labour Migration on the Mental Health and Well–Being of Left–Behind Children: A Systematic Literature Review,” *International Journal of Environmental Research and Public Health* 17 (2020): p. 4335.

Chen, L. J. , Qi, D. , & Yang, D. L, “The Urbanization Paradox: Parental Absence and Child Development in China-an Empirical Analysis based on the China Family Panel Studies Survey,” *Child Indicators Research* 13 (2020): pp. 593–608.

Chen, M. T. , Sun, X. Y. , Chen, Q. Q. , & Chan, K. L. , “Parental Migration,

Children's Safety and Psychological Adjustment in Rural China: A Meta-Analysis," *Trauma Violence & Abuse* 21 (2020): pp. 113-122.

Hou, W. P., Tan, T. X., Wen, Y. J., Wang, X. Q., Li, X. B., & Wang, C. Y., "The Effect of Increased Family Finance and Dual-parental Absence since Infancy on Children's cognitive Abilities," *Social Science & Medicine* 266 (2020): pp. 1-8.

Li, M. S., Duan, X. Q., Shi, H. F., Dou, Y., Tan, C., Zhao, C. X., Zhang, J. X., "Early Maternal Separation and Development of Left-behind Children under 3 Years of Age in Rural China," *Children and Youth Services Review*, 120 (2021): p. 6.

Liu, H., Chang, F., Corn, H., Zhang, Y., & Shi, Y. J., "The Impact of Parental Migration on Non-cognitive Abilities of Left behind Children in Northwestern China," *Journal of Asian Economics* 72 (2021): pp. 101-261.

Mao, M. Z., Zang, L. J., & Zhang, H. F., "The Effects of Parental Absence on Children Development: Evidence from Left-Behind Children in China," *International Journal of Environmental Research and Public Health* 17 (2020): pp. 67-70.

Mordeno, I. G., Gallemit, I., Lantud, S. S. B., & Hall, B. J., "Personal Psychological Resources Mediate Parent-child Relationship and Mental Health among Left-behind Children," *Psych Journal*, 8 (2019): pp. 318-329.

东北师范大学中国农村教育发展研究院：《中国农村教育发展报告 2019》。

刘志军：《留守儿童的定义检讨与规模估算》，《广西民族大学学报》（哲学社会科学版）2008 年第 3 期。

汪向东、王希林、马弘：《心理卫生评定量表手册（增订版）》，中国心理卫生杂志社，1999。

王家安：《甘肃贫困人口将达 1200 万人》，《兰州晨报》2011 年 12 月 9 日。

B.17

洋留守儿童现象研究

——基于莆田市H区的实证调查

朱志伟*

摘　要： 洋留守儿童是指拥有外国国籍但长期在中国生活读书的留守儿童，主要分布在广东、福建、浙江等侨乡地区。洋留守儿童成长于跨文化环境，是外国公民同时也是中国侨民。中国政府应当关注和关心其学习生活环境，以此更好地促进侨务工作改革进步，推动洋留守儿童更好地适应并融入社会。近年来新冠病毒的全球蔓延及全球经济的不景气使得海外华侨华人陷入困境，对洋留守儿童的生活带来不利影响。当前，针对洋留守儿童这一特殊群体，如何更好地完善社会支持及社会服务体系，有效发挥各方职能，做好洋留守儿童祖籍国与侨居国语言、文化、教育的有机衔接，实现其社会融入具有重要意义。

关键词： 地方外籍人口　洋留守儿童　莆田市

一　前言

洋留守儿童是指拥有外国国籍但长期与父母分居而在国内读书生活的留守儿童，主要分布在广东、福建、浙江等侨乡地区。这些留守儿童的父母长期旅居海外，有些已加入外籍，他们的子女大多数出生于海外并入籍所在国

* 朱志伟，南京邮电大学社会与人口学院社会学专业硕士研究生，研究方向为社会治理与社会政策。

家。出于多种原因，他们的子女被送回中国交由其爷爷奶奶或宗族内其他亲人监护照顾，因此形成了规模数量不容小觑的“洋留守儿童”群体。洋留守儿童在跨文化的语境中成长，兼有外国公民和中国侨民的双重身份。作为未来中西文化交流的桥梁，我国政府应当关心他们的学习成长环境，推进侨务工作的改革，推动洋留守儿童更好地适应并融入社会。

自 2020 年以来，新冠疫情在全世界快速蔓延，国际经济形势日趋严峻，海外华侨华人的生活出现困难，这给洋留守儿童的学习生活带来消极影响。近年来，福建省莆田市立足《福建省农村留守儿童关爱保护措施》，本着儿童利益为先的原则，完善留守儿童关爱保障体系。2018 年莆田市委市政府发布《农村留守儿童关爱保护行动计划》，明确构建一套适应莆田的留守儿童关爱支持体系。随着洋留守儿童的数量增加，福建省民政厅针对致公党福建省委员会《关于加大关爱关注洋留守儿童力度，加强侨务资源涵养的建议》做出答复称，洋留守儿童与农村留守儿童的性质相类似，各地给予了他们和农村留守儿童一样的爱，同时，解决洋留守儿童的学习教育、身心健康、文化认同等方面的问题是个系统工程，需要各有关部门协同配合和社会各界支持。在现阶段，针对洋留守儿童这一特殊群体，如何更好地完善社会支持及社会服务体系，有效发挥各方职能，做好洋留守儿童祖籍国与侨居国语言、文化、教育的有机衔接，实现其社会融入具有重要意义。

本文基于福建省莆田市 H 区的实证调查，结合莆田市 H 区洋留守儿童特殊情况及特点，运用社会学理论中社会资本理论、社会支持理论、跨文化交际理论，采用质性研究方法，在莆田市 H 区侨办、侨联、街道办等涉侨部门的帮助配合下展开田野调查，访谈当地乡镇小学洋留守儿童及其家长、侨乡社区的居民等，对莆田市 H 区的洋留守儿童群体进行分析研究，以此填补国际人口迁移背景下的跨国抚养儿童研究空白。

二　当前研究现状

根据文献检索与回顾，洋留守儿童这一社会群体存在社会关注不足、亲子代际关系不佳、教育成长及跨文化适应问题。首先，王佑美认为洋留守儿童的问题伴随着跨国抚养现象产生，而跨国抚养现象多出现在我国深受移民文化影响的传统侨乡，但现有研究仅针对宏观层面的留守儿童群体，未能对其中移民群体留守儿童进行细化研究[①]。其次，胡启谱发现洋留守儿童与原生家庭的关系混乱且不稳定，因为在跨国抚养行为中，原生家庭的亲子关系难以长期稳定维系，容易生变，加剧了留守儿童内心的不安全感，而其他抚养关系仅能维持其日常的家庭活动，难以满足儿童的成长需求[②]。再次，夏凤珍发现，如同农村留守儿童，由于长期的跨国抚养及隔代抚养，洋留守儿童面临严峻的心理、教育及成长问题，这多是由家庭的娇生惯养、长辈的过分溺爱、父母的低要求造成的[③]。最后，陈向明等研究者主要研究国外留学生、来华留学生及少数民族学生等群体的跨文化适应情况，其研究对象基本是有一定社会生存及社会交际能力的青年群体，然而洋留守儿童群体几乎没有跨文化适应能力，目前鲜有研究者针对此类儿童的跨文化适应问题给出具体建议，帮助他们减少面对异国文化冲击时的恐慌压力，从而适应陌生的异国文化。

总而言之，现有研究主要针对宏观层面的留守儿童问题和留学生及少数民族学生的跨文化适应问题，但极少有针对跨国抚养行为产生的洋留守儿童群体的研究。现有研究为洋留守儿童的社会融入及跨文化适应研究提供了理论依据参考。同时，现有研究主要聚焦于跨国移民群体的教育问题和心理问题，针对移民者个人学习能力、心理健康、人际交往等，但忽视了跨国移民群体特殊的经济、文化及社会环境，因此难以从中观及宏观层面解读洋留守儿童群体。

---

① 王佑美：《“跨国寄养”背景下我国农村侨乡留守儿童媒介素养研究》，《现代远距离教育》2013 年第 4 期。

② 胡启谱：《福州侨乡跨国抚养原因研究》，《科教导刊》2015 年第 9 期。

③ 夏凤珍：《试析对“洋留守华裔”华文教育的路径选择——以浙江重点侨乡青田县为例》，《八桂侨刊》2015 年第 1 期。

三　莆田市洋留守儿童现象成因与现状

作为福建省主要侨乡之一，莆田市H区目前拥有总人口45万人，分布在海外各地的侨胞80万人。本研究选取H区某乡镇C小学洋留守儿童作为研究对象。根据调查得知，该校有来自10多个国家和地区的跨国抚养儿童接近400余人，其中205人拥有侨居国国籍或居留许可。

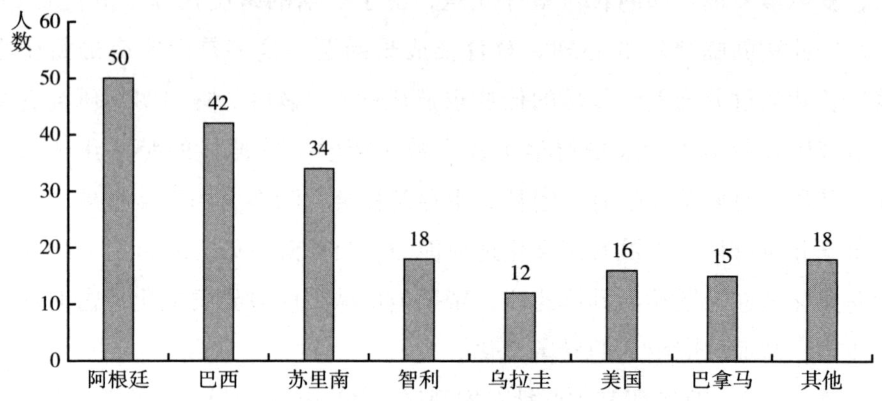

图1　C小学洋留守儿童侨居国分布情况

资料来源：C小学教务处统计。

（一）洋留守儿童现象成因

1. 移民身份的限制

莆田市有近百年的跨国移民传统，而其中很大一部分人是“非法”移民。由于存在法律和政策的漏洞，大量的沿海农村地区村民成功移民。即使如此，侨居国政府针对偷渡人员的调查和管控从未停止，而华侨华人高度聚集的唐人街更是搜查重点，因此跨国移民们尽量减少与外界的交流，更难以获得合法的居留身份，所以难以合法且轻松地抚养孩子。由于各个国家或地区法律法规不同，一些儿童难以享受当地的教育、医疗和社会保障，更有甚者存在被驱逐出境的风险，因此在万般无奈下将子女送回中国抚养。

2. 侨居生活水平差

在新冠疫情全球性蔓延、国际局势动荡、经济不景气的背景下，很多华人餐厅都面临关门歇业。与西方人比较而言，华人华侨更加谨慎小心，疫情使得多数华人选择居家。但是开一家餐馆不容易，店租、装修等投资花销巨大。例如一位乌拉圭华侨说：

"我在乌拉圭开中餐馆，国内疫情开始时，乌拉圭没有暴发疫情，我还很庆幸，但随着疫情的全球暴发，我的中餐馆也受到冲击，房租还得继续交。如果我选择回国，之前付出的一切就都打了水漂。"（访谈资料 20220613WH）

华人移民们居住生活环境糟糕恶劣。移民们起初只能通过端盘子、送外卖等任务重、时间长的工作来赚取微薄收入。而在生活上，他们的要求很低，通过合租、群租的形式居住在简陋且廉价的公寓房中，这严重降低了生活质量。而这样的过程少则 3~5 年，长则可能 10 多年都只能一直重复这样的生活，例如一位加拿大华侨这样描述：

"刚到多伦多的时候我在亲戚开的中餐馆打工，孩子也刚出生。宿舍是一个临时搭建的十四五平方米的板房，住了六七个人，还是寄人篱下，这种环境养孩子根本不现实。那点工资也不可能租得起房子，买房更不可能了。"（访谈资料 20220618JH）

对于大多数父母而言，为子女提供良好的生活环境是其最大的心愿，然而现实的窘迫处境使得其只能选择将孩子送回国内交给老人隔代抚养，待将来自身条件有所改善后再接回侨居国团聚。

3. 海外安全形势严峻，并受疫情威胁

近年来，由于新冠疫情全球肆虐，一些国家和地区经济下行，政局不稳且社会动荡，导致了大量治安问题，因此屡屡发生华人华侨遭受不法侵害的

事件。例如有不少莆田移民的南美国家苏里南，他们经常受到盗窃、抢劫的威胁，作为手无寸铁的平民，碰到这些情况只能认栽，侨居国警察也无能为力。例如一名苏里南归国的老华侨说：

> "中国人在苏里南就是抢劫的主要目标，因为中国人喜欢带着现金出门或者旅游。这些劫匪有买来的枪支弹药，我们没有武器，被打劫就只能认栽了，警察也没办法。"（访谈资料 20220617SH）

在同为南美国家的巴西，由于当地政府疫情防控不力，新增确诊人数居高不下。在最大城市圣保罗经营超市的一位移民表示，出于各种原因，他们花费 1 万雷亚尔的租金租一个仅有 10 平方米的商铺，就要给黑帮 1000 雷亚尔的保护费，即便如此依然存在盗窃和抢劫事件，这位华侨回忆说：

> "盗窃甚至抢劫在巴西太正常了，如果没有被偷被抢过，那就要感谢是妈祖的保佑啦。"（访谈资料 20220610BH）

更有甚者，一些新移民可能在国外遭遇地震、车祸、抢劫等意外事故不幸身故或失去劳动能力。其年幼的子女可能因此失去父母亲的照顾，成为失依儿童。各种沉重的打击迫使新移民不得不将子女送回国内抚养。

（二）莆田市洋留守儿童现状分析

1. 父母状况与身份限制

改革开放以后，大量青壮年侨乡居民们采取多种形式移居海外。侨乡移民作为"非精英群体"，有的在国外经营超市、杂货铺、茶店和中餐馆，有的依托网络经营跨境电商，还有的从事厨师、服务员等服务行业。莆田移民的目的地多集中在美洲地区，以巴西、阿根廷、苏里南等拉丁美洲国家为主。近年来，莆田人较多去往移民政策较为宽松的拉美小国，进而以此为跳板二次移民欧美发达国家。其从事行业的工作性质使他们无暇照顾子女的生活和学习，不得不将子女送回中国，交由爷爷奶奶或外公外婆隔代抚养，由此形成了洋留守儿童这一特殊的社会群体。

根据《中华人民共和国出入境管理法》《中华人民共和国外国人入境出境管理条例》规定，外国公民在华寄养的最高年限为5年，并且规定超过18周岁也不得在华寄养。受自身原因和侨居国政策影响，大多数洋留守儿童选择在中国接受完小学教育后返回侨居国继续读书，或跟随父母从事相关行业工作。

2. 洋留守儿童以隔代照料、隔代教育为主

和国内大多数留守儿童一样，洋留守儿童的家庭教育依然是以隔代教育为主。在莆田，新移民的子女在返回祖籍国后，基本都送回家里老人身边。这样的隔代照料和隔代教育造成了亲子间的感情隔阂，并存在老人溺爱过度的问题。例如：

小杰，年龄12岁，独生子，多次往返中美两国。小杰在一岁时从美国回到中国，由家中老人照料。五岁时，因吃饭挑食，爷爷奶奶只好每天给他50元零花钱购买零食。到小学六年级时他的伙食费涨到100元。但是小杰把这笔钱用在了网吧上网，而不是买食物。（访谈资料20220620XJ）

具体而言，隔代抚养的祖辈受到其自身文化水平和身体精力限制，难以关注到其学习，这使得洋留守儿童们普遍存在教育问题。有的孩子为了和父母团聚，因办理护照签证等出入境证件经常请假旷课。有些老人因为不熟悉出入境证件的办理流程，会弄错相关手续。比如一名洋留守儿童的奶奶表示：

因为经常请假，我们孩子的学习出现了大问题，跟不上学校的进度。而且每次出国都要办各种手续，就算有侨务部门（侨办）的同志帮忙，也要花费很久，我们年纪大了确实不容易。（访谈资料20220622WN）

3. 学习与生活的不确定性

新移民们由于自身文化水平和精力有限，而且与孩子远隔重洋分居两地，难以辅导督促孩子学习，更无法做到有效的家校沟通。甚至有的家长希望孩子将来出国经商子承父业，这导致了孩子对学习缺乏积极性。同时，社交的缺失也给洋留守儿童的学习生活带来不确定性。

自 2020 年起，新冠疫情的全球性暴发及国际形势的不稳定，使得海外华人华侨的生活受到影响与冲击。在调研小学的洋留守儿童中，近 7 成儿童因签证、交通、疫情等原因无法返回侨居国接受教育并与父母团聚，部分儿童在情绪上出现波动，加剧了其学习与生活的不确定性，例如：

> 小英，年龄十岁，家中独女，父母在意大利经营中餐馆，原本计划返回意大利接受教育，但受疫情影响航班熔断取消无法成行，她只能参加网课教学，在家等待观察后续情况发展。（访谈资料 20220620XY）
>
> 小楠，年龄十一岁，家中独子，父母在巴西经营超市。平时成绩不佳，对网课学习存在抵触情绪。原先父母在所有手续办好后准备接他去巴西，但随着新冠疫情的全球暴发，当地经济不景气，父母突发意外一时无法取得联络，故出国计划搁置。（访谈资料 20220623XN）

四 洋留守儿童社会融入问题分析

度过人生中的过渡时期，洋留守儿童结束在华寄养后，注定要返回其侨居国学习生活，因此其返回侨居国后的社会参与、社会融入问题值得深入分析与讨论。由文献回顾、田野调查获得的资料可知，洋留守儿童回归侨居国面临的社会融入问题主要有以下五点。

（一）亲子关系疏远，难以回归国外家庭

洋留守儿童返回其侨居国后，面临跨文化适应的问题。在回归并融入原

生家庭的过程中面临困难。由于洋留守儿童在很小的时候就被送回祖籍国，他们童年记忆中的父母仅仅是手机中的声音、视频和信件中的文字，他们对父母的温暖怀抱几乎没有印象。如此长期的亲情缺失，严重影响了孩子的成长。结束跨国抚养回到熟悉又陌生的父母身边后，怎样相处成为他们社会融入面临的第一道坎。有些洋留守儿童返回侨居国后，和父母关系冷淡，交流甚少，思念隔代抚养自己的爷爷奶奶、外公外婆。例如一名要去美国的儿童小刚说：

> “我爸爸妈妈只管开店挣钱，从来不管我和妹妹，我不知道在他们心里钱重要还是我重要。他们打电话打视频来我也不想接，他们说美国教育好让我去念书，可我不想去国外，想留在爷爷奶奶身边。”（访谈资料 20220618XG）

与此同时，洋留守儿童的隔代抚养人或监护人对其溺爱与纵容，对其学习和品行教育要求不高；孩子父母由于远隔重洋难以对其加以照料教育，只能尽可能地利用物质手段进行弥补。同时，由于侨居多年，父母早已适应当地的风土人情和社会规则，这是尚未完成社会化的儿童所不能比的。而且父母和隔代抚养的祖辈存在生活习惯和思维观念的差异，不同的管教方式给孩子带来不小的冲击和压力。长期分居导致原生家庭成员的关系疏远，极易引发家庭冲突，甚至引发孩子的心理不适。

（二）语言能力较差，难以适应国外教育

正如古人所言：“工欲善其事，必先利其器。”语言是人与人沟通交流的工具，洋留守儿童要适应侨居国的生活环境、完成社会融入，语言的掌握至关重要。因此，大多数洋留守儿童在高中阶段之前就会返回侨居国，其中部分来自欧美发达国家的孩子在小学时就会被接回，目的就是尽快融入侨居国的语言环境，掌握沟通交流的能力。例如一位华侨说：

“说好外语在国外太重要，我们老一辈人没读过多少书，只能讲点本地方言，和老外没法交流就不能做生意，也交不到朋友，只能和中国人打交道。所以我想孩子能学好外语，融入当地人的圈子里，多交一些朋友，考个好大学，不用受我们受过的苦。”（访谈资料20220622HQW）

由于侨居国文化环境的不同及个体学习能力的差异，大多数孩子在半年左右都能适应侨居国学校的教学环境，然而还有部分孩子由于接受能力较差，难以听懂当地语言，在课堂上失去了与老师互动的机会，更无法和同学交流。和具有母语能力的华裔儿童相比，洋留守儿童自幼返回中国，处于汉语环境，其外语能力的先天不足阻碍了他们的跨文化适应和社会融入。

（三）缺乏同辈关怀，人际交往不足

在儿童社会融入过程中，同辈群体的交往和互助尤为重要。在他们遇到困难时，会选择同辈间互相倾诉、交流。由于洋留守儿童在返回侨居国后缺乏同辈群体，他们的人际交往和社会融入严重受限，例如一位洋留守儿童的母亲说：

“儿子回来一年多了，每天放学回家就躲在房间里，沉迷于电子游戏，不和同学玩，也没有小朋友找他玩。学校老师多次联系我们让家长关注孩子的状态，想办法让他开朗起来，融入集体中去。可我和他爸爸每天忙着做生意，也无能为力。”（访谈资料20220626YT）

返回侨居国后，洋留守儿童远离了在祖籍国的同学和玩伴。受限于语言交流问题，难以结识到新的同辈群体，这使得洋留守儿童倍感孤独，产生友情上的被剥夺感。性格开朗外向的孩子会去尝试结交新朋友，而一些内向的孩子会选择逃避社交，出现了自我孤立的情况，进而沉迷于网络游戏的虚拟世界寻求精神安慰。由此可见，缺乏同辈群体使得洋留守儿童的人际关系及社会适应严重受限。

（四）缺乏自信心与安全感

因为长期缺失父母的陪伴，亲子关系疏离，洋留守儿童缺乏自信心和安全感，在返回侨居国生活初期，一些孩子出现了厌学和厌世的不良情绪，在面临跨文化适应时缺乏信心、勇气不足。经过半年左右的适应期，大部分孩子逐渐适应并融入了原生家庭和当地社会，然而还是存在极个别的孩子缺乏适应意愿和能力，更有甚者被迫返回祖籍国继续由爷爷奶奶隔代抚养。例如一位孩子是这样：

小宋，十二岁，美国国籍，父母在美国从事中美跨境电商业务，小宋在一岁时返回中国，由外公外婆隔代抚养。在班里小宋是一个开朗活泼的孩子。六岁时小宋被父母接回美国念书，天天大哭大闹，不愿去学校，要回中国。父母把他的爷爷奶奶接到美国照顾他，可还是无济于事，无奈之下八岁时被再次送回中国。回国后，一切不适的情况都消失。十岁时为了让他尽早适应语言环境，父母再次接他到美国，适应不到一年又以失败告终，后被送回国内。以下是和小宋的部分访谈对话：

笔者：“为什么你对回美国读书如此抗拒？和爸爸妈妈团聚不好吗？”

小宋：“美国太危险了，到处都是外国人，生活也没意思，我听不懂英语，一点都不喜欢，还是在中国生活开心。”

笔者：“那为什么第二次又去美国了？”

小宋：“爸爸妈妈说是带我出去玩，结果下了飞机才知道又到美国了，他们都是大骗子。”

笔者：“长大了还有回美国的打算吗？”

小宋：“永远都不想去了，我要留在我的朋友身边。”（访谈资料20220625XS）

部分洋留守儿童在跨文化适应和跨国的社会融入中信心明显不足，不敢直面挑战和困难，进而选择撤退或逃避。

五　结语

由此可知，洋留守儿童在生活中客观上存在适应家庭、社会和文化的过程，这一过程或长或短，在其经历“外国人—中国人—外国人”两次个体身份的转变中，因适应能力差异而存在个体差别。在现有研究中可知，跨国流动的移民、留学生、旅游者甚至外交人员都存在社会融入和跨文化适应困难的问题。和成年人相比，洋留守儿童的心智发育不成熟，尚未完成社会化，在返回侨居国前面对文化冲击时，缺乏足够的应对能力，同时社会支持的不足，导致其社会融入异常艰难。

近年来，随着中国跨国经商、工作、留学及移民人口的增多，洋留守儿童这一跨国人口迁移的衍生群体数量呈现增长趋势，并逐渐由沿海地区向内陆地区扩散。洋留守儿童既是外国公民，又是中国侨民，这一双重身份决定了其适应问题在中国侨务问题中的重要地位，对其需要进一步的深入研究。本研究选择福建省著名侨乡、拥有大量洋留守儿童的莆田市为例，以该市 H 区某乡镇小学洋留守儿童为质性研究对象，通过文献研究法、田野调查法、访谈法等方法，发现洋留守儿童经过常年的跨国抚养，在接受中国的教育后返回其侨居国学习生活，普遍出现难以回归原生家庭、语言交流能力不足、丧失同辈关怀和人际交往、缺乏自信心和安全感等社会融入障碍。

总之，我国侨乡洋留守儿童问题复杂且严峻，需要社会的长期关注与学术界的深入研究。

参考文献

福建省人民政府：《福建省农村留守儿童关爱保护办法》，2018。

莆田市人民政府：《2018 年农村留守儿童关爱保护行动计划》，2018。

禹亦凡：《社会资本视角下跨国抚养儿童社会工作服务的实践探索》，江西财经大学硕士论文，2021。

高哲：《小组工作提升跨国抚养儿童跨文化适应能力研究》，福州大学硕士论文，2018。

张富洪、杨慧彤、潘东华、叶春鸿、陈伟雄：《洋留守儿童家庭教育问题及帮扶策略研究》，《吉林省教育学院学报》2022 年第 1 期。

陈向明：《旅居者和“外国人”：留美中国学生跨文化人际交往研究》，教育科学出版社，2004。

赵延东、洪岩壁：《社会资本与教育获得——网络资源与社会闭合的视角》，《社会学研究》2012 年第 5 期。

蔡晶：《〈华侨华人蓝皮书：华侨华人研究报告（2019）〉在京发布》，《华侨华人历史研究》2020 年第 1 期。

陈阿海、郑守猛、陈丽丽：《洋留守儿童的现状及权益保护研究》，《管理观察》2013 年第 17 期。

陈凤兰：《侨乡跨国移民的婚姻形态研究：基于对福州“万八嫂”的实证调查》，《福州大学学报》（哲学社会科学版）2014 年第 4 期。

陈兰、陈磊、许冬武、于欣：《新冠肺炎流行期温州籍意大利华侨的焦虑情绪及相关因素》，《中国心理卫生杂志》2020 年第 7 期。

陈日升：《福建亭江的“小美国人”：一个跨国寄养的新移民子女群体》，《华侨华人历史研究》2006 年第 2 期。

陈肖英：《南非中国新移民面临的困境及其原因探析》，《华侨华人历史研究》2012 年第 2 期。

段颖：《跨国网络、公益传统与侨乡社会——以梅州松口德村为例》，《中山大学学报》（社会科学版）2013 年第 4 期。

何毅：《侨乡留守儿童发展状况调查报告——以浙江青田县为例》，《中国青年研究》2008 年第 10 期。

文峰：《侨乡跨国家庭中的“洋”留守儿童问题探讨》，《东南亚研究》2014 年第 4 期。

实践篇

Practice Reports

B.18

运营儿童友好公共空间，发展社区支持网络助力流动儿童成长

——以“小禾的家”公益项目为例

陈淑妍　周　鹏*

摘　要： 在流动儿童最为集中的广东珠三角地区，社会组织正探索通过运营儿童友好的社区公共空间，用社区发展的理念和方法为流动人口、流动儿童构建社区支持网络，改善流动儿童在城中村社区的成长条件。本文以“小禾的家”公益项目为例，阐述在社区支持网络依托社区公共空间形成的过程中，流动妈妈和流动儿童作为核心参与者，如何参与改善社区内教育环境，及社区支持网络在流动儿童成长中发挥什么样的作用。

* 陈淑妍，广东省千禾社区公益基金会社区教育项目发展顾问，关注流动儿童教育以及社区发展等议题；周鹏，博士，广东省千禾社区公益基金会社区教育项目发展顾问，在基金会资助以及社区发展的知识生产领域有 17 年的实践经验。

关键词： 社会组织　社区公共空间　流动妈妈互助

广东省珠三角地区是国内流动人口最多的区域之一，根据第七次全国人口普查数据推测，2020 年珠三角外来常住人口至少达到 3912 万人。数据显示，家庭化流动趋势加强，流动人口的居留稳定性持续增强。流动儿童随父母在城中村落脚生活，面临着种种成长困境，对社区公共服务有极大需求。

为了更全面地解决社会需求问题，社会组织近年探索为流动儿童构建社区支持网络，其中就包括广东省千禾社区公益基金会（以下简称“千禾社区基金会”）开展的“小禾的家”公益项目。“小禾的家”作为一个资助计划，围绕流动儿童教育服务，通过运营社区儿童友好公共空间，构建社区内流动儿童群体、流动家庭、基层政府、社区周边企业、社区外的社会志愿者共同参与的网络，介入流动儿童成长环境改善，满足其成长需求。

本文将讲述社区支持网络依托社区公共空间的形成过程，尤其是流动妈妈和流动儿童作为核心参与者如何在社会组织的陪伴和支持下，一步一步从个人走向公共，实现互助和成长；讲述项目运营过程中的经验、遇到的挑战。

一　珠三角流动家庭困境

（一）城市化过程中的流动家庭

因为房租廉价和生活配套设施丰富，城中村成为流动家庭落脚城市的第一站。然而，无论是硬件还是软件，城中村社区都难以满足儿童成长的需求。

就公共服务设施而言，一方面，城中村普遍距离市中心路程远，由于外出会产生交通餐饮等费用，流动儿童难有机会外出享受城市公共教育服务资源；另一方面，社区内公共服务资源极少，公共空间开放率不高，负责兜底

服务的社工站工作时间与流动儿童的需求时间不匹配，非常态化的服务也难以覆盖社区内所有儿童。

城中村社区环境普遍拥挤混乱，社区道路人车混杂，流动人口来自五湖四海，并常常因为工作变动、房租涨价、孩子读书等因素频繁搬家，是流动性极强的陌生人社区。

除了流动人口之间的隔阂以外，城中村存在较强的“本地人”和“外地人”的身份隔阂。公共设施存在“优先”本地居民使用的情况，这让流动人口难以对社区建立归属感、融入城市。

（二）流动儿童在城中村的成长困境

在流动性极强的陌生人社区中成长，加上家长陪伴不足，流动儿童需要用较长时间适应环境，这直接阻碍其对社区形成安全感和归属感，流动儿童很难与社区同龄人建立友谊。

1. 陪伴不足，儿童成长需求难被满足

HXL 曾是留守儿童，因为调皮和学习差总被学校投诉，终于在三年级时被父母接来广州番禺一起生活。但因为亲子长期分离，HXL 很快就跟父母起冲突，亲子关系紧张，变本加厉地不听管教，父母束手无策。

在城中村打拼生活的流动父母通常仅能靠夫妻二人微薄的经济收入以及传统育儿经验来养育子女。加上忙于工作，陪伴时间不足，流动父母在处理亲子关系时往往很无助，孩子的成长需求难以被满足。

2. 家里和社区都没有儿童友好的空间

流动儿童在狭小的出租屋里很少有属于自己的空间，课外时间无事可做，上街无处可去，在社区里没有朋友，家里没经济能力让孩子参加兴趣班。大多数孩子只能沉迷于手机游戏、短视频，或者游荡街头打发时间。

XL 的爸爸妈妈在广州 KL 村里开餐馆，他的家就在餐馆的楼上，他说：“我家里太小了，我弟弟老是要和我抢书桌，我妈妈她们卖饭要卖到我们睡觉的时候，楼下很吵，我写作业不能专心。”没有其他地方去，XL 放学就回家，在村里没有朋友。

3. 身份隔阂带来对自我的不认同

因为户籍制度带来公共服务获取尤其是入学升学的限制，加上社区里存在“本地人”和“外地人”之间的隔阂，这些长期的不平等使流动儿童有自卑感，以致他们难以建立对自我和社会的认同。MC 今年十五岁，六岁的时候随父母来到广州，最初的四年 MC 感觉自己融入不了这里，每天都是学校和家两点一线。MC 说，一次看到一群本地同学在玩，自己很想加入进去，但他们不屑地说：“你又不是本地的，凭什么跟我们玩。”这让 MC 感到愤怒又伤心。这些隔阂会导致流动儿童对自己的未来形成错误预期，如因为自己是外地人所以不能当班干部，或者以后只能读职业学校等，从而失去学习的动力。

二　社会组织的关注和挑战

（一）流动儿童社会服务起步

我国社会组织对流动儿童教育的关注在 1999 年前后开始，当时主要由流动人口服务组织面向流动儿童开展课业辅导、兴趣培训等服务，为流动家长及打工青年提供免费的讲座、培训及信息支持，依托科研单位研究人员和志愿者（尤其是大学生志愿者）的力量来开展工作①。

在全国流动儿童最集中、数量最多的广东省珠三角地区，流动儿童社区服务于 2010 年前后起步，至 2016 年开始呈现新的发展景象：参与的组织类型更多元，工作重心从仅提供服务逐步转向对构建社区支持网络的探索②。

但 2016 年前后，流动儿童服务组织发展逐渐遭遇瓶颈和挑战，包括：

---

① 韩嘉玲：《北京市公益组织服务流动人口的现状及发展趋势——以“流动人口教育与行动研究中心”为例》，戴建中主编《北京社会发展报告（2010～2011）》，社会科学文献出版社，2007，第 289～297 页。

② 中山大学中国南方公益慈善研究院、广东省千禾社区公益基金会、广东省麦田教育基金会：《珠三角流动儿童服务类社会组织发展状况报告（2016）》，“儿童友好城市建设及流动儿童社会服务”主题论坛，深圳，2017 年 3 月 31 日。

社会对流动儿童群体缺乏关注，社会组织可获得的外部资源不足，导致人力、资金投入受限，影响服务的可持续；近年“公益市场化”的思潮强调效率，鲜谈公平，使得政府采购和社会资源片面追求服务项目的活动指标，社会组织难以回应流动儿童的真实需求。

流动儿童教育是一个复杂的结构性问题，结合上述两个社会组织发展瓶颈，单纯依靠自上而下开展或者从外部引入给流动儿童的服务，难以真正化解流动儿童在城市的成长困境。

因此，构建社区支持网络是近年流动儿童服务组织的重要探索。流动儿童对于城市适应的过程本身就是一个社区支持网络的重建过程，社会对流动儿童服务项目的关注度、投入度和参与度较低，对于流动儿童的包容性较差，这不仅直接导致流动儿童的社区支持网络薄弱，也导致其难以与社会工作实现有效的配套合作。

（二）小禾的家：探索构建流动儿童社区支持网络

一边是流动儿童迫切的教育服务需求，另一边是流动儿童服务组织面临上述发展瓶颈，在这个背景下，千禾社区基金会开展“小禾的家”公益项目，资助扎根在社区基层的社会组织，装修改造社区公共空间，使之成为儿童友好的“小禾的家”，并依托空间运营，凝聚和培育多方参与社区服务，探索为流动儿童建构良好的社区支持网络，可持续地支持流动儿童的教育。

1. 赋能流动妈妈、流动儿童运营社区公共空间

通过共建儿童友好的社区公共空间，小禾的家汇聚城中村社区内流动儿童家庭，由社区工作者陪伴和赋能流动家庭尤其是流动妈妈、流动儿童参与志愿服务，逐步将活动组织甚至空间运营交由他们负责。

如此进行空间运营和活动开展，一方面能有效回应当地流动儿童需求，另一方面小禾的家不再依赖社区工作人员，依靠流动妈妈互助即可实现可持续发展，使流动儿童获得稳定、持续的陪伴。

小禾的家选址在城中村内流动家庭、儿童来往较多的街巷中，空间内配备儿童成长所需的书籍、玩具，以及开展活动的场地，常态化开放。绘本故

事会、儿童社区探索、家庭教育共学、周末电影院、邻里聚会、空间图书日常借阅等是其日常社区活动。

2. 引入多方参与，搭建社区支持网络

在小禾的家进入社区之前，流动社区内邻里极少互动和交往，或因老乡关系、经济差异小而进行有限交往。没有交往和联动，社区支持网络无法形成。小禾的家的运营，让参与的社区居民、流动妈妈构成了社区支持网络中离流动儿童最近且最为核心的支持力量，在背后推动居民参与并对外争取资源支持的社会组织次之。

小禾的家还逐步引入社区周边及外部相关方参与支持，例如基层政府、周边企业、社会爱心团体及个人等。这些相关方成为社区支持网络的一部分，帮助小禾的家在社区稳定持续地运营、为流动儿童成长争取更多的资源支持，也让流动儿童的成长需求被社会关注。

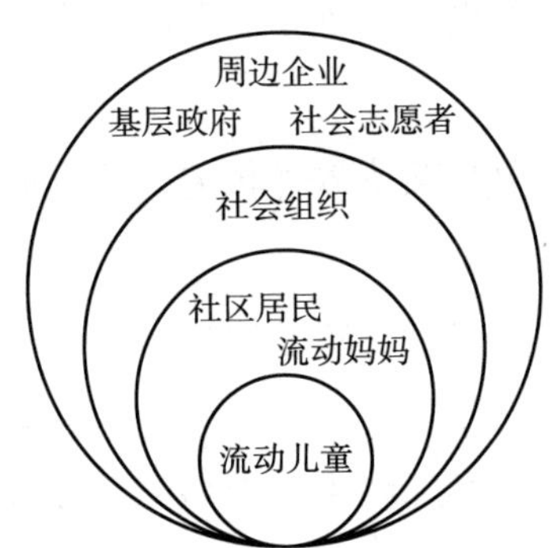

图1　流动儿童社区支持网络结构

图片来源：广东省千禾社区公益基金会。

三　从流动妈妈到社区妈妈

在流动儿童家庭，妈妈是陪伴孩子时间更长的人，其中有不少人还会在孩子学龄前担任全职妈妈。因此，流动妈妈是离流动儿童最近、可参与时间最多、社区公共空间重点推动和赋能的群体。

流动妈妈由浅入深地参与，不仅能身体力行提供服务，还会去争取和联结更多外部资源的支持。她们在参与的过程中获益良多，这反过来也让流动妈妈群体之间的关系在社区支持网络中更加紧密和稳固。流动妈妈在社区公共空间的活跃参与，也是社区周边及外部相关方持续投入支持、参与的重要前提。

（一）流动妈妈在化解流动儿童困境中发挥的作用

社区公共空间搭建了一个成年人和儿童互动的平台，在社区层面形成有利于流动儿童成长的环境和氛围。流动妈妈运营小禾的家、组织活动、参与互助，发挥着以下作用：

——丰富流动儿童的课余生活，增加其成长探索的机会。

——流动妈妈成为更具有公共面向的“社区妈妈”角色，这让孩子们对妈妈有了全新的认识，有助于改善亲子关系，也提升了儿童参与社区的积极性和主动性。

——流动妈妈们互相分享交流教育相关的政策信息、知识和经验，营造出关心教育的社区氛围。

——流动儿童结识了一群自己熟悉的社区妈妈，有助于他们逐渐建立起对社区的安全感，而这正是儿童在社区生活中自主探索学习的重要前提。

——为流动儿童朋辈交往提供了机会和空间，帮助其发展稳定的友谊关系。

（二）社区妈妈：从“被动参与”到“主动参与”

流动妈妈都是带着各自不同的需求、通过多种多样的活动渠道进入和认识小禾的家，这是她们参与的起点。流动妈妈从在活动中满足需求的“被动式参与”开始，在工作人员和流动妈妈群体的带动下，逐步加深参与的程度，逐步达成配合式参与，最后能主动式参与。

1. 第一步：从旁观者，到融入群体成为其中一员

“我是一个全职妈妈，在参加小禾的家之前，我的生活非常孤独单调，

每天都闷在出租屋里带娃，最多在家门口能跟几个语言不通的本地老太太说上两句话。后来我家婆介绍我来小禾的家，孩子在这里交到朋友，我也一下就改变了过去很封闭的生活，认识了很多姐妹，很惊喜。"

——PE 社区流动妈妈 HY

一开始，很多妈妈是作为旁观者或带着急迫的需求（例如咨询积分入学政策）来小禾的家陪孩子参加活动或看书的。仅通过这些单次的活动和接触，流动妈妈并不能对小禾的家有一个全面的认识和了解，也无法认识更多流动妈妈。

社区工作者除了会对每位新来的流动妈妈进行简单交谈、了解情况并推荐其他活动外，最重要的工作就是协作其他社区妈妈开展每月或每周一次的社区聚会。这些社区聚会的形式包括户外爬山、公园野餐、社区火锅、茶话会等，所有居民都可以带孩子一起参与。聚会中，孩子们在一边玩耍、看书，而妈妈们则在目光能及的另一边聊育儿聊家常，话题从个人、家庭出发，延伸至更多共性的、趋向公共性的话题，例如积分入学、男女平等等。

在这样的社区聚会中，流动妈妈结交到一群与自己经历相似、面临相同困难的妈妈，虽然相互间没有血缘关系，也不是工作关系，但彼此能坦诚交流，建立信任和友谊，为其日后为社区服务、参与公共事务打下了信任基础。

2. 第二步：从被动式参与到配合式参与

小禾的家会通过培训支持流动妈妈提升自我、获得自信和能力，然后为社区里的流动儿童提供服务活动。以成为社区故事老师为例，流动妈妈不仅要学习阅读推广的知识，还要学习活动组织、社区协商等技能，边学边实践，共同为流动儿童家庭开展亲子绘本故事会。

几乎每一位流动妈妈都坦言，最初参与的动机是想学习给自己的孩子讲故事，但随着时间的推移，她们收获了自我认同和社会认同，更加强调自己"社区妈妈"这个身份。

有流动妈妈说："一开始我就抱着给自己孩子讲故事的心态，但是去了小禾的家，经过介绍才发现要给一群孩子讲，刚开始担心自己没时间，也不知道要怎么讲，但是慢慢地，我就很喜欢和孩子们在一起，也开始轮流承担一些组织活动的责任，这对我的帮助很大，我觉得自己当初的想法也变了，不仅是给自己的孩子讲故事，还要给一群孩子讲好故事，我开始理解什么叫志愿者了。”

DS 社区的流动妈妈 CH 认为，比起过去“全职妈妈”这个单一的身份，自己有了“社区妈妈”“绘本老师”这样一些角色，让她对生活有了更多的自信。

3. 第三步：从“配合参与”转为“主动参与”

（1）主动链接资源，丰富社区学习。

越来越多的流动妈妈参与活动的组织，并催生了更多元的社区活动，例如针对流动妈妈的瑜伽班、粤语学习班，面向流动儿童的书法班、美术班等，这些活动都是流动妈妈主动发起并自主链接资源的。

BX 社区小禾的家开起了妈妈瑜伽班、儿童插画班、书法班等活动，授课老师基本由社区内部关系网络介绍而来。例如扬琴课是因为社区附近一个扬琴培训机构要倒闭，妈妈们获知消息后把这些本来要被丢弃的扬琴搬到小禾的家，并让培训机构介绍了薪资比市场价格更低的老师来教学。

（2）互相倾听，为彼此提供心理支持。

流动妈妈在日常交流中，经常提及家庭生活的劳累、压力和不幸，甚至个人成长经历中受到的不公平对待，妈妈们互相倾听彼此的委屈和难过。

BX 社区小禾的家曾邀请一位女性心灵疗愈老师来开公益讲座，台下听讲的流动妈妈 YL 受到了很大的触动，后来跟随这位老师学习，疗愈了身心，从一个怯懦的家庭主妇成长为一个自信、有行动力的妈妈。念及社区还有很多和她经历相似的妈妈，她主动邀请老师再到社区开分享会，并张罗起分享会的筹备。活动开始前一天，她甚至亲自打电话邀请没有报名但有需求的妈妈来参与。YL 在电话里跟她们分享了自己的经历和学习的收获，作为过来人，她说很希望她们也能渡过难关，找回阳光自信的自己。

（3）入学互助，让孩子上好学。

孩子能入读公办学校是流动家庭最大的心愿。每年临近中小学报名时，积分入学政策是每个小禾的家最热的话题。

在 BX 社区小禾的家建立之初的前两年，有很多流动妈妈并不知道积分入学政策，更不知道该如何提交申请。小禾的家专门邀请了有经验的妈妈开公益讲座做政策“扫盲”，手把手教大家上网填报信息。

进入第三年，通过积分成功入读公办学校的孩子已经很多，积分入学政策因为流动妈妈的互助已在社区内普及。现在，很多疑问都能在小禾的家社区微信群内，得到有经验妈妈的解答。开过分享会的妈妈还保存着之前整理过的基础资料和流程 PPT，随时发出分享。对于无法在群里解决的问题，一些妈妈也会主动私聊、指导提出疑问的人。

图 2　BX 社区流动妈妈在微信群里交流积分入学信息

（4）生计互助。

对流动家庭来说，积分入户才是解决孩子教育问题的长久之计。因此考证积分，也是目前流动妈妈们的热点需求和互助日常。

经过流动妈妈们的推动和链接，BX 社区小禾的家开起了育婴师培训班，20 多名流动妈妈“拼课”，在一位老师的带领下学习幼儿照料所需的技能。考取育婴师资格证后，不仅能增加入户积分，流动妈妈未来的就业选择也会更多。

除了互助参加职业培训外，在社区微信群里找工作和介绍工作，已经成为流动妈妈们的习惯。因为彼此熟悉，一些需要找工作的姐妹会主动找在企业办公室工作、在附近开厂开作坊的姐妹询问。而需要招工的，也愿意把信息发到微信群，招聘自己熟悉的姐妹。社区附近企业和工厂的行情信息，都在社区群内流动互通，让流动妈妈们找工作时有更多参考。

流动妈妈在生计上的互助不仅体现在技能培训和工作介绍方面，也体现在相互鼓励和陪伴的过程中。

公共参与的基础是信任。流动妈妈们的社交联系不仅加固了社区关系网络，也使社会组织和流动妈妈之间的信任基础越来越牢固。

基于此，小禾的家社区工作者的重点工作是通过持续陪伴和互动，有意识地在各类社区活动中留出时间和空间，或设计特定的活动，与流动妈妈们探讨个人与群体、个人与公共空间的联系，挖掘和激发个人潜能，推动流动妈妈不断深入参与。例如，社区工作者将社区需求讨论融入日常的聚会中，与流动妈妈一起发现需求，盘点社区内外部的资源，讨论解决方案并为之行动。再如，在开完一个故事会后，社区工作者带领流动妈妈复盘总结，讨论接下来如何做能覆盖更多没参加过的流动儿童，并计划下一次的行动。

当参与社区公共事务逐渐成为流动妈妈生活的一部分，流动儿童在社区的成长环境便能随之发生变化。

四　从流动儿童到社区小主人

推动流动儿童的参与、为儿童拓展参与的空间，也是小禾的家重要的工作之一，其教育意义大于服务意义。如果说流动妈妈的参与是为了打造城中村社区的公共生活、编织社区支持网络、补充社区公共服务，那么推动流动儿童参与的目标则是促进其社会情感能力的发展。流动儿童不仅为小禾的家提供志愿服务，还要参与公共事务的讨论和决策，通过反复参与、练习，不断提升社会情感能力。

（一）流动妈妈参与促进流动儿童的参与

DS社区小禾的家，已有小义工累计129人，其中最活跃的有10个小义工，他们的妈妈也是活跃大义工。

DD是在DS社区出生长大的孩子，今年8岁，虽然小义工的上岗条件是10岁以上，但工作人员看到他的能力和热情，所以“破格录取”了他。DD的妈妈成为社区大义工已超过五年时间，DD从小就跟着妈妈一起在社区参加各种各样的活动，更是妈妈开亲子绘本故事会的小助手。没有活动时，他也来小禾的家看书、玩玩具。因此他对空间非常熟悉，也习惯服务他人。现在的他比其他城中村里的同龄人更有自信，行动和表达都会更自如。

流动妈妈们在公共空间积极参与，她们的孩子在成长过程中便习惯了公共生活，习惯了和社区同龄人一起玩耍学习、一起维护公共空间。在妈妈的陪伴和示范下，流动儿童在社区逐渐建立起安全感和归属感，认同自己属于社区中的一员，更积极自主地在社区中探索和发展自己的能力。

（二）流动儿童参与在解决流动儿童困境中发挥作用

流动儿童在小禾的家成为小义工，日常工作通常包括：值班维持空间秩序、卫生，操作借阅系统，协助社区活动等。此外，小义工也会有自己的社区聚会，讨论工作中遇到的问题、在社区中的所见所闻、公共空间的规则制定和执行等公共事务，共同探讨解决办法。

常态化的服务活动虽然能吸引很多儿童参加，但活动都是分散、偶然的，相比之下，参与义工工作能让流动儿童获得更全面的发展和成长。

1. 学会表达，是流动儿童参与的第一课

无论是在日常家庭生活中，还是在学校的教育中，流动儿童难有机会或不被允许表达他们自己的观点，因此刚来小禾的家的孩子往往都沉默寡言，心里有想法也不敢说出来。基于此，懂得表达、勇于表达是流动儿童在社区参与时首先需要学会的能力。

小禾的家营造出安全的场域、引导大家说出自己的想法，让孩子们感受到自己的声音被听见、被重视。在 LT 社区，爱心企业捐赠了一批乐高积木，社区工作者便组织孩子开会讨论“乐高积木的使用规则”，邀请孩子们充分表达自己的需求和意见，思考遇到问题的解决办法，共同制定规则。后来他们在玩耍中发现了更多问题，便一起重新修改了几次规则。看到自己参与制定的规则真实落地，孩子们的行动力和责任心也被激发出来。

2. 更多探索和尝试的机会，使生活更有获得感和幸福感

小义工的工作看似简单，但实践中会遇到很多状况，例如小朋友吵架、义工团队意见冲突等，这些都能引发小义工不断思考和践行他们的“小义工行为准则”：友爱、平等、互助、尊重、理解、包容。

在很多小禾的家，小义工的参与是可以积分并兑换礼品的。这是很多孩子参与义工活动的动力来源。这些小礼品虽不贵重，但都是孩子们日常不敢跟父母启齿索要的“非必要”物品，如女孩子喜欢的手账本。小礼品能满足孩子们的精神需求：通过努力劳动获得礼品，让他们倍感自豪。

小禾的家也让流动儿童拓宽了自主行动的空间，获得了选择的机会。例如小义工们可以自行讨论决定小义工聚会的时间、形式、地点，哪个环节玩桌游，哪个环节讨论公共事务。这些“选择”的机会，也是日常在家庭和学校中难以获得的。

（三）流动儿童参与对社区的影响

1. 改变成年人对儿童的刻板印象

流动儿童参与社区，在家庭、学校以外的场景展示自己的能力，不仅让他们的父母重新认识了自己的孩子，也让其他成人看到了孩子的能力。在多数成人眼中，孩子什么都不懂，来小禾的家时，家长们常常连书都要帮他们拿，因为担心孩子损坏东西，不允许孩子做很多事情。但当他们看到孩子独立整理书架、管理借阅系统，他们知道了孩子并非只会玩闹，而是有能力做更多的事情。

2. 在反复练习中提升社会情感能力

在社区工作者的引导和启发下，流动儿童在参与中逐渐养成了表达、倾听、思考问题和寻找解决方案的习惯，获得了独立思考和自我反思的能力。在日常反复学习、实践、获得经验的过程中，他们的社会情感能力也得到提升。

社区生活和社区关系因自己的参与而构建，成为流动儿童幸福感的来源。当流动儿童成长为有责任心、有行动力、有幸福感的人，他们能更好地参与创建更好的社区、国家和一个更美好的世界。

3. 促进社区支持网络的正向循环

社区支持网络围绕流动儿童的成长需求建立，以此为起点，通过带动社区内外多方参与，可形成各圈层间相互促进的良性循环。在小禾的家，流动儿童的参与和成长能激励更多流动妈妈关注和参与社区，而流动儿童和流动妈妈的活跃参与，能吸引其他利益相关方进一步投入资源支持这样的儿童友好社区，从而形成社区支持网络的正向循环。

五　经验和挑战

（一）社区公共空间运营经验

1. 打破群体隔阂，增进人际交往

在城中村，隔阂存在于本地人和外地人之间，同样存在于家乡不同或者经济收入不同的流动人口之间，这几乎完全限制了流动社区的邻里互动和交往。

小禾的家作为一个儿童友好的社区公共空间，面向社区所有人开放，打破了群体隔阂。本地家庭能在此与流动家庭相识，一些本地父母甚至成为志愿者为孩子们开展活动；流动人口内部的交往也在此增加，形成流动妈妈及社区家庭之间互助的基础。

2. 多方参与，补充教育资源

为了更稳定地扎根社区、提供服务，为流动儿童带去更多资源和支持，小禾的家作为多个社区公共空间的品牌，由基金会统筹传播及呈现，也在逐步探索与基层政府部门、周边企业等社会各界合作共建的模式。

以广州市花都区 DB 社区小禾的家为例，当地一家制造业企业为践行社会责任，成为小禾的家共建方，服务当地流动儿童。该企业联动 DB 社区为小禾的家提供免费场地，并动员员工作为志愿者参与服务。看到项目成效后，企业高层还通过商会等渠道，联系更多企事业单位加入，本地的心理咨询师、家庭教育指导老师、银行从业人员等专业人士也纷纷被引入小禾的家开展活动，为流动儿童拓宽视野，也为流动家庭带去专业咨询服务。

此外，小禾的家也通过公益传播和志愿者招募，吸引一些从未进过城中村的城市居民到小禾的家开展志愿服务。这些城市志愿者多数是妈妈，常常会带着自己的孩子到家附近的城中村社区进行志愿服务。他们通过志愿服务与小禾的家产生联结，在亲身观察和接触流动儿童生活后，对这个群体产生了更多的共情，并愿意付出持续的行动。他们通过社交媒体与身边亲朋分享自己的所见所闻所想，号召更多人参与志愿服务，并为流动儿童劝募捐赠。他们的孩子在服务过程中也对社会产生了更多的思考。

3. 与扎根社区的社区工作者合作

依托公共空间构建社区支持网络，其中的社区工作者首先要成为社区关系网络中的重要节点。这要求工作人员长期生活或工作在社区中，与流动家庭或个人建立互相信赖的关系。

BX 社区小禾的家的合作社会组织 LX 的创始人 XM，也是一位流动妈妈，流动的经历成为她开展社区工作的优势。很多流动妈妈都愿意向她倾诉在工作、家庭乃至婚姻方面的难题。因此 XM 熟悉很多流动家庭和个人的情况，这为小禾的家与当地流动家庭建立信任关系打下了基础，也让 XM 成为实现社区互助的重要桥梁。

（二）小禾的家的挑战与应对

1. 项目开展需要多方共识

小禾的家强调社区发展理念的注入，强调流动妈妈的参与和社区支持网络的构建，并努力引导社区工作者在这方面投入更多实践和思考。但是，小禾的家的合作伙伴多元，不同机构及不同的社区工作人员对公共空间运营和居民参与存在不同的理解。部分合作机构侧重服务数据的达成，忽视社区服务对象本身的能力挖掘和培育，这恰恰与小禾的家要实现的居民“真参与”目标构成张力。

针对这一挑战，项目正尝试通过能力培养计划，发现和培育更多有使命感和社区发展意识的青年包括流动妈妈成为社区工作者。她们将由资深的流动人口服务工作者带领，在学习和在地实践中开展行动研究，产出更多本地经验，让社区工作者有能力为在地流动人口和流动儿童编织社区支持网络。

同时，小禾的家需要在项目开展过程中，与社区支持网络中的相关方共同总结、梳理开展社区教育的理念和方法论。例如，想要培养怎样的儿童？怎样的教育适合流动儿童的需要？如何动员社区力量开展教育活动？这些都需要在项目开展过程中，与社区支持网络中的利益相关方共同行动、共同总结，从而形成系统的阐释和多方的共识。

2. 社区支持网络构建需要耐心资源

社区关系和流动儿童成长的社区支持网络的构建，无法一蹴而就。因此，可持续的耐心资源对社区公共空间运营、对社区居民持续赋能非常重要。但目前多数资助仅追求短期指标的实现，给社区支持网络构建带来挑战。

流动儿童教育是一个复杂的社会议题，不仅需要教育资源的投入，更需要耐心资源投入社区支持网络的构建中。为此，小禾的家需要议题倡导，吸引更多耐心资源的投入。

3. 如何让儿童在未来反哺社区

城中村流动儿童未来很有可能会留在城市里继续生活、工作，成为城市重要的建设者和人力资源。如何让流动儿童从小小志愿者、义工，变成具有主人翁意识、促进社区发展的行动者，如何让他们对所在城市产生归属感、对社区有更多责任感，如何让长大后的他们对城市、对社区进行反哺，也是小禾的家所面对的重要议题。

参考文献

韩嘉玲：《北京市公益组织服务流动人口的现状及发展趋势——以“流动人口教育与行动研究中心”为例》，载戴建中主编《北京社会发展报告（2010~2011）》，社会科学文献出版社，2007。

中山大学中国南方公益慈善研究院、广东省千禾社区公益基金会、广东省麦田教育基金会：《珠三角流动儿童服务类社会组织发展状况报告（2016）》，“儿童友好城市建设及流动儿童社会服务”主题论坛，深圳，2017 年 3 月 31 日。

罗伯特·帕特南：《独自打保龄：美国社区的衰落与复兴》，刘波、祝乃娟、张孜异等译，北京大学出版社，2011。

张金凤：《美国社会情感学习课程的研究与实践》，中国心理学会发展心理专业委员会第十三届学术年会摘要集，2015。

李鸥：《参与式发展研究与实践方法》，社会科学文献出版社，2010。

B.19

在书信里看到真实的留守儿童

——以蓝信封书信笔友项目为例

周文华　丁如一　徐 慧 等*

摘　要： 蓝信封书信笔友项目（简称蓝信封）是一个以书信交流方式服务留守儿童的公益项目。本文基于这些书信来往的案例，试图从家庭关系、学业压力、青春期烦恼、暴力与自残、手机与网络、疫情等六个方面阐述留守儿童的特点。对每个方面以“孩子烦恼呈现—大使回复—孩子烦恼变化”的方式展现，最后介绍从书信中看到的留守儿童的几项特点，包括：留守儿童具有很强的情感表达诉求，留守儿童较为早熟，以及留守儿童的安全感和自尊水平值得关注。

关键词： 留守儿童　书信　情感表达

一　前言

为推动留守儿童的心理健康关爱服务工作，我国近年来发布了多项政策文件：国务院在《关于加强农村留守儿童关爱保护工作的意见》中提出，

---

* 周文华，蓝信封留守儿童关爱中心总干事，中山大学博士，研究方向：留守儿童心理干预。丁如一，中山大学心理学副教授，香港中文大学心理学博士，研究方向：家庭情绪养育。徐慧，深圳技师学院心理老师，巴黎狄德罗大学精神病学与精神分析博士，研究方向：儿童精神分析。杨玛丽，中山大学社会工作硕士；陈一馨，台湾辅仁大学心理学硕士；梁惠婷，香港中文大学社会学硕士，均为蓝信封留守儿童关爱中心高级项目专员。

充分发挥群团组织、社会组织、志愿者等各方面积极作用，形成全社会关爱农村留守儿童的良好氛围[①]；中共中央及国务院在《关于全面推进乡村振兴加快农业农村现代化的意见》中提出“加强对农村留守儿童和妇女、老年人以及困境儿童的关爱服务”[②]。

青春期留守儿童往往面临更严峻的心理挑战，是需要重点关注的群体。处于青春期初期的乡村留守儿童，通常表现出以下共同特点：情绪稳定性不足，对父母叛逆，对朋辈若即若离，背负巨大的学习压力，为身体发育而困扰，开始刷抖音、快手，有自己喜欢的歌曲和明星，也开始有了对未来懵懂的理想。该年龄段的孩子通常具有强烈的被倾听和探知外面世界的诉求，需要情感倾诉的空间。但由于长期缺乏父母的陪伴，他们的倾诉需求得不到满足，容易形成厌学情绪、暴力倾向和孤僻的性格。如果倾诉需求长期得不到满足，以上行为问题易进一步恶化，发展到辍学、犯罪行为和自杀倾向等。[③] 因此，回应青春期留守儿童的倾诉需求，为他们提供情感支持，对保持这一群体的心理健康有着积极重要的影响。

蓝信封就是通过书信与留守儿童建立长期陪伴关系，满足留守儿童倾诉需求的项目。蓝信封自 2008 年开始实施，属于儿童心理陪伴类公益项目。项目聚焦青春期初期（10~14 岁）的乡村留守儿童，是基于朋辈关系开展的志愿服务项目。

蓝信封组织书信志愿者（简称大使）和乡村留守儿童进行一对一的书信来往（一个月一封信，持续三个学期），通过鼓励留守儿童在信件中的情感表达、由通信大使提供朋辈陪伴和情感支持，来提升他们的心理健康水平。蓝信封的大使，由高校大学生和在职志愿者组成，开始服务前，志愿者会经历严格的招募、考核、运营、培训等流程，以保障志愿服务质量。蓝信

① 国务院：《关于加强农村留守儿童关爱保护工作的意见》，http://www.gov.cn/zhengce/content/2016-02/14/content_5041066.htm，最后检索时间：2022 年 10 月 14 日。

② 中共中央、国务院：《关于全面推进乡村振兴加快农业农村现代化的意见》，http://www.gov.cn/zhengce/2021-02/21/content_5588098.htm，最后检索时间：2022 年 10 月 21 日。

③ 蓝信封官网，http://www.lanxinfeng.org,最后检索时间:2022 年 9 月 1 日。

封强调志愿者和孩子的双向成长，对志愿者的角色定位是树洞，即作为孩子烦恼的倾听者，而不是问题解决者和心理干预者，强调了志愿者和孩子关系中的平等定位。这样既激发了孩子对于书信活动的参与动力，也减轻了志愿者的回信压力，让一段持续互助关系的建立成为可能①。

本文基于蓝信封书信笔友项目，分析了青春期留守儿童的心理特点，尝试为全社会进一步了解留守儿童、加强留守儿童保护项目的实施效果，提供一定的参考。

二　留守儿童成长中的重要议题

本研究案例来源于蓝信封第27期（通信时间为2021年3月至2022年6月）4513对通信，随机抽取200个通信关系，从每个通信关系中提取出1个有代表性的对话，并分别归类到六个方面：家庭关系、学业压力、青春期烦恼、暴力与自残、手机与网络、疫情，对每个议题，根据蓝信封干预经验，选取最有代表性的案例来呈现。在进行分析前，我们将数据及信件内容进行了脱敏处理。为保护隐私，文中儿童和志愿者均采取化名。案例中的留守儿童包括双亲外出或单亲外出打工的情况，部分留守家庭同时具有单亲/重组等家庭处境不利的情况②。

（一）家庭关系

留守儿童内心非常渴望父母的爱与陪伴。但由于长期缺乏与父母的互动和共处，很多留守儿童与父母的关系疏离，——不会表达爱、感受不到父母的爱，成了多数留守儿童心中共同的“痛”。同时，受家庭关系、亲子沟通

① 对项目运营、志愿者管理、利益相关方管理（资方、学校方、政府方）、项目数据及流程材料的详细阐述，请查阅2022年发布的《中国农村志愿服务发展报告（2021~2022）》中的章节“蓝信封乡村儿童志愿服务案例报告”。

② 蓝信封在实际招募过程中同样接受家庭处境不利的孩子报名，包括重组家庭孩子、单亲家庭孩子及孤儿，蓝信封自2021年开放报名资格，不再限定家庭背景，让更多有情感倾诉需求的各类乡村儿童参与，但依然以留守儿童作为主要服务对象。

状态的影响，一些儿童对自己与父母的关系持积极态度，而另一些儿童则产生了消极的想法。

案例 1.1　我以为爸爸对我不好，其实他只是不善于表达爱

小敖来自一个单亲家庭，妈妈离开了自己，爸爸长期在外工作。他觉得爸爸不和自己说话，是爸爸对自己没有那么好。

小敖："为什么我总是认为别人的爸爸妈妈比自己的爸爸好很多呢？我的爸爸不怎么和我说话，我的妈妈又因为爸爸离开了我，我从小就是爷爷奶奶带大的。"（湖南省，初一，2021 年 3 月 18 日）

大使小艳："我的父亲也是不善言辞的人，我与他很少说上话，但他每天努力工作，供我上学，我觉得他是很伟大的人呢！我相信你的父亲只是不知道怎么表达爱你。"（江苏省，大学生，2021 年 3 月 22 日）

小敖："我已经知道我的父亲很爱我，因为他答应给我买手机。但是我又不想要了，因为我去了父亲的工地看到他省吃俭用地工作还要帮我交学费。"（2021 年 4 月 15 日）

案例 1.2　虽然爸爸妈妈不在身边，但他们的恩爱让我感到幸福

小谅曾经和父母一起在广东生活，后来回到老家上学，与父母分隔两地。她在家要照顾弟弟、帮忙家务，总是会半夜想念父母，"埋怨"父母没有在她身边。

小谅："爸爸妈妈在开学之前就出去打工了，哎，陪伴我的时间太少了！每天都在忙，对爸爸妈妈的感觉都淡了。不过我有一个相处了六年的好闺蜜！她懂我的爱好，处处保护我。因为爸爸妈妈在外工作，闺蜜成为我唯一的依靠。"（四川省，初一，2021 年 4 月 9 日）

大使小晖："我的工作很忙，基本上孩子都见不到我。看到你写的跟爸爸妈妈感情淡了，有点伤感，我的女儿是不是也这么想呢？但即使如此我还是很爱我的女儿，相信你的爸爸妈妈也是如此！"（北京市，在职人士，2021 年 4 月 14 日）

小谅："姐姐，一边工作一边照顾孩子一定很辛苦吧！我妈妈总是闲不下来，本来她怀着孕待在家里，但因为爸爸总说想她，又跑回广东工作了。我真想说老夫老妻了还总是撒狗粮！其实能看见我父母那么恩爱我也很开心，我觉得我真的很幸运！"（2021 年 10 月 12 日）

（二）学业压力

由于缺乏父母的陪伴，留守儿童往往需要独自面对学业压力，一些孩子感到孤立无援，十分渴望获得父母的帮助。而与普通儿童相比，留守儿童的一部分学业压力还来源于对自身未来的恐惧——对于大部分留守儿童来说，读书、考学是他们改变命运的唯一途径，而成绩下滑，往往意味着这一途径的丧失。因此，留守儿童的学业压力与个人的未来和生存压力的联结更为紧密。

案例 2.1　父母帮不了我的学习，我会去请教老师、同学

小临的父母在外打工，家中只有他和妹妹，爷爷奶奶照顾他们兄妹。小临很希望家人能够帮助他学习，为家人没有办法支持自己的学习感到烦恼。

小临："我的父母在外打工，家里只有两位学历不高的老人，虽然上了初中，但还是摆脱不了各种难题，比小学更加让我无可奈何。如果家里的双亲有一个人在家，可能我还能攻克这些难题。我常常想和爸妈交流学习问题，但也得不到答案，考试完的感受、心情也没有人可以分享。"（广东省，初一，2021 年 11 月 19 日）

大使小谅："我们要记得还有一群学习伙伴，就是我们的同学和老师。你可以尝试多和他们讨论学习问题，大家应该都会很乐于帮你解答哦。"（湖北省，大学生，2021 年 11 月 22 日）

小临："在学习方面，有不会的我会问老师，问同学和自己看笔记。对于不会的题目，我也不会轻易放弃。虽然最近压力很大，但我也会放松身心，在美好的周末快乐玩耍。"（2021 年 12 月 17 日）

案例 2.2　我努力学习是为了不像父母一样打苦工

小盈生在一个七口之家，父母长期外出打工，爷爷奶奶照顾她和她的弟弟妹妹。作为家中的长女，她很刻苦认真学习，也很体谅家人的不容易。但当她的学习成绩下降时，她开始对自己没有信心，害怕不再被老师和父母关注，害怕自己会像父母一样出去打苦工。

小盈："即使期中考数学不理想，我也是微笑着去面对。可能是因为之前上课会走神，现在我每节课都会认真听课、预习和复习，争取下次考到理想的成绩。爸爸妈妈只有初中文化所以在外给人打苦工，我一定要好好学习，用优异的成绩报答他们。"（广东省，五年级，2020 年 12 月 17 日）

大使小遥："从你的信件和字迹来看，你一定是一个非常认真刻苦、自我要求很高的小学霸！你长大后一定会有所作为的！"（安徽省，大学生，2020 年 12 月 21 日）

小盈："我不配小学霸这个称号，我的数学出现了严重的偏科，一到考试还不如那些平时上课窃窃私语的优等生，老师看我的眼神也没有过去那么体贴和温柔了。我好害怕父母知道我的真实成绩会冷落我，我更害怕我长大之后也要像他们一样出来打苦工，我想成为像姐姐那么优秀的人。"（2021 年 1 月 27 日）

（三）青春期烦恼

同普通城市儿童一样，如何处理对异性的懵懂情愫、如何以恰当的方式追星，也是处于青春期的留守儿童要面临的"课题"。不同的是，留守儿童的父母更可能会以传统的教育和沟通方式来应对孩子在这方面的"变化"，一味否定早恋和追星。但实际上，孩子们的自我意识已经开始萌发，有自己对问题的判断和想法，拥有一定的自主解决问题的能力。对于明星们的负面表现，留守儿童也有一定的辨别能力，并非都是盲目追星。重要的是，无论是对有好感的异性还是明星，留守儿童的情感都急需表达出来，需要被看到、被回应、被引导，以使他们更加健康地看待那些“懵懂的情愫”，或形成正向的“追星”行为。

案例 3.1　我的朋友和我喜欢的男生在一起了

小六的父亲在外工作，母亲在家照顾她。情窦初开的她喜欢上了班上的一个男孩，可是她的朋友却跟这个男生表现得很暧昧。当得知朋友和喜欢的男生已经在一起时，小六决定放下这份感情，好好投入学习。

小六：“我喜欢班上的一个男生，是我的前任同桌。现在他和我的朋友坐在一起，我那个朋友每天回宿舍就跟我说今天他们又发生了什么，比如他今天又拿着我的手去枕着，手都麻了之类的。这样真的很讨厌！我以为我会慢慢不喜欢他，但还是没放下，第一次的喜欢好像不是很美好。”（海南省，初一，2021 年 1 月 27 日）

大使小筑：“其实喜欢一个人是一件很美好的事情，你觉得烦是因为你不敢暴露自己喜欢他的事实，这就是暗恋最大的烦恼啦……同时也不要忘记学习哦。”（广东省，大学生，2021 年 1 月 30 日）

小六：“我后来听说他们早就在一起了，是互相喜欢的那种，就挺无语的。我们老师也教育我们要好好学习，把感情埋在心里，等高考后再发芽。所以我现在就想好好学习吧，虽然还是有点喜欢他，但我更大的愿望是考进班级前五，能把他挤下去就更好了！”（2021 年 3 月 18 日）

案例 3.2　我不知道早恋对不对，但我还是想和他在一起

小蓓的父母都外出打工，他们不同意小蓓在这个年纪恋爱，但小蓓还是有了自己很喜欢的男朋友。她认为这并不影响自己的学习，跟男朋友在一起后变得更加快乐自信。但她同时因为家长、老师的反对而自我怀疑。

小蓓：“我遇到了一个很大的困难，家长和老师总要我们不碰但我还是遇上了，这就是早恋！他们都说这影响学习，可是我觉得跟他在一起特别快乐，不再像以前一样不自信和不自爱。我还见了他的家长，觉得会一直跟他谈恋爱下去。可在父母、老师眼中我是坏孩子，没有家教，我也开始质疑起

自己来，可是我喜欢他也没错啊！”（湖南省，初一，2021 年 4 月 2 日）

大使小漫：“早恋对我来说是美好的回忆，是独一无二的。当时我也被很多人说学坏了，现在想起来他们是在意我，担心我受到伤害。现在我很感谢他们的劝诫，让我在当时守住底线，懂得自爱，以学业为重。”（江苏省，在职人士，2021 年 4 月 2 日）

小蓓：“我还有一些烦恼，就是我男朋友现在初三了马上要升高中了，他是个学霸，感觉自己有点点不配他。那他会不会不要我了。虽然我也知道小时候的爱情是不会长久的，早晚都会散的，但我只是觉得他很好很喜欢我，能在一起多久就快乐多久吧。”（2021 年 5 月 10 日）

案例 3.3　明星给我动力，但我知道要擦亮眼睛看待

小沁的爸爸在外工作，妈妈负责照顾姐弟四人的生活。看见父母的不易，小沁对自己的学业要求很高，每当她焦虑时就会想想偶像，以获得鼓励。

小沁：“我今年粉上了一个团，颜值很喜欢，但越来越喜欢是因为看到他们的日常训练充满毅力的样子！我真的真的很喜欢他们，平时跑步跑不动了我一想他们，就有了动力。”（四川省，初二，2021 年 4 月 13 日）

大使小家：“偶像们其实都是通过高强度的训练才能出道的，这些能量让我们受益。但娱乐圈也有很多不好甚至违法的事情，妹妹也要理性追星！”（北京市，在职人士，2021 年 4 月 18 日）

小沁：“虽然我有喜欢的明星，但娱乐圈有些明星做的那些事真的让我挺意外的，希望国家的整治让娱乐圈更多正能量，不要让更多人受到伤害。”（2021 年 9 月 14 日）

案例 3.4　追星这个爱好让我交到更多朋友

小史的爸爸在她小时候便外出工作，但这并不影响父女两人的关系。对于小史的追星爱好，家人都说不好，只有爸爸会支持她。有了爸爸的支持，小史更加大胆地在追星中获得快乐和学习动力，她总是很骄傲自己没有因为追星而成绩下降，反而在追星过程中变得更加自信大胆。

小史："我从一年级开始就用追星来活命，成绩简直是靠追星来维持的，我一看到我的爱豆（偶像）就激动得不得了！追星对我来说是件好事，而我的同学反而是造成了负面影响。所以和我一起追星吧！"（广东省，五年级，2021 年 4 月 7 日）

大使小钱："小史你真是追星小代表，你给我推荐你喜欢的歌手我也好开心！喜欢！"（广东省，大学生，2021 年 4 月 13 日）

（四）暴力与自残

在留守儿童的世界中，极端的暴力、孤立和无人理解的困境，加上没有足够的人际支持，容易使他们产生心理创伤，萌发自残自杀的意念和行为。孩子们的自残自杀意念背后是一种求助的信号，意味着他们的内心需求没有被看见和满足，创伤没有被疗愈。有的孩子在一次次不被支持和理解的绝望中坠入深渊，但大部分的孩子能够通过自我反思、心理状态的调节以及通过向他人倾诉，重新恢复积极的生活态度。但这个过程也是艰难的，学校、社区、家庭及社会团体应该及时发现他们，并支持他们走出这些困境，避免事情的恶化。

案例 4.1　被爱的前提是漂亮、学习好或是面临死亡

小图的父母双方都在外打工，她平时和奶奶生活在一起，不管做什么事她都会被奶奶打骂。她尝试求助，但父母的不理解让小图逐渐陷入想要自杀的念头。

小图："我的奶奶家暴，把我打得青一块紫一块还出血，我跟爸妈说过，但他们说如果我听话奶奶就不会打我了。为什么我不去死？我只是个配角再努力也没人知道。"（湖南省，六年级，2021 年 5 月 31 日）

大使小馨："妹妹千万不要往不好的方面去想，毕竟人的生命只有一次。姐姐小时候也被人嘲笑过是没爸爸的小孩，那时候姐姐也很自卑甚至想要轻生。但是后来姐姐想开了，现在努力读书，将来就有机会看到外面的世

界。”（广东省，大学生，2021年6月6日）

案例4.2　我恨我爸爸，但我依然会承担家庭责任

小屈的父母长期在外打工，家里有五个兄弟姐妹，由爷爷奶奶照顾。父亲的吸毒、暴力和对小屈的控制，给小屈留下了很深的心理阴影。

小屈："我爸爸是吸毒品的，天天向我妈妈要钱，没钱就打妈妈。有一次他拿着刀要杀我妈，我急忙替妈妈把门关上，那把刀留下的痕迹也深深插在我的心里。他还替我订娃娃亲，我不同意，他反手就是一巴掌，说没有他就没有我。我狠狠反驳，凭什么拿我一辈子的幸福做交易。对他我已经无话可说。"（四川省，初一，2022年4月14日）

大使小益："读了你的信姐姐很难受，我知道那伤害一辈子都很难抹去。你就不要为5年前的事情烦恼啦，我们都要向前走不是吗？不要忘了多和妈妈聊天，对于爸爸如果讨厌也不着急沟通，把一切交给时间吧。"（天津市，在职人士，2022年4月21日）

小屈："我是一个称职的姐姐，放假后我总是一个人带3个弟弟，给他们做饭洗衣服，做家务活。但我一样很快乐，以前的事情该翻页了，既然我生在这个家我就要担起一份责任，没有责任的人生是空虚的。"（2022年6月2日）

（五）手机与网络

随着手机和移动网络的普及，留守儿童使用手机已成为一个普遍现象。有研究显示，乡镇农村儿童的电子产品的使用时间明显长于城市儿童①。作为基于手机和网络的两类娱乐产品，短视频和游戏尤其吸引包括留守儿童在内的青少年。

① 苑立新主编《中国儿童发展报告（2019）——儿童校外生活状况》，社会科学文献出版社，2019年。

短视频和游戏对留守儿童的影响，并不都是消极的。短视频作为现代一种了解外部世界、娱乐的方式，拓展了留守儿童获取信息的渠道，为留守儿童的成长带来了更多的可能性。一些留守儿童借由短视频收获了关注与成就感，找到了未来的职业方向。而网络游戏也能极大满足孩子在紧张的学业压力中释放情绪的需求。但短视频和网游也使青少年极容易成瘾。如果留守儿童得不到恰当的控制与引导，很容易将短视频和游戏作为打发无聊时光的工具，沉迷其中，耽误学业。

1. 短视频

案例 5.1　我可是快手小网红，以后就想干这个

小丰的父母均在外工作，小丰的偶像是一个短视频主播，他在偶像那里收获了乐趣与技术。因为偶像的指引和鼓励，他没有局限于刷视频，还开始了自己的短视频账号运营。

小丰："暑假我做了自己喜欢的事情，和家人一起玩快手。我已经玩了 4 年，只靠自己运营获得了 1700 位粉丝！我会坚持在快手做下去。"（广东省，初一，2021 年 9 月 27 日）

大使小波："很高兴看到你的粉丝增长！很好奇你都在快手分享什么内容呢？"（上海市，大学生，2021 年 10 月 7 日）

小丰："我在快手账号上主要是分享游戏视频，最火的视频是"击杀"了一个游戏主播，他还给我点赞呢！太开心了！我会坚持下去的。"（2021 年 11 月 3 日）

案例 5.2　其实我知道妈妈说得对，但我控制不住刷视频的手

小翼的爸爸为了改善家里经济而在外打工，因此她一直与妈妈生活。母女关系充满矛盾，其中手机问题最为严重。小翼沉迷于用手机刷短视频，特别抵触妈妈对她玩手机的提醒。

小翼："我有一个坏毛病是从我拥有手机开始的，家里人提醒我，我也

无动于衷，完全控制不住自己，一看视频就是几小时。”（广东省，初一，2022 年 1 月 6 日）

大使小萌：“坦白说姐姐也喜欢玩手机，我认为这是渴望和世界多接触的人都会有的情况。姐姐想和你分享我的克服方法，玩前先学习……我们试试吧。”（四川省，大学生，2022 年 1 月 19 日）

小翼：“姐姐，我根据你说的，最后选择把手机交给妈妈，但有时还是没办法静下心来学习，真的是要哭了。”（2022 年 3 月 14 日）

2. 游戏

案例 5.3　游戏就是我的童年，我不想放弃它

小灵的童年印象里，父母早早就外出工作。她从小学就开始接触游戏，她把最喜欢的游戏称为自己的童年，但这与她交朋友产生冲突。在小灵心里，朋友和游戏是不可缺少的东西，这样的冲突让她感到迷茫。

小灵：“我很喜欢很喜欢一个游戏，但我的朋友们都不喜欢，甚至因为这样就不和我玩了。虽然我很想要好朋友，但我也不想放弃游戏，这个游戏是我的童年啊。”（广西壮族自治区，五年级，2022 年 4 月 16 日）

大使小晴：“姐姐能够理解你对这个游戏的在乎。但我相信会有一个解决的方法，比如和朋友一起时就专注和他们聊天，而游戏时间另外合理安排。”（四川省，大学生，2022 年 4 月 24 日）

小灵：“所以我有一个当主播的梦想，因为这样我就可以天天玩自己喜欢的游戏，还可以和我的粉丝们分享，不开心时也可以有他们的安慰。”（2022 年 6 月 4 日）

案例 5.4　游戏是我对付“无聊”最重要的工具

小范成长在一个单亲留守家庭，小升初后的他对于多门功课同步学感到十分不适应，总想寻找一些缓解学业压力的方法，而游戏是他的选择。

小范：“我打王者和吃鸡的时候根本停不下来，感觉这两个游戏真的很

不错。我觉得打游戏才能让我忘掉所有的不开心和烦恼。”（河南省，初一，2021 年 3 月 25 日）

大使小迎：“周末或者心情特别糟糕时可以打两局，可是不要贪多哦!”（宁夏回族自治区，大学生，2021 年 3 月 26 日）

小范：“我现在玩游戏就是玩个过瘾和快乐，放假回家拿起来就没个头，因为真的太无聊了。”（2021 年 12 月 6 日）

（六）疫情

在疫情反复的形势下，留守儿童的学习方式和生活节奏不可避免地受到影响。疫情打破留守儿童原本规律的在校生活，网课成为最常见的上课方式，这使许多留守儿童拥有了专属手机。远在外地工作的父母无法及时培养孩子使用手机的自控力，带来了对学业的不利影响。疫情也不同程度地对学校教学产生了影响，孩子在努力理解各种防疫流程的同时，也表现出一定的烦恼。孩子可以通过抖音、快手了解疫情发展，学校及家长要正确指引孩子，以保证其身心健康成长。

案例 6.1　没想到我做个核酸也能对家长不耐烦

小月的爸爸在外工作，她平时和奶奶一起生活。小月进行核酸检测时，要依赖家长提供健康码，但忙于工作的家人，常常难以及时配合。

小月：“我们这的疫情防控又严重起来了，上课要戴口罩。排队做核酸时，家长还一直不发码给我，真的很烦，超级无助。”（四川省，初二，2022 年 5 月 19 日）

大使小芹：“在上海工作的我，现在已经隔离两个月了。听说即将解封了，我真的也在期盼着。”（上海市，在职人士，2022 年 5 月 26 日）

小月：“疫情真的会让我们苦恼，但你终于要自由真是太好了。”（2022 年 6 月 20 日）

案例 6.2　上网课挺好的，我可以偷着玩手机

小睿的父母都在外打工，他原本不佳的成绩，在疫情以来更是退步许多。因为上网课的缘故，小睿有了更多的时间和机会使用手机，上课期间无法控制自己点开短视频软件。

小睿："疫情之后，我们就经常要上网课，我还挺喜欢网课的因为可以用手机。有一次上网课，我边上课边刷抖音被妈妈发现了，她把我打了一顿哈哈哈。"（广东省，初一，2022 年 4 月 19 日）

大使小新："管住自己确实是很难的事情，姐姐这学期上网课，成绩就下降了许多。把这样的经历分享给你，也是想和你一起在课上好好听课，抖音还是下课再看吧！"（湖北省，大学生，2022 年 4 月 26 日）

三　在书信中看到的留守儿童

青少年在青春期会经历生理和心理等多方面的成长变化，非常需要父母的引导。但多数留守儿童在父母（或一方）外出工作、祖父母为主要照料者的情况下，只能独自面对青春期的很多困惑和烦恼，也往往要面临比普通儿童更大的挑战。如前文案例所示，一些留守儿童面对沉重的学业压力，十分渴望向父母倾诉，但父母不在身边使他们只能独自默默承担这份压力。此外，父母缺席青春期，也容易使留守儿童在建立积极健康的人格、恰当处理与异性的情感、正向追星、控制电子屏幕时间等方面面临挑战，这会影响他们的健康成长。保护青春期留守儿童的心理健康，需要在深入了解这一阶段留守儿童心理特点的基础上，提供针对性的保护措施。

（一）留守儿童具有很强的情感表达诉求

留守儿童的情绪表达具有强烈和多变的特点，而首要特征是强烈的情感表达诉求。这一诉求来自长期的情感表达压抑，包括父母物理距离隔离导致的表达受限，手机上瘾后带来的空虚感，因父母不在身边导致校园生活中的歧视知觉等。另外，留守儿童的情绪和表达内容是多变的。他们经常会在第一封信谈及大量的悲伤话题，包括自伤、家庭撕裂、孤独感等，第二封信时，却开始讨论各种学习/朋辈/家乡/明星/小动物等常规通信议题。

鼓励自由表达情感，对青春期留守儿童具有重要的意义。同时，孩子更希望得到的是情绪的回应（喜悦/期待/焦虑/难过等），而不是具体的问题解决办法。例如，有孩子曾在信中和通信大使说，“哥哥其实你不一定要给我解决办法的，其实我只希望你可以多去了解我”。所以，回应孩子的倾诉需求应该是去体会孩子的情绪，然后给予共情、理解和支持。

（二）留守儿童较为早熟，他们会努力理解家人

留守儿童较为早熟，他们过早承担家庭的责任，包括更多的家务、照顾弟弟妹妹等，并接受父母不在身边的事实，努力去尝试理解父母打工的不易。例如前文提到的案例 1.2 中的小谅，虽然内心抱怨父母陪伴自己的时间过少，对父母的感情变淡，另一方面却还在努力分担家务；再如案例 4.2 中的小屈，在父亲吸毒、家暴的情况下，没有自暴自弃，依然积极承担着做姐姐的责任。

留守儿童对父母外出打工的理解、对爷爷奶奶在管教上有心无力的理解远超我们所想：①孩子因看到父母打工的场景，理解其打工的不易，因此决心好好学习；②孩子会理解爷爷奶奶已经在尽力提供更好的支持，但他们能力、知识有限，所以很多问题需要自己面对和解决，甚至有很多孩子还要承担照顾家里老人的责任。然而，孩子的这些思考不会轻易和家人袒露，甚至故意表达出不在乎或相反的态度。这种表现源于长期的亲子分离和沟通渠道受限，而这个成熟，属于孩子应对家庭处境不利环境的一个心理保护性机制，是孩子回应这些问题的过程中逐步形成的一个保护性态度。

（三）留守儿童的安全感和自尊水平值得关注

在长期缺乏父母陪伴、亲子沟通不足的状态下，一些留守儿童的安全感和自尊水平较低，也容易发展出对“爱”的认知的偏差。例如，案例 1.1

中的小敖，因父母离异，父亲和自己很少交流而认为父亲不爱自己，后来又在父亲答应给自己买手机后，认为父亲爱自己，在与父亲相处的过程中患得患失，缺少安全感。再如案例 2.2 中的小盈，担心自己一旦成绩下降就会失去父母和老师的爱，而案例 4.1 的小图因为屡次遭受奶奶毒打，而认为被爱的前提是漂亮、学习好或面临死亡。这些孩子有一个共同点：认为自己不会无条件地被爱，同时安全感和自尊水平较低。

另外，感受到父母或其他重要他人（如祖辈、朋友、志愿者）的爱和关怀对留守儿童来说具有重要意义。留守儿童可以发展出独特的人际支持网络（例如来自祖辈的照顾和关怀、朋辈互助），这些支持可以缓冲父母外出带来的消极影响。如案例 1.2 提到的，闺蜜是她“唯一的依靠”。为留守儿童提供情感支持，让他们的情感需求得到满足（被倾听、被理解、被关心），可以让他们更加有力量去面对困难。

一份哈佛大学历时 75 年的研究显示①，一段深刻的关系可以长期滋养人的心理健康成长。这启发我们，当探究如何让孩子在不利的家庭处境下依然获得幸福，一方面可以在物质资助（助学金发放、图书馆建设、运动场建设等）、环境改善（社区支持、邻里互助、家庭干预等）、行为干预（学校开展心理课、音体美活动、长短期支教）等主流公益服务方式上持续投入，另一方面也可以强调一些核心的保护性因素，比如建立一段深刻的关系。因为一段深刻的关系可以长久滋养孩子一辈子，让他具有持续面对未来各种困境险阻的勇气。

参考文献

韩嘉玲、张妍、王婷婷：《农村留守儿童的家庭监护能力研究》，《南京工业大学学报》（社会科学版）2016 年第 2 期。

① 资料来源：《哈佛大学 75 年研究：什么样的人最幸福?》，腾讯新闻，https://new.qq.com/rain/a/20220620A0105L00，最后检索时间：2022 年 6 月 20 日。

郝振、崔丽娟：《自尊和心理控制源对留守儿童社会适应的影响研究》，《心理科学》2007 年第 5 期。

潘璐、叶敬忠：《农村留守儿童研究综述》，《中国农业大学学报》（社会科学版）2009 年第 2 期。

王清华、郑欣：《数字代偿：智能手机与留守儿童的情感社会化研究》，《新闻界》2022 年第 3 期。

赵景欣、刘霞、张文新：《同伴拒绝、同伴接纳与农村留守儿童的心理适应：亲子亲合与逆境信念的作用》，《心理学报》2013 年第 7 期。

B.20
疫情下超大城市流动儿童的生存与学习状态实录

王春华　刘　伟　周　洋　陈淑妍　梁海荣*

摘　要：　新冠疫情的暴发，对我国经济和社会的方方面面都产生了深远影响。疫情下，流动儿童的生活和教育也迎来了新的机会和挑战。一方面，网课让流动儿童和本地儿童实现了形式上的“教育平等”；另一方面，流动儿童受家庭经济和社会资本的局限，在网课期间的学习和生活也遇到不少挑战，有很多流动儿童因疫情而返乡。本文基于社会组织在疫情期间的实践和调查，从流动家长和第三方的视角，记录和反映了2020年新冠疫情突发以来，身处北京、上海、珠三角这些大城市的流动儿童的生存与学习状态。

关键词：　流动儿童　疫情　网课　返乡

2020年突发的新冠疫情，对我国经济社会的方方面面都产生了深远影响。在教育领域，教育方式也在疫情的影响下悄然发生着变化。线上教学、网课成为疫情期间学生们学习的主流模式，引发很多讨论。而疫情三年后，在经济下行的压力下，作为城市有力支撑的流动人口的境况如何？他们的子女（流动儿童）又有着怎样的生存和学习状态？

---

* 王春华，北京农民之子文化发展中心理事；刘伟，上海太阳花社区儿童服务中心负责人；周洋，上海多阅公益文化发展中心负责人；陈淑妍，广东省千禾社区公益基金会社区教育项目发展顾问；梁海荣，广东省千禾社区公益基金会社区教育高级项目经理。

带着这样的疑问，我们邀请了北京农民之子文化发展中心、上海太阳花社区儿童服务中心、上海多阅公益文化发展中心和广东省千禾社区公益基金会等几家长期扎根于北上广、多年专注于流动儿童服务的公益组织撰稿，基于他们在北京、上海和珠三角的服务经历和实践调查，带读者一窥疫情下大城市流动儿童的生存和学习状态。

疫情期间，这些 NGO 排除万难，努力坚守在服务的“第一线”，为生活在城市边缘的流动儿童提供包括课后服务、托管、看护、阅读、兴趣班等在内的各类服务，尽力支持在城市打工的父母将子女带在身边。疫情下，调查的开展十分困难，本篇收录的调查内容或许不是正式的调研，但依然为我们提供了珍贵的一手纪实资料。需要注意的是，由于各地疫情暴发的时点不同，以下几篇文章记录的是不同时间、空间下流动儿童的状况。其中，北京一文记录的时段为 2020 年上半年，上海两篇文章记录的时段为 2022 年 3~6 月，广州一文记录的时段为 2022 年 10~11 月。

北京流动家长口述疫情下的网课生活

王春华

北京“农民之子”在北京昌平区东小口镇半塔村半塔社区做社区教育过程中，创建了一个全国各地在北京打工的流动儿童家长的社群。疫情以来，很多家长对孩子在家上网课的情况讨论非常激烈。为了了解更多家长的心声，2020 年 5 月我们发起了相关征文活动，大家的反馈文章中各种观点都反映了网课家长的切肤之感，真实而鲜活，这里收录了三位家长的文章①，供大家讨论研究。

---

① 张眉：《100 位妈妈谈在线教育》，群言出版社，2022。

一 2020网课的日子：鸡飞狗跳和幸福并存

我是一名二年级小学生的妈妈，河北籍，在北京从事幼教工作。现住在北京市昌平区东小口镇魏窑村，孩子就读于昌平区北七家华成学校。

在2020年人们都准备红红火火过新年的时候，一场突如其来的疫情（新型冠状病毒）席卷了中华大地，使全国人民陷入疫情中，我们只能居家、减少外出，不给国家添乱，不给防疫工作增加负担。

但时间一天天过去，很快到了孩子们开学的日子。由于疫情仍在持续，孩子们无法走进离开了一个假期的教室，作为一名幼教工作者的我也一直未能复工。2月17日，全国所有大中小学生开始了“停课不停学”的网课日子。我也开始每天陪孩子上网课。我之前很少让孩子接触手机，所以他需要在我的帮助下才能完成相关操作。

记得在家上网课的第一天，家长们按照老师发的文件使用手机扫二维码或通过电脑点击相关网址观看微课，再根据老师发的一日学习计划表，完成对应的课程。开始的几天，状况百出，家长群里都炸锅了。可能因为大家同时点击观看，很多人点击微课网址后无法显示课程。因此，老师建议学生错开时间观看，微课堂是随时可以点播的。这样才慢慢进入线上学习状态。孩子刚刚接触网课时比较兴奋，专注地盯着手机认真观看，一日学习计划安排紧凑。为了提高孩子线上学习的积极性，我也参与其中：音乐课和孩子一起唱歌，美术课和孩子一起动手，体育课和孩子一起运动。

不过，时间久了，家长和孩子的积极性都在减弱。家长不能像开始时坚持陪伴，孩子也时不时地找机会开小差，偷着玩游戏。到写作业的时候，开始磨磨蹭蹭，找各种借口不想写作业，每次都是被我催促才肯去写，而且写得并不认真，总是擦了写，写了擦，一遍又一遍重复。当看到微信群里其他孩子的作业都提交了，我家孩子的作业却还未完成时，我心里的无名火就会被燃起，紧接着就是一场娘俩间的鸡飞狗跳。

这样的日子坚持到 4 月 13 日——微课改为直播课的日子。我也重新调整了状态开始“备战”直播课。我每天坐在电脑旁仔细听老师讲，生怕孩子态度不专注，错过老师讲的知识点，同时教孩子怎么连麦，怎么打字回复老师问题，网课结束后还要辅导作业，孩子不会的知识点我再重新讲解。在一次连麦回答问题时老师表扬了孩子，并对他完成的作业赞许有加，这让孩子高兴地拍起手来。后来，不论我是否在身边，孩子上课基本都能够认真听讲，积极连麦回答问题，作业也能够认真完成了。

三个多月的线上教学使家长感到身心疲惫，但难得的与孩子相伴的时光也让家长感受到了幸福。毕竟平时总是忙忙碌碌，恍然间才意识到孩子已经是一名二年级的小学生了。每次孩子上课都可以感受到老师的认真负责，老师每节课都尽可能关注到所有孩子，课上经常会提醒孩子们的坐姿和学习态度。同时，我也感受到老师批改作业的严谨。在我看来，孩子们在家学习如在学校。为老师的敬业精神点赞，为停课不停学点赞。（霍海英，北京市昌平区东小口镇流动儿童家长、在京务工幼教工作者）

二　如果可以选，不会选网课

我是一个三年级学生的妈妈，80 后，老家是安徽的，在北京做育儿嫂，每天早出晚归，周末单休，孩子在家上网课。

今年发生了一场全世界都为之震撼的“世界大战”——新冠疫情。孩子们本该返校的时间一次次被延后。我家孩子住校，在新龙城附近读书，每周回家一次。

三月初，学校老师通知我们要在网上授课，以响应停课不停学的号召，于是孩子们就开始在家里学习各门课程，有用手机的，有使用平板或者电脑的（我家是用手机上课），也有部分孩子因为网络不好或者没网，有一段时间没能及时上课。最初，老师们用微信上课，每天都有大量的消息，也能看到孩子的一些动态。每节课 45 分钟，有心理健康课，还有语文、英语、数学、武术课等。我家孩子用手机上课，会有手机卡、听不到声音，或内存不够、播放不出来的情况，所以在四月底，我给孩子重新买了手机，这样内存相对大点，不会总出现存不了东西、点不开内容的情况了。

四月初，学校改变了教学方式，改为钉钉群里上课，就只能一个号登录，孩子上课的动态我们家长就看不到了。每天我下班回到家后，看看他的作业，然后督促他早点交作业，有不懂的再指点指点。我们每天下午有武术课，通常是爸爸带去公园完成视频发给老师。起初，孩子学习也比较懒散，不太主动，还和爸爸闹脾气，一个人跑了，后来又被爸爸找了回来。想想做家长真是一个费心费力、无怨无悔的差事啊！那个时候真的很盼着开学呀！我一个朋友，疫情期间因为需要在家里陪孩子上课学习，完成老师交代的作业，照顾孩子饮食起居，家里没有收入。我们家是孩子自己上午上三节课，中午爸爸回来给他准备饭菜，然后督促他写作业。我家因为疫情，今年上半年的收入只够日常开销，因为工作减少了，照顾孩子的时间也多了。好不容易盼着孩子该去学校的消息了——6 月中旬可能能回校吧！

如果可以选，我不会选网课。上网课的缺点是：（1）孩子上课不专心，自控力不足，总是分心，爱玩游戏（因为不能时时陪着他，所以他总是爱玩游戏）。（2）每天提不起精神，缺乏想象力，没有在学校的阳光劲儿。（3）每天至少 5~6 个小时对着屏幕，对眼睛也是一个很大的伤害。我家的成绩已经远远落后了，很糟心啊！当然，上网课也有优点，比如可以天天看到他，陪着他长大，这段日子估计是他这一生中，我们在一起待的最长的时间了！希望能有更多更好的机会来改善我们家这样的北漂子女的教育。我们留在北京也是为了让孩子能够多长见识、开阔眼界。希望孩子们早日返校，回归正常的读书模式。（刘小芳，育儿嫂、北京昌平区半截塔村流动儿童家长）

三　网课没有达到我的期待

2020 年的新冠疫情对所有的师生都是一个巨大的考验！

2019 年底回老家过年的时候，疫情突发！在家过个年也没有过踏实。

2020 年 1 月 24 日，班主任开始在家长群发通知，要求家长接龙上报有没有发烧咳嗽情况，1 月 25 日又要求家长补发联系电话、年龄、住址、健康状况和是否接触湖北人员的信息，1 月 27 日开始上报返京信息。为了不耽误孩子上学，我们大年初三就赶回了北京！我的老家在安徽省宿州市灵璧县，儿子已经十三岁了，在北京昌平区东小口镇上小学和中学。如果没有疫情，他开学就上初一下半学期的课程了。其实在家过年的时候，天天听新闻播报新冠病毒，我就有预感，开学估计无望了，因为这是传染性极强的病毒。1 月 28 日，家长群里发了《北京市教委关于延期开学十问十答》的通知。

虽然开学没有准确日期，但我们随时准备着开学。

2 月 1 日，班主任在群里统计学生持有手机的数量和监护人的信息，计划着 2 月 16 号以后由老师指导学生学习。2 月 14 日，班主任在群里统计每个同学家里的 Wifi 及流量是否有保障，为 17 号的网上课程做准备。我以为网课就是老师到校，站在黑板前用手机直播讲课的内容，就像老师们平常讲课一样，只是面前多了个手机。其实开学后并没有发新教材，2 月 16 日晚，班主任发了通知，让孩子们根据老师发的学习资料在家自主学习，老师负责在线答疑。老师每次发一周的学习计划，每天有一搭没一搭地复习之前学过的知识。我曾经私信问过班主任，为什么不学新知识，得到的答复是：按照教委的要求，暂不教新内容。班主任在家长群里咨询家长第一天网课的感受、意见及建议，并没有几个家长发表看法。

作为家长，看到这种网课模式，我是很着急的，但是着急又有什么用呢！孩子天天在家做老师留的作业，我从老家回来就没上班，天天在家待着。看着孩子一大早起床，上报完体温，做完室内运动，就开始写作业。这期间我一直有一个疑问：不管是教委还是学校都没有给一个明确的学习计划，好像都在等着什么，就在这种似乎在等一个未知或是根本就没有结果的事的过程中，荒废了孩子们的青春时光，玩也没玩好，学也没学好！但给人的表象是大家都在做事。

3 月 31 日晚上，我终于收到了老师让家长 4 月 2 日去学校领教材的通知，在家自主学习的日子终于要过去了！之后，班主任在家长群里对我们说，这个学期还剩下多少周就要放暑假了，这期间学习紧，任务重，家长要配合老师督促孩子抓紧学习！老师建的家长群的主要功能，在我看来就是一个班主任发布校方通知的地方，在这里面没有家长互动（不管是孩子的学习还是生活）。领完教材后，直到4月13号才开始各科目的网上课程，使用教委下发的统一课件。

上课的平台就是班级QQ群，孩子上网课从头到尾我都没有操过心。网课的模式就是上午上课，下午做作业，一点新意都没有。我知道，如果要把网课上好，是需要老师狠下一番心思的。也可能是我要求太高，老师们已经很辛苦了。上网课老师点名的时候，经常有不在线的学生，这种情况让老师很无奈，只能联系家长，但还是有屡教不改的，毕竟家长不能时时刻刻待在孩子身边，全凭孩子们的自觉。在课堂上老师看着都有开小差的，更何况现在还隔着手机和电脑。

总体来说，我对网课本身没什么意见。现在网络和硬件条件都允许了，操作不是很困难，特别是高年级的孩子，自己都可以操作，对网络比家长还熟。在疫情下，不管是农村还是城里，孩子们同时都在接触网课这个新事物。对农村孩子来说，网课这种新的形式没有把他们给落下。但是，我对我们家孩子学校网课的质量有意见——没新意。如果有其他好学校的、咱们孩子进不去的重点校的老师的网课可以回放，或者可以随便进去旁听也挺好，对我来说，这样的网课会更有意思。比起冒险集体上课，网课是挺好的选择。

但是，我也担心，孩子长时间不上真实的课堂，对和老师真实交流的课堂感到陌生和不适应，突然开学会不会有心理障碍？6月1日，北京市所有中学生全部到校上课，班主任又紧急召开了一次家长会。我真的不想一一描述，就是顶着疫情、做好各种防范去上课，我和别的家长不一样，别的家长都盼望早点开学，我的态度是：着什么急！都休学一年又能怎样？冒着生命危险去上课？如果孩子们因为上课感染了新冠病毒，真是得不偿失！我宁可让孩子是个健康可爱、活蹦乱跳的文盲！这个学期匆匆忙忙，注定不会是一个圆满的结束！（韩金龙，北京昌平区东小口镇半塔村流动儿童家长，初中学生家长）

疫情下上海流动儿童的线上教育情况调查

——基于上海太阳花社区儿童服务中心的实践观察

刘　伟

2022年上半年，上海经历了很严重的一次疫情和封城，在3~6月这4个月间，几乎所有上海学生都被迫转入线上学习，太阳花服务的流动儿童也不例外。线上学习是孩子们无法进行线下面对面学习时，不得不采取的学习方式。那么，线上学习对于上海的流动儿童来说，效果如何？他们的家庭在面对孩子的线上学习时，又会遇到哪些挑战？本文尝试通过上海太阳花社区儿童服务中心的调查，来回答以上问题。

一　疫情下上海流动儿童的线上教育情况

（一）疫情期间单个流动家庭参与线上学习的孩子的平均数量

太阳花服务到的家庭主要是流动儿童家庭，绝大部分的家庭都至少有两个或两个以上的孩子，但在本次调研中，发现绝大部分家庭在上海的家中，只有1个孩子需要上网课，占78.9%，另有19.41%的家庭有两个孩子上网课，1.69%的家庭有三个孩子上网课；只有1个孩子上网课的家庭占绝大多数的一个可能原因是，另外的孩子太小（如还在幼儿园或者还没上幼儿园），不需要上网课，或者太大（已经返乡读书），并没有在上海上网课。

（二）流动儿童网课使用的设备

上网课使用的电子设备对孩子们上网课的体验也非常重要，那么太阳花的孩子们一般上网课使用什么电子设备呢？调研表明，太阳花的孩子们，一半多使用平板电脑上网课（占到56.96%），其次是使用家长手机（37.55%）、手提电脑（12.66%）、台式电脑（9.7%）和孩子自己的手机

（5.91%），另外，使用电视上网课的仅占 2.53%。使用平板电脑和家长手机上网课的占到 90%以上，但平板电脑和家长手机的显示屏幕都比较小，客观上，会影响到孩子们的上课体验和视力水平。

（三）为流动儿童提供的线上教育内容

从 2022 年 3 月开始，上海疫情越发严重，太阳花位于浦东、虹口、闵行和静安的 4 个社区中心陆续关闭，从 4 月份开始，太阳花全面开展线上教学活动，为孩子们开设了棋类、绘本阅读、编程、英语、儿童电影、素描、天文、乐理、逻辑与表达、魔方、乐器和摄影等课程，同时，也举办了自然科普类和中国传统节日的一次性线上讲座。通过举办这样的线上活动，即使孩子们封控在家，也能享受到太阳花提供的服务。

（四）流动儿童参与其他线上教育活动的情况

3~6 月是学校的正常学期，孩子们被封控在家，依然要参与学校的线上课程。这期间，有少部分太阳花学生报名了校外机构开展的线上课。根据调研，在参与调研的 237 名家长中，有 81.86%的家长反馈孩子参与了学校开的线上课程，有 54.43%的家长反馈孩子参与了太阳花开的线上课程，有 2.95%的家长反馈孩子参与了校外其他机构开的线上课程。从这份调研结果可以看出，太阳花的孩子们疫情期间参与的线上教育，仍然以学校和太阳花为主。

二　流动儿童在上网课期间遇到的挑战

（一）流动儿童家庭在网课期间遇到的挑战

在调研中，我们发现流动儿童家庭遇到的挑战是多样化的，具体表现为：（1）孩子长时间上网课，对视力带来不好的影响，反馈此问题的流动父母占比 74. 68%。这是流动儿童父母普遍最担心的问题，孩子的身体健康（视力）是他们最关注的。而流动儿童上网课多使用平板电脑或手机，屏幕较小，客观上确实对孩子们的视力造成了一定的伤害。

（2）网课学习效果不好，占比 64. 98%。这是占比第二高的挑战。学习需要教授者与学生有更多的互动和交流，网课虽然解决了距离的问题，但目前还不能解决如何与线下授课同等互动体验的问题，加上孩子们正是好动贪玩的年纪，网课学习效果不好，也在预见之中。

（3）没有时间监督孩子上网课，占比 49. 37%。有约一半家庭的苦恼是父母没有时间监督孩子上网课，这与流动儿童父母工作忙碌是息息相关的。很多流动人口的工作是城市服务业的重要部分，在疫情期间，为了城市能够良性运转，他们中不少人就封控在工作场所，家里的孩子由老人照顾，没有办法监督孩子上网课。在太阳花 2022 年春季班的网课参与学生中，就有这样一个家庭，父母被封控在工作场所，孩子由老人照顾，导致孩子上网课出现不及时上线、缺课等问题；此外，在流动儿童家庭中，孩子的主要监护人一般是母亲，即使在家，因为母亲要忙家务和做饭，也不能保证有足够的时间监督孩子上网课。

（4）孩子借上网课玩游戏、看小说或者刷短视频，占比 36. 71%。这个挑战可以理解为流动家长无法监督孩子上网课的连带效应，当天性爱玩、容易分心的孩子没有大人在旁边监督引导的时候，自然可能“误入歧途”，被其他更有意思的事情吸引。以太阳花国象班的某个学员为例，因他在 2022 年暑期班线上课表现不好，笔者与孩子的母亲沟通后，了解到孩子“这段时间控制不住总想玩手机，打了 N 次，不见效，说道理也听不进去”，“着魔一样不能自控”。可见，网课让流动儿童有更多机会接触到电子设备，加上父母的忙碌，部分流动儿童便成为“网瘾少年”，导致网课学习效率低下，学习状态一落千丈。

（5）孩子没有单独的空间上网课，占比 36. 29%。这是流动儿童家庭面临的另一大挑战。上网课要想有好的效果，一个安静、不被干扰的上课空间非常重要，但绝大多数流动儿童家庭在上海租房生活，他们中不少家庭租房面积狭小，没有单独的空间留给孩子上课，孩子上网课的地方往往和其他家庭功能重合，没有安静、不受打扰的上课环境。这也影响到孩子的上课专注力和网课学习效果，以及良好听课习惯的形成。流动儿童的居住环境，在《南都观察家》的“回流十年，归去何处”这篇文章中也有反映：“他们不会歧视我，但我清楚一些差距，比如他们家里有房子，而我家只能住在环境差的出租屋。”[①] 笔者曾家访过一户太阳花家庭，一家5口人（父母加3个孩子）挤在30平方米左右的房子内，孩子做作业的空间，就是一张小桌子。

（6）网课让孩子没有机会与同学面对面交流，孩子性格更加内向，占比29.96%。已有研究表明[②]，流动儿童的孤独感高于城市儿童。疫情将孩子们封控在家，缺乏与同伴的交流机会加重了流动儿童的孤独感，加上居住环境差、生活单调，原本内向的孩子变得更加内向。太阳花有一名孩子，性格本来比较内向，一开始不和其他孩子玩耍，在太阳花多次参加线下活动后，性格慢慢变得开朗，开始和其他孩子玩到一起；2022年上半年，上海疫情封控，他就一直待在家里，等到上海解封，他重新来到太阳花参加活动时，太阳花社区中心的负责老师告诉笔者：“感觉他又回到了原来的老样子，和他交流，目光呆滞，也不和同学一起玩了。”

（7）家里网络不好，占比27.85%。流动儿童家庭网络不好，主要有以下两种可能：一种是流动儿童居住的社区以老旧小区为主，网络基础设施不佳；另一种是流动儿童家庭购买的网络套餐带宽不够，在需要视频的时候可能出现卡顿现象。不论哪一种可能，都与流动儿童家庭的经济条件紧密相关。

（8）网课导致亲子关系紧张，占比20.68%。孩子们上网课，其实对父母的时间、亲子沟通意识和能力都提出了更高的要求。流动儿童家庭除了父母工作繁忙，陪伴孩子的时间较少以外，在亲子沟通意识和沟通方法方面也

---

① 未竟：《回流十年，归去何处》，https://mp.weixin.qq.com/s/OY8Y-cIYjw-1W3OSQvlJBQ，最后检索时间：2023年2月13日。

② 王瑞敏、邹泓：《流动儿童的人格特点对主观幸福感的影响》，《心理学探新》2008年第3期。

存在不足。流动儿童家庭普遍存在“否定教育、打骂教育”的现象，网课期间，孩子出现更多学习上的问题，更加重了这一现象。这也反映了流动儿童家庭在孩子的网课学习上，无论是在硬件（上课设备、上课空间、网络）还是在软件（父母陪伴时间、亲子沟通）方面，都不能给予孩子更好的支持。

此外，在调研中，我们还发现，对于部分流动儿童家庭而言，孩子上网课，还带来了其他一些挑战，比如：因为要给孩子上网课，自己无法及时处理工作信息（11.39%）；网课需要购买电子设备，加重了家庭经济负担（9.7%）。

第8题：孩子的网课对您和您的家庭带来的挑战有哪些？ [多选题]

选项	小计	比例
没有时间监督孩子上网课	117	49.37%
家里网络不好	66	27.85%
网课需要购买电子设备，加重了家庭经济负担	23	9.7%
孩子没有单独的空间上网课	86	36.29%
孩子借上网课玩游戏、看小说或者刷短视频	87	36.71%
因为手机（或电脑）要给孩子上网课，导致自己无法及时处理工作信息	27	11.39%
网课学习效果不好	154	64.98%
孩子长时间上网课，对视力带来不好的影响	177	74.68%
网课导致亲子关系紧张	49	20.68%
网课让孩子没有机会与同学面对面交流，性格上更加内向	71	29.96%
其他[详细]	1	0.42%

图1　流动儿童家庭在网课期间遇到的挑战

总体来看，疫情期间，流动儿童父母最关心孩子的视力健康和网课学习效果，同时，流动儿童家庭在孩子上网课过程中遇到的挑战，和他们家庭的经济能力、居住环境、父母时间、儿童自我管理能力息息相关。在以上挑战中，流动儿童家庭认为最大的挑战是孩子的视力健康（58.23%）和网课学习效果（48.1%）。此外，没有时间监督孩子上网课（40.08%）、孩子借上网课玩游戏、看小说或刷短视频（31.22%）、孩子没有单独的空间上网课

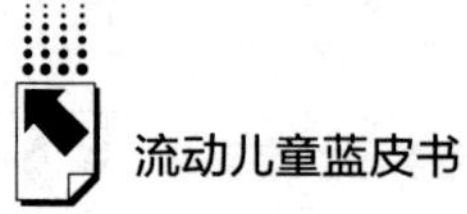

(21.94%)几方面，也是流动父母们面临的较大挑战。

特别要指出的是，在调研第9题最大挑战的选项中，与第8题挑战的选项相比，“没有时间监督孩子上网课”下降的比例最少，说明在流动儿童父母心中，没有时间监督孩子上网课是他们内心最大的介怀与愧疚，这也从另一个侧面说明，在3~5月封城期的上海，这座城市对他们的需求是多么的急迫，他们的工作对于这座城市，又是多么重要！

第9题：上述挑战中，您认为对您和您的家庭最大的挑战是？ [多选题]

选项	小计	比例
没有时间监督孩子上网课	95	40.08%
家里网络不好	26	10.97%
网课需要购买电子设备，加重了家庭经济负担	14	5.91%
孩子没有单独的空间上网课	52	21.94%
孩子借上网课玩游戏、看小说或者刷短视频	74	31.22%
因为手机（或电脑）要给孩子上网课，导致自己无法及时处理工作信息	14	5.91%
网课学习效果不好	114	48.1%
孩子长时间上网课，对视力带来不好的影响	138	58.23%
网课导致亲子关系紧张	25	10.55%
网课让孩子没有机会与同学面对面交流，性格上更加内向	29	12.24%
其他 [详细]	1	0.42%

图2　网课期间流动儿童家庭遇到的最大挑战

(二)网课期间流动儿童家庭特有的或更加明显的挑战

2022年3~6月的上海疫情，在某种程度上，创造了流动儿童和本地儿童的“上课平等”，即不管是流动儿童还是本地儿童，他们无一例外都需要接受“网课”的学习形式；但另一层面，受制于客观条件和家庭文化与社会资本，流动儿童家庭在孩子网课的过程中仍然面临比本地儿童家庭更大的挑战，这些“特殊”的挑战主要体现在以下几个方面。

(1)居住环境不同导致的上课效果差别。流动儿童家庭多居住在老旧小区，居住环境差，居住面积小，导致流动儿童缺乏单独的空间参加线上学习，这给流动儿童带来较大挑战。

（2）父母可支配时间的不同也让网课效果在流动儿童和本地儿童身上显现差距。从调研中，我们可以清晰地感知到流动儿童父母的“时间缺乏感”，即使在疫情封控期间，他们不能保证有足够的时间陪伴孩子上网课。而在本地儿童家庭，父母多居家线上办公，时间相对灵活，有更多的时间监督、陪伴孩子上网课。这也导致了在网课吸收效果上，流动儿童比本地儿童面临更大的挑战。

（3）网课使用设备的不同也让网课效果和对孩子的视力影响呈现差别。流动儿童家庭使用的网课设备以小屏幕电子设备（平板电脑、手机）为主，而本地儿童家庭（特别是中产家庭）则以电脑或电视大屏幕为主，硬件的不同，对儿童上课效果和视力的影响也不同。

（4）家庭网络状况差距。由于流动儿童家庭多居住在老旧小区，网络硬件条件并非最佳，相比于本地儿童家庭，流动儿童家庭的网络更容易出现掉线情况，这在一定程度上也影响到了流动儿童的网课学习效果。

（5）可活动空间的差距。疫情期间，孩子们长期封控在家，能够自由活动的空间就显得至关重要。流动儿童多在老旧小区居住，相比于城市儿童居住的小区，流动儿童居住的小区往往公共绿地空间狭小或缺失，导致大多流动儿童一天到晚关在家里，无法出去放风。在封控状态下，活动空间本就受限，如果连本小区都缺乏户外活动空间，孩子的精神、生活和学习状态必定受到更大影响。这对于孤独感本就比城市儿童更高的流动儿童来说，无异于雪上加霜。

（6）父母文化水平对孩子网课效果的影响。相比于到校线下学习，网课更加考验孩子父母对孩子的学习辅导能力。因为网课期间，能够对孩子进行面对面辅导的，只有父母。这对于父母文化程度本就不高的流动儿童来说，其网课学习效果，相比于父母平均文化水平更高的城市儿童，又落后了一截。

（7）校外网课的不同。除了学校安排的网课学习外，在校外网课的资源上，流动儿童与本地儿童也存在一定差距。从太阳花调研的结果看，太阳花的孩子们的网课途径除了学校外，就是太阳花，参加其他网课的寥寥无几。而本地儿童在疫情期间能够获取的网课资源比流动儿童要丰富很多，这跟不同背景孩子的家庭经济收入，以及疫情对家庭收入冲击程度的不同有关，在疫情防控的大背景下，流动儿童家庭受到的冲击更大。

第3题：您的孩子在今年3-6月份参与了哪些单位开展的线上教学活动？ [多选题]

选项	小计	比例
孩子所在学校	194	81.86%
太阳花	129	54.43%
其他机构 [详细]	7	2.95%
本题有效填写人次	237	

图 3　2022 年 3~6 月流动儿童参与的线上教育活动情况

三　总结

线上教育缩小还是拉大了流动儿童和本地儿童的教育差距？

调研发现，疫情让上海的流动儿童和本地儿童取得了形式上的“上课平等”：都是网课，都使用上海的“空中课堂”。但无论是网课效果，还是更多网课的获取途径，流动儿童家庭与本地儿童家庭之间都存在着显著差异。流动儿童家庭的经济资本、文化资本和社会资本是造成这些差异的重要原因。

但同时，我们也从调研中看到，社会组织，如太阳花开展的网课，在一定程度上给疫情期间的流动儿童提供了支持。在针对学校、太阳花和其他机构网课的打分中，太阳花获得的评分最高（平均分 9.03），学校和其他机构的网课评分分别是 7.57 和 6.88，说明了为流动儿童提供服务的公益组织，在疫情期间，成为流动儿童家庭可靠的线上资源提供者，客观上也帮助缩小了流动儿童和本地儿童线上教育资源的差距。

2022年上半年，上海严重的疫情和严格的防控，给上海流动儿童家庭带来了较大的影响。网课只是其中受影响的一个方面。上海解封后，有很多流动儿童家庭选择了全家返回原籍长工作和生活。愿留在上海的流动儿童家庭能够早日恢复往常的生气和活力。

特殊的团圆与不告而别

——上海疫情期间菜场流动儿童采访实录

周　洋

新冠疫情突如其来的3年多来，这一代的孩子和其他时代的显然不同：戴口罩、核酸检测、隔离……这些行为成了他们日常生活的一部分，在家与家人相伴的时间与上网课的时间，也比非新冠时期多得多。

伴随着不同城市的疫情防控，停学时不时会突然发生，孩子们被迫回家上网课，一方面，亲子相处的时间增加了；但另一方面，疫情导致父母工作机会丧失，收入中断，一系列的连锁反应为孩子带来了负面影响；对于那些就业不稳定、住房条件恶劣、亲戚朋友不在身边的流动务工家庭来说，情况则会更加艰难。这些变化为孩子们的成长带来了什么？作为城市边缘的孩子，疫情对他们意味着什么呢？

幸运的是，通过菜场书屋这一平台，我们得以在疫情期间持续关注流动儿童，并为孩子们提供力所能及的支持。“虹口区菜场书屋”是多阅自2019年便开始承接的项目，简单地讲，就是在菜场中设置一间阅览室，为爱看书的摊主、他们的孩子以及周边居民提供一个干净的空间，让他们可以在此看书、写作业或休息，同时借这个空间时不时举办一些阅读活动。

2022年4月，上海疫情变得严重起来，所有线下空间关停，上海的菜场也不例外。五六月在见不到面的情况下，机构开展了一系列线上阅读陪伴活动和线上分享会，关爱虹口菜场摊主和孩子们的身心健康。

5月，线上儿童绘本阅读陪伴课是在上海师范大学三位志愿者：范老师、陈老师、吴老师的努力下展开的。在封控期间，在自身面临着宿舍物资紧缺的情况下，她们依然在云端为菜场摊主的孩子们带来了一场场充满关爱的阅读课，她们领读绘本中的生字，与孩子们谈“尼尔斯”骑鹅飞行，谈“花婆婆”的理想，谈“多萝西”与“稻草人”……

在此期间，我们也重点采访了三位菜场经营者的孩子，虽然没有跌宕起伏的故事，但希望能让你瞥见这些年轻灵魂中的隐忧，让你感受孩子们的真实温度。

一　失落：疫情下突如其来的分离

来自复兴实验小学四年级一班的陈俊杰小朋友，已经是一位能够独当一面的哥哥了，他的爸爸妈妈是做水产生意的，虽然年纪小，但俊杰已经可以帮爸爸妈妈分担工作了。

俊杰与弟弟天佑所在的复兴实验小学是我们俗称的“菜场小学”（“菜场小学”是指以随迁子女为主的公办学校），和两兄弟一样，许多同学也都来自菜场经营户家庭。疫情期间，两位孩子不约而同地表示：最难过的事情就是见不到自己的同学，没有办法一起玩。俊杰还提到，他所在的班级本来31个人，有好几位同学转学了，现在已经变成26个人。“有几个是因为拆迁转的，还有几个是因为搬家转的。我们班有一个人嘛，我跟他玩了好久，结果这学期他就转学了。跟他玩了两年了，他就转了。”说起玩伴的转学，看起来大大咧咧的俊杰显得有些许遗憾，在我的印象里，朋友的转学，老师的变动，或者自己主动转学是流动儿童的童年中绕不开的一个话题，这样的小小分离总是会闯进他们的生命中来。

疫情期间肉的保存相对容易，但蔬菜“吃完了就没了”，孩子们说到封控的后半部分，没有菜吃，那时候“只能吃面条”。哥哥特地补充道：乘着爸妈的工作之便，一开始的时候能吃到新鲜水产。说到这里，孩子们调皮地笑了，能吃到新鲜鱼虾在封控时期是大家求之不得的事，这小小的“特权”使他们感到了快乐。

提起网课期间有没有遇到什么困难时，俊杰与天佑表示，困难就是老师切换页面太快了，有些笔记没写完老师就讲下一题了，到第二天才有回放。而且，在网课过程中，没有记到的笔记没办法互相传看，因为在网课使用的软件上互发文件特别困难，想把视频文件保存在储存空间也特别麻烦，很多同学面临内存不足、系统不匹配等问题——兄弟俩都表示，这些烦琐的小问题其实给自己和同学的学习造成了不小的负担。

二　担忧：害怕老师不告而别

辛好是一位来自安徽阜阳的女孩，今年 11 岁，如她自己所说的那样“不太喜欢说话”，总是文文静静地一个人坐着思考。辛好就读的学校是新星中学，开学九月份她就是六年级的学生了。爸爸妈妈来到上海后，转行做起了鸡蛋生意，早晨四点天还没亮便要出车进货，非常辛苦。

辛好每年 7 月初暑假的时候，便会来到上海与爸爸妈妈在一起，其他时候亲子分居两地。现在是难得的亲子时光，辛好说和爸爸妈妈在一起待一天，就是她最开心的时候。和大多数菜场经营者一样，除了菜场生意以外，辛好的爸爸还会开大车跑长途，经常去海南和温州。难得有在家的时间，爸爸就会做饭给自己吃。爸爸不在的时候，辛好会和妈妈一起在菜场做生意，她会负责上货和收钱，有时候也去菜场书屋写作业、看书——辛好是个非常爱看书的孩子，菜场书屋是她这样的“菜场经营者的孩子”的“栖息地”，一个书包，一盏小台灯，一面图书墙，这便是这群菜场“小雏鸟”们的暑假生活，在熙熙攘攘、忙碌喧闹的菜市场中，他们享有一份宁静。

新星中学在 4 月、5 月疫情期间上了一个月左右的网课，辛好在家的时候每天都会帮爷爷奶奶做家务，她说自己“洗碗、打扫卫生、拖地都会”。辛好坦率地告诉我，其实 4 月、5 月在家上网课的时候，心情是有些糟糕的，“想回去和同学们一起上课，不喜欢在家上”。我们了解到，辛好所在学校的网课采用的是统一观看视频的方式，时间到了，老师就会在微信群里提醒大家打开“中国教育考试院”平台去观看统一录制好的课程，然后通过微信群进行答疑。她说，在家里，写作业会变慢，上课也会没有动力，比起网课她还是喜欢那种大家都在做一件事的感觉——看得出来，像大多数孩子一样，辛好也不喜欢孤独。

提到学校的事情，辛好有些沮丧地说道，“我担心下个学期不是我的语文老师给我们上语文课”。现在这位语文老师带了自己两年，她非常担心开学了升六年级时会换老师。辛好最喜欢的是语文课，语文老师讲得特别生动，虽然她不太主动举手，语文老师还是愿意叫她回答问题，不难猜到，辛好的语文成绩是优秀的。

辛好所在的学校师资条件并不好，没有专门的体育老师，数学老师就是体育老师，导致辛好常常上不了自己喜欢的体育课。“我们很多天就是几个星期都没有上体育课的。然后我们班里大部分人就跟语文老师说想上体育课，然后语文老师就是在星期四的时候，把自己的语文课让出来给我们当体育课”。看得出来，语文老师的关注、鼓励，还有她开明的教学方式和春风化雨的人格气质，已经将爱的种子在辛好的心中种下了——每次提到语文老师，辛好的话语中总是含着一些遏制不住的自豪和思念。

三　遗憾：草草收尾的小学六年

张哲是来自天宇小学（天宇小学为多阅服务的随迁子女小学之一，也是“上海随迁子女小学家校阅读联盟”参与校）六年级的毕业生，开学便去上南翔中学。小哲家住嘉定区，爸爸妈妈在虹湾菜场做鲜肉生意，平时非常喜欢武术，疫情期间也经常在家进行体能训练，身体看起来很棒。

疫情期间，天宇小学以直播和录播的方式给孩子们上课，小哲说他不太喜欢网课，“只能听老师说自己却不能说”，缺乏互动；而且由于设备原因，老师经常需要调试，他感觉课堂效果不如在学校上课来得好。另外，小哲迟疑了一会儿，告诉我们，他感到最最遗憾的事情是——毕业典礼是线上举行的，一方面是没办法和许多同学见毕业前最后一面，另一方面毕业典礼是自己小学六年学生生涯的见证，一段难得的人生经历，在家中就这样草草度过，难免会感到失落。

比起自己的事情，小哲印象最深的一件事，就是曾经有一次，凌晨五六点的时候起来帮爸爸妈妈看摊位，坐在一张硬板凳上，靠着墙便睡着了。“我当时起得很早，觉得实在太累了，在那边就想稍微靠一会，结果就睡了好久。”小哲说自己也不知道睡了多久，后来等妈妈叫自己起来的时候，已经是午饭时间了。说起爸爸妈妈的工作，小哲的话里总是充满了体谅，他说希望长成一个大人，帮爸爸妈妈将一家三口的小肉摊经营得好些。

2022年的夏天，我们都迎来了一场不同于往常城市生活的特殊考验。在城市边缘徘徊的孩子们迎来了与爸爸妈妈的一次特殊的团圆，也迎来了昔日好友、老师的不告而别，也许他们中的一些也会迎来父亲的暂时失业，迎来大包小包的回乡。随着民办小学在上海逐步被收编，流动儿童这一抽象词语会伴着城市的发展与政策变动，逐步淡出大众的视野。

外来务工家庭的孩子们如同一支离散的队伍，伴着中国的日新月异的城市化进程而生生不息，他们活跃在父母的摊位旁，辗转在老家和上海之间，为了融入城市的教育系统而做出努力，像我们每个人一样有着自己的喜怒哀乐。愿菜场书屋——一个有文学、故事和幻想的小地方，让他们足以做一个关于翅膀的短暂的梦……

返乡留守?

——疫情下广州流动儿童的“路”在何方

陈淑妍　梁海荣

2022年11月末，广州多个地区宣布解除临时管控，一时间全城欢庆，市民对优化后的疫情防控充满期待，期待社会和经济重回正轨。但疫情出现的几年中，新冠对社会发展造成的伤害已开始显现。

其中，流动儿童这一受疫情影响较大的群体，正面临着返乡变成留守儿童的可能。而留守儿童所要面临的困境，相信大家并不陌生。

一　疫情下的流动儿童“返乡潮”

在此次广州疫情的“震中”——康鹭片区，一所打工子弟学校老师透露，截至2022年11月28日，已有39位学生离穗回老家。这个数字还会持续增加，因为每天都有外出隔离、隔离后符合条件返回老家的家庭。该学校在册学生约400人。

扎根在天河城中村的小禾的家，对大量流动儿童返乡早有感受：她们今年公益早教班的招募大不如前，往年30个招募名额能被秒杀，2022年却只招到十几个孩子。据工作人员了解，这是因为很多家庭把孩子带回了老家，孩子从流动儿童又变回留守儿童。

疫情形势逼迫着大批流动人口、流动家庭走上返乡之路。然而，返乡并不等于安身立命。安身，仅是寻找容身之地，也是城市防疫下流动家庭最火烧眉毛的事。城市角落里，还有一些仍在路上漂泊的家庭和儿童。立命，未来会在哪里？孩子的教育和成长将被置于何地？这是小到流动家庭，大到政府、社会，都要考虑或正在观望的问题。

二　“返乡潮”背后的流动儿童困境

这个留给社会的“新冠后遗症”是怎么形成的？我们看到，疫情和封控中所显现的问题，只是浮在水面的冰山一角，水面之下，是城中村社区、流动儿童家庭难题的长期积累。

（一）无收入是对流动儿童家庭最大的打击

之前在康乐牌坊风餐露宿的一个爸爸，还在期望春节前能复工复产：“如果这次走了，家里小孩就没钱读书了。”

以上提及的打工子弟学校老师也表示：“（很多学生家庭）几个月收入为零，还要交租金”，家长收入直接影响孩子们明年回广州上学的情况。没有收入的家庭，负担不起把孩子带在身边的生活成本，只能忍痛把孩子留在老家。

对于流动家庭来说，城中村是他们重要的落脚社区，但同时也是一个脆弱的家园。家园停摆，家庭收入也会跟着停滞。

如在广州康鹭片区的城中村，人们的工作和生活们都在村里进行，疫情封控伴随而来的，是村内工厂停工、服务业停摆，人们也不能出村打零工。因此，不知道什么时候就会来到的疫情封控，对靠双手劳动来赚取生活费的人们来说，是致命打击。

（二）脆弱的“城中村家园”

作为“租客”，流动人口、流动家庭的去留并不能自己决定。

近日，多个地区的城中村已纷纷发出倡议书，让外来务工人员返乡。这些倡议书里，除了提前了一个月的新春祝福外，不乏“待明年春暖花开时，欢迎您再回 XX”的字眼。但谁也不能保证明年春暖花开之时，这里又是什么样的一番境况。

除去疫情因素外，很多城中村更新改造的计划其实一直在推进中。例如，这波广州疫情的“震中”康鹭片区，更新改造项目一直在推进，目前正在开展片区策划方案编制等前期研究工作。一个城中村的更新改造，意味着在这里居住的流动人口、流动家庭需要搬离，或回老家，或到城市别处另谋生计，即使他们在这里已居住十多年，孩子就是在这里出生和成长的。

城中村家园的脆弱，还体现在“看不见”的社区支持网络中。可以说，在陌生人社区中，每个流动家庭往往都是一座孤岛，没有一个社区支持网络能在遇到困难的时候“兜住”他们。

目前，广州有很多地区，依然停课而不停工。停课之初，凌塘村的一个双职工流动家庭考虑白天将五岁的孩子独自关在家里，妈妈小莉（化名）中午下班回去做饭，下午继续将其留在家中。

把孩子关在出租屋造成的意外和悲剧，在城中村并不少见。做父母的当然清楚这其中的隐患，但在没有亲友能帮忙的情况下，这是一个极其无奈的选择。把孩子送回老家由亲人帮带，又是父母最不愿意走的一步。

如果小莉在城中村里有一个社区支持网络，就像在老家有亲人朋友关照帮忙，在城中村也有邻里互帮互助，她的孩子就不会置身于风险中。说“看不见”，是因为社区支持网络不是一个社区硬件设施。它看不见摸不着，但当居民遇到风险困难时，社区支持网络最能“救命”；另外，社区支持网络的构建极少在公共服务领域被提及，构建社区支持网络的需求没有被社会和公共部门看见。

所幸，小莉的孩子，最后没有被单独关在家里，邻居琴芳（化名）了解情况后，主动邀请小莉把孩子送到她家。琴芳也是一个流动妈妈，在小禾的家与很多流动家庭相识并成为朋友，她举手之劳中就帮助了有需要的家庭、保护了幼小可爱的孩子。

（三）来自城市教育政策的压力

城市教育政策的压力，也非一日之寒。教育改革如火如荼，却难以保住流动儿童在城市的“一张书桌”。

《财新周刊》2022 年 8 月 8 日的特稿“广东教育巨变”中报道，面对两项国家教育政策——进城务工人员随迁子女就读公办学校的比例应达 85% 以上，各省份民办教育在校生占比不得超过 5%，珠三角公办民办各半的格局面临巨震。一头是城市公办义务教育学位和幼儿园学位仍然存在巨大缺口，另一头，不少城市依据政策指挥棒压缩民办义务教育的比例，不少打工子弟民校关停，民办学位整体供给下降，学位区域性紧缺更为突出。

这些压在流动父母身上的压力，使孩子上学成本飞涨：要么承担猛涨的民办学校学费；要么舍近求远，把孩子送到邻市成本较低的学校，但这又会带来亲子分离的困扰。这一切无疑使流动家庭雪上加霜，无法承受之时，把孩子送回老家是唯一的选择。

三　给流动儿童一个未来，给城市一个未来

儿童本应拥有父母稳定的陪伴，有长期稳定的成长环境和社区关系，儿童才能让健康的自我成长起来，才能为未来的一生打下抵御风雨的基础。

儿童是祖国的未来，是城市的未来。儿童在成长中的缺失，会让城市付出代价。

流动儿童多数生长在城市，虽然没有本地户籍，但凭着对城市积累的感情，成长后的他们可能会回到这里，留在这里工作生活。这又将是城市发展的另一波人口红利。

无论何时何地，儿童都值得我们温柔以待。

我们期待，教育政策能直面流动儿童的真实需求，城市为他们的成长扩宽空间。

我们期待，城中村社区乃至全社会，能给流动家庭、流动儿童更多的关注和帮助。

为此，一些社会组织努力着，它们携手其他社会组织和流动家庭共同编织社区支持网络，支持流动儿童的教育和成长，帮助流动人口、流动家庭能更有韧性地面对生活中的风雨。

Abstract

Education for migrant children has always been an important issue in China from the perspective of education equity. With the emergence of new tasks and new requirements in the new era, the education issues of migrant children have also shown new characteristics and trends.

Against the backdrop of the global COVID-19 pandemic, China entered the first year of the 14th Five-Year Plan in 2021, and embarked on a new journey of comprehensive construction of a socialist modern country. In this regard, the 14th Five-Year Plan proposes the goal of "building a high-quality education system, promoting equalization of basic public education, and continuously improving the education level of the whole population"; and the 20th Party Congress report reaffirms the priority of education development, accelerating the construction of a high-quality education system, promoting quality education, and promoting education equity. The future development direction emphasized in the 20th Party Congress report is the "Chinese-style modernization", one of the features of which is "modernization with a huge population." According to the results of the seventh national population census, China's total population increased from 1.34 billion in 2010 to 1.41 billion in 2020, an increase of 70 million. The changes in China's population during the past decade are mainly reflected in four aspects: slowing population growth rate, low birth rate, aging population, and high mobility. The average annual growth rate of China's population from 2010 to 2020 was 0.53%, a decrease of 0.04 percentage points compared to the average annual growth rate of population (0.57%) from 2000 to 2010. Although the birth policy has gradually relaxed, the overall population growth rate has not achieved significant improvement. With the implementation of population policies such as "one-child policy," "comprehensive two-child policy," and "three-child policy," the proportion of the adolescent population has increased, but the aging trend has further deepened, and aging has become a basic national condition in China for a period of time in the future. In terms of population mobility, the data from the seventh population census shows that the scale of the floating population in China is huge, reaching 375.8 million, accounting for 26.62% of the total population, equivalent to one-fourth of the population in a mobile state. Compared with the data from the sixth population census in 2010, the scale of the floating population has increased by 154.39 million, an increase of 69.73%. China's population mobility shows three distinct characteristics: "significant increase in the activity of the floating population, sharp increase in absolute scale, and significant increase in inter-provincial and inter-city mobility." Currently, the most important feature of China's floating population is its huge scale, which is reflected not only in the total scale of the floating population, but also in various categories of floating population, especially in inter-provincial and inter-city mobility. This also indicates the real arrival of the "era of mobility."

During the period from 2010 to 2020, China's child migration has undergone significant changes in terms of quantity, direction, and reasons for migration, exhibiting three main characteristics:

1. Large quantity and rapid growth: According to the data from the seventh national census, the number of migrant children in China has reached an unprecedented scale. In 2020, there were 71.09 million migrant children aged 0-17, nearly double the 35.81 million in 2010. At the same time, the proportion of migrant children in the total child population has increased from 12.8% in 2010 to 23.9% in 2020, which means that every 1 out of 4 children is a migrant child today. It is worth noting that the number of migrant children aged 0-15 has grown even faster, reaching 2.24 times that of 2010 in 2020, which will pose more demands for infant care, preschool education, and compulsory education in the receiving areas.

2. Intra-provincial and intra-city migration as the main pattern, with a concentration in towns: In 2020, the number of intra-city and inter-provincial migrant children was 56.47 million and 14.62 million, respectively, with the former being nearly 4 times the latter, while the intra-provincial migration of adults was only

2 times that of inter-provincial migration. This indicates that children are more likely to migrate within the province compared to adults. Since 2014, with the implementation of the national strategy of new urbanization, the development of integrated urban-rural areas has been promoted, and the layout and form of urbanization have been optimized, resulting in a new phenomenon of migration concentration in towns. From 2010 to 2020, the proportion of both migrant adults and migrant children living in cities and rural areas has decreased, while the proportion living in towns has increased. The proportion of migrant children living in towns has increased from 34.0% in 2010 to 41.5% in 2020, an increase of 7.5%, while the proportion of migrant adults has increased from 22.7% to 28.0%, an increase of 5.3%. The main group migrating to towns are school-age children within the province.

3. Change in main reasons for migration, with a decrease in accompanying family members: Accompanying family members and education and training are still the two main reasons for child migration, but their proportions have changed from 2010 to 2020. The proportion of accompanying family members has decreased from 53.3% to 40.2%, while the proportion of education and training has increased from 27.7% to 31.1%. In 2010, accompanying family members were the main reason for child migration in cities, towns, and rural areas, but in 2020, although accompanying family members still remained the main reason in cities and rural areas, the proportion has significantly decreased, and the proportion of education and training has increased substantially. In towns, the main reason for child migration has shifted from accompanying family members to education and training.

With the changes in social and economic development, the mobility characteristics of children have undergone significant changes. At least 1/4 of the population has experienced mobility before reaching adulthood, and there are also noticeable differences in the urban-rural distribution of migrant children and mobile adults. The dependence of children on migration has decreased and their independence has increased. They migrate in line with the educational layout, and a large number of school-age children move to towns. At the same time, the education structure of the floating population in China shows a trend of "low decline and high rise", with the proportion of population with primary education and below gradually decreasing, while the proportion of population with college education and above is gradually increasing, and the proportion of women with higher education exceeds that of men. This new trend of change will bring changes to related social issues. For example, in the past, the parents of migrant children were mainly educated up to junior high school level or below, but now a considerable proportion of the floating population has received higher education. As parents, their expectations, educational concepts, and methods, as well as their demands for educational resources for their migrant children, may be completely different from before, showing higher requirements. This requires the receiving governments to propose new ideas and solutions in response to these changes, so that the floating population can truly contribute to the social and economic development of the receiving areas.

With the rapid advancement of the era of mass migration, how to guarantee the right to education for this group of people from the institutional level is related to the requirement of comprehensive "enhancement of national quality and promotion of comprehensive human development" in China. This book proposes the following policy suggestions for ensuring the education of migrant children: optimizing the supply of public education as an important measure to cope with the new population situation, optimizing the policies on education for migrant children based on social justice and education laws, accelerating the expansion of urban schools and ensuring equal access to basic public education services for children of agricultural migrant workers, handling the enrollment of migrant children in private schools "actively and prudently" to avoid the educational burden of mobile families, implementing the basic direction of enrollment policy based on "cumulative indicators", strengthening public participation in the formulation of public policies, improving provincial coordination of funding for compulsory education of migrant children, increasing central financial support for compulsory education of migrant children, implementing national audit arrangements for the implementation of compulsory education policies for migrant children, and establishing emergency mechanisms for urban mobile families.

Keywords: Migrant Children; Left-behind Children; Points-based Admission; Double Reduction Policy; High School Entrance Examination for Migrant Students; Off-Site Entrance

Contents

I General Report

Abstract: Against the backdrop of the global epidemic, China has entered the opening year of the 14th Five Year Plan in 2021, and the education of migrant children in China has also shown new local and phased differences. This article is based on the seventh population census data and the policy background of new urbanization and urban-rural integration development. It focuses on three major areas: the scale of floating population and floating children in the new era, the education development of floating children, and the care and protection of floating children. It gradually elaborates on the current situation, trends, and challenges of Chinese floating children in the context of the new urbanization process. This article proposes that optimizing the supply of public education is an important measure to address the new population situation, and the country needs to optimize the education policies for migrant children based on social justice and educational laws. At the same time, it is necessary to accelerate the expansion and expansion of urban schools, ensure equal access to basic public education services for children of agricultural migrant workers, and actively and prudently handle migrant children studying in private schools to avoid causing a burden on migrant families in terms of education; Strengthen care support and inclusive childcare supply for urban migrant children aged 0-3, and increase the inclusive rate of preschool education for urban migrant children aged 3-6; Implement the basic direction of the enrollment policy of "focusing on cumulative indicators", and strengthen public participation in the formulation of public policies; Improve the provincial-level coordination of compulsory education funds for migrant children, increase the central financial support for compulsory education for migrant children, and implement the national audit system arrangement for the implementation of compulsory education policies for migrant children; Establish an emergency mechanism for urban migrant families in case of emergencies; Improve the quality of after-school services to meet the diverse needs of migrant families and children.

Keywords: Migrant Children; Educational Policies; Educational Equity

Ⅱ Macro Reports

Abstract: Based on three census data since 2000, this article, from a perspective of historical comparison, briefly describes the overall development trend of the floating population and the education status of the total population in China. It depicts the education characteristics of the floating population from two aspects: education structure and average years of education, and discusses the differences among subgroups within the floating population from four aspects: gender, age, mobility range, and provinces/regions. The results show that the majority of China's floating population has completed junior high school education, and the floating population also exhibits education selectivity at the macro level. The proportion of female floating population with higher education has surpassed that of males. Regardless of age or historical changes, China's floating population shows a trend of "low-level decreasing while high-level increasing, with stability of middle part." The changing education structure of the floating population as the macro background requires a policy framework that takes into account the composition of the floating population and responds to new trends.

Keywords: Floating Population; Education Structure; Historical Evolution; Seventh National Census

Abstract: Migrant children are the flowers of our country's mobility, and their development is closely related to the individual, family, and the future of our country. According to the data from the Seventh National Census in 2020, there were 71.09 million migrant children aged 0-17, nearly double the 35.81 million in 2010, among which 53.19 million were aged 0-14. One out of every four children is a migrant child. The number of children migrating within the province is nearly four times that of those migrating across provinces, with 56.47 million and 14.62 million respectively. The likelihood of being a migrant is lowest at age 0, increases to about 1/5 for children aged 1-14, and reaches nearly 1/2 for children aged 15-17. Gender differences among migrant children are disappearing. The gender-age pyramid of migrant population is shifting from extreme imbalance to balance. The distribution ratio of migrant children in cities, towns, and rural areas is 5 : 4 : 1. Migrant children tend to gather in towns within the province, especially school-age children, while those migrating across provinces tend to gather in cities. Younger children tend to migrate with their parents, while older children prioritize their studies. New characteristics of migrant children in 2020 compared to 2010 include large-scale migration, more migration within provinces, and a focus on education. China's tradition of valuing children's education is fully reflected in the changing structure of migrant children.

Keywords: Migrant Children; Child Migration; Reasons for Migration

Abstract: The enrollment policies for migrant children in receiving cities highlight the responsibility of local governments to provide public services for the floating population. Ensuring access to public education services for migrant children is an important measure to address population crises in the context of changing population dynamics. This study quantitatively analyzes and compares the enrollment barriers in cities with material-based admission criteria and point-based admission criteria, reconstructing the indicators for enrollment. The study finds that enrollment barriers in cities have been lowered in the new situation, with more cities using cumulative indicators as the main requirement for point-based or material-based screening. The study suggests that local governments should prioritize the provision of education services for migrant children, eliminate implicit barriers, and use cumulative indicators as the main direction for enrollment policies, optimizing education policies for migrant children based on social justice and educational principles.

Keywords: Migrant Children; Enrollment Barriers; Point-based Admission; Material-based Admission

Ⅲ Policy Reports

B.5 The Current Status, Issues, and Countermeasures of Central and Local Financial Responsibilities for Compulsory Education of Migrant Children

Wu Kaijun, Zhou Liping and Liao Kangli / 101

Abstract: This article reviews the policy evolution of central and local fiscal responsibilities in the compulsory education of migrant children, and empirically analyzes the current situation and issues of central and local fiscal responsibilities in the compulsory education of migrant children in 31 provinces in China in 2020. This article proposes that further improvements should be made to the provincial-level coordination of funding for compulsory education of migrant children, and the fiscal responsibilities of provincial governments should be clarified, while increasing the level of financial assistance from the central government for the compulsory education of migrant children. Meanwhile, in order to address the weakness in the existing financial system for compulsory education of migrant children, which lacks systematic supervision and oversight mechanisms, relevant policy implementation should be incorporated into the national audit system.

Keywords: Migrant Children; Compulsory Education; Fiscal Responsibility Allocation

B.6 Care and Protection of Urban Migrant Children: Current Situation and Policy Options

Wang Lingxin, Yan Xiaoying and Zhang Benbo / 117

Abstract: Child care and protection have always been a key priority of public policy. In China, urban migrant children has a large population. Policies on child care and protection present characteristics of diverse subjects, expanded themes, and specialized methods. However, there are still some issues worth paying attention to, such as the need to improve top-level design, expand policy objectives and service systems, form collaborative working patterns, strengthen diversified participation patterns, and establish policy evaluation mechanisms. Suggestions on promoting the construction of care and protection policy system for urban migrant children are put forth to form top-level design, improve service systems, coordinate work mechanisms, integrate service resources, enhance service teams, and strengthen monitoring and evaluation.

Keywords: Urban Migrant Children; Child Care and Protection; Policy Support

Abstract: The points-based admission system has become an important policy tool for many cities to respond to the educational needs of migrant children. Taking the Pearl River Delta region as an example, this paper reviews the origin, diffusion, and evolutions of points-based admission policies from 2009 to 2022, with a focus on the controversies surrounding different scoring items during policy revisions from 2016 to 2022. The paper argues that the formalization of informal channels of school enrollment through a points-based admission system has to some extent, expanded educational opportunities for migrant children. However, formalization also comes with its costs. Therefore, how to ensure the participation of the migrant population and the right to education of migrant children during policy revisions and the implementation process deserves more attention.

Keywords: Points-based Admission; Policy Changes; Compulsory Education; Migrant Children; Pearl River Delta

B.8 Research on the Education of Migrant Children in the Context of the "Double Reduction" Policy

Gu Ran, Qian Wenwen, Zhou Haoran, Nong Lin and Han Jialing / 151

Abstract: This study examines the impact of the "double reduction" policy on migrant children and their parents in the Pearl River Delta region. In terms of the implementation of the "double reduction" policy, this study found a series of positive effects, including effectively alleviating the learning pressure of migrant children, reducing the financial burden of family education expenses, improving the availability of after-school services in schools, and increasing student participation. At the same time, the study also noted that there are significant differences in the implementation and effects of after-school services in schools, and the existing after-school service programs may not fully meet the needs of migrant children and their parents. This study further explores the impact of the "double reduction" policy on social stratification in family education, and finds that differences in parenting patterns among parents reinforce the reproduction of educational inequality, further strengthening the "double disadvantage" of educational disadvantages. This exacerbates the educational anxiety of migrant children's parents, leading to further "increased burden strategies". The study proposes policy recommendations for further optimizing the "double reduction" policy to promote its effective implementation.

Keywords: Double Reduction Policy; Migrant Children; After-school Services; Migrant Communities

B.9 Changes and Implementation of the High School Entrance Examination Policy for Migrant Children in Guangzhou City from 2019 to 2022

Xiang Xin, Wu Zijin, Li Zishu, et al. / 173

Abstract: From 2019 to 2021, Guangzhou gradually implemented the "New High School Entrance Examination". On the one hand, starting from 2019, the preconditions for non-local students to apply for public high schools changed from the strict "Four Threes" to the relatively lenient "Two Haves". From 2021, the proportion of non-local students admitted to public high schools has been adjusted from no more than 8% to 8%-15%/18%. On the other hand, the proportion of independent enrollment and "quota allocation" in the total enrollment plan has gradually increased. Under the influence of these policies, opportunities for migrant children to enroll in public high schools in Guangzhou have improved, and the gap in admission thresholds between migrant children and locally registered students in the unified entrance examination has narrowed. At the same time, the pathways for local students to enroll in public high schools have become more diverse, and the overall opportunities for local students to continue their education have not been significantly negatively impacted. However, the "New High School Entrance Examination" has not eliminated the differences in opportunities and thresholds for enrollment between migrant children and local registered students. Even in 2022, the chances for migrant children in Guangzhou to enroll in public high schools are only one-fourth of those for local registered students, and their average admission scores are still significantly higher than those of local registered students. Considering the national policy orientation and the long-term development of the city, we recommend that Guangzhou adjust the quota for non-local enrollment in public high schools to 13%-28% from 2024 to 2026, explore the inclusion of non-local students in the "quota allocation" program and gradually dissociate high school admission from hukou status beginning in 2017.

Keywords: High School Entrance Examination for Migrant Students; Migrant Children; Guangzhou

Abstract: The "Off-site Entrance" policy has undergone ten years of exploration and has made significant breakthroughs in ensuring that children of migrant workers can participate in the national college entrance examination (Gaokao) in cities where they have migrated to. More and more children of migrant workers have benefited from this policy, providing strong institutional guarantees for further improving the work of "Off-site Entrance" for children of migrant workers. However, there is still considerable room for improvement in the coverage of the "Off-site Entrance" policy, as it has been slow to be implemented in some regions and has been subject to prolonged policy negotiations. It is suggested to implement the concept of prioritizing education development, adopt differentiated management, promote in stages, establish special enrollment plans for children of migrant workers, and build a better version of "Off-site Entrance" policy reform 2.0.

Keywords: Children of Migrant Workers; Off-site Entrance; National College Entrance Examination

Ⅳ Thematic Reports

Abstract: The experience of left behind and migrant children is not changeless but dynamic, so it is not appropriate to analyze their identities only for a particular period. Based on the life histories analysis of a group of migrant children and their family members after a twenty-year revisit, we propose a conceptual framework to explain how micro institutions constructed the migrant childhood. We capture the childhood experience of migrant children from different institutional dimensions. Our findings suggest that the social network based on consanguineous relationship and geographical relationship is constructed through the reproduction of the space and social relations by the migrant families. All the findings are inspiring for contemporary urban public policy for migration.

Keywords: Migrant Children; Left-behind/ Migrant; Childhood

Abstract: With the rapid progress of industrialization and urbanization, population mobility has increased significantly, leading to growing concerns about the issues of mobile and left-behind children in society. This article uses large-scale survey data of 3-6 year-old children in kindergartens in Guangdong Province, a populous and economically developed province in China, to analyze the dividends and challenges of early childhood development brought about by population mobility from the perspectives of family environment and preschool education quality. Taking the underdeveloped rural areas of eastern Guangdong and the developed mega-city Shenzhen as examples, the article provides insights into the impacts of population mobility on early childhood development. Finally, recommendations are proposed from the perspective of joint efforts among government, families, and kindergartens to support the early development of children from mobile families.

Keywords: Population Mobility; Early Childhood; Early Childhood Development

B.13 Towards the Watershed of the High School Entrance Examination: Educational Predicaments of Migrant Children in Guangzhou

Xiang Xin, Yang Jiamei, Huang Xinning and Luo Xiao / 263

Abstract: Based on longitudinal field research conducted in four private and public schools in Guangzhou that enroll migrant children during the 2019–2020 academic year, this article analyzes how schools, parents, and migrant children perceive and cope with the challenges of high school enrollment after junior high school graduation. In the competitive environment of exam-oriented education, these four schools with different student composition and enrollment rates have adopted three different strategies to deal with the pressure and challenges brought by the high school entrance examination, which we refer to as "focus on the high school entrance examination," "systematic tracking" and "implicit screening." The information about high schools that schools and teachers to students and parents was often delayed, partial, and even misleading. In such an environment, migrant parents with limited formal education generally felt anxious and powerless about their children's enrollment, and migrant children often exhibit complex and contradictory states. Most students from School A and School B, as well as a few students with good academic performance from School C and School D, followed the guidance of teachers and parents, strived to prepare for the high school entrance examination, and delayed the question of "what if I failed the exam" until after the exam. However, most students from School C and School D entered a liminal state of ambiguity and chaos somewhere between Grade 8 to Grade 9. Feeling that the current exam-oriented education has little meaning, but also feeling uncertain about the future, they filled the remaining time in junior high school with games, videos, chatting, and sleeping.

Keywords: High School Entrance Examination; Vocational and Technical Education; Information Barrier; Guangzhou

Abstract: This paper analyzes the decline in the number of migrant children and related factors from the perspective of population policies and compulsory education enrollment policies in three representative cities of Guangdong Province: Guangzhou, Shenzhen and Dongguan. In recent years, the adjustment of local population development plans and household registration policies, the accelerated urban renewal process, the "ratio control" policy of private education, the increase of enrollment thresholds, and the increase of tuition fees have had far-reaching effects on the education costs, education opportunities, and education accessibility of migrant children's families. This paper proposes recommendations from the perspective of actively and steadily promoting the reform of private education and relieving the financial pressure of migrant children's families, as the peak period of elementary school enrollment in 2023 - 2025 after the implementation of the "comprehensive two-child" policy.

Keywords: Migrant Children; Compulsory Education; Private Education; Guangdong Province

Abstract: Based on the author's fieldwork, interviews, and 15 head teachers' self - reported questionnaires, this article provides an overview of privately-run migrant children schools in Guiyang City during the 2019 -2020 academic year. It particularly focuses on the origin, operation and maintenance of the schools, the status quo of teaching staff as well as student demographics and socio-economic status. Through exploring the challenges and needs faced by privately-run migrant schools and migrant families, the author analyzes the potential problems that Guiyang's public and private education reform may encounter, providing suggestions to increase public school capacity, ensure a smooth transition during the process of public and private school reform, and support privately-run migrant school teachers' (re) employment. This article also calls for more attention to the economic status of migrant families and migrant children's wellbeing and their integration into urban communities.

Keywords: Migrant Children; Privately-run Migrant Schools; Public and Private Education Reform; Guiyang

Abstract: During the process of urbanization, the number of the left-behind children in underdeveloped rural areas of Gansu province has decreased due to increased acceptance of external populations in towns. However, their overall mental health status still deserves attention. This study conducted three rounds of psychological surveys on the left-behind children in rural areas of underdeveloped regions in Gansu province from 2015, and used interviews and observations on top of quantitative data to understand the current mental health status of the left-behind children in the region. The researchers analyzed the effects of being left-behind, duration of being left-behind, gender, and parent-child relationship on the mental health development of the left-behind children. The study found that although there are some common issues among the left-behind and non-left-behind children, the overall mental health level of left-behind children is lower than that of non-left-behind children. The demand for mental health education in schools is high, but there is a lack of qualified teachers and it tends to be formalistic. Educators have more negative stereotypes about the left-behind children. The impact of parents' absence on left-behind children is manifested in four aspects: dependence on mobile phones, emotional distress, lack of career thinking, and lack of self-confidence. Based on the problem analysis, the researchers proposed five suggestions at the end of the article, including avoiding highlighting the identity of the left-behind children, establishing dynamic and updated mental health records for children, increasing the allocation of qualified psychology teachers, stabilizing the rural teacher workforce, providing mental health education and training for all teachers (including the child directors).

Keywords: Left-behind Children; Mental Health; Gansu; Underdeveloped Areas

Abstract: "foreign left-behind children" refers to left-behind children in China who hold foreign citizenship but live and study in China for a long period of time, mainly concentrated in overseas Chinese communities in Guangdong, Fujian, Zhejiang, and other regions. These children grow up in a cross-cultural environment, being foreign citizens while also being Chinese descendants. The Chinese government should pay attention to and care for their learning and living environment in order to promote the reform and progress of overseas Chinese affairs and help these children better adapt to and integrate into society. In recent years, the global spread of the COVID-19 pandemic and the economic downturn have posed challenges for overseas Chinese communities, which have had adverse effects on the lives of these children. Currently, it is of great significance to improve the social support and service system for these special group of "foreign left-behind children", effectively leverage the roles of various stakeholders, and ensure the organic connection of language, culture, and education between their home country and their residing country, in order to achieve their social integration.

Keywords: Local Foreign Population; Foreign Left-behind Children; Putian City

V Practice Reports

Abstract: In the Pearl River Delta region of Guangdong Province, where migrant children are concentrated, social organizations are exploring the operation of child-friendly community public spaces, using the concepts and methods of community development to build community support networks for migrant populations, including migrant children, and improve the challenges they face in growing up in urban villages. This article takes the "Hé · Home" public welfare project as an example to elaborate on the process of community support networks formation based on community public spaces, and how migrant mothers and migrant children as core participants can contribute to improving the education environment in the community and play a role in the growth of migrant children.

Keywords: Social Organizations; Community Public Spaces; Mutual Assistance among Migrant Mothers

B. 19　Seeing Real Left-behind Children in Letters:
—Taking the Blue Envelope Letter Pen Friend Project as an Example

Zhou Wenhua, Ding Ruyi, Xu Hui, et al. / 361

Abstract: The Blue Envelope Letter Pen Friend Project (referred to as Blue Envelope) is a public welfare project that serves left behind children through letter communication. Based on these correspondence cases, this article attempts to elaborate on the characteristics of left behind children from six aspects: parent-child relationship, academic pressure, adolescent troubles, violence and self harm, mobile phones and the internet, and the epidemic. Each aspect is presented through the "presentation of children's troubles-ambassador's response-changes in children's troubles" approach. Finally, several characteristics of left behind children as seen in the letter are proposed, including: left behind children have strong emotional expression demands; Left behind children are more precocious, and their sense of security and self-esteem level are worth paying attention to.

Keywords: Left-behind Children's; Letters; Emotional Expression

B. 20　Record of the Survival and Learning Status of Migrant Children in Mega Cities under the Epidemic

Wang Chunhua, Liu Wei, Zhou Yang, Chen Shuyan and Liang Hairong / 378

Abstract: The outbreak of COVID-19 has had a profound impact on many aspects of China's economy and society. The epidemic had also brought new opportunities and challenges to the living condition and education of migrant children. On the one hand, online classes provided formal "educational equality" for migrant and local children; On the other hand, due to the economic and social capital limitations of migrant children's families, migrant children also encountered many challenges in learning and living during online classes, and many of them returned to their hometowns because of the epidemic. Based on the practices and surveys of social organizations during the epidemic, from the perspective of migrant parents and third parties, this paper documents and reflects the survival and learning status of migrant children in Beijing, Shanghai and the Pearl River Delta since the outbreak of COVID-19 in 2020.

Keywords: Migrant Children; Epidemic; Online Classes; Returning to Hometown

皮 书

智库成果出版与传播平台

✤ 皮书定义 ✤

皮书是对中国与世界发展状况和热点问题进行年度监测，以专业的角度、专家的视野和实证研究方法，针对某一领域或区域现状与发展态势展开分析和预测，具备前沿性、原创性、实证性、连续性、时效性等特点的公开出版物，由一系列权威研究报告组成。

✤ 皮书作者 ✤

皮书系列报告作者以国内外一流研究机构、知名高校等重点智库的研究人员为主，多为相关领域一流专家学者，他们的观点代表了当下学界对中国与世界的现实和未来最高水平的解读与分析。截至 2022 年底，皮书研创机构逾千家，报告作者累计超过 10 万人。

✤ 皮书荣誉 ✤

皮书作为中国社会科学院基础理论研究与应用对策研究融合发展的代表性成果，不仅是哲学社会科学工作者服务中国特色社会主义现代化建设的重要成果，更是助力中国特色新型智库建设、构建中国特色哲学社会科学“三大体系”的重要平台。皮书系列先后被列入“十二五”“十三五”“十四五”时期国家重点出版物出版专项规划项目；2013~2023 年，重点皮书列入中国社会科学院国家哲学社会科学创新工程项目。

皮书网

（网址：www.pishu.cn）

发布皮书研创资讯，传播皮书精彩内容

引领皮书出版潮流，打造皮书服务平台

栏目设置

◆关于皮书

何谓皮书、皮书分类、皮书大事记、

皮书荣誉、皮书出版第一人、皮书编辑部

◆最新资讯

通知公告、新闻动态、媒体聚焦、

网站专题、视频直播、下载专区

◆皮书研创

皮书规范、皮书选题、皮书出版、

皮书研究、研创团队

◆皮书评奖评价

指标体系、皮书评价、皮书评奖

◆皮书研究院理事会

理事会章程、理事单位、个人理事、高级研究员、理事会秘书处、入会指南

所获荣誉

◆2008 年、2011 年、2014 年，皮书网均在全国新闻出版业网站荣誉评选中获得“最具商业价值网站”称号；

◆2012 年，获得“出版业网站百强”称号。

网库合一

2014年，皮书网与皮书数据库端口合一，实现资源共享，搭建智库成果融合创新平台。

皮书网

“皮书说”
微信公众号

皮书微博

权威报告·连续出版·独家资源

皮书数据库

ANNUAL REPORT(YEARBOOK) DATABASE

分析解读当下中国发展变迁的高端智库平台

所获荣誉

- 2020年，入选全国新闻出版深度融合发展创新案例
- 2019年，入选国家新闻出版署数字出版精品遴选推荐计划
- 2016年，入选“十三五”国家重点电子出版物出版规划骨干工程
- 2013年，荣获“中国出版政府奖·网络出版物奖”提名奖
- 连续多年荣获中国数字出版博览会“数字出版·优秀品牌”奖

皮书数据库

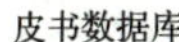

“社科数托邦”
微信公众号

成为用户

登录网址www.pishu.com.cn访问皮书数据库网站或下载皮书数据库APP，通过手机号码验证或邮箱验证即可成为皮书数据库用户。

用户福利

- 已注册用户购书后可免费获赠100元皮书数据库充值卡。刮开充值卡涂层获取充值密码，登录并进入“会员中心”—“在线充值”—“充值卡充值”，充值成功即可购买和查看数据库内容。
- 用户福利最终解释权归社会科学文献出版社所有。

数据库服务热线：400-008-6695
数据库服务QQ：2475522410
数据库服务邮箱：database@ssap.cn
图书销售热线：010-59367070/7028
图书服务QQ：1265056568
图书服务邮箱：duzhe@ssap.cn

社会科学文献出版社 SOCIAL SCIENCES ACADEMIC PRESS (CHINA) 皮书系列
卡号：518421898763
密码：

S 基本子库
UB DATABASE

中国社会发展数据库（下设 12 个专题子库）

紧扣人口、政治、外交、法律、教育、医疗卫生、资源环境等 12 个社会发展领域的前沿和热点，全面整合专业著作、智库报告、学术资讯、调研数据等类型资源，帮助用户追踪中国社会发展动态、研究社会发展战略与政策、了解社会热点问题、分析社会发展趋势。

中国经济发展数据库（下设 12 专题子库）

内容涵盖宏观经济、产业经济、工业经济、农业经济、财政金融、房地产经济、城市经济、商业贸易等12个重点经济领域，为把握经济运行态势、洞察经济发展规律、研判经济发展趋势、进行经济调控决策提供参考和依据。

中国行业发展数据库（下设 17 个专题子库）

以中国国民经济行业分类为依据，覆盖金融业、旅游业、交通运输业、能源矿产业、制造业等 100 多个行业，跟踪分析国民经济相关行业市场运行状况和政策导向，汇集行业发展前沿资讯，为投资、从业及各种经济决策提供理论支撑和实践指导。

中国区域发展数据库（下设 4 个专题子库）

对中国特定区域内的经济、社会、文化等领域现状与发展情况进行深度分析和预测，涉及省级行政区、城市群、城市、农村等不同维度，研究层级至县及县以下行政区，为学者研究地方经济社会宏观态势、经验模式、发展案例提供支撑，为地方政府决策提供参考。

中国文化传媒数据库（下设 18 个专题子库）

内容覆盖文化产业、新闻传播、电影娱乐、文学艺术、群众文化、图书情报等 18 个重点研究领域，聚焦文化传媒领域发展前沿、热点话题、行业实践，服务用户的教学科研、文化投资、企业规划等需要。

世界经济与国际关系数据库（下设 6 个专题子库）

整合世界经济、国际政治、世界文化与科技、全球性问题、国际组织与国际法、区域研究 6 大领域研究成果，对世界经济形势、国际形势进行连续性深度分析，对年度热点问题进行专题解读，为研判全球发展趋势提供事实和数据支持。

法律声明

“皮书系列”（含蓝皮书、绿皮书、黄皮书）之品牌由社会科学文献出版社最早使用并持续至今，现已被中国图书行业所熟知。“皮书系列”的相关商标已在国家商标管理部门商标局注册，包括但不限于LOGO（ ）、皮书、Pishu、经济蓝皮书、社会蓝皮书等。“皮书系列”图书的注册商标专用权及封面设计、版式设计的著作权均为社会科学文献出版社所有。未经社会科学文献出版社书面授权许可，任何使用与“皮书系列”图书注册商标、封面设计、版式设计相同或者近似的文字、图形或其组合的行为均系侵权行为。

经作者授权，本书的专有出版权及信息网络传播权等为社会科学文献出版社享有。未经社会科学文献出版社书面授权许可，任何就本书内容的复制、发行或以数字形式进行网络传播的行为均系侵权行为。

社会科学文献出版社将通过法律途径追究上述侵权行为的法律责任，维护自身合法权益。

欢迎社会各界人士对侵犯社会科学文献出版社上述权利的侵权行为进行举报。电话：010-59367121，电子邮箱：fawubu@ssap.cn。

社会科学文献出版社